아~ 잊으랴, 어찌 우리 이날을

월드뷰 | 세상을 바로보는 글 02

아~ 잊으랴, 어찌 우리 이날을

저 자   김명구, 김명섭, 김성훈, 김승욱, 김용삼, 김재동, 나종남,
         남정옥, 박명수, 배영복, 안재철, 이상규, 이은선, 이희천,
         장금현, 정경희, 최영섭 (가나다 순)
펴낸이   김승욱
펴낸곳   주식회사 세상바로보기
발 행   2021.6.25.
출판등록   2020년 1월 31일 제 2020-000008호
주 소   서울 용산구 이촌로 2가길 122, 103-1402
문 의   전화 02-718-8004 / 010-5718-8404
         E-메일 editor.worldview@gmail.com
홈페이지   http://theworldview.co.kr

ⓒ (주)세상바로보기 2021
ISBN 979-11-969723-5-6
값 20,000원

아~ 잊으랴, 어찌 우리 이날을

김명구, 김명섭, 김성훈, 김승욱, 김용삼, 김재동, 나종남,
남정옥, 박명수, 배영복, 안재철, 이상규, 이은선, 이희천,
장금현, 정경희, 최영섭

세상바로보기

주식회사 세상바로보기는 성경적 세계관에 기초하여 삶의 각 분야를 조명하고 교회와 사회를 섬기는 문서사역을 위해 설립된 출판사입니다. 기독교 세계관 정론지 **월드뷰**를 매월 발행하고 있으며, YouTube에서 **월드뷰TV**를 운영하고 있습니다.

대한민국을 공산주의자들의 침공에서 구하기 위해서
목숨을 걸었던 모든 6·25 참전 용사들께 바칩니다.

권오성
제44대 육군참모총장 예비역 대장

> 북한이 기습남침한 6·25전쟁은 현재진행형이다.
> 종전이 아닌 정전상태이다.
> ―1,129일간의 전쟁, 육군본부

서 양권과 공산주의 진영에서는 종전이나 전승을 기념한다. 우리의 인식과는 다르다. 6·25전쟁은 승패에 있어서 기존의 전쟁 이후 패턴과는 다른 행태를 보였다. 결론 짓지 못함은 또다른 고통을 불러왔다. 70년 가까운 휴전 또는 정전이라는 체제는 분단으로, 위협으로, 갈등으로 표면화된 미해결의 문제덩어리로 굳어져왔다.

6·25전쟁의 발발부터가 시비거리이다. '북침이냐 남침이냐'는 상반된 주장이 첨예하게 부딪혔다. 심지어는 공산진영의 관련문서가 공개되었는데도 우리 내부에는 비틀어진 주장이 살아있다. '유엔군은 개입'이요, 중공군은 '참전'이라는 어처구니 없는 표현도 주저함이 없다.

6·25전쟁의 명칭이나 성격규명도 분분하다. '한국전쟁'이라고 칭하기도 한다. 내 영토, 내 국민 그리고 우리의 피해였는데도, 주도하지 못한 전쟁은 모든 것을 애매함으로 귀결짓는다. 6·25전쟁은 공

산주의 진영과 자유주의 진영의 치열한 대립이었다. 이를 통해서 공산주의 진영의 야욕이 만방에 알려졌고 공산화 물결을 막는 결정적 계기가 되었다. 그리고 이 전쟁에서 우리는 수 많은 '기적'을 경험했다

우리가 해야할 일은 6·25전쟁과 같은 비극이 재발하지 않도록 '국가의 역량'을 배양하는 일이 그 첫째요. 아직도 밝혀지기를 원하는 6·25전쟁의 진실퍼즐을 맞추는 노력이 그 다음이다. 이런 어려운 시기에 새로운 사실을 규명하고 주장함으로써 국민에게 진실을 알리는 〈월드뷰〉의 노력에 큰 박수를 보낸다.

'용기'는 두려움이 없는 상태에서 행해지는 것이 아니라 두려움을 느끼는 상태에서 옳다고 생각하는 일, 맡은바 임무를 수행하기 위해 작동하는 힘이다.

6·25참전용사들이 목숨을 걸고 지켜낸 충성심을 왜곡하거나, 자유민주주의 가치가 훼손되는 안타까운 일들이 이 땅에서 사라질 때까지 숭고한 이 작업은 계속되어야 한다.

이 땅에 대한민국이란 자유민주주의와 시장경제, 인권과 자유를 존중하는 국가가 탄생한 기적을 기적답게 기억해야 한다. 평화란 명분과 기억의 한계와 상실로 '잊혀져가는 전쟁'에 머무르게 하는 과오를 범해서는 안된다.

'에벤에셀의 하나님'이 베푸신 기적에 감사드릴 수 있고, '임마누엘의 하나님'이 주신 지혜로 진실을 풀어서 자유로워지며, 우리 후대를 지키시고 동행하실 '여호와 이레의 하나님'께서 이 역사의 기록을 기쁘게 바라보시길 소망한다.

"역사는 현재와 과거의 끊임없는 대화이다(E. H. Carr)." 과거와 현재를 이어주듯이 미래를 향한다. 진리로 남아 후대에게 또다른 아픔을 예방하는 귀한 학습이 될 것이다.

또한, 70주년이란 의미속에서 찾아낸 이 귀한 과정이 전 국민에게 '유비무환의 태세'를 깨닫는 통로가 되었으면 좋겠다.

배봉원
예비역 소장, 전 합참민군작전부장

현대의 가장 위대한 군사사상가인 클라우제비츠(Carl von Clausewitz)는 '전쟁은 정치의 연속'이라고 했다. 이는 전쟁이 단순히 군사적 산물만이 아니라, 국내외 정치환경이 동인이 되어 군사전략과 작전술의 과정을 거쳐 빚어지는 총합적인 과정의 소산이란 의미이다. 그런 만큼 아무리 유능한 정치·군사 전문가라 할지라도 한 전쟁에 대해 전체적인 맥락을 모두 서술한다는 것은 어려울 수밖에 없다.

이번에 출간된 〈아~잊으랴, 어찌 우리 이날을〉은 6·25 전쟁 연구에 관해 큰 의미와 가치를 지녔다. 과거 생도 시절, 미국에서 수학하고 온 교수로부터 미국의 세계전쟁사를 다룬 책에 한국전쟁(Korea War)이 '밀렸다가 밀고 또 밀렸다가 민' 전쟁으로 묘사됐다는 이야기를 듣고 비애감에 빠진 적이 있었다. 한 민족의 명운을 건 전쟁이 다른 나라에는 한낱 전쟁의 흐름과 성격을 연구하는 전쟁사에 불과했던 것이다. 더욱이 우리가 6·25 전쟁의 당사자임에도 불구하고 이 전쟁의 성격과 발발 원인에 대해 학생들에게 진실이 아닌 완전히 잘못된 역사를 가르치고 있다.

이 책은 6·25 전쟁에 대한 왜곡된 사실과 소모적 이념 논쟁을 불식시킬 수 있는 종합적인 교과서라고 생각된다. 17명의 전문가가 6·25 전쟁을 각자의 분야에서 다각도로 집중 조명했다는 점은 더 이상 이 전쟁이 좌우 이념 논쟁의 대상이 아니라는 것을 분명히 하고 있다. 특히 6·25 발발 71주년에 맞추어 이 책을 발간했다는 것은 책 제목이 의미하는 것과 같이 동족상잔으로서 전쟁의 아픔뿐만 아니라 오늘날 우리 사회에서 벌어지고 있는 6·25의 논쟁에 대해 심히 우려하는 마음을 담고 있다고 볼 수 있다.

또한, 이 책은 전쟁의 스펙트럼을 모두 보여주고 있다. 미국과 소련을 대신한 대리전 양상, 정치·사상·이념에 의한 좌우 내전의 성격, 전쟁 수행과정에서 벌어진 기적적인 일들, 전쟁 영웅들, 반공포로 문제, 자유대한민국의 탄생과 한미동맹 형성에 기여한 이승만 대통령의 치적, 전후 기독교적 관점에서의 영향 등을 볼 때, 결국 이 책의 내용은 6·25 전쟁으로 인해 오늘날 우리나라가 자유와 평화, 복지국가로 귀결되고 있음을 명시하고 있다.

이 책은 국가안보와 전쟁을 연구하는 전문가들뿐만 아니라 일반 국민 특히, 미래의 주역인 이 땅의 학생과 청년에게 6·25 전쟁에 대한 흔들림 없는 가치관과 명확한 교훈을 심어줄 것이라고 확신한다. 이를 통해 남북관계 발전은 물론 한반도 통일시대를 여는 역사적 토대로 삼았으면 한다. 이 책을 읽는 이들이 다시는 좌파적 논리와 이념에 휘둘리지 말고 굳건한 안보관을 세워가는 나침반 역할을 수행해 주길 바라는 마음이다.

정교진
고려대학교 북한통일연구센터

아 아 잊으랴 어찌 우리 이날을…
조국의 원수들이 짓밟아 오던 날을…

어릴 적 목놓아 불렀던 이 6·25 노래 가사들이 이제는 가물가물하다. 이 가사들이 희미해지는 만큼, 6·25에 대한 경각심도 허물어지고 있는 것이 요즘 세태다. 올해는 유독 6·25 사변에 대한 왜곡 시도가 나라 안팎으로 유난했다. 북한은 말할 것도 없고 중국까지도 6·25 전쟁의 책임을 미국에 돌리고 있는 실정이다. 시진핑 주석은 항미원조 70주년기념대회(10.23)에서 6·25전쟁을 미국 제국주의의 침략으로 규정한 바 있다. 안타까운 것은 이 시진핑 주석의 발언에 대해 우리 정부가 강력하게 대처(항의)하지 못한 점이다.

국내에서는 1990년대 중반부터 기세가 꺾였던 수정주의 좌파적 해석이 다시금 학계뿐만 아니라 여권 유력 인사들의 입에 쉽게 오르내리고 있다. 6·25 전쟁 발발 원인을 미국 유도설로 제기하는 '애치슨 라인'(Acheson line)에 대한 인식은 보수진영 학자들까지도 적지 않은 오해들을 하고 있다. 6·25전쟁과 관련해서 무엇보다 이 부분을 명확히 바로 잡아야 한다.

11

6·25가 터져 동족상잔의 비극이 있은 지 올해로 70년이 되었다. 70이라는 숫자는 성경 안에서 '충만수', '완전수'로 통한다. 즉, '때가 차매'를 가리키는 숫자이다. 이 숫자의 의미대로 저 이스라엘 백성은 70년 만에 바벨론의 포로에서 해방되어 자유를 얻었건만, 동토의 땅이 되어 버린 한반도는 아직도 요지부동이다.

문제는 비극적 분단 아래 전쟁 원인조차도 분명하게 매듭을 짓지 못하고 북한 정권과 중국 지도부에게 마냥 휘둘리고 있는 정치 현실이다. 북한 주민을 해방하는 자유민주주의적 통일이 요원한 작금이다. 통일을 대비하는데 있어 6·25전쟁 발발 원인 규명은 매우 중차대한 일이다. 이것이 한반도 통일문제에 직결된다는 점을 우리는 꼭 상기할 필요가 있다.

6·25를 흔히, 잊혀진 전쟁으로 부르며 점점 망각해가는 우리들에게 경종을 울리기 위해 (주)세상바로보기는 이 책을 세상에 내놓았다. 이 책의 글들은 우리로 하여금 6·25에 대한 바른 시각과 견해를 갖게 할 것이다. 누가 책임을 져야 하고, 누가 값진 희생을 했으며 전쟁의 참화 속에서도 하나님이 어떤 놀라운 기적들을 행하셨는지 우리는 생생하게 그 장면들 앞에 서게 될 것이다. 또한, 오늘날 6·25에 관해 얼마나 많은 왜곡이 있는지, 그것을 어떻게 바로 잡아야 하는지 이 책은 그 길잡이가 되어줄 것이다.

조평세
트루스포럼 연구위원

1950년 6월 25일 북한군의 남침으로 시작되어 1953년 7월 27일 정전협정으로 총성을 멈춘 한국전쟁은 이제 70주년을 지나고 있다. 6·25전쟁은 한국인에게 주로 '동족상잔의 비극'으로만 부각되는데 사실 이 전쟁은 우리 한반도의 사람들보다 훨씬 더 크고 중대한 인류문명사적 의미가 담긴 전쟁이었다. 무엇보다 한국전쟁은 인류가 공산전체주의 세력의 공격을 막아낸 기적과 같은 사건이었다. 인류가 '국가전체주의' 추축(axis)의 팽창을 막아냈던 2차 세계대전이 끝난지 불과 5년 만에 일어난 일이다. 실제로 2차 세계대전과 같은 참극을 막아보고자 설립되었던 국제연합(UN)에게는 그 유효성을 증명하는 시험대와 같은 사건이었고, 그 푸른 깃발 아래 세계 역사상 가장 많은 국가가 단일 연합군으로 참전하기도 했다.

그런데 오늘날 한국인들에게 이 전쟁의 위대한 의미는 외면되거나 퇴색되고, 또 왜곡되고 있다. 미국에서도 이 전쟁을 '잊혀진 전쟁(forgotten war)'이라고 부르곤 하지만, 국가의 체제정체성이 6·25전쟁으로 인해 형성된 것이나 마찬가지인 대한민국의 국민들조차 그

13

놀라운 의미를 망각한다는 것은 참으로 심각한 자아상실이 아닐 수 없다. 사실 현재 대한민국이 겪고 있는 절체절명의 체제 위기와 정체성 혼란은, 6·25전쟁의 기적 같은 역사에 대해 우리 국민들이 충분히 기억하고 헤아려 감사하지 못한 결과라고 볼 수 있다.

이 책에는 대한민국 국민들이 반드시 잊지 말아야 할 6·25전쟁의 진실이 집대성되어 있다. 다양한 각 분야의 전문가들은, 이 책에서 6·25전쟁의 꼭 알아야 할 주요 인물 및 사건들과 바로잡아야 할 잘못된 오해들, 그리고 이 전쟁이 오늘의 대한민국에 미친 중대한 영향들을 흥미롭고 생동감 있게 풀어낸다. 여기 소개된 6·25의 역사와 의미는 망가진 우리 대한민국의 정체성을 회복하는데 반드시 필요한 내용이다. 무엇보다 이 책은 우리로 하여금 대한민국이라는 경이로운 선물에 대해 마땅히 감사하게 한다.

인류의 적으로부터 전 세계가 나서서 피와 땀과 눈물을 흘려 지켜낸 대한민국 역사를 헤아리고 감사하는 것은 우리에게 건강한 정체성을 확립하게 한다.

동시에 우리가 분명히 기억해야 할 것은, 이 6·25의 역사가 아직 현재진행형이라는 사실이다. 우리 국민을 인질삼은 북한정권과 공산주의 세력은 여전히 대한민국과 인류를 위협하고 있다. 내부적으로도 "대한민국은 태어나지 말았어야 할 나라"라고 말하는 자학적인 역사 수정주의가 교실과 여론에 난무한다. 조지 오웰의 〈1984〉에 나오는 전체주의 집권당은 "과거를 지배하는 자가 미래를 지배하고, 현재를 지배하는 자가 과거를 지배한다"는 슬로건을 내세워 역사를 조작했다. 이럴 때일수록 더더욱 우리 스스로와 우리 자녀들을 위해 올바른 역사관과 세계관을 세우고 지켜내야 한다. 그것이 대한민국이라는 기적을 이루기 위해 피와 땀과 눈물을 바친 세계인들에 대한 도리이며, 그 기적의 수혜자인 우리 한국인의 인류문명사적 위치이자 소명이다.

목차

제3부
6·25전쟁을 둘러싼 왜곡된 견해들

아~ 아~ 잊으랴! 어찌 우리 이날을,
조국의 원수들이 짓밟아 오던 날을
맨주먹 붉은 피로 원수를 막아내어,
발을 굴러 땅을 치며 의분에 떤 날을
이제야 갚으리 그날의 원수를,
쫓기는 적의 무리 쫓고 또 쫓아
원수의 하나까지 쳐서 무찔러,
이제야 빛내리 이 나라 이 겨레

잊혀 가고 있는 6·25전쟁

박두진 작사, 김동진 작곡 6·25의 노래다. 과거에는 6월 25일 즈음이면 이 노래를 쉽게 들을 수 있었는데, 언제부터인가 들을 수 없다. 금지곡이 되었다는 소문까지 나돌아, 젊은이들에게 물어봤더니, 이 노래를 모른다는 답변이 많았다.

반일 감정은 더 심해져서, 젊은 세대가 그 시대를 살았던 이들보다 더 일본을 증오한다. 반면에 6·25전쟁에 대해서는 내용도 잘 모르고, 전쟁을 일으킨 세력에 대한 반감도 별로 없다. 6·25전쟁은 그렇게 잊히고 있다. 미국은 6·25전쟁을 "잊힌 전쟁(Forgotten War)"이라고 부른다. 그러나 우리에게는 6·25가 잊힌 전쟁이어서는 안 된다.

20

6·25전쟁 발발 70주년을 맞이하여 6·25전쟁을 기억하고, 그 전쟁의 의의를 강조하기 위해서 이 책을 기획했다.

국민 통합을 위해 정확한 실상을 알아야 한다.

베이비붐 세대들은 매년 6월이 되면 6·25전쟁을 상기하는 영화를 보고, 미술 시간에 6·25전쟁을 소재로 한 포스터도 그렸다. 당시 6·25전쟁 중에 공산군과 싸웠던 가족이 있는 집안의 후손들은 위기를 극복하고 경제성장을 이룩한 대한민국의 탄생을 자랑스럽게 생각했다. 나 역시 부친의 전쟁 무용담을 듣고 자랐다.

나의 부친은 6·25전쟁 당시 징집되어, 갑종 3기로 임관한 후에 소대장으로 참전했다. 향로봉 전투 중에 한 달이 지난 후에야 부친의 소천 편지를 받았는데, 당시 큰형은 지리산 공비 토벌 작전에 투입되었고, 작은형은 5사단에서 전투 중이었다. 아직 학생이었던 막내가 혼자 아버지의 장례를 치렀다는 편지를 받고, 눈물을 흘렸다고 한다. 후에 고성지구 전투(351고지)에서 수류탄 파편을 맞고 후송되었고, 이튿날, 중공군의 반격으로 중대원들은 모두 전사했다. 육군 초대 전산 소장을 끝으로 전역한 부친의 영향으로 우리 집안은 세 아들과 손자들까지 모두 현역으로 군 복무를 했다. 농담이지만 적화 통일이 되면 우리 집 식구들이 가장 먼저 처형당할 것이라고 얘기했던 기억이 난다. 직업군인 집안에, 5대째 기독교 가정이기 때문이다. 작년에는 3대가 모두 현역으로 군 복무를 한 가문에게 주어지는 '병역 명문 가문'으로 인정받았고, 그중에서도 모범 가문으로 선정되어 표창장도 받았다.

그러나 우리 가정과 반대로, 가족이나 친척이 6·25전쟁 중에 자진 월북하거나 대구 사건, 4·3 사건, 여수·순천 사건 등에 연루되어서 어려움을 겪은 가정도 많다. 정확한 숫자는 알 수 없으나 약 10만 명 정도 되는 것으로 추정되는데, 자손까지 합치면 상당한 숫자일 것이다. 남한에 사는 이들의 후손이 북한처럼 강제수용소로 쫓겨나지는 않았지만, 한때는 연좌제로 인해서 취업에 제한을 받는 등 여러 가지 불이익을 받았다. 연좌제는 1894년 갑오개혁 때 이미 폐지되었지만, 이념 갈등으로 인해서 공식, 비공식적으로 유지되고 있었다. 아직도 북한에는 연좌제가 존재하지만, 대한민국은 1980년 8월 1일에 공식적으로 폐지했다. 이에 관해 2014년 법원이 국가 배상 판결을 내린 바도 있다. 그동안 연좌제 때문에 고통받았던 이들이 대한민국에 대해서 갖는 심정이 어떠했을지 짐작이 간다.

하지만 이제는 과거의 잘못을 모두 청산하고, 국민 통합을 위해서 노력해야 한다. 그리고 지난 과거에 대해 정확한 사실을 규명해야 한다. 그렇다고 과거사에 온 국력을 낭비해서는 안 된다. 이것은 정치적으로 해결할 문제가 아니라, 역사가들의 판단에 맡길 숙제이기 때문이다. 또한, 정치인들은 권력을 얻기 위해 과거 역사를 지우거나 왜곡해서는 안 된다. 이것은 다음 세대를 키워내는 교육 현장에서도 마찬가지이다. 정치 이념에 따른 교육은 배제되어야 한다. 그래서 교사와 공무원은 철저히 정치적 중립을 지켜야 한다.

온 국민이 공감할 수 있는 역사를 기록한다는 것은 매우 어렵다. 19세기에는 역사를 과학처럼 객관적으로 그려낼 수 있다고 생각했다. 그러나 20세기에 들어 주관주의적 해석에 대한 인식이 확산하면서 역사를 저마다 다르게 해석하는 것이 당연하다고 생각하게 되었다. 물론 역사 해석에서 주관을 배제할 수 없지만, 그렇다고 해서 객관적인 사실을 무시해서는 안 된다. 객관적 사실을 무시하면 최소한의 공감대 형성이 되지 않기 때문이다.

1950년 6월 25일 새벽 5시(서머타임을 적용하지 않는 북한 시각으로는 4시), 38선에서 일시에 공격이 시작되었다. 우리는 북한 공산당의 남침을 강조하며 전면전이 발발한 날을 기억하자고, 이 전쟁을 6·25전쟁이라고 부르지만, 북한에서는 '조국해방전쟁'이라고 부르면서 휴전일인 7월 27일을 기념한다. 이것은 북한이 미 제국주의의 식민지인 남조선을 해방하기 위한 전쟁이라는 의미이다. 3년 1개월 동안 무수히 많은 전투가 있었지만, 남북한이 각자 기록한 전쟁 사료집의 내용은 상당히 다르다. 물론 남북이 이 전쟁에 대해서 같은 견해를 가질 수는 없다. 역사는 누가 무엇을 기록하느냐에 따라 매우 다른 모습으로 그려질 수 있기 때문이다. 그러므로 앞으로 어느 쪽에서 통일의 주도권을 누가 잡는가에 따라 6·25전쟁은 명칭부터 성격까지 모두 달라질 것이다. 대한민국이 통합된 사회가 되기 위해서는 적어도 무엇 때문에 이 전쟁이 발발했으며, 누가 전범인지, 그리고 어느 부분의 역사 기술이 잘못되었는지 분명하게 밝혀야 한다.

6·25전쟁의 의의

이 전쟁을 잊지 말아야 하는 또 다른 이유는 6·25전쟁이 오늘날 대한민국의 정체성을 형성한 근본이기 때문이다. 6·25전쟁 이후 남·북한의 정체성은 분명해졌다. 마치 막대자석의 남극과 북극에 쇳가

루가 몰리듯이 북한 지역의 기독교인, 지주, 상공인들은 자유를 찾아 월남했고, 반대로 남한에 거주하는 공산주의자들은 월북했다. 그리고 군사 분계선에 철책이 쳐지고 다시는 왕래할 수 없게 되었다. 휴전선 북쪽에서는 박헌영의 남로당 일파가 숙청되고 김일성 독재 체제가 확립되었다. 남쪽에서는 반공을 국시로 삼아, 전쟁 이후 대한민국의 헌법에서 사회주의적 요소를 제거하고, 자유 민주주의적 요소를 갖추면서 진정한 자유 민주주의 헌법이 만들어졌다. 이러한 가치관 위에서 자유 대한민국은 세계인이 부러워하는 한강의 기적을 이루었다. 만약 6·25전쟁이 없었더라면, 그래서 여전히 좌익 세력이 소요를 일으키고, 사사건건 반대했더라면 대한민국은 경제발전에 매진하지 못했을 것이다. 현재와 같은 반기업 정서가 과거 고도성장기에 있었다면 아마 한국의 기업이 오늘날처럼 발전하는 것은 거의 불가능했을 것이다. 이런 의미에서 비록 전쟁은 비극이었지만, 대한민국의 정체성을 확립하고 온 국민이 하나 되게 만든 힘이 6·25 전쟁 때문이었다고 해도 과언이 아닐 것이다. 그래서 어떤 이는 '한강의 기적'의 일등공신은 전쟁을 일으킨 김일성이라는 말까지 한다. 농담 같지만, 아주 많이 틀린 말도 아니다.

요약하면, 6·25전쟁 발발 70주년을 맞이하여, 대한민국 사회는 6·25전쟁을 어떻게 조명해 왔으며, 앞으로 자라는 세대에게 어떻게 가르쳐야 할까? 사회적 갈등을 줄이기 위해서 서로 공감대를 높이는 작업이 필요하다. 이런 취지에서 〈월드뷰〉는 지난 2020년 6월 호에 6·25 전쟁 발발 70주년을 기념하며 특집호를 기획했다. 당시의 필자들이 특집호에 실었던 글을 보완해서 이 책을 발간했다.

이 책의 구성

이 책은 6·25전쟁의 발발부터 휴전까지 있었던 사건과 주역, 그리고 전쟁 이후의 정체성 형성과 오늘날 교육 현장에서 어떻게 가르쳐지고 있는지 등에 관한 내용으로 구성했다. 이번 6·25전쟁 칼럼은 크게 4부로 나누었다. **제1부**에서는 **"6 · 25전쟁의 주인공"**으로 1) 6·25전쟁을 일으킨 김일성과 박헌영, 2) 이를 막아낸 이승만 대통령, 그리고 3) 한국군 장군들에 대한 글을 실었다. 펜앤마이크의 **김용삼** 대기자는 6·25전쟁을 일으킨 전범이 김일성과 남로당의 주역 박헌영이며, 그들을 이용한 스탈린(Joseph Stalin)과 마오쩌둥(毛澤東)도 책임을 져야 한다고 주장한다. 그는 6·25 공모 과정에서 박헌영이 보조자가 아니라, 실질적인 주역 내지는 공범임이 확실하다고 주장한다.

이승만 대통령에 대해서는 박정희대통령기념재단의 도서연구실장 **남정옥** 박사의 글을 실었다. 그는 이승만 대통령이 공산당의 침공을 막아냈을 뿐만 아니라, 북진통일을 추진했으며, 국군의 전력 증강과 한반도의 안전을 보장할 한·미상호방위조약 체결이라는 큰 업적을 남겼다고 평가했다. 휴전 후 오늘까지 북한이 전면전을 벌이지 못하는 것은 이승만 대통령이 목숨을 내걸고 얻어 낸 한·미 동맹 때문임을 기억하고 이승만 대통령의 전시 역할과 활동에 대한 재평가가 이루어져야 한다고 말한다.

월드피스 자유연합 **안재철** 대표는 6·25전쟁에 여러 훌륭한 장군들이 있었지만, 그는 특별히 세 명의 장군에 관해 이야기했다. 최초로 38선을 돌파한 북진 선봉의 김백일 장군, 세계 전쟁사에서도 높게 평가하는 김종오 장군, 6·25전쟁의 흐름을 바꾸어 놓은 용문산 전투와 파로호 전투에서 국군 육군 6사단을 지휘한 장도영 장군의 이야기를 통해 6·25전쟁의 영웅을 소개한다.

제2부에서는 **"6 · 25전쟁을 둘러싼 기적들"**을 소개했다. 6·25전쟁은 수도를 두 번 뺏기고 다시 빼앗은 유례없는 전쟁이었다. 수도 뿐만 아니라 국토 대부분을 빼앗겼다가 다시 대부분을 빼앗고, 다시 후퇴해서 결국 전쟁 이전과 비슷한 상태에서 끝난 특이한 전쟁이다. 이 전쟁 중에 하나님의 은총이라고 부를 수밖에 없는 기적과 같은 일들이 있었다. "6·25 진실 알리기 운동"을 하는 전 육군 정훈감 **배영복** 장군은 1) 6·25전쟁 첫날 '전쟁 소식'을 미국이 먼저 알고 대처한 것, 2) 안보리 소집에 소련 대표가 불참한 것, 3) 침략군이 서울에서 멈추고 4) 중공군이 수원에서 멈춘 것 그리고 5) 이승만을 대한민국의 대통령으로 세워 모세처럼 사용한 것을 5가지 기적으로 꼽았다.

교회사를 전공한 백석대학교 **이상규** 석좌교수는 애국가 가사처럼 6·25전쟁이라는 민족적 비극의 역사 속에 '하나님의 보호하심'이 있었고, 이것이 하나님의 역사 간섭이었다고 평가한다. 이상규 교수는 1) 미국의 신속한 참전, 2) 유엔 상임이사국의 참전 결정, 3) 인천상륙작전의 성공, 4) 흥남 탈출, 5) 한미상호방위조약의 체결을 5가지 기적으로 소개했다.

이 밖에도 6·25 전쟁 중에 여러 가지 기적이 있었다. 현 최재형 감사원장의 부친이며 6·25 전쟁 당시 해군 소위로 백두산함 갑판사관이었던 고 **최영섭** 예비역 해군 대령은 자신이 경험한 현해탄 해전과 인천상륙작전의 기적에 대해 자세히 설명했다. 6월 25일 전쟁 발발과 동시에 부산항을 점령하러 온 북한 특전단을 동해상에서 격침한 백두산함이 없었더라면 부산항은 북한군에 점령당했을 것이고, 그랬다면 낙동강 전선의 병참선이 유지되기 어려웠을 것이라는 점을 생각해보면 정말 아찔하다. 이 전투에 직접 참여했던 최영섭 소위의 생생한 경험을 기록했다. 그리고 그는 인천상륙작전에도 참여했다. 사실 인천은 교범 상 상륙작전을 수행해서는 안 될 정도로, 모든 악조건이 망라된 최악의 지형이다. 워싱턴의 반대를 뚫고 부산 교두보까지 몰린 전세를 단번에 반전시킨 인천상륙작전도 역시 기적이었다.

또 다른 기적은 사흘 만에 수도 서울을 점령한 북한군이 남쪽으로 계속 진군하지 않고, 서울에서 사흘간 멈추면서 연합군은 낙동강 방어선을 구축할 수 있는 시간을 벌 수 있었다. 이 기적의 원인에 대해서 여러 주장이 있다. 육군사관학교에서 전사를 가르치며, 박근혜 정부 당시에 국사 국정 교과서의 필진으로 참여했던 **나종남** 교수는 전술사적으로 볼 때 가장 큰 기적으로 국군 제6사단 장병과 춘천 시민이 함께 이뤄낸 춘천전투를 꼽는다. 열악한 병력과 장비로 4일간 중부 전선을 지키며 한강 방어선과 낙동강 방어선, 그리고 유엔군이 참전할 때까지 시간을 벌 수 있었기 때문이다. 이 기적과 같은 춘천전투를 소개했다.

〈한국 근현대사 바로 알기〉와 〈잊지 말아야 할 그때 그 역사〉 등의 저서를 집필하고 대학 강단에서 한국 근현대사를 강의한 **김재동**

목사는 낙동강 전선의 다부동 전투, 그리고 북한군을 속이고 인천 상륙작전을 성공시키기 위해 벌인 엑스레이 작전과 장사상륙작전을 기적적인 전투라고 이야기한다.

경제사를 전공한 중앙대 **김승욱** 명예교수는 6·25 전쟁 발발 직전에 실시한 농지개혁으로 인해 땅을 가지게 된 다수의 농민이 적극적으로 북한에 저항했다는 점을 강조했다. 또한, 그동안 잘못 알고 있었던 농지개혁에 관한 오류를 지적하며, 이승만 대통령이 서둘러 농지개혁을 시행한 덕분에 전쟁을 승리로 이끌었으며 이것 역시 기적과 같은 일이라고 주장했다.

제3부에서는 **"6·25전쟁을 둘러싼 왜곡된 견해들"**을 다루었다. 비례대표로 21대 국회의원이 된 영산대 **정경희** 교수는 역사 교과서의 편향 문제를 지적하며 역사 교과서가 얼마나, 그리고 어떻게 편향되었는지 설명했다. 정경희 교수는 〈김일성이 일으킨 6·25전쟁(공저)〉, 〈1948: 대한민국 건국 이야기(공저)〉 등을 저술했으며, 국사편찬위원을 역임했다. 그녀는 2012년부터 2년간 한국사 교과서 분석 프로젝트를 진행했는데, 이때 한국사 교과서에 북한의 주장을 그대로 베낀 것 같은 내용과 마치 조선민주주의인민공화국이 정통성을 지닌 정부인 것처럼 서술된 것에 놀랐다고 한다.

6·25전쟁과 관련해서 가장 잘못된 주장은 이승만 대통령과 관련된 것이다. 이에 대해서 이승만기념관 **김성훈** 자문위원은 6·25전쟁 당시 이승만 대통령이 "한강 다리를 끊고 도망쳤다", "일본으로의 망명을 타진했다"라는 이야기는 전후 관계를 생략한 악마적 편집에 의한 해석이며 전혀 사실이 아니라고 한다. 그는 "최후까지 싸우라"라

고 방송한 뒤 중국으로 도망친 김일성이 진짜 도망자임을 알려준다.

또 많은 오해를 받는 인물이 맥아더 장군인데, 건국대학교 **이상호** 겸임교수는 맥아더가 6·25전쟁에서 민간인 학살을 지시했다는 주장이나 핵무기로 한민족을 말살하려고 했다는 주장은 전혀 근거가 없다고 한다. 학살 문제는 대표적인 왜곡 중의 하나이다. 박정희대통령기념재단 책임연구위원을 역임한 **이희천** 자유리더캠프 공동대표는 6·25전쟁은 김일성이 남한을 공산화하기 위해 일으킨 전쟁으로, 처음부터 반동분자를 숙청하겠다는 의도를 노골적으로 드러낸 사상 전쟁이며 체제 전쟁이었다고 한다. 따라서 시작부터 사상이 다른 민간인들이 학살될 가능성을 안고 있는 전쟁이었다. 이희천 대표는 그동안 우리나라에서 '노근리 사건, 국민 보도연맹 사건, 거창 양민 학살 사건' 등 미군, 한국군, 경찰 등에 의한 민간인 처형 사건만 부각될 뿐, 북한군과 남한 좌익세력에 의한 민간인 학살 사건은 드러나지 않고 있다고 지적하면서, 이에 대한 균형 잡힌 시각을 제시했다.

서울YMCA 월남시민문화연구소 **김명구** 소장은 최근 학계 일각에서는 교회가 북한 정권의 정책에 협조적이었거나 엄격히 정교분리를 했다면 박해를 피할 수 있다는 식의 주장을 하는데 이것은 잘못된 주장이라고 한다. 북한 정권은 신앙의 자유를 거듭 보장하고 민족주의를 내세웠지만, 그것은 명분이었고 애초부터 유물론적 이데올로기 아래 교회의 존립은 불가능했기 때문이다.

제4부에서는 **"6 · 25전쟁의 성격과 한국에 미친 영향"**을 다루었다. 연세대학교 **김명섭** 교수는 6·25전쟁을 끝낸 후 휴전 협정으로 탄생한 정전체제를 설명했다. 요즈음 정치권에서는 정전을 끝내고, 평화

협정을 체결하자고 한다. 이와 관련하여 김명섭 교수는 2차 세계대전이 끝난 후 연합국 측은 일본과는 평화 협정을 맺었지만, 독일과는 평화 협정을 맺지 않았는데, 동아시아 지역이 유럽보다 더 평화롭다고 할 수 있느냐고 반문한다. 그리고 1973년 남베트남과 북베트남의 평화 협정은 곧바로 공산화로 이어졌다는 점을 지적하면서, 평화 협정이 중요한 것이 아니라 실질적으로 완전하고 영구적인 평화체제를 만드는 것이 중요하다고 한다. 평화 협정에 대한 진실성 있는 논의는 6·25전쟁이 어떻게 발생했는가에 관한 진실을 정확하게 이해하고 공감할 때 비로소 가능하다.

서울신대 **박명수** 명예교수는 6·25전쟁을 단지 한국인들 사이의 내전으로 보아서는 안 되며, 이는 냉전체제가 확립되는 과정에 생긴 체제 수호 및 확장의 전쟁이었다는 사실을 잊지 말아야 한다고 주장한다. 그는 이런 시각에서 왜 6·25전쟁이 일어났고, 어떻게 전개되었는지 설명하면서, 한반도는 체제 경쟁의 장이었다고 한다. 그는 이승만 대통령의 염원처럼 6·25전쟁이 자유 대한민국에 부과한 과제는 북한 동포들이 자유를 맛보고, 한반도가 민주주의 국가가 될 수 있도록 하는 것이라고 주장했다.

6·25전쟁이 한국 사회에 미친 영향 가운데, 사회복지 체계에 미친 영향을 서울신학대학교 현대기독교역사연구소 **장금현** 연구교수가 소개했다. 그는 기독교세계회의 활동을 소개하고, 기독교 외국 원조단체의 활동이 한국기독교만 아니라 한국 사회의 복지 체계를 세우는 데 이바지했음을 설명한다. 마지막으로 안양대학교 **이은선** 교수는 이승만 대통령의 반공 포로 석방이 한미상호방위조약을 맺는

데 어떤 역할을 했는지 설명했다. 그동안 한미상호방위조약은 대한민국 발전의 안전판 역할을 했다는 사실을 기억해야 한다고 하면서, 한미방위동맹을 더욱 공고하게 하는 것이야말로 자유 민주주의와 자본주의 시장경제를 바탕으로 발전한 대한민국을 다시 도약시킬 수 있다고 강조했다.

맺음말

교육 현장에서 다음 세대에게 6·25전쟁이 교육되지 않고 있다. 그뿐만 아니라 잘못된 견해가 버젓이 마치 사실인 것처럼 번지고 있다. 6·25전쟁은 대한민국이 탄생하는 과정에서 겪었던 여러 가지 어려움 중에서 가장 위험한 사건이었고, 이를 극복한 것은 대한민국의 탄생과 성장에서 가장 중요한 사건이었다. 게다가 이 6·25전쟁을 통해서 대한민국의 정체성이 확립되었고, 이후 체제 갈등 없이 경제성장에 전념할 수 있었기 때문에 오늘의 자랑스러운 대한민국을 만들어내는데 가장 크게 이바지했다. 이렇게 중요한 역사적 사건을 왜곡하거나 축소해서는 안된다. 이제 6·25전쟁이 발발한지 70여년이 지난 오늘날 이 책이 다음 세대가 6·25전쟁의 실제를 알게 하는데 이바지하기를 바라며, 이 책의 집필에 참석해 준 필진 여러분께 감사를 드린다.

2021년 6월 25일
필진을 대표하여 김승욱

Korean War

6·25전쟁의
주인공들

01
Chapter

제1장 6·25전쟁 주범은 김일성과 박헌영

김용삼 ㅣ 중앙대학교 문예창작과, 경남대학교 북한대학원에서 수학하고 조선일보 기자, 월간 조선 편집장을 역임했다. 근현대사 관련 연구 활동을 통해 〈이승만의 네이션빌딩〉, 〈김일성 신화의 진실〉 등 다양한 저작을 발표했다. 현재는 펜앤드마이크 대기자, 이승만학당 교수로 활동 중이다.

우리는 6·25전쟁을 일으킨 주역이 김일성과 스탈린(Joseph Stalin)이라고만 알고 있다. 하지만 역사적 사실을 추적해 보면 남로당의 주역 박헌영과 마오쩌둥(毛澤東)도 중대한 공범이란 사실을 확인할 수 있다. 따라서 6·25 전범을 논할 때는 김일성과 박헌영, 스탈린과 마오쩌둥을 같은 범주에 넣는 것이 마땅하다.

박헌영은 해방 후 남한에서 활동하던 중 1946년 9월 월북하여 북한 정권 수립에 열성적으로 참여했으며 조선민주주의인민공화국 출범 이후 제1부수상 겸 외상으로서 남한 및 국제

사진1. 김일성과 박헌영

정세 분석과 판단, 대남 혁명 전략을 세운 책임자였다. 그는 또 노동당 중앙위원회 부위원장(국제 관계 및 대남 담당)으로서 남한에 합법·비합법 정보 조직망을 운영했다.

김일성은 하바롭스크의 소련군 제88특별정찰여단에서 게릴라 훈련을 받은 후 1945년 9월 소련 군함을 타고 북한에 도착한 이래 "우리는 결국 피를 흘려야 한다."라는 말을 입에 달고 다녔다. 이것은 남북을 아우르는 공산 정권 수립을 위해 침략전쟁을 일으켜야 한다는 뜻이었다.

소련군은 북한의 인민군 창건뿐만 아니라 6·25전쟁의 남침 작전 계획을 수립해 주었고, 막대한 양의 최신식 전차와 항공기, 야포를 비롯하여 무제한의 탄약을 제공했다. 왜 소련은 남침 작전 계획까지 제공하면서 김일성의 남침 전쟁을 부추겼을까? 과연 스탈린은 '한반도 공산화 통일'이 궁극적 목적이었을까?

2월 8일 조선 인민군 창건

북한은 1948년 2월 8일 조선 인민군을 창건했다. 1946년 초부터 창설된 보안대와 철도 경비대, 보안 간부 훈련대 등을 모체로 한 조선 인민군은 1949년까지 4개 사단을 보유하게 되었다. 이에 소련군은 1947년 7월부터 북한의 38경비대에 38선 경비를 인계했고, 1948년 12월에는 북한 지역에서 군대를 철수했다.

이 무렵 소련 국방상 불가닌은 모스크바에서 소련·중국·북한 3개국 전략 회의를 개최했다. 이때 조선 인민군을 향후 18개월 이내에 북한에서 철군하게 될 소련군을 대신할 만한 강력한 군대로 편성하

기로 하고 이를 추진, 감독하기 위해 소련 특별군사사절단을 평양에 파견하기로 결정했다.[1]

북한에 파견되는 소련 특별군사사절단은 초대 북한 대사로 부임하는 스티코프가 맡았으며, 단원으로는 기계화 부대 전술 전문가인 카투코프 대장과 쿠바노프 중장, 정보 전문가 자카로프 장군과 코로테예프 장군을 중심으로 대좌급 10명, 중좌급 20명 등 총 40명으로 구성되었다. 이들에게 부여된 임무는 "1950년 6월까지 북한 인민군을 전력 증강 계획(모스크바 전략 회의 결정 사항)에 따라 강화하고, 그들에 대한 훈련을 완료"하는 것이었다.[2]

소련 특별군사사절단은 1948년 말 소련에서 출발했는데, 평양으로 향하는 도중 만주 하얼빈에 기착하여 모스크바 전략 회의에서 논의된 중국 인민 해방군 소속 한인 병력을 북한에 지원하기 위한 가능성을 논의했다. 소련 군사사절단의 쿠바노프 장군 요청으로 지린(吉林)에서 한인(조선족) 부대의 시범 훈련을 참관한 그들은 1949년 1월 중순 평양에 도착했다.[3]

사진2. 김일성과 소련군 군사사절단

그런데 평양에 도착한 특별군사사절단과 홍명희 북한 부수상이 참석한 조·소 공식회의(제1차 회의)에서 논란이 벌어졌다. "공군은 정치적 문제를 고려하여 당분간 편성하지 않는다."라는 조항에 북한이 불만을 표출하면서 이견이 발생한 것이다. 소련 측은 외상 몰로토프와 협의를 거친 후 김일성이 참석한 제2차 회의에서 150대의 항공기를 북한에 지원하여 공군을 창설하기로 했다.

기습 공격 위해 전차부대 강화

카투코프 대장과 쿠바노프 중장은 한국의 지형을 분석한 결과 산악과 하천이 많아 전차 부대 운영이 부적합하고, 또 한국군의 대전차 장비가 빈약하여 많은 전차를 보유할 필요가 없다고 판단했다. 그 결과 최초 계획했던 500대를 반으로 줄여 242대만 지원하기로 했다.[4]

소련은 북한 인민군 육성 과정에서 남한을 기습 침공하기 위해 전차부대 등 기계화 부대 건설에 많은 공을 들였다. 해방 후 평양 사동에는 소련군 전차 사단이 주둔하고 있었다. 1947년 5월경 인민군 각 부대에서 선발된 요원들이 이곳에 소집되었는데 이들은 앞으로 북한에 창설될 전차부대의 기간요원들로서, 1947년 말경 인민군 전차 요원 훈련이 완료되었다.[5]

훈련을 마친 기간요원들은 북한 전 지역에 파견되어 인민군 전차 요원으로 양성할 사상과 체력이 우수한 학생 400여 명을 선발했다. 1948년 초 소련 전차 사단이 철수할 때 소련 당국은 소련군 한인 2세인 뾰들(한국명 최표덕) 중좌를 지휘관으로 하는 전차 1개 연대(전차 150대와 소련군 병력 300명)를 인민군 전차병 양성 훈련을 위해 잔류시켰다. 최표덕은 후에 인민군에 편입되어 인민군 중장까지 승진하게 된다.

1948년 10월 말경 북한 전역에서 선발된 400명의 학생에 대한 전차병 훈련이 종료되자 이들은 1947년 말 훈련을 마친 기간요원들과 함께 인민군 제105전차대대를 창설했다. 1948년 12월 3일 소련 전차 연대가 철수할 때 T-34 전차 60대와 76mm 자주포 30대, 사이카 60대, 차량 40대를 인민군 전차 대대에 인계했다. 이를 인수한 제105전차대대는 연대로 개편되었고, 소련 88여단에서 김일성과 함께 활동했던 유경수가 전차 연대장에 임명되었다.

1945년 말 소련으로 유학 보낸 1,000여 명의 병력이 3년간의 교육을 마치고 귀국하자 이들을 전차 연대 기간요원으로 배치하고 소련으로부터 추가로 전차를 지원받아 1949년 5월 16일 전차 연대를 인민군 제105전차여단으로 개편했다. 이로써 북한은 전쟁 개시 전까지 T-34 전차 242대, 76mm 자주포 142대, 모터사이클 560대, 트럭 380대의 기동화 장비를 보유하게 되었다.

미군도 1949년 1월부터 38선 경비를 남한에 인계하기 시작했다. 하지만 인민군 전차를 상대할 만한 근대식 무기는 제공하지 않았고 겨우 소총과 박격포, 105mm 야포 정도만을 물려주었다. 국군이 38선 경비를 맡은 직후부터 인민군은 38선 일대에서 무력 충돌을 일으키기 시작했다. 최초의 대규모 충돌은 1949년 5월 4일 발생했는데 5월 초 개성에서 시작된 충돌은 5월 중순에는 의정부와 옹진 지구로 확대되었다. 6·25 발발 이전에 38선 일대에서 남북 간 충돌은 무려 874회나 벌어졌다.[6]

1947년 3월, 트루먼 대통령이 소련의 공산주의 확산에 대한 봉쇄를 선언했고, 이것이 전 지구적 차원의 냉전으로 번져갔다. 이로써 한반도의 정치 정세는 동북아에서 전개되는 냉전과 긴밀하게 연동되어 움직이기 시작했다. 냉전이 전개되는 가운데 가장 격렬한 전투장은 미국과 소련의 군사력이 첨예하게 대립하고 있던 38선 일대, 그리고 중국 대륙이었다.

김원봉의 조선 의용대와 6·25

1949년 만주 일대에서 국공 내전이 격화되었다. 공산 진영은 린뱌오(林彪)가 지휘하는 동북야전군이 랴오선(遼瀋) 전역에서, 덩샤오핑(鄧小平)이 지휘하는 중원화동 야전군이 화이하이(淮海) 전역과 핑진(平津) 전역에서 초반의 열세를 뒤집고 미군이 지원하는 장제스(蔣介石) 군대에 승리했다. 여세를 몰아 1949년 1월 31일에는 마오쩌둥 군대가 베이징(北京)에 무혈입성했다.

이때 장제스의 최정예 부대를 격멸한 주역은 중국 공산당이 간도 일대에서 모집한 조선족 부대 164사단, 166사단이었다. 이 부대의 뿌리를 거슬러 올라가면 문재인 대통령이 극구 칭송한 김원봉의 조선 의용대가 나타난다. 사실 조선 의용대는 중국 국민당 정부 산하에 소속되어, 장제스 정부의 지원과 자금 제공으로 운영되던 부대였다.

1938년 부대가 조직되자 중국 정부는 김원봉을 대장에 임명하고 국민당 정부 군사 위원회 정치부 제2청 소속으로 편제시켰다. 1940년 2월 무렵에는 대원이 330명으로 늘었는데, 조선 의용대는 1940~1941년에 걸쳐 이념과 투쟁 방향을 놓고 갈등이 일어났다. 이 와중에 공산주의자 최창익이 중국 공산당 프락치의 공작에 넘어가 조선 의용대 주력의 대부분을 이끌고 옌안(延安)으로 탈출하여 마오

사진3. 김원봉 조선의용대

쩌둥의 팔로군 품에 안겼다.

이때 김원봉도 옌안으로 탈출하려 했으나 중국 공산당의 반대로 충칭(重慶)에 낙오했다. 중국 공산당이 김원봉을 거부한 이유는 그가 테러 암살 활동을 주로 하던 아나키스트(anarchist)였기 때문이었다. 팔로군 산하로 투항한 조선의용대는 1942년 7월 10일 부대 명칭을 조선의용군으로 개편했고, 팔로군 포병 사령관 무정이 조선의용군 사령관을 맡았다.

중국 공산당은 일본이 항복하기 4일 전인 1945년 8월 11일, 옌안의 조선의용군을 만주로 이동시켰다. 조선의용군은 만주에서 조선족 청년들을 징집하여 인민 해방군 제164사단·166사단·독립 15사단을 조직했다.

조선의용군이 중심이 되어 조직된 조선족 부대는 린뱌오가 지휘하는 동북야전군(후에 제4야전군)에 소속되어 중국을 공산화하는 데 혁혁한 공을 세운다. 그들은 공산군의 선두에서 돌격전을 벌여 전투의 대세를 결정짓는 역할을 했다. 특히 조선의용군이 주축이 된 사단들은 창춘(長春) 전투, 쓰핑가이(四平街) 전투에서 결정적인 승리를 거두었고, 장제스 군대를 추격하여 광둥(廣東), 하이난다오(海南島) 공략전에도 참여했다.[7] 그들은 중국에서도 알아주는 '조직력과 전투력이 강한 국제 대오'로서 스페인 내전에서 이름을 떨친 '국제 종대와 어깨를 나란히 할 수 있는 대오'라는 평을 들었다.[8]

김일성은 대한민국을 무력으로 쟁취하여 공산 통일을 이루기 위해 1949년 3월 3일부터 3월 20일까지 박헌영 부수상 겸 외상 등 6명의 각료와 함께 모스크바를 방문했다. 1949년 3월 7일 스탈린을 면담한 김일성과 박헌영이 남침 허가를 요청했으나 스탈린은 "미군이 아직 남한에서 철군하지 않았기 때문에 시기상조"라며 남침을 허가하지 않았다.

김일성의 남침 요청 거부

당시의 스탈린-김일성·박헌영 회담 기록은 1994년 일부 공개된 '구(舊)소련 비밀 외교 문서'에 상세히 소개되어 있다. 1949년 3월 7일 스탈린-김일성 회담 중 중요 장면을 소개한다.

사진4. 김일성 박헌영 모스크바 도착

김일성 : 스탈린 동지, 상황으로 볼 때 지금 우리가 전체 한반도를 군사적 수단으로 해방하는 것이 필요하고, 가능하다고 믿는다. 남조선 반동 세력은 평화 통일에 결코 동의하지 않을 것이다. 그들은 자신들이 북조선을 공격하기에 충분하다고 믿을 때까지 나라의 분단을 영구화할 것이다. 지금은 우리가 주도권을 확실히 장악할 수 있는 최선의 기회다. 우리 군대는 남한 군대보다 강하다. 게다가 우리는 남한 내에서 강력히 일고 있는 게릴라 운동의 지지를 받고 있다. 남한의 인민 대중들은 친미 정권을 증오하고 우리를 도울 것이 확실하다.

스탈린 : 그대는 남침해서는 안 된다. 세 가지 이유가 있다. 첫

째, 무엇보다도 북한 인민군은 남조선 군대보다 압도적으로 우월하지 못하다. 내가 알기로는 북한군이 수적으로도 남한에 뒤진다. 둘째, 남한에는 아직도 미군이 있다. 적대 관계가 일어나면 미군이 개입할 것이다. 셋째, 38선에 관한 한 미국과 소련의 협정이 아직 유효하다. 이 사실을 잊어서는 안 된다. 이 협정이 우리 측에 의해 파기된다면 그것은 미국이 개입할 수 있는 이유가 된다.

김일성 : 그렇다면 가까운 장래에 한반도를 통일할 기회가 없다는 뜻인가? 우리 인민들은 다시 하나가 되고 싶어 하고, 반동 정권과 미국 상전들의 멍에에서 벗어나기를 열망하고 있다.

스탈린 : 적이 침략 의도가 있다면, 조만간 침략해올 것이다. 그들이 공격해오면 반격할 좋은 기회가 된다. 그때 반격하면 그대의 행동은 모든 사람에 의해서 이해되고 지지받을 것이다.[9]

스탈린은 남침 허가 대신 북한과 경제문화협정, 상품교류협정, 차관공여협정 등을 체결했다.[10] 당시 체결한 11개의 협정 중 경제문화협정을 제외한 10개는 모두 비밀 협정이었다. 가장 중요한 것은 비밀 군사원조협정이었다.

북한은 소련 당국과 군사비밀협정을 체결한 다음 날인 3월 18일, 모스크바에서 소련 당국의 주재 아래 '조·중 상호방위협정'을 체결했다.[11] 이날 북한과 중공이 체결한 협정은 중공이 무기 및 병력을 북에 제공하고, 타국이 북한을 공격하면 중공이 개입하겠다는 확고한 의지를 표명함으로써 북한이 남침 전쟁을 도발하는 데 결정적인 도움을 주었다. 이로써 김일성과 박헌영, 스탈린과 마오쩌둥은 6·25

전쟁과 관련한 공범 관계가 명확하게 성립되었다.

김일성·박헌영이 모스크바에서 스탈린과 회담한 지 한 달 후인 1949년 4월 21일, 마오쩌둥의 인민 해방군이 양쯔강(揚子江)을 건너 장제스 정부의 수도였던 난징(南京)을 함락시켰다. 장제스 정부를 지원했던 미국은 중대 사태에도 불구하고 미군을 파병하지 않았다. 이 상황을 예의 주시한 스탈린은 김일성이 남침해도 미군이 한국을 돕기 위해 참전하지는 않을 것으로 판단했다.

마오쩌둥, 조선족 3개 사단 북한에 제공

마오쩌둥은 1948년 12월 모스크바에서 열린 소련·중국·북한 3개 국 전략 회의에서 결정된 내용에 따라 1949년 7~8월, 중국 인민 해방군 내에 조선의용군이 주축이 되어 조직된 3개의 조선족 사단을 북한으로 보냈다. 166사단은 북한에 들어와 인민군 6사단(사단장 방호산)으로 개편되어 사리원으로 이동했다. 이 부대는 한국군과 대치하던 옹진반도에서 38선을 넘어가 한국군 2개 중대를 전멸시켰다.[12]

164사단은 인민군 5사단으로(사단장 김창덕) 개편되었고, 독립 제15사단은 인민군 12사단(사단장 전우)으로 개편되었다. 한국전 당시 중공 인민 해방군 총참모장 대리였던 네룽전(聶榮臻)의 증언에 의하면 그냥 몸만 보낸 것이 아니라 병기와 장비까지 휴대하여 보냈다.[13]

6·25 남침 당시 북한 인민군의 7개 공격 사단 중 3분의 1이 중국에서 귀환해 온 조선의용군 출신이었다. 미군 정보 문서에 의하면 북한군 전체 장교 중 80%가 중국 인민 해방군에 소속됐던 조선족이었다.[14] 김원봉이 만든 조선 의용대가 주축이 된 조선족 부대가

6·25 남침의 선봉장 역할을 한 것은 숨길 수 없는 역사적 사실이다.

국공 내전에서 마오쩌둥의 인민 해방군이 연전연승을 거두고 있음에도 불구하고 미군이 참전하지 않자 김일성은 큰 희망을 가졌다. 1949년 6월 29일 주한 미군의 마지막 부대가 남한에서 철수하자 박헌영과 대남 공작 총책 이승엽은 6월부터 9월 중순까지 7회에 걸쳐 1,400명 이상의 게릴라(대부분이 남로당 출신)를 태백산맥을 통해 남파시켰다. 이 가운데 200여 명의 김달삼 부대는 오대산 방면으로 남파하여 태백산 주변과 경북 일원산 일대까지 진출했다.[15]

또 과거 남로당 군사부책이었던 이현상을 남파시켜 그의 지도 하에 전남·북 지역의 지하당 청년들을 동원해 야산대(野山隊)를 조직하고 인민유격대 제2군단을 편성했다. 이들은 북한 정권 수립 1주년인 1949년 9월 9일을 전후하여 '9월 공세'를 전개했다.

이 무렵 평양 주재 소련 대사관은 스탈린에게 "북한이 남한에 수많은 공작원과 게릴라 부대를 침투시켰지만, 막상 전쟁이 발발했을 때 그들이 어떤 역할을 할 수 있을 것인지에 대해서는 회의적"이라고 보고했다. 다음은 평양 주재 소련 대리대사 토운킨이 1949년 9월

사진5. 김달삼(좌), 사진6. 이현상(우)

12~13일 김일성·박헌영과 회담 후 스탈린에게 보낸 극비 전문이다.

> 북한 측 자료에 따르면 남한에서 1,500~2,000명 가까운 빨치
> 산들이 활동 중이며, 최근 빨치산 활동이 강화되고 있다. 그러
> 나 김일성은 빨치산 활동에서 큰 지원을 기대하는 것은 금물
> 이라고 생각했다. 반면, 박헌영 같은 남쪽 출신은 큰 기대를
> 걸고 있었다. 그는 빨치산들이 국군의 보급로 등을 차단하는
> 역할을 해낼 것이라고 주장했다. 빨치산의 가장 좋은 활용 방
> 법은 그들이 주요 항만이나 기지 등을 점령하는 것인데, 이것
> 은 전쟁이 났을 때라도 현실적으로 불가능해 보인다.[16]

소련, 남침 전쟁 승산 없다고 판단

이 극비 전문의 말미에 토운킨 대리대사는 남북한 정세 평가를
다음과 같이 덧붙였다.

> (북한은) 대남 전쟁을 효과적이고 신속하게 수행할 충분한 힘
> 이 없다. 박헌영 등이 주장하는 남한 내 빨치산과 남한 인민
> 의 도움을 받아도 신속한 작전 성공을 기대할 수 없다. 남한
> 과 북한의 전력이 대등한 가운데 펼쳐질 전쟁이 장기전화하
> 면 북한은 군사적, 정치적으로 불리하다. 전쟁 장기화는 우선
> 미국이 이승만을 적절히 지원할 가능성을 준다. 중국에서 실
> 패한 미국은 중국에서 한 것 이상으로 한반도 문제에 단호하
> 게 개입하여 이승만 보호에 전력을 다할 것은 분명하다. 전쟁
> 이 장기화하면 희생자와 고통, 난민이 많이 생겨 인민들은 전
> 쟁을 개시한 측에 나쁜 감정을 갖게 된다. 그 밖에도 6·25전

쟁 장기화는 미국의 반소(反蘇) 전선과 반전(反戰) 선동에 이용될 것이다.

모든 정황을 살펴볼 때 북한의 전쟁 도발은 적절치 않다. 김일성의 계산처럼 북한의 조기 승리가 확실시되면 남진 전쟁을 고려해볼 수 있겠지만, 그 전제 조건이 전혀 구비되지 못했다.[17]

이 보고가 영향을 미쳤는지는 확실치 않지만, 1949년 9월 24일 소련 공산당 중앙위원회 정치국은 한반도에서 북한의 대남 군사 작전을 금지하는 결의를 채택했다. 소련 외무성 및 국방성도 북한의 남침에 대한 반대 입장을 다음과 같이 밝혔다.[18]

첫째, 북한이 주도하는 한반도 전쟁 발발은 반동 세력들에게 공산주의를 공격하는 좋은 재료가 될 수 있다. 그들은 공산주의의 공격성을 지적하며, 국가를 내전으로 몰아넣는 전쟁을 일삼는다고 선전할 것이다.

둘째, 국가 통일을 위한 최후의 수단으로 전쟁을 택하기까지는 서로 대립 모순되는 여러 가지 사정을 신중히 고려해야 한다. 이를 위해서는 선제공격이 완전히 성공할 수 있다는 확신이 전제되어야 한다. 지금은 그것이 충족되지 않았기 때문에 성공할 수 없다.

셋째, 북측 인민군이 남침하면 미국이 이 문제를 유엔총회에 제의할 이유를 제공하게 되고, 북한의 남진에 대한 세계적인 비난을 불러올 것이다. 그리고 미군이 남한에 주둔해야 한다는 결의가 유엔총회에서 채택될지도 모른다. 미군의 남한 주

둔이 다시 허용된다면 미군에 의한 남한 내 장기 주둔을 가져

오고 그 결과로 한반도의 분단은 장기화된다.

이 자료를 보면 스탈린이나 소련 공산당, 소련 외무성과 국방성 모두 김일성의 남침 전쟁이 가져올 후폭풍을 정확하게 예견하고 있었다. 그럼에도 불구하고 박헌영은 "남한 내 20만 빨치산 봉기"를 무기로 김일성을 선동했고, 김일성은 스탈린을 부추겨 남침 전쟁을 일으키는 쪽으로 굴러갔다.

김일성과 박헌영은 국공 내전에서 마오쩌둥이 승리하여 중공 정부가 출범하자 무력 남침 열망이 더 후끈 달아올랐다. 1949년 6월, 남북의 노동당이 비밀리에 합당하여 조선노동당을 결성했다. 또 조국통일민주주의전선(민전)을 형성하기 위해 북조선 민주주의 민족전선과 남조선 민주주의민족전선이 통합했다. 이 모든 과정에 박헌영이 적극 앞장을 섰음은 물론이다. 우리는 박헌영이 6·25 전쟁에서 얼마나 중요한 역할을 했는지를 이런 사실을 통해 확실히 알아야 한다.

1949년 9월부터 1950년 3월까지 남한에서는 빨치산 활동이 격화되었다. 이 기간에 박헌영이 남한에 침투시킨 빨치산은 3,000명이 넘었다. 그 가운데는 강동정치학원을 졸업한 간부급도 600명 이상이 포함되어 있었다. 이승만 정부는 전군의 3분의 2에 해당하는 3만 5,000명의 병력을 동원하여 빨치산 대부분을 소탕했다. 결국 1950년 3월 27일 김삼룡과 이주하가 체포되면서 남한 내에서의 게릴라 활동은 거의 사라졌다.[19]

사진7. 빨치산(좌), 사진8. 빨치산소탕(우)

미·중 끌어들여 싸우도록 만든 스탈린

이쯤에서 6·25를 전후한 세계사의 흐름을 정리해보자면 2차 세계
대전을 치르는 과정에서 스탈린은 마오쩌둥을 전혀 신뢰하지 않았
다. 스탈린은 마오쩌둥을 진정한 마르크스주의자로 생각하지 않았
고, 중국 공산당이 소련의 통제를 벗어나 반소(反蘇), 반(反) 마르크스
단체로 변할 것으로 예상했다.

스탈린은 중국의 주도권을 놓고 장제스와 마오쩌둥이 오랫동안
난타전을 벌여 서로 힘이 빠지기를 기대했다. '통일된 강한 중국'이
아니라 '분열된 약한 중국'을 희망한 것이다. 스탈린은 중일전쟁 기
간 동안 마오쩌둥에게는 거의 지원을 하지 않았지만, 장제스에게는
3억 달러가 넘는 원조를 제공했다. 하지만 1948년에 마오쩌둥 군대
는 불과 4개월 만에 장제스의 정규군 144개 사단과 비정규군 29개
사단을 소탕했다. 스탈린 입장에서 볼 때 마오쩌둥에 의한 중국의
천하통일은 전혀 원치 않는 결과였다.[20]

마오쩌둥도 장제스를 지원하는 스탈린의 행보를 모를 리 없었다. 소련의 지원 없이 국공 내전에서 승리가 눈앞에 보이던 1949년 3월 5일, 마오쩌둥은 중국 공산당 제7기 2중 전회에서 미국에 대한 유화적 온건 노선을 밝혔다. 만약 마오쩌둥이 미국과 손을 잡으면 소련이 왕따를 당할 수도 있는 상황이 전개되기 시작했다. 이렇게 되자 스탈린은 불과 중공 정부 출범 두 달 후 마오쩌둥을 재빨리 모스크바에 초청하여 신 중·소(新中蘇) 조약 체결을 서둘렀다.

스탈린은 1949년 12월 16일부터 1950년 3월 4일까지 모스크바에서 70여 일 동안 마오쩌둥과 신 중·소 조약 협상 과정에서 마오쩌둥과 중공이 만만치 않은 상대라는 점을 확인했다. 마오쩌둥이 모스크바에서 스탈린과 신 중·소 조약을 위한 힘겨운 줄다리기를 하고 있는 와중인 1950년 1월 12일, 딘 애치슨 미 국무장관이 워싱턴의 내셔널 프레스 클럽에서 '아시아의 위기: 미국 정책의 시험대'라는 유명한 연설을 했다.

이날 애치슨은 "아시아에서 미국의 방어선은 알류산 열도에서 일본을 지나 오키나와와 대만을 거쳐 필리핀으로 그어진다."라며 이어 "대만과 한국은 모두 미국의 방어권 밖에 있다. 미국 방위권 밖의 일에 대해서 미국은 관여하지 않을 것"이라고 선언했다.

애치슨 선언의 초점은 모스크바에서 스탈린과 새로운 중·소 동맹 조약을 협상 중이던 마오쩌둥에게 스탈린의 야욕을 폭로하고, 소련보다는 미국과 협력하는 것이 중국의 국익에 부합한다는 메시지를 보낸 것이다.[21] 미국은 애치슨 선언을 통해 마오쩌둥을 소련으로부터 떼어 놓으려는 의도를 드러냈다.

사진9. 애치슨라인

스탈린은 소련의 지원 없이 자신들 힘만으로 공산 혁명에 성공한 마오쩌둥의 신(新)중국이 소련의 종주권 체제에 위협이 될 수 있음을 확인하자 극동 정책을 전면 재검토하게 된다. 그 결과 김일성의 남침 전쟁을 승인하여 한반도에 미군을 끌어들이고, 중공마저 한국전에 끌어들여 미·중 두 나라가 피 터지게 싸우도록 한다는 거대한 계략을 준비했다.

김일성과 박헌영은 1950년 3월까지만 해도 남조선 해방의 방법을 결정짓지 못하고 서로 다투었다. 김일성은 북한 정규군에 의한 무력 남침만이 남조선을 해방할 수 있다고 주장했다. 반면에 박헌영은 남한 혁명을 완수할 주체는 북한 인민군이 아니라, 남로당 지하 조직과 빨치산이라고 주장했다. 박헌영은 "남쪽에는 20만에 이르는 지하 당원이 있어 남로당만으로도 남조선 혁명을 성공시킬 수 있다. 공연히 전면전을 벌였다가는 미군이 개입할 위험이 있다."라고 허장성세를 부렸다.[22]

제2차 남침 요청 스탈린이 허가

1950년 3월 들어 김삼룡과 이주하의 체포로 남로당 서울 지도부가 사실상 와해되자 박헌영은 조직 재건을 위한 승부수를 던졌다.

자신이 아끼던 800여 명의 김문연 부대,
김상호 부대를 태백산과 오대산으로 파
견하여 지리산의 이현상 부대와 연계를
시도했다. 그러나 이 부대들은 근거지에
도착하기 전에 토벌대에 의해 대부분
사살되거나 체포되고 투항해 소멸됐다.
이로써 인민군 정규군 남침을 통한 남조
선 해방으로 통일의 방법이 정리되었다.

사진10. 빨치산 토벌과정에서 체포된 빨치산들

　1950년 3월 16일 노동당 정치위원회 비밀회의에서 '무력 통일 노
선'을 확정한 김일성은 1950년 3월 30일부터 4월 25일까지 박헌영과
함께 소련이 제공한 특별기를 타고 두 번째로 모스크바를 방문했다.
이때 모스크바에서 김일성과 박헌영은 세 차례 스탈린과 회담했다.

　소련 공산당 중앙위원회 국제국이 작성한 '1950년 3월 30~4월 25
일 김일성의 소련 방문 건'이라는 문서에 의하면 1950년 4월 10일,
김일성과 박헌영이 스탈린에게 남침 전쟁 승인을 요청하자 스탈린
이 이를 수락했다고 기록하고 있다. 6·25는 김일성·박헌영이 남침을
두 차례나 요청했고, 스탈린이 이를 수락함으로써 결정된 것이다.

　스탈린은 김일성·박헌영과의 2차 모스크바 회담에서 중공을 한국
전에 끌어들이기 위해 "소련은 직접 개입하지 않을 것이다. 마오쩌
둥이 '아시아 문제'에 정통하니 그에게 맡겨야 한다."라고 밝혔다.

　1950년 봄, 소련은 2차 대전 당시 독일의 타이거 전차를 격파하는
데 전공을 세운 T-34형 전차, 야포와 자동화기 등 현대 무기를 북한
으로 반입했다. 김일성의 남침을 지도할 소련군 간부들도 1950년 4

월에서 6월 초까지 소련에서 2,000여 명, 중국에서 800여 명이 입북했다. 항공기는 전쟁이 임박한 1950년 6월 18일 IL-10형 폭격기 60대를 소련 조종사들이 직접 연포 비행장까지 몰고 와서 제공했다.[23]

또 기계화 부대가 사용할 유류 문제 해결을 위해 소련으로부터 원유 수송이 용이한 원산 부근에 연산 10만 톤의 정유 공장을 건설했고, 장진호 부근에도 연산 12만 4,000톤의 정유 공장을 만들었다. 1950년 초까지 이들 정유 공장에 인민군이 사용할 유류를 비축했는데 만일의 경우를 대비하여 1950년 4월 루마니아의 앵글로 더취 회사로부터 휘발유 10만 톤을 수입하여 유류 문제를 해결했다.[24]

남침 작전 계획 소련군이 작성해 줘

북한은 남침 전까지 10차례에 걸쳐 약 2,400명의 강동정치학원을 수료한 게릴라를 남한에 침투시켰으나 대부분 아군에 의해 사살되거나 분산되었다. 그 결과 6·25 남침 전쟁이 벌어졌을 때는 불과 460명 정도(현지 공비 포함)가 생존하고 있어 의미 있는 활동을 할 수 없었다.[25]

국군은 곳곳에서 활개 치는 빨치산 토벌을 위해 8개 사단 중 3개 사단을 후방에 분산 배치(제2사단 대전, 제3사단 대구, 제5사단 광주)하여 토벌 작전을 전개했다. 1950년 6월 24일 현재 국군의 61개 보병대대 중 38선 진지에 배치된 것은 11개 대대에 불과했다. 25개 대대는 예비 대대로 서울-원주-삼척 사이에, 나머지 25개 대대는 후방의 게릴라 토벌 작전에 투입되었다.[26] 그 결과 전방이 텅 비다시피 함으로써 6·25 남침이 벌어졌을 때 초전 방어 작전에 실패하는 요인이 되었다.

북한 인민군의 남침을 위한 계획은 소련군이 작성했는데 그 주인공은 바실리예프 장군이었다. 전쟁 개시 13주 전 강건은 소련어로 된 남침 작전

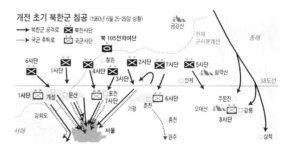

사진11. 6 · 25남침 당시 배치도

계획을 제공받았다. 소련 군사고문단이 작성한 남침 작전 계획의 명칭은 '선제타격계획'이었다. 이 작전 계획서는 소련군 출신으로 북한에 와 있던 유성철·김봉률·황석복 등이 한국어로 번역했는데, 이 과정에서 '선제타격계획'은 북한의 남침을 증명하는 표현이니 곤란하다고 해 '반격계획'으로 명칭이 변경됐다.

인민군에 대한 공격 명령은 6월 23일과 24일 내려졌다. 24일 밤 11시 동해안에 근거지를 두고 있던 766유격대(일명 남도부대) 1개 대대가 오진우의 환송을 받으며 속초에서 배를 타고 출발했다. 그들은 38선을 넘어 6월 25일 새벽 울진, 삼척, 포항 등지에 상륙해 교전을 시작했다.[27]

조선 인민군 총사령관 김일성의 명령에 의해 6월 25일 새벽 5시, 38도선 전역에서 인민군 포병에 의한 일제 사격이 개시되었다. 30분간의 공격 준비 사격이 끝나자 전방의 인민군 각 사단들은 보병·전차·포병 합동 작전으로 남침을 개시했다.

6월 26일 김일성은 군사 위원회 조직에 관한 특별 조치법을 발표하여 군사 위원회를 발족시켰다. 이 특별조치법은 전시 하에서 정당

이나 사회단체는 물론 행정기관 및 각 군 부대들은 군사 위원회 결정 지시에 절대복종해야 한다고 규정하고 있다. 군사 작전권은 물론 인민의 생사여탈권을 7인 군사 위원회가 장악한 것이다.

군사 위원회 위원장은 김일성, 위원은 박헌영(내각 제1부수상 겸 외무상), 홍명희(제2부수상), 최용건(민족보위상), 박일우(내무상), 정준택(국가계획위원장), 김책(전선사령관) 등 7인의 최고 간부들로 구성되었다.[28] 이들이 바로 6·25 남침 관련 1급 전범들이다.

남침 사흘 만에 서울을 점령하자 즉각 서울로 달려온 김일성은 이승만의 관저인 경무대에서 휴식을 취했으며, 중앙청(구 조선총독부 청사) 지하실에 마련된 전선 사령부에서 승리의 향연을 베풀고 축배를 들었다. 그리고 사흘간 전투 부대의 진격을 멈추고 기다렸다.

사진12. 남침의 주역 군사위원장을 맡은 김일성

사진13. 서울을 점령한 인민군 전차

인민군은 사흘 동안 전승 축하회를 열고 반동 숙청에 나섰다. 병사와 장교들은 서울 시내를 돌아다니며 쇼핑을 하고, 시내 구경을 하는 등 마치 수학여행을 온 학생들처럼 행동했다. "서울만 점령하면 인민 봉기가 일어날 것"이라는 박헌영의 말을 신뢰했기 때문인지는 몰라도,

이 사흘간의 공백은 기습을 당해 전열이 흩어졌던 국군에게 재정비할 시간을 주었고, 미군이 참전을 위한 준비를 하는 결정적인 기회가 되었다.

박헌영, 남로당 봉기 부추기기 위해 방송 연설

김일성, 박헌영을 비롯한 북한 고위층들은 서울만 점령하면 이승만 정권이 와해되어 전쟁이 끝날 것으로 판단했다. 북한 고위층을 지냈던 소련파 임은의 증언에 의하면 인민군은 소련군이 작성해 준 남침 작전 계획이 서울 점령까지만 수립된 상황에서 전쟁에 돌입했다고 한다. 임은의 말을 옮겨본다.

> 김일성은 남조선의 수도 서울만 함락되면 이승만이 백기를 들고 나오리라고 생각하였다. 다시 말하면 이승만을 자기 정권을 칼도마 위에 올려놓고 '마음대로 요리하시오' 하고 자리를 비켜설 늙은이로 보았던 것이다. 그리하여 서울 이남의 모든 전투는 작전 계획도 없이 즉흥적으로 진행되었다. 다시 말하자면 인민군 부대들은 역사상 가장 큰 군사적 사기에 걸려들었던 것이다. 이것은 김일성의 전략 사상의 빈약성과 정치적 판단력의 제한성으로밖에 설명되지 않을 것이다.[29]

6·25 당시 인민군 작전국장이었던 유성철의 증언도 거의 동일하다.

> 우리의 남침 계획은 사흘 안에 서울을 점령하는 것으로 끝나게 돼 있었다. 단지 우리는 수도를 점령하면 남한 전체가 우

리 손에 들어오는 것으로 착각했던 것이다. 우리는 일단 서울을 점령하면 남한 전역에 잠복해 있는 20만 명의 남로당 당원이 봉기, 남한 정권을 전복시킬 것이라는 박헌영의 호언장담을 철석같이 믿고 있었다.[30]

박헌영은 인민군이 38선을 돌파하여 서울을 점령하면 남한 전 지역에서 남로당 지하 조직이 봉기하여 인민군은 한강을 건너 남진을 할 필요도 없이 이승만 정권이 쓰러지고 미국은 내전에 개입하지 않을 것이라고 김일성을 설득했다. 그리하여 김일성은 박헌영의 정보를 토대로 스탈린을 설득하여 6·25를 일으켰다.

김일성과 박헌영은 사흘간 인민군의 남진을 멈추고 이제나저제나 "남로당 20만 명의 총궐기" 소식만을 기다렸다. 하지만, 기대했던 폭동은 단 한 건도 일어나지 않았다. 몸이 단 박헌영은 6월 28일, 남로당원과 당 조직에게 총궐기를 호소하는 방송 연설을 했다. 그것은 연설이라기보다는 남로당원들을 향한 힐책과 비난이었다.

> 인민군은 여러분 남조선 인민을 구하러 온 것입니다. 여러분의 원한을 풀어주고 역도들이 일으킨 내전을 끝내기 위해 진격해온 것입니다. 그런데 여러분은 이러한 엄숙한 시기에 모든 남반부 인민들은 왜 총궐기를 하지 않습니까? 무엇을 주저하고 있습니까? 모든 사람들이 한 사람 같이 일어서서 이 전 인민적, 구국적 정의의 전쟁에 적극적으로 참가하지 않으면 안 됩니다. 적의 후방에 있어서는 첫째도 폭동, 둘째도 폭동, 셋째도 폭동입니다. 전력을 다해서 대중적, 정치적 폭동을 일으키시오.[31]

남로당 폭동, 한 건도 일어나지 않아

박헌영이 이처럼 심하게 남로당원들을 다그쳤음에도 불구하고 남한 전역에서 인민군의 남침을 반기는 남로당의 폭동은 단 한 건도 일어나지 않았다. 황당한 상황이 된 김일성은 한 연설에서 남침 전쟁 때의 상황을 이렇게 토로했다. "남반부 혁명은 역시 남반부 인민의 투쟁이 없어서는 아니 됩니다. 우리는 제1차 남진 때 이것을 통절하게 체험했습니다. 우리는 낙동강 경계선까지 진출했는데, 남조선에서는 폭동 하나 일어나지 않았습니다(1963년 2월 8일 연설)."

게다가 유엔군의 인천 상륙으로 전세는 180도 역전되었다. 9월 30일 유엔군 총사령관 맥아더는 도쿄와 서울에서 방송을 통해 김일성에게 무조건 항복을 요구하는 최후통첩을 보냈다. 다음 날인 10월 1일에는 국군 제3사단이 38선을 넘어 북진을 개시했다. 이날 밤 김일성과 박헌영은 북한 주재 중국 대사 니즈량(倪志亮)과 참사관 차이청원(柴成文)을 만나 "맥아더가 우리에게 두 손을 들라 하는데 우리는 결코 그럴 수 없다. 중국 측이 압록강에 집결한 제13병단을 신속히 건너게 해 적에게 반격할 수 있게 해 달라."라고 요구했다.

같은 날 김일성과 박헌영은 공동 명의로 마오쩌둥에게 "적이 우리의 심각한 위기를 이용해 시간을 주지 않고 38선 이북 지역으로 계속 진격할 경우 우

사진14. 인천에 상륙한 유엔군 선두부대

리의 자체 역량만으로는 이 위기를 극복하기 어렵습니다. 우리는 부득이 당신에게 특별 지원을 요청하지 않을 수 없습니다. 적이 38선 이북 지역에 진격한 상황에서 중국 인민 해방군이 직접 출동해 아군 작전을 지원해 주실 것을 간절히 바랍니다."[32]라고 구원을 호소하는 편지를 보냈다.

10월 1일 김일성은 박헌영·유성철·이유민(노동당 중앙위원)을 원병 요청 사절단으로 베이징에 급파했다. 10월 13일 밤 12시, 마오쩌둥은 북한 대표단에게 "중국 정부는 조선 전쟁에 지원군을 파견하기로 결정했다. 우리는 중국 지원군 사령관으로 펑더화이(彭德懷) 동지를 임명했다. 당신들이 펑더화이와 가오강(高崗) 두 동지들과 손을 잘 잡으면 모든 문제는 다 해결될 것"이라고 통보했다. 이렇게 중공

사진15. 압록강을 건너는 중공군

군 출병 일자는 10월 19일로 결정되었다.

그러나 중공군의 불법 개입에도 불구하고 전쟁은 승패를 결정짓지 못하는 혼미 국면을 계속하다가 휴전으로 전투가 중지되었다. 소련으로부터 최첨단 무기와 항공기, 각종 야포와 작전 계획까지 제공받고, 중공군으로부터 베테랑 전투 부대 3개 사단, 실전 경험이 풍부한 군사 간부들까지 제공받은 김일성이었다.

스탈린과 김일성에게 실컷 이용만 당한 박헌영

김일성은 오합지졸이나 다름없을 것으로 여겼던 국군을 무너뜨리지 못했다. 그뿐만 아니라 남조선 해방은커녕 소련이 알토란같이 키워놓은 '민주 기지' 북한마저 통째로 빼앗길 뻔했다. 압록강까지 밀려난 김일성이 기적처럼 기사회생한 것은 오로지 중공군 덕분이었다.

때문에 정전이 되면 정적(政敵)들이 모험적 전쟁을 일으킨 죄를 물어 시비를 걸어올 가능성을 배제할 수 없는 상황이었다. 권력의 향방에 신출귀몰한 재주를 지닌 김일성은 먼저 선수를 쳐서 정적들을 공격하여 대숙청을 감행했다.

박헌영은 1953년 3월 11일 체포되어 사회안전성 예심국 유치장에 감금되었으며, 1955년 11월에 그의 기소장이 작성되었다. 박헌영은 1955년 12월 15일 미제의 간첩 혐의로 사형을 선고받아 1956년 무렵 형이 집행되었으며 그의 재산은 몰수되었다.

김일성은 박헌영을 처형한 후 "미국 놈의 고용 간첩인 박헌영은 남조선에서 지하당원이 20만 명이나 되고, 이 가운데 서울

사진16. 미국 간첩으로 몰려 숙청당한 박헌영

에만 6만 명이 있다고 떠벌렸는데, 20만 명은 고사하고 우리가 낙동강 경계선이 진출할 때까지 단 한 건의 폭동도 없었다. 만약 부산에서 노동자들이 몇천 명이라도 일어났더라면 우리는 반드시

부산까지 해방시켰을 것이고, 미국 놈들은 상륙하지 못했을 것"[33]
이라고 연설했다.

　스탈린은 미·중을 한반도로 끌어들여 싸우도록 하기 위해 김일성과 박헌영의 남침 요청을 허락했다. 이것으로 미군을 한반도에 묶어둠으로써 유럽에서의 군사적 압력을 분산시키고, 그 틈을 이용하여 동유럽에서 사회주의를 강화한다는 대 모략을 수행하기 위해서였다. 박헌영은 스탈린의 흉계를 전혀 이해하지 못하고 남침에 앞장서는 바람에 김일성과 스탈린의 꼭두각시 노릇만 하다가 제거당함으로써 머저리 짓만 골라서 한 셈이 되었다.

주

1　국방부 전사편찬위원회, 1967, 705.
2　북한연구소, 1978, 226, 479.
3　장준익, 1991, 111.
4　국방부 전사편찬위원회, 1984, 706.
5　장준익, 1991, 104-106.
6　김성보, 2014, 141-142.
7　박갑동, 1990, 66.
8　김중생, 2000, 29.
9　Torkunov, Anatoly V., 2003, 44-45.
10　김성보, 2014, 143.
11　장준익, 1991, 114.
12　주지안롱(朱建榮), 2005, 41.
13　하기와라 료(萩原遼), 1995, 136.
14　양성철, 1987, 110.
15　이기봉, 1989, 464.
16　Torkunov, Anatoly V., 2003, 81-82.
17　Torkunov, Anatoly V., 2003, 85.
18　Torkunov, Anatoly V., 2003, 97-98
19　서대숙, 1989, 106.
20　이세기, 2015, 61.
21　이세기, 2015, 25.
22　박병엽, 2014, 298-307.
23　박병엽, 2014, 308.
24　장준익, 1991, 200.
25　장준익, 1991, 189.
26　이기봉, 1989, 467-469.
27　박병엽, 2014, 314.
28　이기봉, 1989, 174.
29　임은, 1989, 217.
30　유성철, 1990.
31　하기와라 료(萩原遼), 1995, 266-267.
32　이동현, 1995.
33　유성철, 1990.

제2장 6·25전쟁과 이승만의 대한민국 수호 전쟁

남정옥 | 단국대학교에서 미국 현대사를 전공하고 박사 학위를 받았다. 국방부 군사편찬연구소에서 20여 년간 책임연구원으로 재직하며 6·25전쟁사, 한미군사관계사, 이승만 대통령, 박정희 대통령 관련 저서 30여 권과 논문 50여 편을 썼다. 현재 박정희대통령기념관 도서연구실장으로 있다.

들어가는 글

우남(雩南) 이승만(1875-1965) 박사는 건국 대통령으로서 임진왜란 이후 민족 최대의 위기인 6·25전쟁을 극복하고 국권을 수호한 세계적인 국가 지도자였다. 그렇지만 한국 현대사에서 이승만에 대한 평가는 정치적 영욕이 엇갈렸던 그의 일생과 업적을 대변하듯 두 개의 얼굴을 지닌 야누스(Janus)적 인물로 포폄(褒貶) 되고 있다.

사진17. 이승만

대체로 이승만을 긍정적으로 평가하면서 그를 옹호하는 학자들은 이승만을 희세(稀世)의 위재(偉才)[1], 외교의 신[2], 대한민국의 국부·아시아의 지도자·20세기의 영웅[3], 조지 워싱턴(George Washington)·토머스 제퍼슨(Thomas Jefferson)·에이브러햄 링컨(Abraham Lincoln)을 모두 합친 만큼의 위인, 한국의 조지 워싱턴[4] 등으로 격찬하고 있다. 반면 이승만을 부정적으로 평가하는 학자들은 그를 남북 분단의 원흉, 친일파를 비호하고 중용함으로써 민족정기를 흐려 놓은 장본인, 남한의 대미 종속을 심화시킨 미제의 앞잡이, 유엔의 문제아, 작은 장개석(蔣介石), 권력에 타락한 애국자, 6·25전쟁의 유발 내지는 예방 전쟁에 실패한 사람[5]이라고 사실과 다르게 폄하(貶下)하고 있다.[6]

그럼에도 불구하고 이승만과 함께 6·25전쟁을 지휘했던 한국군과 미군의 장군들은 이승만을 훌륭한 영도자와 반공 지도자로 평가하는 데 주저하지 않고 있다. 6·25전쟁을 전후하여 육군 참모총장을 두 차례나 역임했던 백선엽 장군은 "전쟁의 위기를 이승만이 아닌 어떠한 영도자 아래서 맞이했다고 해도 그보다 더 좋은 결과를 얻지 못했을 것이다."라고 회고했다.[7] 또 유엔군 사령관을 지낸 클라크(Mark W. Clark) 장군은 전쟁이 끝난 후 미국의 한 텔레비전 방송에서 "나는 지금도 한국의 애국자 이승만을 세계에서 가장 위대한 반공 지도자로 존경하고 있다."라고 증언하면서[8] 이승만을 '위대한 사람(great man)'으로 평가했다.[9] 이러한 맥락에서 전쟁 동안 미 제8군 사령관을 지내며 이승만을 가까이서 보좌했던 밴 플리트(James A. Van Fleet) 장군도 이승만을 "위대한 한국의 애국자", "강력한 지도자", "강철 같은 사나이이자 카리스마적인 성격의 소유자"로 흠모하면서,[10] "자기 체중만큼의 다이아몬드에 해당하는 가치를 지닌 인물"로 평가했다.[11] 밴 플리트 장군의 후임인 테일러(Maxwell D. Taylor) 장군 역시 "한국의 이승만 같은 지도자가 베트남에도 있었다면, 베트남은 공산군에게 패망하지 않았을 것"이라며 이승만의 영도력에 찬사를 아끼지 않았다.[12]

그렇다면 이승만은 6·25전쟁 중 어떻게 했기에 대한민국을 전란의 와중에서 구하고, 나아가 전쟁에 참전했던 국군과 미군 지휘관들로부터 그런 평가를 받게 되었을까? 그것은 이승만이 전쟁 중 '반드시 해야 할 일'과 '절대로 해서는 안 될 일'을 명확히 구분했기 때문일 것이다. 그는 국가의 중대사를 결정하거나 행동에 옮길 때면 어떤 선택이 국가 이익과 민족의 생존에 도움이 되는지를 최우선에 두었다.

이승만에게 6·25는 독립운동보다 더 어려운 '제2의 독립 전쟁'이었다

북한의 남침 당시 남·북한 전력은 현격한 차이를 보였다. 북한은 국군에게 단 한 대도 없는 전차 242대와 전투기 226대 그리고 2대 1의 우세한 병력을 앞세워 대한민국을 공격했다. 여기에 북한은 항일전과 국공내전(國共內戰)에서 단련된 중공군 내 한인 병사 5~6만 명을 인민군으로 편입시켰다. 북한은 이러한 현대식 무기와 소련 군사 고문단이 작성해 준 남침 계획으로 전쟁을 일으켰다. 이러한 북한의 전력을 불과 2년밖에 안 되는 한국 정부가 막아낸다는 것은 불가능한 일이었다.

이승만은 그런 남북한의 전력 차이에 대해 "제갈량(諸葛亮)이 국무총리였어도 공산군의 장총대포(長銃大砲)와 전차를 막을 수 없었을 것이고, 또 정부가 이에 대한 대책을 미리 세우지 못한 것은 미국의 군사 물자가 오지 않아 그렇게 된 것이다."라고 말했다[13]. 당시는 정부가 수립된 지 채 2년도 되지 않은 상황에서 6·25전쟁을 맞이했기 때문에 현대전을 지도하고 수행할 수 있는 전쟁 관리 능력이나 위기관리 능력이 축적될 수 있는 여건이 못 되었다.

또한 이승만에게는 전쟁 수행에 제한 요소가 많았다. 미국의 절대적 지원에 의존하고 있는 상황에서 대한민국 단독으로 전쟁을 수행할 능력이 없었다. 당시 대한민국은 소총 하나 만들 수 없는 나라였다. 모든 것을 미국으로부터 지원받고 있을 때였다. 더군다나 미국의 소극적인 대한 정책 하에서 비록 이승만이 대통령이라고 해도 할 수 있는 것은 극히 제한적이었다. 이승만은 전쟁 이전 미국에 태평양 동맹 체결, 한미상호방위조약 체결, 미군 주둔, 진해 해군 기지 제공, 전차와 항공기 등 무기 지원 등을 수차례에 걸쳐 강력히 요청했으나 모두 거절당했고, 그런 상태에서 1950년 6월 25일 새벽에 북한의 기습 남침을 받았던 것이다.

게다가 이승만은 북한의 김일성처럼 전쟁 기간 내내 임기를 보장받는 것도 아니었고, 제2차 세계대전 시 영국의 처칠(Winston S. Churchill) 수상이나 미국의 루스벨트(Franklin D. Roosevelt) 대통령처럼 전쟁을 지도할 수 있도록 국회와 국민으로부터 전폭적인 비상 대권이 주어진 것도 아니었다. 그렇지만 북한의 김일성은 전쟁 초기에 이미 입법·사법·행정권은 물론이고, 최고사령관을 겸함으로써 군령권까지 행사하고 있었다.

여기에 북한은 소련과 중국의 적극적인 지원이 있었다. 반면 전력의 절대적 열세와 힘없는 신생 약소국가의 지도자로서 전쟁을 수행해야 하는 이승만에게 6·25는 항일 독립운동에 이은 '제2의 독립 전쟁'이나 마찬가지였다. 전쟁 수행 과정에서 북진 통일과 휴전을 놓고 미국과 유엔을 상대로 설전(舌戰)을 해야 했고, 국가의 운명과 민족의 생존권을 놓고 공산군과는 전선에서 피를 흘리는 혈전(血戰)을 치러야 했기에 그에게는 너무나도 어려운 전쟁이었을 것이다.

이승만의 전쟁 목표는 처음부터 북진 통일이었다

6·25전쟁 시 이승만 대통령의 목표는 북진 통일이었다. 그는 북한의 불법 남침을 남북통일의 절호의 기회로 여기고, 8·15 광복 후 일본군 무장 해제를 위해 미국과 소련을 비롯한 연합국에 의해 인위적으로 형성된 38도선은 북한이 침범했기 때문에 더 이상 의미 없다고 주장했다. 하지만 전쟁에 참전한 유엔과 미국의 전쟁 목표는 전쟁 이전 상태를 의미하는 38도선 회복이었다. 이에 이승만은 남북통일에 걸림돌이 될 38도선의 폐지부터 들고 나섰다. 이승만 대통령은 1950년 7월 19일 미국의 트루먼(Harry S. Truman) 대통령에게 보낸 서한에서 "소련의 후원으로 수립된 북한 정권이 무력으로 38도선을 파괴하고 남침한 이상, 38도선을 더 이상 존속할 이유가 없어졌으며, 이에 전쟁 이전의 상태로 돌아간다는 것은 도저히 있을 수 없다"라고 항변했다.[14]

인천상륙작전에 성공한 후인 1950년 9월 20일 인천상륙작전 경축 대회에서도 이승만은, "지금 세계 각국 사람들이 38도선에 대해 여러 가지로 말하고 있으나, 이것은 다 수포로 돌아갈 것이다. 본래 우리 정부의 정책은 남북통일을 하는데 한정될 것이요. 소련이 북한을 도와 민주 정부를 침략한 것은 민주 세계를 토벌하려는 것이므로 유엔군이 들어와서 공산군을 물리치며 우리와 협의하여 싸우고 있다. 이에 우리가 38도선에서 정지할 리도 또 정지할 수도 없다. 지금부터 이북 공산도배를 소탕하고, 38도선을 압록강과 두만강까지 밀고 가서 철의 장막을 쳐부술 것"을 호소했다.[15]

1950년 9월 29일 서울 환도식이 끝난 후 이승만 대통령이 맥아더 (Douglas MacArthur) 장군에게 "지체 없이 북진해야 한다."라고 말하자 맥아더 장군은 "유엔이 38도선 돌파 권한을 부여하지 않았다"라고 대답했고, 이에 이승만 대통령은 "유엔이 이 문제를 결정할 때까지 장군은 기다릴 수가 있겠지만, 국군의 북진을 막을 사람은 아무도 없을 것이오. 내가 명령을 내리지 않아도 국군은 북진할 것이오."라고 말했다. 그날부로 이승만 대통령은 정일권 육군총장에게 북진 명령을 내려 국군이 38도선을 돌파케 했다.[16] 이에 정일권 육군총장은 국군 1군단이 있는 강릉으로 가서 김백일 군단장에게 이승만 대통령의 뜻을 전하고 함께 38도선에 가장 먼저 도착한 국군 3사단 23연대로 가서 38도선 돌파 명령을 내렸다. 이때가 1950년 10월 1일 오전 11시 25분이었다. 이처럼 38도선 돌파는 이승만 대통령의 통일을 향한 강력한 의지와 결단에 의해 이뤄졌다.

사진18. 중앙청에서 열린 서울 환도식 장면(1950. 9. 29.) 이승만 대통령이 연설을 하고 있다.

사진19. 김백일. 국민일보 DB.

국군 작전 지휘권 위임은 연합 작전의 효율성을 위해서였다

이승만은 1950년 7월 7일 유엔 안보리에서 '유엔군 사령부' 창설 결의안이 채택되고, 다음날 맥아더가 유엔군 사령관에 임명되자 국군의 작전 통제권을 맥아더 장군에게 위임하는 조치를 취했다. 이승만은 7월 14일 맥아더에게 보낸 개인 서신에서 "현재의 전쟁 상태가 계속되는 동안(during the period of the continuation of the present state of hostilities)" 한국의 육·해·공군에 대한 지휘권을 맥아더 장군에게 위임한다고 밝혔고[17] 맥아더는 7월 18일, 주한 미국 대사를 통해 이승만에게 이를 수락한다는 답신을 보냈다. 이는 이승만 대통령이 유엔 회원국이 아닌 나라의 군인을 유엔군의 일원으로 싸울 수 있도록 통수권적 차원에서 내린 조치였다.

그러나 미 제8군 사령부의 한국군에 대한 작전 통제는 미 8군과 한국의 육군본부가 상하 관계라는 위치 때문에 작전 시 복잡한 문제를 야기할 수도 있었다. 이에 미 8군 사령관 워커(Walton H. Walker) 장군은 작전을 실시함에 있어서 한국의 육군본부에 명령하기보다는 요청하는 형식을 취함으로써 한국군과 조화를 이루며 효율적인 관계를 유지해 나갔다.

그러나 중공군 개입 이후 유엔군과 작전 수립 과정에서 한미 간에 갈등이 발생하자 이승만은 이를 해결하기 위해 유엔군 부사령관을 한국군 장성으로 임명해 줄 것을 유엔군 사령부에 정식으로 요청했다. 하지만 미국은 언어 장벽 및 작전상의 혼선을 거론하며 한국군 부사령관의 임명에 제동을 걸었다. 이에 이승만 대통령은 유엔군의 작전 계획 수립 과정에서 한국군의 의견을 반영할 '한국 군사 사절단(Korean Liaison Group)'을 편성하여 유엔군 사령부에 파견했다.[18] 이때부터 유엔군 사령부에는 한국 군사사절단이 파견돼 유엔군 작전에 관여하게 되었다. 첫 한국 군사 사절단장에는 초대 공군 참모총장을 역임한 김정렬 소장이 파견되어 활동했다.

국익에 위배되는 일은 결코 하지 않았다

망명 정부 반대

이승만은 전선이 낙동강까지 밀린 1950년 7월 29일 밤, 프란체스카(Donner Francesca) 여사를 불러 일본 도쿄(東京)의 맥아더 사령부로 떠나라고 했다. 그러나 프란체스카가 "최후까지 대통령과 함께 있겠다."라며 남겠다고 하자 그녀의 손을 꼭 잡으며 "나는 다시는 망명 정부를 만들지 않을 거야. 우리 병사들과 같이 여기서 최후를 마칩시다."라며 비장한 결의를 다졌다.[19]

1950년 8월 9일 임시 수도 대구에서 대통령이 주재하는 국방·내무·교통·상공·재무부 장관으로 구성된 전시 내각이 소집됐다. 전시 내각에서는 비상시에 정부를 어디로 옮겨야 하는가 하는 문제가 논의됐다. 이 자리에서 이승만은 최악의 경우 정부는 제주도로 옮겨야 하겠지만, 자신은 대구를 사수하겠다고 말했다.

그런데 8월 14일 총공세에 의해 대구가 적의 공격권에 들어가자 무초(John J. Muccio) 미국 대사는 정부를 제주도로 옮길 것을 이승만에게 건의했다. 무초는 그곳이 적의 공격으로부터 멀리 떨어져 있고 최악의 경우 남한 전체가 공산군에 점령된다 해도 망명 정부를 지속시켜 나갈 수 있을 것이라고 했다.

무초가 한참 열을 올려 얘기하고 있을 때 이승만은 허리에 차고 있던 모젤 권총을 꺼내들었다. 순간 무초의 입이 굳어져 버렸고 얼굴색도 하얗게 질려버렸다. 옆에 있던 프란체스카도 깜짝 놀랐다. 이승만은 권총을 아래위로 흔들면서 "이 총으로 공산당이 내 앞까지 왔을 때 내 처를 쏘고 적을 죽이고 나머지 한 알[발]로 나를 쏠 것이오. 우리는 정부를 한반도 밖으로 옮길 생각은 없소. 모두 총궐기하여 싸울 것이오. 결코 도망가지 않겠소."라고 단호히 말했다.[20] 이에 놀란 무초 대사는 더 이상 말을 못하고 돌아갔다.

미 8군 사령관 워커는 9월 7일 영천 방어가 어렵게 되자 맥아더 사령관이 미 8군의 전면 철수를 고려하라고 했다는 내용을 정일권 총장에게 알려주었다. 그러면서 워커는 자신의 생각이라며 국군 2개 사단과 민간인 10만 명에 대한 철수 계획을 세우라고 했다. 워커는 정 총장이 승낙하면 맥아더 사령관에게 건의하여 수송 선박을 준비하겠다고 했다. 철수 장소에 대해서는 아메리카 군도라고 했으나, 정일권은 괌 아니면 하와이가 될 것이라고 추측했다.

사진20. 영천 재탈환 후(1950년 9월 7일) 제2군단사령부를 방문한 이승만 대통령(오른쪽 3번째)과 유재흥 제2군단장(오른쪽 5번째)

사태의 중대성을 인식한 정 총장은 다음날 새벽 경무대로 이승만을 찾아가 미군의 철수 계획을 보고했다. 꼿꼿한 자세로 눈을 지그시 감고 보고를 받던 이승만은 "워커, 그 사람 보기보다는 여간 겁쟁이가 아니구

먼. 망명의 설움을 안고 하와이에서 외롭게 일본 제국주의와 싸웠던 나, 이승만에게 이제는 겨레를 이끌고 다시 그곳으로 망명하라는 것인가!"라며 격노했다. 이어 이승만은 "워커 장군에게 말하시오. 나, 대한민국 대통령 이승만은 누가 가자고 해서 나의 조국을 등질 비겁자가 아니라고 말하시오. 나, 이승만은 영천이 무너져 공산군이 여기 부산에 오면 내가 먼저 앞에 나서서 싸울 것이오. 그래서 내 침실 머리맡에는 언제나 권총이 준비돼 있다고 말하시오!"라며 의연하게 말했다.[21]

한국 망명 정부 문제는 중공군 개입 이후 유엔군이 철수하는 과정에서 다시 제기됐다. 중공군의 신정 공세에 따라 미국은 최악의 경우 망명 정부를 유지하며 저항을 계속하도록 한국을 지원할 것을 정책 목표로 설정했다. 미국 정부가 1951년 1월 12일 마련한 유엔군의 전쟁 지도 지침을 보면, "유엔군은 일단 일본으로 철수시키되 한국 정부와 군경을 제주도로 이전시켜 저항을 계속할 수 있도록 지원한다."라는 것이었다.[22] 미국 정부는 만일의 경우에 대비하여 한국 정부의 망명 지역으로 필리핀·사모아·피지의 남양 군도·하와이·홋카이도 등을 고려했으나, 최종 지역은 제주도·일본·류큐 열도(오키나와 제외)·대만 등으로 선정해 놓고 있었다.[23]

하지만 이승만은 망명 정부 운운에 대해서는 단호하게 반대했다. 이승만과 같이 국제정세를 꿰뚫는 강단 있는 지도자가 없었다면 대한민국은 전황이 불리해질 때마다 제주도나 해외에 망명 정부를 수립하지 않으면 안 되었을 것이다.

일본군의 참전 및 해양 주권선 침범 결사반대

중공군의 개입으로 1951년 1·4후퇴 직후 미군 수뇌부가 유엔군에 일본군 편입 가능성을 검토했을 때, 이를 알게 된 이승만 대통령은 크게 화를 냈다. 이승만 대통령은 1951년 1월 12일 미군 수뇌부에게 "만일 일본군이 참전한다면 국군은 일본군부터 격퇴한 다음 공산군과 싸울 것이다."라며 극도의 불쾌감을 나타냈다.[24] 그가 장개석(蔣介石)의 자유 중국군의 파한(派韓)을 극구 반대한 이유 중의 하나도 "일본군을 끌어들일 명분을 주지 않기 위함이었다."라며 1953년 4월 자신의 정치 고문인 올리버(Robert Oliver) 박사에게 쓴 편지에서 밝히고 있다[25].

이처럼 이승만 대통령은 일본에 대해서만큼은 한 치의 허점도 보이지 않으려 노력했고, 대통령 재임 동안 이를 일관성 있게 추진했다. 그중 대표적인 것이 독도의 영유권 문제였다. 이승만 대통령은 전시임에도 불구하고 1952년 1월 18일 '대한민국 인접 해양의 주권에 관한 대통령 선언'을 통해 독도가 대한민국 영토임을 천명했다. 이승만은 이른바 '평화선(일명 이승만 라인)'을 선포해 독도를 명실상부한 대한민국 영토로 선언했다.[26]

일본은 이것이 반일적인 이승만 대통령의 작품이라면서 '이승만 라인'을 비난하고 미국·영국·일본·자유중국 등 우방국들까지 항의하자, 담화를 통해 "한국이 해양 상에 선을 그은 것은 한일 간의 평화 유지에 있다."라고 오히려 반박했다.

이승만이 이렇게 한 데에는 이유가 있었다. 이승만은 공보처장 갈

홍기에게 "신라시대부터 왜구의 등쌀에 시달려와 나중에는 임진란, 합방까지 됐어. 지금 저놈들 망했다고 해도 먼저 깨일 놈들이야. 그냥 내버려 두면 해적 노릇 또 하게 돼. 우리 백성은 순박하기 짝이 없어. 맞붙여 놓으면 경쟁이 될 수 있나, 떼어 놓아야지… 어딘지 하나 금(線)을 그어 놔야지. 준비가 될 때까지 못 넘어오게 해야 돼."라며 이에 대한 배경을 설명했다.[27]

변영태 외무부 장관도 "독도는 일본의 한국 침략에 대한 최초의 희생물이다. 해방과 함께 독도는 다시 우리의 품에 안겼다. 독도는 한국 독립의 상징이다… 독도는 단 몇 개의 바위 덩어리가 아니라 우리 겨레의 영예(榮譽)의 닻이다. 이것을 잃고서야 어찌 독립을 지킬 수 있겠는가. 일본이 독도 탈취를 꾀하는 것은 한국의 재침략을 의미하는 것이다."라며 독도 수호 의지를 밝혔다.[28]

휴전은 한국에게 자살을 강요하는 행위라며 반대

6·25전쟁 때 중공군의 개입은 전쟁을 전혀 새로운 국면으로 몰고 갔다. 한만(韓滿) 국경을 눈앞에 두고 있던 국군과 유엔군에게는 청천벽력과 같은 일이었다. 미국은 중공군 참전이라는 새로운 상황을 맞아 확전·철군·휴전 방안을 놓고 다각적으로 검토했다. 그 결과 1950년 12월 4일~8일 워싱턴에서 미국과 영국의 정상은 유엔 후원하에 전쟁 이전 상태에서 휴전을 모색하는 것이 최선의 방안이라고 결론을 내렸다. 그 무렵 유엔에서도 휴전에 의한 전쟁 종결을 본격적으로 거론하고 있었다. 그런 분위기는 1951년 5월, 미국이 명예로운 휴전 정책을 채택하면서 비로소 종결되었다.

특히 1951년 6월 23일 미국과의 막후 협상 끝에 유엔 소련 대표 말리크(Yakov A. Malik)가 휴전협상을 제의하면서 전쟁은 새로운 국면을 맞았다. 하지만 휴전 회담은 북진 통일을 전쟁 목표로 삼고 매진해 왔던 이승만 대통령에게는 수용하기 힘든 일이었다. 소련의 유엔 대사 말리크의 연설 후, 미국은 유엔군 사령관 리지웨이(Matthew B. Ridgway) 장군과 미국 대사 무초를 통해 그들의 휴전 방침을 한국에 통보했다.

이에 이승만 대통령은 긴급 국무회의를 소집해 "우리에게 한반도 통일은 최소한의 요구다. 휴전 회담이 있을 때 한국의 입장이 무시되어서는 결코 안 된다."라며 정부의 입장을 발표했다.[29] 또 6·25 발발 1주년 기념 연설에서 이승만 대통령은 "모든 공산당을 압록강 너머로 몰아낼 때까지 유엔은 자기들이 공언한 사명에 충실할 것을 요구한다. 유엔은 지금의 진격을 멈추지 않기를 바란다."라며 북진 통일의 희망을 포기하지 않았다.[30]

그렇지만 국제 사회의 반응은 소련의 말리크가 던진 휴전협상이라는 빵 조각을 받아먹으려고 허둥대는 꼴이었다. 인도의 네루(J. Nehru)는 전쟁 중지를 요구하기 위해 동남아시아 국가들을 규합했고, 아랍 연맹은 중공에 대한 더 이상의 압력을 거부한다고 밝혔다. 트루먼 대통령도 미국 독립 기념 연설에서 "한국은 보다 광범위한 투쟁의 한 부분에 지나지 않음을 기억하라면서 충분한 정보를 가진 '미국' 대통령만이 현명한 결정을 내릴 수 있다."라고 말했다.[31] 영국 언론도 한국에서 유엔군 철수를 용이하도록 하는 등 '반(反) 이승만 노선'을 채택하며 이승만의 휴전 반대를 압박했다.

이승만 대통령은 '유엔의 문제아'라는 비난에도 아랑곳하지 않고 휴전을 완강히 반대했으나, 대세는 휴전으로 가고 있었다. 1953년 4월 포로 교환이 현실화되자, 이승만도 이제 휴전이 불가피하다는 것을 깨닫고 휴전협상 초기에 제시했던 중공군의 완전 철수와 북한군 무장 해제 외에도 한미상호방위조약 체결·경제 원조·국군 증강을 휴전 조건으로 제시했다. 그는 "약소국 입장에서 미국에 순응해 휴전에 협조하면 비록 칭찬을 받을지 모르나, 그것은 '한국의' 자살을 재촉하는 행위"라며 배수진을 쳤다.[32]

전쟁 승리와 국익을 위해 해야 할 일은 반드시 했다

전선 시찰과 국군 사기 진작

이승만 대통령은 국군 통수권자로서 역할과 소임을 다했다. 80세를 바라보는 노령에도 불구하고 그는 매주 전선 시찰을 통해 장병들을 격려하고 사기를 진작시켰다. 미 8군 사령관 밴 플리트 장군은 이승만 대통령이 전선 시찰을 하러 가는 모습을 보고 "내 재임 거의 2년간을 평균 1주일에 한 번씩 나와 함께 온갖 역경을 마다하지 않고 전방과 훈련 지역을 시찰했다. 추운 날 지프를 타야 할 때면 죄송하다는 내 말에 미소로 답하고는 자동차에 올랐다. 목적지에 도달할 때까지 그의 밝은 얼굴과 외투 밖으로 보이는 백발은 검은 구름 위에 솟은 태양처럼 빛났다."라고 회고했다.[33]

이승만은 대통령으로서 장병들과 고난을 함께한다는 애군(愛軍) 정신으로 계절이나 기후에 관계없이 노구를 이끌고 전선을 방문하고 격려했다. 그의 전선 시찰은 한여름의 폭염과 장마, 겨울의 혹독

사진21. 이승만 대통령의 전선 시찰(가운데), 이승만 왼쪽에 정일권 장군, 오른쪽에 테일러 미8군사령관

한 추위에 관계없이 전쟁이라는 가장 어려운 상황 속에서 이뤄졌다. 그는 지프차로, 안전성이 없는 헬기로, 경비행기로 전선의 곳곳을 누볐다.

낙동강 전선의 최대 위기인 영천 전투가 끝날 무렵 이승만은 영천의 국군 8사단을 방문하고 격려했다. 이때 주변에는 적의 박격포가 떨어지는 상황이었다. 이승만은 1952년 10월 중부 전선에서 백마고지를 놓고 중공군과 혈전을 치르고 있는 국군 9사단을 방문하여 "귀관들이 막강한 미군 사단들 못지않게 용감하게 싸워 국위를 선양하고 있기 때문에 내가 용기를 얻어 국정을 보살피고 있다."라고 격려하며 부상병들에게는 "후방에 있는 사람들이 이 사실을 잘 새겨 둬야지."라며 눈물을 머금은 채 말문을 잇지 못했다. 대통령의 격려를 받은 김종오 사단장은 "노(老) 대통령이 내 손을 꼭 잡고 눈물을 적실 때 가슴을 메웠으며, 기필코 이 전투를 이기고야 말겠다는 각오를 되새기게 됐다."라고 술회했다.[34] 이승만은 백마고지 전투에서 국군 9사단이 승리하자 이를 격려하기 위해 부슬비가 오는 궂은 날씨에도 아랑곳하지 않고 경비행기로 전선을 방문하여 사단 장병들을 감읍(感泣)하게 했다.

특히 이승만은 1951년 9월 중동부 전선의 최대 격전지인 단장의 능선 전투를 앞둔 장병들을 격려하기 위해 부산에서 강원도 양구의 '펀치볼(punchbowl)'까지 쌍발기와 연락기를 번갈아 타고 최전선 지역을 방문했다. 그가 탄 연락기는 조종사 뒤에 겨우 한 사람이 앉도록 마련된 뚜껑이 없는 비무장 소형 비행기였다.[35] 대통령이 전선 시찰을 마치고 임시 경무대가 있는 부산으로 복귀할 때 기상 악화로 부산에 착륙하지 못하고 연료 부족으로 대구로 돌아가야만 했다. 하지만 그곳도 짙은 구름에 휩싸여 착륙할 수 없게 되자, 어쩔 수 없이 옅게 안개가 깔린 포항 근처 비행장에 불시착했다.

이처럼 이승만의 전방 시찰은 날씨나 기후에 관계없이 이른 새벽이나 늦은 밤에 움직여야 했기 때문에 어렵고 힘들었다. 하지만 대통령은 늙은 어버이가 사랑하는 자식을 찾아가듯 밝고 활기찬 모습으로 전선을 방문하고, 국가 수호 정신을 국군 장병들에게 역설했다. 이승만은 그런 대통령이었다.

한국의 생존권을 위해 한미상호방위조약·경제 지원·한국군 증강 약속을 받아냈다.

이승만의 휴전 반대에도 불구하고 미국이 그들의 휴전 정책을 밀어붙이자, 이승만은 휴전을 양보하는 대신 미국을 상대로 전후 한국의 생존에 필요한 안보를 확보하려고 했다. 그는 미국에 전후 한국에 가장 절실한 한미상호방위조약을 휴전 이전에 체결해 줄 것을 요구했다. 그러나 미국은 이를 회피했다. 이에 이승만은 반공 포로 석방을 단행함으로써 한국도 마음만 먹으면 무엇이든지 할 수 있다는 것을 보여주었다. 이는 '이승만식 대미 경고'였다.

덜레스(John F. Dulles) 미 국무장관이 아이젠하워(Dwight Eisenhower) 대통령에게 "이렇게 되면 최악의 경우 전면전이 불가피하고, 자칫 확전으로 인해 원자폭탄을 사용할지도 모른다."라고 할 정도로 반공 포로 석방은 미국에 큰 충격이었다.[36] 미국은 휴전협상에 걸림돌 역할을 하는 이승만을 제거하려고 계획했으나 실행에 옮기지는 못했다.

마침내 미국은 로버트슨 특사를 한국에 보내 이승만 대통령과 협상을 하게 했다. 이때 이승만은 휴전을 반대하지 않는다는 조건으로 미국으로부터 한미상호방위조약, 경제 원조, 국군 20개 사단 증강 등 엄청난 군사 및 경제 원조를 받아냈다.

이에 따라 한미 양국은 정전 협정이 체결된 후인 1953년 10월 1일 워싱턴에서 변영태 외무부 장관과 덜레스 미 국무장관이 한미 상호방위조약을 체결하였고, 이 조약은 양국 국회의 비준을 받아 1954년 11월 17일 발효되었다. 이로써 굳건한 한미동맹이 출발할 수 있게 되었다.

사진22. 한미상호방위조약 체결 장면(1953.10.1, 미국 워싱턴). 덜레스 미 국무장관(왼쪽), 변영태 외무부장관(오른쪽)

맺음말

이승만의 전시 행동을 보면, 그는 친미주의자도 반미주의자도 아닌 미국을 잘 활용하는 '용미주의자(用美主義者)'였다. 그의 가슴속에는 오로지 국가 이익과 민족의 장래만이 있었다. 오죽했으면 전쟁 과정에서 미국 및 유엔의 휴전 정책에 반대하는 이승만을 미국이 제거하려고 했겠는가? 그것만 봐도 이승만의 진면목을 알 수 있다. 이승만은 전쟁 발발 후 38도선 폐지와 북진 통일을 위해 노력했다. 그 과정에서 이승만은 미국으로부터 지원을 받는 입장임에도 불구하고 북진 통일을 위해 국군 통수권자로서의 소임을 다했다. 전쟁 지도자로서 이승만에게 국가 이익에 바탕을 둔 뚜렷한 전쟁 목표가 없었다면 한국도 베트남 전쟁의 '남베트남'처럼 공산화되었을 것이다.

또한 이승만은 전쟁 상황이 아무리 어려워도 망명 정부, 일본군 참전, 그리고 자유 중국군의 한반도 투입을 받아들이지 않았다. 그것은 전쟁 수행과 국가 이익에 결코 도움이 되지 않는다는 그의 확고한 정치적 신념에서 나왔다. 그에게 그런 의지가 없었다면 오늘날의 대한민국이 존재하기 어려웠을 것이다.

특히 이승만은 제2의 6·25를 방지하고 전후 대한민국이 살 수 있는 길을 마련했다. 그것은 바로 미국으로부터 얻어낸 한미상호방위조약과 국군의 전력 증강 그리고 경제 지원이었다. 대신 이승만이 미국에 준 것은 휴전에 반대하지 않는다는 것뿐이었다. 이에 따라 미국은 1953년 10월 1일 한미상호방위조약을 체결하고, 1954년

11월 17일 한미합의의사록에 의해 국군 72만, 해군 함정 79척, 공군 전투기 100대 지원 그리고 군사 및 경제 원조로 70억 달러의 지원을 약속했다. 이것은 전후 대한민국이 튼튼한 안보 속에 경제 발전을 이룰 수 있게 한 원동력이었다. 임진왜란 때 조선이 명(明)나라의 도움을 받고 '다시 국가를 세우게 한 은혜'라는 의미로 '재조지은(再造之恩)'이라며 명을 치켜세우고 엄청난 조공을 바쳤던 것과는 사뭇 대조적이다. 이승만은 단지 휴전에 반대하지 않는다는 조건 하나만으로 미국으로부터 한미상호방위조약을 비롯해 막대한 경제 및 군사 원조를 받아냈다.

미 8군 사령관과 유엔군 사령관을 차례로 역임한 리지웨이 장군은 자신의 회고록에서 "이승만은 공산주의에 대한 증오에서는 타협을 몰랐고, 자기 국민에 대한 편애가 심했고, 불가능한 일을 끈질기게 요구했으나 마음속에는 깊은 애국심으로 가득했고, 애국심에 의지해 오랜 망명 생활을 보내고 귀국한 이후 눈 뜬 시간의 거의 전부를 나라를 위해 바쳤다."라고 기술했다.[37] 국군과 미군의 지휘관들이 그를 존경하지 않을 수 없었던 이유가 바로 여기에 있다. 이승만은 바로 그런 위대한 국가 지도자였다.

이승만의 최대 강점은 국가를 위해 해야 할 일과 하지 말아야 할 일을 확실히 알고, 그 누구의 간섭이나 비난에도 굴하지 않고 그것을 실행에 옮겼다는 점이다. 그런 그의 행동 기준은 국가 이익과 민족의 장래였다. 그것이 대한민국을 전쟁의 위기 속에서 구해내고, 전후 재건을 통해 오늘날의 경제적 번영을 누릴 수 있는 안보적·경제적 토대를 제공했다. 이는 이승만이 아니고는 도저히 할 수 없는 일들이었다. 그런 점에서 이승만에 대한 올바른 학문적 평가가 이루어져야 할 것이다. 그렇게 될 때 대한민국은 비로소 더욱 성숙한 선진 국가로 거듭나게 될 것이다.

주

1   김인서, 1963.
2   외무부, 1959.
3   허정, 1974; 허정, 1979.
4   Oliver, Robert T., 2002, 342; 유영익 편, 2006, 478; Oliver, Robert T., 1960, 321.
5   김상웅, 1995, 282-285.
6   유영익 편, 2006, 476-477; 송건호, 1984, 253-254; Talyor, John M., 1989; Allen, Richard C., 1960.
7   백선엽, 1989, 351.
8   프란체스카 도너 리, 2006, 56.
9   백선엽, 1989, 277.
10   Braim, Paul F., 2002, 489.
11   로버트 올리버, 2002, 345.
12   프란체스카 도너 리, 2006, 57.
13   국방부, 1951, C6.
14   한표욱, 1984, 94-95.
15   대한민국 공보처, 1958, 39-40.
16   프란체스카 도너 리, 2010, 166.
17   서울신문사, 1979, 169.
18   김정렬, 1998, 151-153.
19   프란체스카 도너 리, 2010, 69.
20   프란체스카 도너 리, 2010, 98.
21   정일권, 1986, 86.
22   국방군사연구소, 1996, 351.
23   전쟁기념사업회, 1992, 303.
24   국방부, 1951, B88.
25   남정옥, 2010, 198.
26   국방부, 1953, C147-C148.
27   남정옥, 2010, 199-200.
28   박실, 1984, 294.
29   한표욱, 1984, 135.

30   Oliver, Robert T., 1990, 434-435.

31   Oliver, Robert T., 1990, 435.

32   한표욱, 1984, 160.

33   Oliver, Robert T., 2002, 329.

34   국방부전사편찬위원회, 1984, 243-244.

35   Oliver, Robert T., 2002, 330.

36   한표욱, 1984, 166-167.

37   Ridgway, Matthew, 1981, 176.

제3장 6·25전쟁의 기억할 국군 지휘관들

안재철 I 서강대학교 경영학과를 졸업하고, 미국 미네소타 주립대학교에서 경영학 석사 학위(MBA)를 받았다. 현재 The World Peace Freedom United(월드피스 자유연합) 대표로 있다. 저서로는 〈6 · 25 한국전쟁과 대한민국의 꿈〉, 〈생명의 항해〉가 있다.

최초 38선 돌파, 북진 선봉의 김백일 장군

김일성의 김백일 장군에 대한 증오심

김백일 장군은 6·25전쟁과 관련된 국군 지휘관 중 종북·좌익 주사파 세력의 선동으로 유독 많은 핍박을 받는 지휘관이다. 김 장군은 북한 김일성이 넌더리를 낼 정도로 악연이 많은 군인이었기 때문이다. 김일성이 그를 그토록 증오한 이유, 그리고 그가 대한민국의 자유 민주주의를 부정하는 세력들로부터 갖은 수모를 당한 이유는 다음의 네 가지로 요약된다.

첫째, 김일성이 가담했던 동북항일연군 공산 유격대를 추적하고 소탕하기 위해 만들어진 '간도특설대'에서 김백일 장군이 중대장으로 활동했기 때문이다. 동북항일연군은 독립운동을 한다고 위장하고 공산주의 운동을 하던 단체였다. 간도특설대는 해방 이전인 1938년에 만주국에 설치되었다.

둘째, 김일성이 북한 공산군 창설을 위해 함께 하자는 제안을 김백일이 뿌리쳤기 때문이다. 1945년 해방이 되어 김백일이 함경북도 명천군으로 돌아왔을 때 김일성이 이런 제안을 했으나, 거절하고 38선을 넘어 남한으로 향했다.

셋째, 김백일은 국군 14연대 여순 반란 사건 당시 국군 제5여단장으로서 반란군을 진압했기 때문이다. 여순 반란 사건은 1948년 10월 대한민국 군대 내부에 공산주의자들이 잠입하여 일으킨 사건이다.

넷째, 1950년 10월 1일 6·25 한국전쟁 당시 김백일 장군이 지휘하는 국군 1군단 소속 3사단이 가장 먼저 38선을 통과하여 북진했기 때문이다. 1군단은 함경북도 청진과 길주, 갑산 지역까지 깊숙이 북진하여 북한의 김일성과 공산당은 거의 궤멸 직전까지 몰렸다.

6·25전쟁 당시 김백일 장군의 활약

1950년 6월 25일 북한의 전면 남침으로 서울이 함락되고 한강 방어선이 붕괴되자 육군본부는 수원으로 옮겨지고, 김백일 육군 작전참모부장은 피해가 큰 국군을 재편성하여 8개 사단을 5개 사단으로 축소하고 국군 최초의 군단을 창설했다. 그리고 그는 낙동강 동부전선에서 군단장으로 임명되어 북한군 2개 사단을 격멸시키고 동부전선을 사수하였다.

1950년 9월 15일 맥아더 장군의 인천상륙작전이 성공하면서, 낙동강 전선을 사수하던 유엔군과 국군은 9월 22일 낙동강 전선을 돌파하고 북진을 시작하였다. 김백일 장군이 지휘하는 국군 1군단은 동해안을 따라 북진하여 1950년 10월 1일 국군 제1군단 3사단이 가장 먼저 38선을 돌파했다. 당시 정부는 이날을 기념하기 위해 10월 1일을 국군의 날로 정했다.

이어서 제1군단 산하 수도사단과 3사단의 협공으로 10월 11일 원산을 탈환했다. 미 10군단 예하의 미 해병 1사단이 10월 26일에야 원산 상륙작전을 했을 정도이니, 도보로 북진을 해서 이미 함경남·북도 전역에 진격했던 국군 1군단의 활약은 놀라운 일이었다.

사진23. 1950년 10월 1일 동부전선 강원도 양양에서 38선을 최초로 돌파한 국군 3사단 23연대 3대대 지휘관과 미 군사고문단이 기념 표지판 주위에 서 있는 모습

김백일 장군이 지휘하는 국군 1군단은 원산에 이어, 함흥~청진~길주~갑산까지 진격하였다. 이에 이승만 대통령은 "이제 우리의 소원이던 국토 통일을 눈앞에 두게 됐습니다. 그러한즉 우리는 잃었던 국토 위에 우리 스스로의 힘과 얼로써 훌륭히 정치해 나갈 수 있는 채비를 해야만 하는 것"이라며 함흥을 찾아 격려하기도 했다. 하지만 갑작스러운 중공군의 2차 공세로 미 10군단과 국군 1군단은 급히 철수를 하였고, 흥남 철수로 다시 남쪽으로 후퇴를 하게 되었다.

김백일 장군도 다시 강원도 지역으로 철수하는데, 그는 전세를 재

역전시키고 다시 북진한다. 그러나 그는 중공군 춘계 공세에 맞서기 위해 1951년 3월 28일 경기도 여주 미 육군 10군단 지휘 사령부에서 작전 회의를 마친 후 국군 1군단 사령부로 돌아가는 도중, 악천후로 강원도 대관령 인근의 상공에서 비행기가 추락해 전사하고 만다.

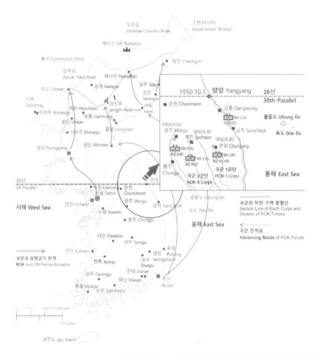

사진24(상). 38선 통과와 통일의 염원을 담은 북진

사진25(좌). 강원도 통천 북쪽에 있는 마을인 고조에서 12.8Km 북방에 있는 마을 주민이 태극기를 들고 '대한민국 만세'를 부르며 북진하는 국군 3사단 병사들을 환영

사진26. 해방된 함흥시민의 환영식

사진27. 함경북도까지 북진한 국군 수도사단 26연대 병사들이 새로 보급된 방한복을 입고 사정리 마을에서 행진하는 모습

사진28. 흥남항을 출항하여 동해에 접한 강원도 묵호로 떠나려는 국군 수도사단 병사들

사진29. 흥남항을 출발한 국군 1군단 병사들과 보급품이 강원도 묵호항(지금의 동해시)에 도착

사진30. 중공군에 맞서 나라를 지키기 위해 국군 3사단 23연대의 지휘 아래 군사훈련을 받는 함경북도 길주 출신의 젊은이들의 모습

사진31. 이승만 대통령이 참석한 함흥 시민 환영 행사에 앞서 미 10군단장 앨몬드 소장이 국군 1군단장 김백일 소장에게 미국 정부의 은성무공훈장을 수여하는 모습

사진32. 흥남철수 후 묵호항(지금의 동해항)에 도착한
국군 1군단 병사들을 격려하는 1군단장 김백일 소장

사진33. 미 10군단장 앨몬드 소장에게 국군 1군단장 김
백일 소장이 전황을 설명하고 있는 모습

국군의 큰 별이 졌다고 애통해하던 이승만 대통령은 김백일 장군을 육군 중장으로 추서하였다. "김 장군의 유일한 목적은 언제나 변함없이 남북을 통일해서 국권을 회복하는 데 있었으니, 김 장군을 사랑하는 우리로서는 그 정신을 받들어 같은 결심으로 끝까지 용감하게 싸워 김 장군이 다 이루지 못한 역사를 완성하기에 매진해야 할 것이다."

세계 전쟁사에도 높이 평가받는 김종오 장군

6·25 한국전쟁 당시 수없이 많았던 크고 작은 전투, 그중 큰 전투마다 김종오 장군이 등장했다고 해도 과언이 아니다. 특히 그는 대형 전투 현장의 지휘관으로서 가장 많은 부침을 경험하며 위기의 대한민국을 방어하는 데 혁혁한 공을 세웠다.

1950년 6월 25일 북한 공산군이 남침하던 당시, 김종오 장군은 춘천 지역을 방어하던 국군 6사단장이었다. 6월 25일 새벽 북한 공산군이 38선 전역에서 대한민국을 향하여 기습 공격을 시작할 때, 중동부 전선을 담당한 북한 공산군 2군단은 2사단, 5사단, 12사단으로 구성되어 24,000여 명의 병력과 중장비로 무장하고 춘천 지역을 공격하였다. 이에 맞선 김종오 장군의 육군 6사단은 북한 공산군 2군단 전력의 25% 규모에 해당하는 3개 연대와 1개 포병대대에 불과했다. 그런데도 국군의 자부심을 지켜주었다고 평가받을 정도로 철저한 방어 작전을 수행하였다. 전쟁 초기 서울을 포기하고 한강 이남으로 후퇴한 서부 전선의 다른 부대와는 달리 육군 6사단은 중동부 전선에서 북한 공산군 전력의 절반을 파괴하며 전쟁의 상황을 뒤틀어 놓을 정도였다.

원래 춘천 지역을 공격했던 북한군 2군단은 서부 전선의 북한군 1군단이 서울을 공략하는 동안 춘천을 함락시킨 후 남진하여 수원마저 점령하여 국군의 퇴로를 완전히 차단할 작전을 준비했다. 만약 육군 6사단이 춘천 지역에서 북한군 2군단을 궤멸시키지 못했다면, 서부 전선의 국군 주력 부대의 퇴로가 차단되어 대부분 병력이 아예 서울과 수원 사이에서 북한 공산군에 포위될 수도 있는 최악의 상황이 전개되었을 것이다. 김일성이 오죽했으면 전쟁 발발 일주일도 안 되어 북한 공산군 2군단장과 예하 사단장들을 교체할 정도였을까. 육군 6사단의 활약은 아무런 준비 없이 당한 6·25전쟁 초기 북한 공산군의 공격으로부터 대한민국을 지켜낸 주춧돌 역할을 했다고 해도 과언이 아닐 것이다.

더욱 놀라운 것은, 육군 6사단이 육군본부의 명령으로 충주를 거쳐 낙동강 전선까지 후퇴하여 낙동강 전선 방어선을 형성하고 전투에 임했다는 점이다. 낙동강 전선까지 물러나는 상황에서도 북한군에게 치명타를 입혀 낙동강 전선에서 북한 공산군이 가장 증오하는 부대가 김종오 장군의 육군 6사단이었다고 할 정도였다.

사진34. 국군 6사단 7연대 1대대 병사가 자신의 수통에 압록강 물을 담고 있는 모습

사진35. 낙동강 전선에서 경북 함창 인근의 원동에서, 국군 육군 6사단 1연대 병사가 85mm 대전차포로 북한 공산군을 공격하고 있는 모습

사진36. 낙동강 전선에서 국군 육군 6사단 18연대 병사가 새로 보급된 30 캘리버 수랭식 기관총 적응훈련을 하고 있는 모습

사진37. 낙동강 전선에서 국군 육군 6사단 야전병원의 모습

사진38. 낙동강 전선에서 국군 육군 6사단 병사들이 북한 공산군을 향해 새로 보급된 기관총을 발사하는 모습

춘천에서 육군 6사단에 궤멸당한 후 새로 임명된 북한 공산군 2군단장 김무정이 "6사단을 박살 내야 한다. 남조선 사단은 그것 하나다. 그것만 잡아 족치면 우린 중부 이남을 확 쓸어버릴 수 있다. 밀어 족쳐서 6사단을 격멸하고 사단장을 포로로 잡아 와라."라고 했을 정도였으니, 김종오 장군이 지휘하는 육군 6사단의 정신력과 전투력은 실로 대단했다.

휴전 협상 결렬과 백마고지 전투

6·25전쟁 중반 이후에는 엎치락뒤치락하는 전세가 지속 되었다. 그러나 1951년 7월 10일 휴전 협상이 시작되자 지금의 휴전선 인근에 전선이 형성되어 작은 규모로 부딪히면서도, 대규모의 전면 공세는 없었다. 휴전 협상이 시작되었으나 북한 공산군이나 중공군 포로 중에 자신들의 출신국으로 돌아가지 않으려고 하는 반공 포로들이 워낙 많아 협상의 진전이 없었다. 제네바 협정을 핑계로 포로들을 무조건 본국으로 송환해야 한다는 '전원 송환'을 주장하는 중공군과 북한군에 맞서, 미국은 포로들이 자유롭게 자신들이 살아갈 나라를 선택하도록 하는 인도주의적인 '자원 송환'을 주장했다. 포로 협상에서 서로 간의 접점을 찾지 못하고 휴전 협상이 지연되자 중공군과 북한 공산군은 유엔군과 국군이 장악한 전선의 주요 고지를 공격하기 시작했다.

특히 북한 공산군은 중부 지역의 연천~철원 북방 일대에서 유리한 지형 확보를 위한 일련의 고지 쟁탈전을 전개하였다. 중공군은 철원~김화로 이어지는 평야 지대를 장악하고, 유엔군과 국군의 가장 중요한 병참 보급 도로인 중부 전선의 3번 국도를 포함한 많은 보급로를 차단하고자 하여 철원의 백마고지 쟁탈전을 벌였다. 중공군 38군은 112사단, 113사단, 114사단으로 구성되어 대규모의 병력으로 유엔군과 국군을 공격했다.

이에 맞서 김종오 장군은 1952년 5월 30일 국군 보병 9사단장으로 취임하여 6·25전쟁사에 한 획을 긋는 백마고지 전투를 지휘했다. 김 장군은 백마고지 사수의 중요성을 강조하는 미 8군 사령관 밴 플리트 대장과 미 9군 단장 젠킨스 중장과의 협의를 거쳐, 미군 포병의 대규모 화력 지원과 미 공군의 강력한 항공기 폭격 지원을 받아낸다. 당연히 화력 지원을 하는 것이었지만 김종오 장군은 후방 지원의 중요성을 다시 한번 강조하였다. 중공군이 최초로 전선에 등장하였을 때 유엔군과 국군이 이들의 인해 전술에 공포를 느꼈다면, 중공군과 북한 공산군은 이때 미 육·해·공군의 무지막지한 화력 지원으로 인한 공포로 전투 수행이 불가능할 정도였다.

중공군은 백마고지를 향해 1952년 10월 6일 최초 공격을 시작했다. 김종오 장군이 지휘하는 육군 9사단과 3개 사단으로 구성된 중공군 38군은 10월 15일까지 밀고 밀리는 육탄전을 벌이며 24회나 백마고지의 주인이 바뀌는 대혈전을 치렀다. 결국 국군 9사단 병사들의 투혼으로 10월 15일 중공군 38군 병력 중 절반에 가까운 15,000여 명이 전사했다. 국군 역시 3,400여 명의 전사자가 발생할

성도로 치열한 전투였으나 이로써 숭공군은 더 이상의 전투를 진행할 수 없을 정도로 궤멸하였다.

6·25전쟁 당시 국군이 이렇게 많은 희생을 각오하고 전투에 임한 경우는 많지 않았다. 위기 상황에서도 철저한 준비와 승리한다는 강력한 의지로 나라를 지켜낸 전투 현장의 지휘관 김종오 장군의 활약상은 세계 전쟁사에 길이 남을 것이다.

사진39. 중공군에 빼앗긴 철원 북쪽의 육군 9사단 점령 목표를 보여주는 백마고지 앞면의 모습

사진40. 중공군에 빼앗긴 철원 북쪽의 육군 9사단 점령 목표에 미 포병 부대가 화력지원을 하는 백마고지 뒷면의 모습

사진41. 전투 중 중공군으로부터 노획한 각종 무기를 전시해 놓은 모습

사진42. 육군사관학교 교장 김종오 장군이 미 9군단 활주로에 도착해 미 9군단 참모장 로렌스 듀이 준장과 인사를 나누는 모습

장도영 국군 육군 보병 6사단장

6·25 한국전쟁 중에는 고비 때마다 큰 획을 긋는 성공적인 전투가 있어 위기의 대한민국을 구할 수 있었다. 1950년 11월 말에는 갑작스러운 중공군 2차 공세로 전세가 역전되는 위기를 맞으며 유엔군과 국군은 37선까지 패주한다. 이때 리지웨이 미 8군 신임 사령관은 한국에서 패퇴하면 미국까지도 위험하다는 분명한 메시지를 직접 지휘관과 병사들에게 보내고 이에 자극받은 유엔군과 국군은 다시 북진을 시작했다. 물론 리지웨이는 중공군과의 전투 경험을 통해 인해 전술로 덤비는 중공군이 별거 아니라는 확신도 있었던 것이 사실이다.

그 와중에 중공군 역시 1951년 봄까지 인명 상의 큰 피해를 보았다. 중공군은 조직 자체가 만신창이가 되었고, 당시 군을 지휘하던 팽덕회(彭德懷)는 공격을 주저하고 있었다. 하지만 병사들의 목숨마저도 하찮게 여기는 모택동의 무모한 압력으로, 예비 병력을 포함하여 총 70만여 명의 3개 야전군을 동원하여 1951년 4월 22일부터 춘계 대공세를 시작했다.

그러나 중공군은 수차례의 치열한 전투 끝에 투입 병력의 3분의 1을 잃고 전의를 상실했다. 막대한 인명 피해로 사기가 저하된 데다 자칫하면 북한 땅까지 모두 잃게 될지도 모른다는 위협을 느끼자, 중공은 1951년 6월 23일 유엔에 휴전협상을 제의할 정도였다.

중공군 춘계 공세에 맞서 많은 전투가 있었지만 가장 결정적으로 전쟁의 흐름을 바꾸어 놓은 전투는 장도영 장군이 지휘하는 국군 육군 6사단의 용문산 전투와 곧바로 이어진 파로호 전투였다. 두 전투는 6·25전쟁에서 가장 성공적인 전투에 포함되며 장도영 육군 6사단장은 6·25전쟁 중 최고의 사단 지휘관 중 한 명이었다고 해도 과언이 아니다. 지금까지도 용문산 전투와 파로호 전투는 미 육군사관학교 전술 교범에 성공 전술 사례로 기록되어 있을 정도로 높이 평가받고 있다.

용문산 전투와 파로호 전투

용문산 전투는 1951년 5월 17부터 21일까지 경기도 양평군 용문산과 가평군 화야산 일대에서 국군 육군 6사단 2연대, 7연대, 19연대가 중공군 63군 예하 3개 사단(187사단, 188사단, 189 예비 사단 총 2만여 명)의 공세를 격퇴한 전투다. 또한 이 전투의 패잔병 무리를 춘천 사북면 지암리를 거쳐 화천 저수지(현 파로호)까지 쫓아가 섬멸한 것이 그 유명한 파로호 전투이다. 두 전투는 6·25 한국전쟁 초반, 1년간 엎치락뒤치락하며 치열했던 전면전을 마무리 지은 전투로 평가된다.

물론 우리가 반드시 기억해야 하는 것은, 미군의 전면적인 포병지원과 항공 지원이라는 엄청난 물량의 화력 지원이 있었다는 사실이다. 중공군의 인해 전술에 밀리던 유엔군과 국군은 용문산 전투와 파로호 전투 이후 중공군과 북한 공산군을 밀어붙이기 시작하였고, 중공군의 떼죽음 이후 전쟁의 양상은 전면전에서 지금의 휴전선 인근에서 벌어지는 고지전으로 바뀌었다.

용문산 전투와 파로호 전투의 대대적인 승리로 이승만 대통령은 화천 저수지를 '중공 오랑캐를 무찌른 호수'라는 뜻의 '파로호(破虜湖)'로 이름을 바꾸었고 화천댐 내부에는 승전을 보고 받은 이승만 대통령이 방문하여 쓴 친필 휘호가 남아있다. 그러나 얼마 전부터 중국 공산당의 압력으로 인하여 70여 년간 사용했던 파로호란 명칭을 느닷없이 바꾸기 위한 시도가 진행되고 있다. 이것은 중국 공산당이 주도하는 동북아 공산 연맹에 대한민국을 귀속시키려는 자들이 중국 공산당의 비위를 맞추기 위해서 건국 대통령 이승만의 흔적을 지우고 중공군의 6·25전쟁 개입을 정당화하려는 행위이다.

용문산 전투와 파로호 전투를 성공적으로 지휘한 장도영 육군 6사단장이 용문산 전투에 앞서 병사들에게 했던 훈시는 국가 안보가 더욱 중요해진 위기의 대한민국에서 우리가 반드시 기억해야 할 내용이다.

> 우리 민족은 고래(古來)로부터 왜 문약(文弱)하고 이 민족의 침략을 당하고만 있었는가? 2,000년을 두고 모두 900여 회의 크고 작은 피침 굴욕의 비극을 겪으면서도, 단 한 번 능동적으로 적국·적진 유린은 고사하고 우리를 노략질해가는 기지인 바로 눈앞의 대마도 한번 쳐들어간 역사조차 없다! 주변의 오랑캐들은 우리 민족의 이러한 유약(柔弱)하고 문약한 허점을 알고 우리의 생활 터전을 짓밟아왔다. 참으로 한스러운 일이다.
> 이제 며칠 후 우리는 조국과 민족 천년의 원수 오랑캐와 조국의 사활을 건 일대 혈전을 벌일 것이다. 이번 싸움에서만은 여러분이나 나 사단장이나 '필승의 싸움', '조국을 지키자는 기

필코 이기는 싸움'을 하여야 한다. 이번 싸움에서 우리는 반드
시 그리고 크게 이겨야 우리가 살고 조국을 구해낼 수 있다.
총 한 발이라도 적병의 가슴을 향해 정확하게 쏘아야 하며,
단 한 방이라도 더 많이 퍼부어야 한다. 일만 병사가 단 일발
의 소총 사격을 제대로 쏘고 못 쏘고, 잘 쏘고 못 쏘고에 따라
전선이 수백 리 북상하기도 하고 역으로 내려오기도 한다는
것을 깊이 명심하라.

나는 지난번 사창리 패전 이후 고심 끝에 필승의 새 전술을
개발하였다. 나는 이번에 우리가 크게 이기고 위대한 승리의
선물을 조국에 안기게 될 것을 확신한다. 앞에 도열한 제군들
의 불타는 결의와 적개심의 표출로 보아 이번 싸움의 승리는
우리의 것임을 굳게 믿는다.

자! 나아가 싸우자! 그리고 승리의 기쁨을 후방 가족과 이 조
국에 바치자!

필자가 용문산 전투와 파로호 전투의 의미를 기억하는 다른 이유
를 경기도 가평군 설악면의 '용문산 전투 전적비'를 통해서 짚고 넘
어가고자 한다. '용문산 전투 전적비'는 국내 전적비로는 유일하게

작전 중 산화한 장교 8명,
사병 322명, 종군자 2명
등 332명의 호국 영령의
위패가 봉안되어 있다.

사진42.1 1951년 4월 화천댐. 중공군이
화천댐 북방을 장악하고 있어 화천댐 방류
로 유엔군과 국군을 위협할 수 있어 위기
의 상황이었다.

사진42.2 중부전선의 미 9군단과 국군 6사단
을 방문하는 이승만 대통령과 무초 미국 대사.

사진42.3 1951년 5월 17~21일 용문산 전투와
파로호 전투로 국군 육군 6사단에 패퇴한 중공
군 63군 3개 사단의 포로들이 강원도 화천에 있
는 미 24사단 21연대의 관리하에 있다.

사진42.4 1951년 5월 17~21일 용문산 전투
와 파로호 전투로 국군 육군 6사단에 패퇴한 중
공군 63군 3개 사단의 포로들이 강원도 화천에
있는 미 8군 직할 21포병 대대의 관리하에 있다.

사진42.5 1951년 5월 17~21일 용문산 전투와 파로호 전
투로 국군 육군 6사단이 중공군 63군 3개 사단을 궤멸시키
는 작전을 성공적으로 항공 폭격 지원을 한 주한 미 공군 군
사고문단장에게 훈장을 수여하는 이승만 대통령

사진42.6 1951년 5월 17~21일 용문산 전투와 파로
호 전투로 국군 육군 6사단이 중공군 63군 3개 사단을
궤멸시키는 작전을 성공적으로 지원한 미군 군사고문단
장에게 감사장을 수여하는 장도영 국군 육군 6사단장〉

사진42.7 1951년 5월 17~21일 용문산 전투와 파로
호 전투로 국군 육군 6사단이 중공군 63군 3개 사단
을 궤멸시키는 작전을 성공적으로 이끈 장도영 육군 6
사단장이 미 9군단장으로부터 공로 훈장(Legion of
Merit)을 받고 있다.

사진42.8 1951년 5월 17~21일 용문산 전투와 파로호
전투로 국군 육군 6사단이 중공군 63군 3개 사단을 궤
멸시키는 작전을 성공적으로 이끈 장도영 육군 6사단장
이 미 9군단장으로부터 공로 훈장(Legion of Merit)을
받고 훈시하는 장도영 장군

사진42.9 1951년 5월 17~21일 용문산 전투와 파로호 전
투로 국군 육군 6사단이 중공군 63군 3개 사단을 궤멸시키
는 작전을 성공적으로 이끈 장도영 육군 6사단장이 한국을
방문한 오성장군 오마르 브래들리 미 합참의장, 유엔군 사
령관 리지웨이 대장, 미 8군 사령관 밴 플리트 대장 등 최고
위층 지휘관 앞에서 전시 상황을 설명하고 있다.

이 비는, 어느 특정한 지위의 사람들만이 아니라 온 국민이 나서서 국가를 지킨다는 자부심을 주는 역사의 현장이라 할 수 있다. 특히 여기에 적힌 종군자는 노무자 부대원이다. 그곳 설악면은 대한민국을 지키기 위해 헌신한 모든 이들의 고귀한 희생을 기억하는 곳이다. 이로써 용문산 전투와 파로호 전투의 의미가 더욱 감동으로 다가온다.

Korean War

6·25전쟁을 둘러싼
기적들
02
Chapter

제4장 6·25전쟁을 통해서 본 하나님의 은총

배영복 | 육군 정훈감을 역임하였고 현재 6 · 25진실알리기운동본부 이사, 도곡 현대사연구소 대표, 한국예비역기독군인연합회(KVMCF) 회장, 베트남선교협회 회장이다. 저서로 〈전쟁과 역사〉, 〈6 · 25전쟁의 진실과 비밀〉이 있다.

6·25전쟁의 역사적 팩트

6·25전쟁이 발발한 지 벌써 70년이 지났다. 전쟁 중에 태어난 아기(2세)가 올해 70세가 되었고, 전후 3세대, 4세대가 한국 사회의 주류를 이루고 있다. 성경에는 "전쟁은 여호와께 속한 것(삼상 17:47)"이란 말이 있다. 전쟁도 하나님의 통제 안에 있고 하나님께서 역사하고 계시다는 뜻이다. 하나님께서는 모세를 통해 이스라엘 민족을 애굽으로부터 구원하셨지만, 40년 동안이나 광야 생활을 통해 아말렉, 아모리, 블레셋 같은 이방 민족과 수많은 전쟁을 치러야 하는 고통을 주셨다. 그리고 하나님께 순종할 때마다 기적을 통해 이스라엘 민족이 승리하도록 역사하셨다.

104 ○ 아~ 잊으랴, 어찌 우리 이날을

성경 말씀을 잘 모르는 사람들도 '다윗과 골리앗'의 이야기는 잘 알고 있다. 블레셋민족의 '골리앗'이라는 거인 장군이 이스라엘에 쳐들어왔을 때, 이스라엘 사람들 가운데는 전쟁터에 나가 골리앗 장군과 맞서서 싸울만한 장수가 없었고 모두가 겁을 먹고 있었다. 그런데 이때, 들에서 양을 기르던 '다윗'이라는 소년이 나가 골리앗 장군과 싸웠다. 다윗은 하나님께서 도와주실 것을 믿고 용감하게 싸우러 나간 것이다. 무기도 없이 새총 하나만 들고나간 소년 다윗이 육중하게 무장한 골리앗과의 싸움에서 골리앗을 죽이고 이스라엘 민족에게 승리를 가져다준 기적의 역사를 잘 알고 있다. 이는 신화가 아니라 역사적 사실이다.

6·25전쟁 때에도 하나님께서 직접 개입하시고 한국에 승리를 가져다주셨다는 사실이 여러 전투 장면에서 수없이 나타난다. 우리는 이것을 하나님께서 '역사'하셨다고 말한다. 하나님의 역사하심으로 우리는 패할 수밖에 없는 전쟁에서 승리하였고 오늘날 수많은 나라 가운데 경제 대국으로 우뚝 서게 되었다. 6·25전쟁은 1950년 6월 25일 새벽, 북한의 독재자 김일성이 남한을 적화시키기 위해 소련 탱크 242대를 앞세워 불법 남침하여, 3년 동안이나 전쟁을 치르고 수많은 사람을 죽게 한 비극이었다. 이 전쟁에서 국군 62만 명이 전사, 부상, 포로 등으로 희생됐고, 민간인도 사망, 학살, 부상, 납치, 행방불명으로 약 100만 명이 피해를 입었다. 왜 그렇게 많은 사람들이 희생되었을까? 한마디로 말하면 전혀 준비되지 않은 상태에서 북한군이 기습적으로 남침했기 때문이다. 국군은 대처할 방법이나 시간이 없었기에 일방적으로 피해를 입었다.

1950년 6월 25일, 그날은 일요일이었다. 국군은 그 전날(토요일) 전방 부대 군인의 3분의 1이 휴가나 외출을 나갔고 군사 장비도 후방으로 정비를 보내는 등 전투 준비가 전혀 되어있지 않아 전쟁을 할 수 없는 상태였다. 이때 북한군이 기습적으로 남침한 것이다. 기습 남침이 시작된 지 3일 만에 서울이 함락되고 한 달 만에 국토의 90%를 빼앗겼다. 8월 1일 무렵 국군이 낙동강까지 철수하며 남은 것은 대구와 부산뿐이었다. 낙동강을 방어하지 못하면 나라를 잃고 패망할 수밖에 없는 운명이 된 것이다.

전쟁 초기 미군도 한국을 돕기 위해 참전했지만 미군 역시 주말에 외출 나가 있는 군인들을 비상 소집해서 한국 전선에 투입한 것이었다. 그들도 마찬가지로 전투 준비가 부족한 상태에서 참전했으므로 북한군의 탱크 앞에 속수무책이었고 그러다 보니 전쟁 초기에는 북한군에게 일방적으로 당할 수밖에 없었다. 당시 참전한 미군 부대는 일본에 주둔하고 있던 제24사단이었는데 선발대로 들어온 스미스 대대는 북한군을 가볍게 보고 탱크 대신 장갑차를 가지고 들어왔다. 7월 5일 오산 죽미령 고개에서 첫 전투가 벌어졌으나 탱크 앞에 장갑차는 상대가 안 됐고 이 첫 전투에서 미군이 크게 패했다. 국군과 유엔군은 전열을 가다듬을 틈도 없이 계속 수세에 몰려 결국 대전을 빼앗기고 대구 근방 왜관까지 밀려 내려갔으나 대구와 부산을 지키기 위해 왜관-의성-포항을 연하는 방어선을 구축하고 죽기를 각오한 채 철통같은 방어에 들어갔다. 이것이 낙동강 방어선이다.

국군과 유엔군이 낙동강을 방어하는 동안 맥아더 사령관은 인천 상륙작전을 계획했고 마침내 9월 15일 상륙작전이 성공함으로써 국군과 유엔군은 전세를 역전시켜 북진한다. 그리하여 9월 28일 서울을 되찾았고, 10월 1일 38선을 돌파했으며, 10월 19일에는 평양을 점령하였다. 10월 26일 압록강까지 진격하여 통일을 눈앞에 두고 있었으나 이때 중공군의 참전으로 전세는 다시 역전되었고 1953년 7월 27일 휴전이 성립되기까지 전쟁은 3년 동안 지속됐다. 이 과정에서 우리는 하나님께서 직접 전쟁에 개입하시고 승리할 수 있도록 역사하셨다는 증거를 수없이 찾아볼 수 있다. 우리는 이를 '기적' 혹은 '하나님의 은총'이라고 부른다.

첫 번째 기적: 전쟁 첫날, '남침 소식' 미국이 먼저 알고 대처

기적은 전쟁 첫날부터 나타났다. 전쟁 발발 소식을 한국 정부보다 미국이 먼저 알았고 한국보다 먼저 전쟁 대비 태세에 들어갔다. 참으로 신기하고 기적 같은 일이 벌어진 것이다.

북한은 6월 25일 새벽 4시 서해 최북단 옹진반도에 포격을 시작했다. 이때 옹진반도는 한국군 17연대가 방어하고 있었는데 갑자기 날아온 포탄으로 인해 병력의 1/3이 전사했다. 전쟁이 시작된 것을 직감한 미 군사 고문관(현지에 3명 있었음)이 전쟁 발발 소식을 무전으로 미 대사관에 전했다. 무초(John J. Muccio)대사는 전쟁 소식을 보고받고 즉시 사무실로 가기 위해 을지로 입구 반도호텔 앞에 있는 미 대사관으로 향했다. 2층에 대사관이 있었기 때문이다. 호텔 앞 도로를 건너는 순간 UP 통신의 잭 제임스(Jack James) 기자를 만났다.

"대사님, 일요일 아침 일찍 어딜 가십니까?"

"나 급해. 38선에 전쟁이 터졌어…!"

이 짧은 대화 한마디가 전쟁 소식을 세계에 전파 시켰다.

'전쟁'이라는 말을 듣는 순간 기자는 특종이라고 생각하고 즉시 호텔 1층에 있는 기자실로 들어가 「한국전쟁 발발」 기사를 동경 지국으로 타전했다. 당시는 구체적인 내용을 알 수 없는 상태였지만 전쟁 발발 소식을 제1탄으로 급전하고 자세한 내용은 추후에 전하기로 했다.

이 긴급 뉴스가 뉴욕을 거쳐 워싱턴으로 전달되면서 워싱턴 정가는 발칵 뒤집혔다. 현지 시간 토요일 오후 8시 50분(한국 시간 일요일 오전 9시 50분), 전쟁 소식을 접한 러스크(David Dean Rusk) 국무장관은 즉시 트루먼(Harry S. Truman) 대통령에게 보고하는 한편 긴급회의를 소집하고 전쟁 대비 태세에 들어갔다. 한국에서는 신성모 국방장관이 아직 이승만 대통령에게 보고도 하기 전이었다. 이승만 대통령에게 보고된 시간이 10시 30분이었으니 미국보다 40분이나 늦은 셈이었다. 한국의 국무회의는 오후 2시에 소집됐다.

여기서 우리는 중요한 사실을 발견하게 된다. 을지로 입구 도로상에서 제임스 기자가 무초 대사를 만나지 못했다면 전쟁 소식은 하루나 이틀 뒤에 전해졌을 것이다. 도로상에서 기자를 만난 10초 동안의 짧은 만남이 기적을 낳게 한 것이다. 토요일 밤에 전쟁 소식이 들려오자 미국은 재빠르게 움직였고 이틀의 시간을 앞당겨서 전투 태세에 들어갔다. 이는 하나님의 은혜라고 밖에 설명할 수가 없다. 순간의 만남이 전쟁을 승리로 역전시키는 계기가 되었다. 만일 미국이 월요일에 회의를 소집했다면 미군의 참전은 그만큼 늦어졌고 그 사이에 공산군은 승기를 잡았을 것이다.

두 번째 기적: 안보리 소집에 소련 대표 불참

트루먼 대통령은 일요일임에도 불구하고 오후 3시(현지시간)에 유엔 안보리 소집을 요구했다. 6·25전쟁 문제를 다루기 위해서다. 그런데 이 회의에 거부권을 갖고 있는 소련 대표 말리크(Yakov Malik)가 불참하면서 '거부권 없이' 북한을 침략자로 규탄하고 유엔 회원국에게 참전을 요구할 수 있었다.

당시 외교가에서는 소련 대표가 회의에 불참한 이유에 대해 모두 궁금해했다. 교통사고나 배탈 등의 추측이 난무했지만, 비밀문서에 의하면, 1950년 8월 체코슬로바키아의 대통령 고트발트(Klement Gottwald)가 이것에 관해 스탈린에게 물어봤더니 그는 중공군이 6·25전쟁에 참전할 것이고 미군이 한반도에서 중공군과 싸우고 있는 동안 소련은 유럽을 침공하여 공산주의를 확대하겠다고 말했다. 그러나 스탈린은 크게 착각했다. 미국이 한반도에서 전쟁을 해도 유럽에서 또 다른 전쟁을 수행할 능력이 있다는 것을 몰랐던 것이다. 김일성에게 남침을 지시한 스탈린이 착각하도록 인도하시고 거부권을 행사하지 못하도록 역사하신 이가 곧 하나님이시다.

세 번째 기적: 침략군을 서울에서 멈추게 하심

북한 공산군은 남침 3일 만에 서울을 점령했다. 그들은 1950년 6월 28일 11시 30분경 탱크를 앞세우고 서울 광화문에 나타났다. 국군이 모두 후퇴한 상황이었으므로 큰 저항은 없었다. 시민들도 침략군에 대해 별로 두려움을 갖지 않았다. 그런데 이상한 것은 공산군이 서울 점령 후 계속해서 남하하지 않고 휴식에 들어갔다는 점이다. 당시 인민군은 파죽지세로 밀고 내려왔고 국군은 희생자가 많아 부대를 유지하는 것조차 불가능했다.

만일 공산군이 전투를 중지하지 않고 계속 밀고 내려갔다면 예상보다 쉽게 적화가 이루어졌을 것이다. 의문은 그런데 왜 서울에서 3일 동안이나 쉬었느냐 하는 점이다. 3일 후 전투 재개 명령을 받고 부서진 한강 다리를 보수하고 작전을 전개하는 데에 3일이 더 걸려 결국 6일 후에 전투가 시작됐다. 그동안 국군은 패잔병들을 모아 부대를 재편성할 수 있었고, 미군도 부산에 상륙하는 시간을 벌게 되었다. 즉 북한은 적화통일의 골든타임을 놓친 것이다. 이는 박헌영이 서울만 점령하면 남로당을 중심으로 서울 시민이 일제히 봉기하여 적화통일이 쉽게 이루어질 것이라고 평소에 말해온 것을 김일성과 스탈린이 믿은 어리석음 때문이었다. 이 간단한 스토리도 우연이 아니요, 한국을 사랑하시는 하나님께서 역사하신 결과다.

네 번째 기적: 중공군을 수원에서 멈추게 하신 하나님

인천상륙작전에 성공한 유엔군이 압록강까지 진격했을 때, 중공군이 참전하여 인해 전술로 밀고 내려오는 바람에 국군과 유엔군은 1951년 1월 4일 다시 서울을 내주고 오산까지 후퇴했다. 중공군은 1월 3일 서울을 점령하고 1월 10일 수원까지 내려왔으나 갑자기 휴식에 들어갔다. 이때 미국은, 중공군의 개입으로 예측할 수 없는 상황이 발생하자 3차 세계대전을 예방하기 위해 한국 철수를 신중하게 검토하고 있던 중이었고 새로 부임한 미 8군 사령관 리지웨이(Matthew Bunker Ridgway) 장군에게는 철군을 준비하라고 명령까지 내린 상태였다. 조금만 더 밀고 내려가면 미군이 한국을 포기하고 철수할 계획이었는데 중공군은 왜 갑자기 정지했는가? 역사의 아이러니가 아닐 수 없다.

한편 리지웨이 장군은 중공군과 싸워보지도 못하고 철수 명령을 받아 마음이 편치 않았다. 장군은 철수할 때 하더라도 중공군의 전의를 살피기 위해 여단급 전투단을 편성하고 수원까지 위력 수색을 시켰다. 그런데 수색대가 수원까지 가는 동안 중공군이 보이지 않자 리지웨이 장군은 '아— 여기까지가 중공군의 능력이구나'라고 판단하고 즉시 반격에 들어가 단숨에 38선까지 밀고 올라갈 수 있었다.

여기서 우리는 또 하나의 기적을 본다. 중공군을 멈추게 하고 미군에게 반격의 기회를 주신 것은 하나님께서 직접 연출하신 것이다. 이것은 마치 여호수아 군대가 아말렉과의 전투에서 모세의 손이 올라가면 여호수아 군대가 이기고 손이 내려오면 아말렉 군대가 이긴 장면과 같다.

사진43. 리지웨이 8군사령관

사진44. 전선 시찰 중인 맥아더사령관
(오른쪽)과 리치웨이 8군단장(가운데)

다섯 번째 기적: 해군, 전쟁 첫날 백두산함의 승전보

북한 공산군은 38선으로만 남침한 것이 아니라 바다를 통해서도 남침했다. 특공대 600명을 동해상으로 침투시켜 부산을 점령하기 위해서였다. 6월 25일, 38선이 다 무너지고 국군들은 부대가 전부 붕괴되어 패잔병처럼 후퇴를 거듭하고 있을 때다. 해군에서는 동해의 남쪽 바다 대한해협까지 침투한 북한군의 배를 발견하고 해상전투가 벌어졌는데, 군함이 없어서 평소에 함포사격을 한 번도 해보지 못한 우리 대한민국 해군이 기적적으로 적군의 배를 명중, 침몰시키고 첫 승리를 하게 된 것이다. 이는 '기적중의 기적'으로 우리 해군 전사에 기록되었다.

즉 대한민국 해군은 1945년 11월 11일 창설됐지만 전투함은 1척도 없었고 경비함정과 어업지도선(목선)뿐이었다. 초대 해군참모총장 손원일 제독은 전투함 한 척을 갖는 것이 소원이었다. 그래서 해군 장병들이 모금 운동을 하고 군인 가족들이 재봉틀로 바느질을 하여 15,000불을 모았다.

이 사실을 이승만 대통령에게 보고했더니 대통령께서 45,000불을 지원해 주셔서 모두 60,000불을 갖고 미국에 배를 사러 갔다. 돈이 너무 적었으므로 미 해군에서 퇴역한 교육용 배를 살 수밖에 없었다. 승선 인원 60명의 450톤급 초계정(PC-701)이였다. 미국에서 두 달간 수리해서 갖다 놓은 첫 번째 군함이 '백두산함'이다. 그런데 이 배가 기적을 낳은 것이다.

군함이 없어서 평소에 실탄사격을 한 번도 해보지 못한 우리 해군이 첫 전투에서 적함을 명중시킨 것이다. 기적 중의 기적이다.

만일 이때 북한 특공대의 배가 부산에 상륙했더라면 후방기지가 교란되어 우리는 패망했을 가능성이 크다. 그런데 우리 해군이 승리함으로써 나라를 지켜준 것이다. 이를 기적이라고 보지 않을 사람이 어디 있겠는가! 이것이 하나님의 은총이다.

더구나 백두산함은 전쟁 전날(1950.6.24) 진해 해군 기지에 입항해서 하루도 지나지 않은 다음 날 새벽에 전쟁 소식을 듣고 비상이 걸려 작전에 투입된 상태였다. 즉 군함으로 태어나자마자 큰 공을 세웠다.

대한민국 해군 만세!

여섯 번째 기적: 무에서 유를 창조한 공군, 단독출격 성공

6·25전쟁이 발발할 당시 우리 공군은 아무것도 없는 빈손이었다. 육군항공부대(1948. 7. 12)로 출발해 1949년 10월 1일 대한민국 공군으로 탄생했지만, 전투기 한 대 없는 초라한 모습이었다. 그러나 전쟁 기간에 크게 성장해 독립작전을 수행하게 됐고 100회 이상 출격한 조종사도 39명이나 배출했다. 초대 공군참모총장은 김정렬 대령(1950.5.14 준장)이었다.

공군은 창설 초기 L-4 연락기 8대, L-5 연락기 4대로 출발했다. 그리고 국민 성금으로 캐나다에서 구입한 AT-6 훈련기(건국기라고 명명) 10대 등 총 22대의 경비행기로 6·25전쟁을 맞이했다. 이에 비해 북한은 소련의 지원으로 Yak-9 전투기, IL-10 전투기 등 226대의 항공기와 2,800명의 병력을 보유하고 있어 남북 공군 전력은 비교도 안 됐다.

북한 공군은 1950년 6월 25일 첫날부터 소련제 전투기(Yak-9) 4대가 서울 상공에 나타나 여의도비행장과 용산역 등을 폭격했고, 16시에는 김포비행장을 폭격했다. 6·25전쟁 사태가 악화됨에 따라 유엔안전보장이사회는 6월 28일 미 공군을 한국전선에 투입하기로 결의, F-80 전투기와 B-26 폭격기가 우리나라에 들어왔다.

한국공군의 첫 임무는 미 공군과 함께 '공지합동작전'

전쟁이 발발했으나 우리 공군은 전투기가 한 대도 없었으므로 미공군에 의존하는 수밖에 없었다. 7월 2일 비로소 F-51D 무스탕 전투기 10대를 미 공군으로부터 인수해 대구기지에 도착했다. 다음날 첫 비행이 시작됐다. 첫 임무는 1950년 7월 3일 대구 동촌비행장(K-2)에서 출격, 미 공군과 함께 지상군 전투를 지원하는 '공지합동작전'이었다. 주로 북한군의 통신과 보급로를 마비시키고 38선 이북의 군사목표를 공격하는 것이었다. 미 공군은 북한 공군과 비교도 안 될 만큼 우세해 처음부터 제공권을 장악하게 됐다. 그러나 우리 한국공군은 훈련이 부족해 7월 4일 안양·시흥지구 폭격에 참가했다가 대공포를 맞고 전사하는 불행이 시작됐다.

첫 번째 출격에서 전사자가 나오자(이근석 대령) 조종사들의 교육훈련이 보강됐다. 조종사들은 진해기지로 이동해 미 공군으로부터 사격술, 회피기동, 적 지상군 식별법, 신호 방법 등 다양한 교육을 받고 8월 15일부터 낙동강 전선에 투입하게 됐다.

1951년 10월부터 강릉기지 근거로 독립작전 시작

우리 공군은 미 제5공군의 작전지휘를 받아 함께 임무를 수행했다. 그러나 언제까지 미 공군에만 의존할 수는 없었다. 따라서 김정렬 공군참모총장은 독립작전 준비에 들어갔다. 먼저 1951년 8월 1일 공군비행단을 제1전투비행단으로 개편 창설(초대단장 장덕창 준장)하는 한편 F-51 전투기 12대와 T-6기 1대를 사천기지에서 강릉기지로 전진 배치시켰다. 그리고 미 공군의 지원 없이 우리 공군 단독으로 '독립작전'을 수행할 능력이 '있는지 없는지'를 점검받기 위해 1951년 9월 미 제5공군에 작전준비태세검열을 요청했고, 능력을 인정받아 1951년 10월부터 강릉기지를 근거로 독립작전에 들어갔다.

1951년 10월 11일, 역사적인 단독출격이 시작됐다. 김영환 대령의 지휘 아래 김두만 대위, 강호륜 대위, 정영진 대위가 미 공군의 도움을 받지 않고 단독비행을 시작한 것이다.

주로 북한군 보급로 폭파, 적 차량 및 탱크 폭파, 고사포진지폭파 등 첫 번째 단독출격은 매우 성공적이었다. 단독출격(1951.10.11~11.28)으로 이루어진 독립작전에서 대한민국 공군은 총 48일 동안 493회를 출격해 많은 전과를 올렸다.

한편 전쟁이 장기화하면서 1951년 6월 미 공군으로부터 F-51 전투기 10대와 C-47 수송기 1대를 지원받아 항공기 숫자가 총 48대로 늘어났고 공군비행장도 증가 돼 1951년 10월 사천·강릉·동명·속초비행장 등이 공군기지로 이용됐다. 전투능력도 크게 향상돼 김두만·이기협·옥만호· 정주량· 박재호· 윤응렬 등 100회 이상 출격한 조종사도 39명이나 배출됐다.

아무것도 없는 우리 공군이 무에서 유를 창조해 냈고 100회 이상 단독출격한 조종사를 39명이나 배출하게 된 것은 그야말로 기적이었다. 오늘날 우리 공군이 세계에서 3번째로 강한 공군이 된 것은 우연의 일이 아니요, 창군 초기부터 우수한 미 공군의 지원과 하나님의 은총의 덕분이라고 생각된다.

우리 공군은 6·25전쟁 기간 동안 독립작전을 통해서 ① 평양 승호리철교 폭파 ② 송림제철소 폭파 ③ 평양시 대폭격 작전 ④ 고성 351고지 작전 등에서 주요 전과를 올렸다.

특히 승호리철교 폭파 작전은 대동강의 지류인 남강에 설치된 교량으로 적의 전투 장비나 보급품이 이 철도를 이용하기 때문에 반드시 폭파해야만 했다. 그래서 미 공군이 여러 차례 폭파를 시도했으나 8,000피트 고공에서 폭탄을 투하해 번번이 실패했다. 결국 한국 공군에 명령이 떨어졌다. 김신 대령은 1952년 1월 12일 4,000피트에서 저공비행하다가 1,500피트로 급강하하며 500파운드 폭탄 12발을 투하해 마침내 철교를 폭파했다. 미 공군이 하지 못한 것을 우리 공군이 해낸 것으로 우리 공군의 자랑거리가 되고 있다.

일곱 번째 기적: 귀신 잡는 해병의 통영상륙작전

우리 대한민국 해병대는 '귀신 잡는 해병'이라는 영광스러운 별명을 갖고 있다. 사람이 귀신을 잡을 만큼 용감하게 잘 싸운다는 뜻이다. 그들은 참으로 용감했고 백전백승(百戰百勝)했다. 해병대는 육지에서도 잘 싸우지만, 상륙작전에 더 능숙하다. 6·25전쟁 때에도 한국 해병대가 상륙작전을 통해서 전세를 역전시킨 사례는 여러 번 있었다. 특히 전쟁 초기 인천상륙작전보다 먼저 통영상륙작전이 있었다. 우리 군이 낙동강 전선까지 밀리고 있을 때, 서부 전선을 장악한 북한군은 남쪽 해안까지 밀고 들어와 마산 앞에 있는 진동리를 장악하고 마산과 진해를 위협하고 있었다. 그러나 우리 해병대의 마산에 대한 철통같은 방어가 이루어지자 이번에는 거제도를 점령해서 부산에 대한 위협을 가중하려 했다. 북한군의 병력은 거제도에 집중하고 있었다.

이때 해군참모총장 손원일 제독은 한국 해병대 단독으로 '통영상륙작전'을 계획하고 해병대 제1대대(대대장 김성은 중령)로 하여금 8월 17일 오후 8시를 기해 상륙작전을 감행하도록 명했다.

우리 해병대는 해군 함정 7척과 어선 20척을 투입해 필사즉생(必死卽生)의 각오로 작전에 임했고 단숨에 적을 완전히 소탕하고 상륙작전을 성공시켰다. 이 작전의 성공으로 적은 낙동강 방어선을 넘지 못했고 국군과 유엔군은 한 달 동안 부산 교두보를 지킬 수 있었다. 당시 종군 기자로 한국에 파견되어 우리 해병대를 따라다니며 작전을 취재한 뉴욕 헤럴드 트리뷴(New York Herald Tribune) 지(紙)의 극동 지국장 마거릿 히긴스(Marguerite Higgins Hall) 기자는 외신 보도를 통해 한국 해병대는 '귀신이라도 잡을 수 있을 것'이라고 격찬을 했다. 이후부터 한국 해병대는 '귀신 잡는 해병'이라는 별명을 갖게 되었다. 만약 거제도가 북한군에 점령당했다면 곧바로 부산에 대한 큰 위협이 될 수 있었고 육지와 바다에서 협공작전을 벌인다면 부산은 물론 낙동강 전선이 무너져 한반도는 공산화되었을 것이다. 한국 해병의 통영상륙작전은 그 자체가 중요한 것이 아니라 대한민국을 살리는 위대한 공을 세우게 됐다는 점에서 높게 평가받고 있다.

하나님 아버지. 이토록 큰일을 한 자랑스러운 대한민국 해병을 영원히 지켜주시옵소서.

여덟 번째 기적 : 아! 9·28, 죽었던 자들이 살아나다

인천상륙작전의 성공으로 서울이 수복되었다. 1950년 9월 28일! 이날은 서울 수복이라는 감격을 뛰어넘어 '죽은 자가 살아 돌아오는 기적' 같은 일이 벌어진 역사적인 날이다. 즉 의용군(인민의용군)에 끌려나가 죽었다고 소문났던 사람들이 모두 살아서 한순간에 동시에 나타나는 기적 같은 일이 벌어졌다.

6·25전쟁을 경험한 세대라면 이날만큼 기쁘고 감격스러운 날은 없었을 것이다. 세상에 처음 태어났던 생일보다 귀하고 결혼기념일보다도 더 소중한 감동적이고 감격적인 날이기 때문이다. 죽었다고 생각했던 사람들이 살아서 나타났으니 이보다 더 귀한 일이 어디 있겠는가!

1950년 6월 25일 북한 공산군의 남침으로 3일 만에 서울이 함락되고 또 한 달 만에 낙동강까지 후퇴하는 불행한 사태가 벌어졌다. 이제 남은 것은 대구 부산을 중심으로 한 국토의 10%만 남았다. 전쟁 초기에는 미군과 유엔군이 참전했어도 큰 힘을 발휘하지 못하고 계속 밀리는 수세에 있었다. 만일 인천상륙작전이 없었다면 낙동강에서 더 이상 버티기도 힘들었을 터인데 기적이 일어난 것이다.

즉 인천상륙작전의 성공으로 서울을 다시 찾게 되던 날(9월 28일),

그날 서울은 환의와 기쁨이 넘치는 축제와 같은 날이 되었다. 죽음의 도시가 희망의 도시로 변화된 것이다.

국군 1사단과 제17연대 그리고 미 10군단이 서울을 포위한 가운데 한국 해병대(제1연대 2대대)가 한강을 넘어 제일 먼저 서울에 진입했다. 시청 앞에서 적의 저항이 있었으나 무사히 제압하고 9월 28일 새벽 6시경 6중대 1소대장 박정모 소위, 양병수 일병, 최국방 이병 등 세 사람이 중앙청에 태극기를 게양했다. 이 역사적인 순간을 박 소위는 영원히 잊지 못할 것이다. 90일 동안 적 치하에서 국군이 돌아오기를 학수고대했던 150만 명의 서울 시민은 물론 서울 탈환 소식을 접한 대한민국 국민은 모두 환호하면서 탄성을 울렸다.

서울에 진입하는 과정에서 퇴각하는 적을 향한 포탄이 수 백발 떨어지는 바람에 일부 시민들에게도 피해가 컸다. 포탄의 파편은 적과 시민을 구별하지 않고 날아들어 많은 사람이 죽거나 큰 부상을 당했다. 어떤 사람은 파편 조각이 배를 스치고 지나가 창자가 밖으로 튀어나오자 손으로 훔켜쥐면서 배를 껴안고 집으로 뛰어가는 장면도 목격되었다.

홍제동, 미아리 등 시내 몇 군데는 불바다가 되었다. 인민군의 퇴로인 대학로를 거쳐 혜화동-돈암동-미아리고개를 향하는 도로와 종로5가-동대문-창신동을 거쳐 미아리로 탈출하는 루트는 피해가 더욱 심했다.

동대문 옆 낙산줄기 정상에는 국기 게양대가 하나 있었는데 그 위험한 순간에 누가 걸었는지 인공기가 내려지고 태극기가 게양되었다. 그를 바라보는 주변의 서울 시민은 환호를 연발하며 손에 태극기를 들고 거리로 뛰쳐나오기 시작했다. 그 순간 기적이 나타난 것이다.

의용군에 끌려나가 죽었다고 소문났던 동네 청년들의 모습이 하나둘씩 나타나기 시작하더니 한 시간쯤 지난 뒤에는 집집마다 숨어 있던 젊은이들이 모두 거리로 뛰쳐나왔다. 죽은 것이 아니라 집에 숨어있었던 것이다. 어떤 사람은 마루 밑 지하실에, 어떤 사람은 창고 같은 헛간에, 또 어떤 사람은 다락방 코너에, 등등.

낙동강 방어선이 철통같이 지켜지고 미 공군의 폭격이 심하여 막대한 인명 피해를 본 북한 공산군은 전국에서 의용군(보충병)을 강제로 붙잡아 낙동강 전선으로 내몰았다. 그러나 서울로부터 장거리를 차량으로 수송하는 도중, 미군 폭격기의 공습을 받으면 공습을 피하느라고 모두 차에서 내려 잠시 길가의 나무 밑, 개천 뚝, 논두렁, 야산 같은 곳에 엎드려 숨게 했다가 공습이 끝나면 다시 모여 차에 탑승하였는데 이때 집합하지 않고 산으로 도피하여 달아난 젊은이들이 많았다. 그들이 낮에는 산에 숨고 밤에만 이동하여 자기 집으로 왔는데 아버지 입장에서는 돌아온 자식들이 반갑기도 하지만 어떻게 살리는가 고민도 많았다. 여러 가지 고심 끝에 찾아낸 비상수단이 집안에 숨겨놓고 함께 지내는 수밖에 없었다.

인민군들이 찾아와서 아들이 도망쳤는데 집에 오지 않았냐고 으름장을 놓으면 '안 왔다'고 거짓말을 하면서 서울이 수복될 때까지 몇 달씩 숨겨 놓았던 것이다. 물론 거짓말이 탄로 나면 모두 총살이다.

이렇게 집에 숨어서 몇 달씩 살다 보니 영양도 문제지만 몰골이 말이 아니었다. 덥수룩한 수염에 머리털은 길게 자랐고, 햇빛을 못 봐 얼굴은 창백하기도 하고 누렇게 떠서 꼭 환자처럼 보였다. 더 심각하게 말하면 토굴 속에 있다가 밖으로 나온 도깨비처럼 보였다. 이들이 9월 28일 서울이 수복되자 모두 밖으로 뛰쳐나온 것이다. 먹지 못해 삐쩍 마르고 머리는 길게 늘어져 도사 같은 사람들이 골목마다 몰려나왔으니 진풍경이 아닌가. 의용군에 끌려가 죽었다고 소문났던 사람들이 살아 있는 것도 신기하지만 한두 사람이 아니라 집집마다 아들들이 다 살아왔던 것이다. 그러니 동네마다 서로 껴안고 만세를 부르며 축하하는 모습은 신(神)만이 연출할 수 있는 인간 드라마였다.

하나님께서 연출하신 기적 같은 이런 장면이 바로 하나님의 은총이었다.

여기서 한 가지 의문이 생긴다. 인민군들은 3개월 동안 서울을 점령하고 온갖 악랄한 통치를 해오면서도 어째서 도망자들이 각각 자기 집에 숨어있다는 사실을 몰랐는가? 숨을 만한 곳도 마땅치 않아서 겨우 마루 밑에 숨어 엎드려 있었는데 왜 그것을 몰랐을까? 이것이 하나님의 은혜가 아니고서는 설명할 방법이 없다.

만일 그중 한 사람이라도 집에서 붙잡혔다면 집집마다 가택 수색을 했을 것이다. 그런데 가택수색을 당하지 않은 것을 보면 집에 숨어있다가 붙잡힌 사람이 없었던 모양이다.

또한, 낙동강 전선에서 희생이 크자 8~9월에는 병력 보충을 위해 강제 동원하였다. 대략 20만 내지 40만 명에 이르는 것으로 알려졌다. 이들 중 절반 이상이 도망쳤으니 전국적으로는 숨어 지내는 자가 상당히 많았을 것이다. 그런데도 인민군 당국은 전혀 몰랐다는 사실이 믿어지지 않을 정도다 이것이 하나님의 은총이 아니겠는가!

아홉 번째 기적: 38선의 외교전쟁

서울이 수복된 이후 국군과 유엔군의 북진은 상상외로 빨랐다. 9월 28일 서울을 탈환한 국군과 유엔군은 3일 만에 38선 부근에 도달했다. 38선에 제일 먼저 도달한 부대는 국군 3사단(23연대)이다.

인천상륙작전이 성공하자 국군과 유엔군은 9월 16일부터 낙동강 전선에서 총반격을 개시했다. 적은 인천상륙작전이 성공했다는 소식이 들려오자 처음에는 낙동강에서 완강한 저항을 시도했으나 곧 사기가 크게 떨어져 급속도로 붕괴되기 시작했다.

이때부터 전쟁의 주도권을 우리 국군과 유엔군이 쥐고, 적의 퇴로를 따라 계속 압박하며 전진하였다.

동해안으로 북상한 국군 제1군단(3사단, 수도사단)은 9월 30일 강릉을 지나 38선에 도달하였으며, 국군 제2군단도 원주를 점령하고 38선으로 진출하였다. 퇴로가 차단된 적은 23,600명이 포로로 잡히었다. 동해안을 따라 진격하고 있던 제3사단은 10월 1일 제일 먼저 38선을 돌파하여 10월 2일 양양에 지휘소를 설치하였고, 계속해서 간성, 통천, 안변을 거쳐 10월 10일 원산을 점령하였다.

중부 전선의 국군 제2군단은 제6사단이 10월 6일 춘천 북방에서

38선을 돌파하여 10월 8일 화천을 점령했으며, 제8사단은 10월 7일 38선을 돌파한 후, 10월 11일 철원과 평강으로 진출했다. 또한 국군 제7사단은 10월 9일 38선을 돌파한 후, 10월 13일 평강으로 진출하여 제6사단 7연대와 합류하였다. 서부 전선으로 북상하던 국군 제1사단은 10월 11일 고랑포에서 38선을 돌파함으로써 전 전선에서 모두 38선을 돌파하게 됐다.

10월 1일 국군이 38선을 돌파하자 도쿄에 있는 맥아더 사령관은 김일성에게 무조건 항복을 권하는 방송을 했다. 그리고 유엔에서는 10월 7일 유엔군이 38선을 넘어 북진하는 것을 허용하는 결의안을 통과시켰고 유엔군도 북진했다.

국군이 38선을 돌파한 날은 대한민국 국군에게는 참으로 잊을 수 없는 감격스러운 날이다. 국방부에서는 10월 1일을 '국군의 날'로 정해줄 것을 정부에 건의하였고 1956년 9월 14일 국무회의를 거쳐 확정했다.

한편, 국군 3사단이 38선 앞에 이르자 38선을 넘어야 할지 말아야 할지가 문제였다. 38선을 넘는 것은 유엔이군 사령부의 승인이 있어야 하기 때문이다.

외교분쟁 속 하나님의 오른손

한국군이 먼저 38선에 이르자 외교분쟁이 일어났다. 38선을 넘어도 좋다는 유엔의 결의도 없었고 맥아더 사령관의 명령(허락)도 없었기 때문이다. 미국의 입장은 신중한 태도를 보였고 중·소는 적극 반대했다. 그런 가운데 이승만 대통령은 정일권 참모총장에게 왜 빨리

38선을 넘지 않느냐고 강한 어조로 독촉까지 하고 있었다. 미국은 안보의 균형이 깨질 수도 있다는 우려 속에 육군성과 국방부는 북 찬성했고 국무부는 버텼다.

이승만 대통령은 이 기회에 북진통일(北進統一)하여 북한 주민들에게 자유와 행복을 선사하려고 큰 기대에 부풀어 있었다. 이승만 대통령은 정일권 참모총장을 다그쳤다. 유엔군이 반대하면 국군 단독으로라도 38선을 돌파하라. 정일권 총장이 고민에 빠져있을 때 동부전선의 김백일 장군(1군단장)으로부터 긴급한 전화가 왔다.

> 38선이 600야드 밖에 안 남았는데 지금 넘지 않으면 안 됩니다. 북한군의 저항으로 피해가 심합니다. 전진하든지 후퇴하든지 빨리 결정해야 합니다.

이 말을 듣는 순간 정 총장은 "38선을 돌파하라!"고 명을 내렸던 것이다. 그리고 워커 8군 사령관에게 전황을 상세히 보고하면서 고지를 탈환하겠다고 말했다. 정치문제화 되지 않기 위해 순전히 전술적인 필요 때문이라는 점을 강조했다.

작전의 총책임자인 8군 사령관 워커 장군은 "그렇다면 좋다."고 승낙했다. 마침내 3사단 23연대는 10월 1일 최초로 38선을 넘었고 10월 2일 양양에 지휘소를 차렸다. 이후 동부에서 서부 전선에 이르기까지 차례로 전 부대가 38선을 돌파했다.

국군의 사기는 하늘을 찌를 듯했고, 작전은 신속하게 진행됐다. 10월 2일, 마침내 맥아더 사령관으로부터 "38선을 넘어도 좋다."는 미국 정부의 공식 입장과 사령관의 명령이 떨어졌다. 그러나 아직도 38선을 넘어도 좋다는 '유엔의 결의'는 나오지 않은 상태였다. 공산 측이 방해하기 위한 외교전쟁을 치열하게 전개하고 있었기 때문이다.

국군과 유엔군이 38선을 넘게 되자 대한민국 정부는 북진 통일을 강조했고, 미국과 한국의 목표는 일치하고 있었다. 이때 호주, 브라질, 네덜란드, 노르웨이, 파키스탄, 필리핀, 영국도 미국의 입장을 지지하는 공동결의안을 유엔에 제출하며 "필요한 경우 무력을 써서라도 유엔군 주도 아래 한반도를 통일시킨다."는 입장을 밝혔다. 이는 중공과 소련의 개입을 우려하여 신중하던 때와는 입장이 바뀐 것이다. 이것은 우연이 아니다. 하나님께서 역사하심으로 국제 사회도 한국의 손을 들어준 결과라고 보는 것이 옳다.

이런 상황 속에서 한국군 3사단 23연대가 10월 1일 38선을 넘었다. 엄격히 따지고 보면 맥아더 사령관의 명령이 내려지기 하루 전에 넘었다. 엄격히 말하자면 명령 위반이다. 그러나 이것이 정치적 문제화되지 않은 것은 매우 다행이다. 맥아더 사령관의 의중도 동일했을 것으로 추정되는 대목이다.

한편 김일성은 다급해서 소련과 중공에게 지상군 개입을 요청했다. 소련은 직접 개입을 피하는 대신 중공으로 하여금 지상군 개입을 권고했다. 중공은 소련으로부터 모든 전쟁물자의 지원을 약속받고 참전하게 됐다. 이 무렵 유엔군의 38선 진격을 허용하는 법안이 유엔 총회 의결을 기다리고 있었다. 따라서 중공은 이 표결의 통과를 막기 위해 심혈을 기울였다.

10월 2일 저우언라이(周恩來)는 북경 주재 인도대사 파니카(K. M.

Panikkar)를 불러 "만일 유엔군이 38선을 넘어 북진하는 경우, 중국은 조선에 개입하지 않을 수 없다."고 경고하면서 만일의 경우 한국군이 38선을 넘는 것은 허용할 수 있으나 유엔군은 절대 안 된다고 반대했다.

그런 가운데 1950년 10월 7일 유엔총회는 마침내 유엔군이 38선을 넘어 북상하는 것을 허용하는 서방측 공동결의안을 통과시켰다. 찬성 47표, 반대 5표, 기권 7표였다. 유엔의 결의에 따라 유엔군도 드디어 10월 7~8일 38선을 넘어 북진하기 시작했다.

이에 대해 중공은 "조선 전쟁은 처음부터 중국의 안전에 중대한 위협이었다. 좌시하지 않을 것"이라고 경고하고, 마침내 10월 19일 압록강을 건너 한국전에 참전하게 되었다.

열 번째 기적: 이승만을 모세처럼 사용하신 하나님

전쟁이 장기화되자 미국은 휴전을 원했다. 중국, 소련, 북한도 원했다. 1951년 7월 10일 휴전 회담이 시작됐으나 회담이 장기화되면서 미국도 지쳤다. 회담 2년 만에 공산 측과 제반 문제가 거의 합의가 이루어질 무렵, 이번에는 한국의 이승만이 '휴전 반대, 북진 통일'을 주장하며 휴전을 강력 반대했다. 미국은 이승만을 설득하려 했으나 이승만은 오히려 반공 포로 석방(1953. 6. 18)이라는 초강수를 두며 세계를 놀라게 했다. 반공 포로 석방은 미국의 자존심을 크게 상하게 하려는 이승만의 고도의 전략이었다. 미국 입장에서 보면 고양이가 쥐새끼에게 물린 셈이었다. 이에 미국은 이승만 제거를 검토했으나 평소 그의 지략과 정치력을 높이 존중해 오던 지한파들에 의해 무효화되고, 오히려 '로버트슨' 특사를 보냈다. 이에 이승만은 전후 복구 사업은 물론 차후에 대비하여 한·미 상호방위조약(1953. 10. 1)을 맺어줄 것을 요구하고 조약을 체결시켰다. 그 결과 우리는 한국군의 현대화 계획은 물론 한미동맹을 통해 70년 동안 한국의 안보와 경제를 지키고 경제 대국으로 성장할 수 있었다. 이 놀라운 기적 같은 은혜는 한국을 사랑하시는 하나님의 특별한 섭리가 있었기 때문에 가능했다. 이승만을 대한민국의 대통령으로 세우시고 모세처럼 사용하신 하나님의 은총에 감사드리자. 6·25전쟁은 고난 가운데서 이 민족을 살리신 은총의 역사다.

사진46. 한미상호방위조약 체결 후 이승만과 덜레스 미 국무장관

제5장 기적으로 살아남은 대한민국

이상규 | 고신대학교와 호주 빅토리아주 장로교신학대학(PTC)에서 수학하고 호주신학대
학(ACT)에서 신학박사(Th.D.) 학위를 받았다. 미국 칼빈 대학, 메노나이트 연합신학대학
(AMBS), 호주 매쿼리 대학교 초기기독교연구소에서 연구했다. 올해의 신학자상, 한국복음
주의신학회 학술상 등을 수상했다. 고신대학교 교수, 부총장을 역임했으며 현재는 백석대학
교 석좌교수로 있다.

배경

6·25 동란, 6·25전쟁, 혹은 한국전쟁 등으로 불리는 민족 상쟁의 사변(事變)은 민족의 일대 수난이었다. 해방된 지 불과 5년 만인 1950년 6월 25일 시작되어 1953년 7월 27일 정전 협정으로 휴전하게 되기까지 3년 1개월 동안 계속된 전쟁은 대한민국의 위기였다. 그럼에도 불구하고 기적 같은 일들이 우리를 지켜주었다.

전쟁이 갑자기 일어난 것은 아니었다. 1945년 이후 계속된 냉전체제와 미국과 소련 간의 대립과 패권주의의 영향이 컸다. 해방 후 좌우익 간의 대립이 심화되었고, 1948년 4월 3일에는 제주도 4·3 사건이, 그해 10월 20일에는 여순 사건이 일어났다. 이때부터 1950년

6·25전쟁이 발발할 때까지 게릴라전을 포함한 정치적 대립으로 약 10만여 명의 희생자가 생겨났다. 이념적으로 불안한 정국이었다. 1950년 5월 30일에는 제헌국회의 임기가 끝나고 총선이 실시되었는데, 전체 의석 210석 중에서 이승만의 집권 세력은 겨우 30여 석을 얻는데 그쳤고, 무소속으로 출마한 126명이 당선되었다. 이승만 정권의 정치적 불안정의 반영이었다.

당시 남한의 군사력은 열악했다. 병력은 북한군 201,050명의 절반인 103,827명에 불과했고, 북한의 항공기는 226대였으나 남한은 22대, 북한의 함정은 110척이었으나 남한은 겨우 36척에 불과했다. 화포 역시 북한은 2,492문에 달했으나 남한은 절반인 1,051문뿐이었다. 또한, 북한의 전차는 242대였으나 남한에는 단 한 대도 없었다. 절대적인 열세였다.[1]

게다가 6·25 직전 전방 지휘관들이 대거 교체되어 지휘 체계가 안정적이지 못했다. 2사단장 유준홍 준장이 의정부 7사단장으로, 1연대장 김종오 대령이 원주 6사단장으로, 16연대장 이성가 대령이 강릉 8사단장으로, 국방부 1국장 이종찬 대령이 서울 수도사단장으로, 8사단장 이형근 준장이 대전 2사단장으로, 7사단장 이준식 소장이 육사 교장으로 보직 변경되었다. 그런가 하면 수도사단 소속이었던 2연대가 춘천 6사단으로 예속되어 병력이 서울에서 홍천으로 이동하던 중 전쟁을 맞았다.

의정부 7사단의 예비 연대인 25연대도 부대 이동 명령을 받고 온양에서 출발하여 목적지인 의정부에 미처 도착하지 못한 상태에서 전쟁을 맞았다. 더욱이 8개 사단 중 4개 사단은 38도선에서 먼 후방에서 게릴라 소탕전을 벌이고 있어서 남침에 적절하게 대응하지 못했다. 더욱더 심각한 현실은 농활 후원이라는 이름으로 장병들이 주말에 대대적인 휴가를 가고 있었다. 즉각 응전할 수 있는 환경이 아니었다.

국외적으로 볼 때, 주한 미군은 1948년 9월 15일부터 철군을 시작하여 1949년 6월 말에는 군사 고문단 495명을 제외하고 완전히 철수했다. 그해 8월에 소련은 핵무기 실험에 성공했다. 10월에는 중국 공산당이 주도하는 중화인민공화국이 수립되었다. 이는 김일성 정권에 힘을 부여하였고, 한반도에서 패권을 노리는 미국과 소련의 대결은 깊어만 갔다. 이런 상황에서 미국의 국무장관 애치슨은 1950년 1월 12일 연설에서 한국과 대만을 미국의 방어선에서 제외한다는 이른바 애치슨라인(Acheson Line)을 발표했다. 이러한 불리한 상황에서 전쟁이 개시되었다. 그럼에도 불구하고 남한이 공산화되지 않고 살아남은 것은 기적이 아닐 수 없다. 그렇다면 구체적으로 어떤 상황이 우리를 지켜주었을까?

전쟁기의 다섯 가지 기적

미국의 신속한 참전

첫째는 미국의 신속한 참전이었다. 전쟁이 발발했을 때 미국 대통령은 트루먼(Harry Truman)이었다. 민주당 출신의 제35대 대통령인 트루먼은 미주리 주에 있는 사저에서 휴가를 즐기고 있었으나 북한군의 남침 보고를 받고 이틀 후인 6월 27일 성명을 발표하고 참전과 파병을 결정했다. 그때는 애치슨라인이 유효했고, 한미 간에 방위 조약도 없었기 때문에 미국은 참전할 의무가 없었다. 그럼에도 불구하고 신속하게 참전을 결정한 것은 기적 같은 일이었다. 트루먼은, "국경에서의 침공을 방지하고 국내 치안을 유지하기 위하여 무장된 한국 정부군이 북괴의 침략군으로부터 공격을 받았다. 유엔 안전보장이사회는 침략군에게 적대 행위를 중지하고 38선으로 철수할 것을 요구하였다. 그러나 그들은 이를 이행하지 않을 뿐 아니라 공격을 강화하고 있다. 안전보장이사회는 전 회원국에게 이 결의를 집행함에 있어서 모든 원조를 유엔에 제공할 것을 요구하였다. 이러한 정세 하에서 본인은 미군 공군과 해군으로 하여금 한국 정부군에 원조와 지원을 제공하도록 명령했다."라고 성명했다. 그의 신속한 결단이 대한민국을 구한 것이다. 그리하여 전쟁 발발 1주일도 않되 일본에 주둔하고 있던 공군과 육군을 한반도에 파병하였다. 전쟁 기간 중 파견된 미군은 40만 명이 넘었다.[2]

트루먼의 신속한 결정 배후에는 빌리 그래함(Billy Graham) 목사의 간절한 호소가 있었다고 알려져 있다. 빌리 그래함은 한국에서 공산당이 지배하게 되면 50만 명에 달하는 크리스천들은 죽임을 당하게 될 것이라며 미국이 자유와 평화의 파수꾼이 되어야 한다고 호소하여 트루먼의 마음을 움직였다. 트루먼은 2차 대전 당시 연합군 총사령관으로 히로시마와 나가사키에 원폭을 투하하여 일본의 항복을 받아내고 대한민국에 독립을 가져다주었다. 그가 전쟁이 발발하자 즉각적인 파병을 결단하여 대한민국을 방어한 일은 마치 기적 같은 일이었다. 북한 지도부의 김두봉과 홍명희는 미군의 참전으로 인해 전쟁에서의 승리가 어렵다는 사실을 인정했다는 것이 소련의 문서에서 드러났다.[3]

유엔 상임 이사국의 참전 결정

둘째, 유엔 상임이사국의 참전 결정은 기적이었다. 무초(John J. Muccio) 대사가 남침 사실을 보고한 시간은 한국 시간으로 25일 오전 10시였다. 국무장관 애치슨(Dean G. Acheson)은 곧 트루먼 대통령에게 보고하고 안전보장이사회(안보리) 소집을 건의했다. 12시 30분 미 국무부는 유엔 사무총장에게 안보리 소집을 요구했고 25일 저녁 유엔 대표부가 안보리 소집 요구서와 결의안을 제출했다. 26일 오전 4시(한국 시간) 유엔 안보리는 북한의 무력 공격은 평화를 파괴하는 '침략 행위'라 선언하고, 결의안을 통해 "침략 행위 중지 및 38선 이북으로의 철수"를 요구했다. 북한군이 이를 무시하고 계속 남침하자 6월 28일 유엔은 제2차 안보리를 소집하여 회원국들에 대해 북한의 무력 공격을 격퇴하고 국제 평화와 한반도에서의 안전을 회복하는 데 필요한 원조를 한국에 제공할 것을 결정했다. 유엔 연합군을 결성하여 파병할 것을 결의한 것이다.

이런 신속한 회의와 결정은 유례가 없는 일이었다. 당시 안전 보장 이사회는 5개의 상임이사국과 10개의 비상임 이사국으로 구성되어 있었는데, 1946년 이래로 미국을 비롯한 영국, 프랑스, 중화민국(대만), 소련이 상임이사국이었고 이들은 거부권을 행사할 수 있었다. 문제는 북한 편인 소련이었다. 그런데 그날 소련 대표 말리크(Yakov A. Malik)는 회의에 불참했다. 그 결과 만장일치로 파병을 결의하게 된 것이다. 소련의 말리크가 참석하여 거부권을 행사했다면 유엔군의 참전은 불가능했을 것이다. 미국은 유엔에 결의안을 제출하면서 소련이 거부권을 행사하여 결의안이 통과되지 못할 것을 우려하고 있었고, 그럴 경우 결의안을 총회에 제출하여 승인을 받도록 하는 안을 구상하며 법률적 검토를 하고 있었다. 그런데, 소련 대표가 안보리에 불참한 것이다. 그 이유가 무엇일까? 이 점은 6·25전쟁을 둘러싼 의문 중 아직까지 해결되지 않는 가장 큰 미스터리다.

정확하게 알 수 없어 여러 억측이 제시되지만, 〈6·25전쟁과 중국〉이라는 책을 쓴 이세기 박사는 소련의 전략적 선택이었다고 해석한다.[4] 신생 강자로 부상하는 마오쩌둥을 제압하기 위한 스탈린(Joseph V. Stalin)의 이이제이(以夷制夷) 전략이었다는 것이다. 스탈린은 한반도에서 미국과 중국이 부딪치게 하여 두 나라 간의 우호 관계 수립 가능성을 사전에 차단하고, 미국이 아시아에 집중하느라 유럽에 소홀한 틈을 타서 유럽에서 소련의 영향력을 확대하려는 속셈이었다. 그래서 소련은 김일성의 남침 계획을 50여 차례 묵살하다가 1950년 초 전격 승인하고 6월 27일 유엔 안보리에서 유엔군 파병을 결정하는 회의에 소련 대표를 불참시켰다는 것이다. 이유가 어떠했든 소련 대표의 불참은 우리나라에 결정적으로 유리한 결과를 가져온 것이다.

전쟁이 발발할 당시 세계는 총 93개국이었는데, 이 중 67개국이 한국을 도왔다. 전 세계 국가 중 72%가 한국을 도운 것이다. 이 또한 역사상 유례가 없는 유일한 기록이다. 파병한 나라는 미국, 영국, 호주, 캐나다, 뉴질랜드, 네덜란드, 프랑스, 필리핀, 터키, 태국, 그리스, 남아공, 벨기에, 룩셈부르크, 콜롬비아, 에티오피아 등 16개국이었고, 의무 지원국이 인도, 덴마크, 스웨덴, 노르웨이, 이탈리아 등 5

개국, 물자 지원국이 과테말라, 자메이카, 헝가리 등 40개국, 전후 복구 지원국이 리히텐슈타인, 스페인, 이라크 등 6개국이었다. 소련 대표가 불참한 가운데 이루어진 유엔 안보리의 참전 결정이 가져온 기적 같은 결과였다. 이런 결정을 하는 동안 서울을 점령한 북한군은 3일을 허비하고 있었다. 북한이 서울을 점령하는데 걸린 시간은 3일 7시간 30분이었는데, 이 소중한 3일을 허비하면서 국군과 유엔군에게 반격의 기회를 준 것 또한 이해할 수 없는 기적이었다.[5]

인천상륙작전

셋째, 인천상륙작전은 전세를 완전히 역전시킨 기적이었다. 1950년 6월 25일 새벽 남침한 북한군은 6월 26일 임진강 일대와 의정부 및 춘천을 돌파했고, 개전 3일 만인 28일에는 서울을 점령했다. 30일에 한강 도하를 시작하여 7월 6일에는 오산 인근을 점령하고, 7월 24일에는 대전을, 7월 말에는 목포와 진주를, 8월 초에는 김천과 포항을 점령했다. 8월 말 북한군 주력 부대는 낙동강까지 진출했고, 북한군은 전쟁 개시 한 달 남짓한 기간에 낙동강 남서부 일부 지역을 제외한 남한 지역의 90% 이상, 인구로는 92% 이상을 수중에 넣었다. 북한군은 낙동강 전선에 모든 전력을 집중하고 있었다. 남은 지역만 점령하면 남한을 거의 전부 점령한다고 보았기 때문이다.

이런 절박한 상황에서 맥아더(Douglas MacArthur) 장군은 인천상륙작전을 기획했다.[6] 그러나 미 합동참모본부와 해군 수뇌부는 인천으로 상륙 시도는 성공률이 5천분의 1이라며 강력하게 반대했다.[7] 10m에 이르는 조수간만의 차도 상륙을 어렵게 하지만, 수로가 좁아 대규모 선단(船團)의 진입 자체가 불가능하다고 본 것이다. 상륙을 위한 LST(Landing Ship Tank, 전차 양륙함) 정이 정상적으로 가동하려면 수심이 50미터 이상이 되어야 하는데, 썰물 때는 작전이 불가능했다. 결국 상륙작전은 3-4시간 정도의 밀물 때를 이용해야 하는 위험한 작전이었다. 게다가 북한군이 좁은 수로에 기뢰(機雷)를 매설했을 경우 엄청난 피해를 입게 되기 때문에 인천상륙작전은 미친 짓이라고 반대했다. 그러나 맥아더 장군은 작전의 성공을 확신하고 대통령을 설득하여 승인을 받았다. 9월 15일 항공모함과 순양함, 구축함과 제10군단 병력이 탑승한 대규모 선단이 인천 앞바다에 집결했다. 유엔군 소속 함정은 261척, 미 제5해병연대 제3대대의 선봉 공격대가 인천 수로에 진입하면서 총 7만 5천 명이 투입된 작전이 시작되었다. 성공률 5천분의 1이었으나 작전은 성공했다. 맥아더 장군의 용기와 지혜로 이룬 기적이 아닐 수 없다.

그로 인해 9월 16일에는 인천을 탈환했고, 인천 지역에 주둔했던 북한군 2천여 명은 거의 멸절되었다. 낙동강 방어선 돌파를 위해 총력을 다 하던 북한군은 제대로 저항 한번 못하고 무너졌고, 보급로가 끊기면서 남한 지역의 북한군은 독 안의 쥐가 되었다. 퇴각하는 군은 그야말로 오합지졸이었다. 그러나 북한군은 후퇴 중에도 양민을 학살하는 만행을 저질렀다. 인천상륙작전으로 인해 낙동강 전선에서의 전면 공격을 통한 총반격에 비해 전투 기간을 3분의 1로 단축하고 아군 14만 명의 희생을 줄일 수 있었다.

또 이 작전의 성공으로 낙동강 전선에서도 반격작전이 개시되어 국군과 유엔군은 9월 27일 낙동강 전선을 돌파하고 북쪽으로 진격하여 9월 28일 드디어 서울을 탈환하며 9월 28일에는 서울 수복을 기념하는 환도식을 거행할 수 있었다. 5천분의 1의 성공률을 성취한 것은 기적이었다. 군 전문가들은 이것을 '세기의 도박'이라고 불렀다. 인천상륙작전으로 인해 불리했던 전황을 일거에 바꾸어 놓을 수 있었다.

흥남탈출

넷째, 흥남 탈출은 기적이었고 기적의 항해였다. 인천상륙작전으로 전세를 역전시킨 국군과 유엔군은 그해 10월 1일에는 동부에서, 10월 9일에는 서부에서 38선을 넘고, 10월 10일에는 원산을, 10월 19일 평양을 함락하고, 압록강까지 추격하여 11월 21일에는 혜산진까지 진격했다. 정리하면, 동해안으로는 청진(淸津)까지, 중부 전선에서는 혜산진(惠山鎭)의 압록강까지 진격하였다. 서부에서는 선천(宣川)까지 북진하였다.

그러나 10월 19일 중공군이 개입하며 10월 25일 총공세가 개시되자 전쟁은 새로운 국면으로 접어들었다. 함경도 개마고원 부근의 장진호에서 고립된 유엔군은 처참한 희생을 치르며 후퇴했다. 전세가 역전되자 북한 주민들은 피난을 위해 서둘러 흥남으로 모여들었다. '바람찬 흥남 부두'에는 짐 보따리와 가족, 어린아이들을 등에 업은 피난민들로 가득 찼다. 인산인해였다. 이들을 안전한 곳으로 이동시키기 위한 작전이 흥남철수작전이다.

이 작전 지휘관이 제10군단장 알먼드(Edward Almond) 소장이었다. 1950년 12월 11-24일 크리스마스이브까지 약 10만 5천 명의 군 병력과 피난민 10만 명, 전투 장비와 군수 물자를 안전하게 철수시키는 작전이었다.[8] 흥남에서 마지막으로 북한 피난민을 싣고 나온 배가 미국 국적의 길이 196m, 폭 20m에 불과한 7천 6백 톤급 민간 화물선 메러디스 빅토리(Meredith Victory)호였다. 미군 대령이 선장 레너드 라루(Leonard LaRue)에게 이 화물선에 태울 수 있는 여유 정원이 얼마냐고 물었을 때 선장은 12명이라고 대답했다. 그런데 이 배에 1만 4천 명이 탑승했다. 아기와 어린아이가 4천 명이었고 부상자는 17명이었다. 12월 22일 밤 9시 30분부터 승선하기 시작하여 23일 낮 11시 10분에 승선이 완료되기까지 승선 시간이 13시간 40분이었다. 이보다 더한 콩나물시루는 없었을 것이다. 라루 선장은 "단테의 신곡에 나오는 연옥 같았다"라고 썼다.

23일 오후 배는 흥남 부두를 출발했다. 중공군 보병 부대가 6km 앞까지 진출했을 때였다. 적군이 설치한 4천 개의 기뢰를 피해 영하 20-40도를 넘나드는 혹한과 폭설을 견디며 24일 낮 부산에 도착했으나 부산은 이미 피난민의 도시로 변해 더 이상 사람을 수용할 수 없었다. 배는 다시 거제도로 향했다.[9] 기적의 항해였다. 의사도, 약도 없었고, 음식이 없어 먹지도 못하고, 마시지도 못하고, 추위에 굶주리며, 화장실조차 이용하기 어려웠으나, 단 한 사람의 희생자도 없이 3일간 800km를 항해하여 거제도 장승포항에 입항했다. 항해 중 다섯 아이가 태어났다. 피난민들이 완전히 하선한 후 라루 선장은 자신의 일기에 이렇게 썼다. "항해 중 5명 탄생, 사망자 없음. 14,005명 무사히 상륙."

주목할 만한 사실은 이 배에 상당수의 기독교 신자들이 탑승했고 교회 단위로 함께 피난길에 올랐다는 것이다. 후일 순장로교회를 형성한 함경남도 함주 덕천교회 이계실(1889-1971) 목사를 주축으로 5개 처 교회 성도 130여 명이 피난민 대열 속에 있었는데 이들은 거제도에서 같이 생활하던 중 서울에 안착하였고 순장로교회를 형성하게 된다. 함흥을 탈출한 이들은 공산주의의 핍박을 피해 자유를 찾아온 이들이었다. 메러디스 빅토리호의 탈출은 제2차 대전 이후 최대 규모의 해상 탈출이자 지고한 인도주의 정신이 가져온 기적이었다.

한미 방위조약 체결

다섯째, 한·미 방위 조약의 체결은 또 하나의 기적을 이루었다. 1953년 10월 1일 한국과 미국 간에 체결된 한·미 상호방위조약은 오늘까지 한·미 동맹의 든든한 조약이 되었고 자유를 지키는 안전망이 되었기 때문이다. 이 조약의 체결은 이승만 대통령의 끈기와 뚝심, 그리고 외교력으로 얻어낸 결실이었다. 조약이란 상호 수혜의 가능성 혹은 잠재적 가능성이 있을 때 체결되지만 대한민국이 미국의 방위에 기여할 가능성이 전무한 상황에서 체결된 것은 주익종의 표현처럼 '새우와 고래의 동맹'이라고 할 수 있다.

1951년 3월 이후 전쟁이 교착 상태에 빠지자 내외로부터 휴전에 대한 요구가 대두되었다. 특히 1952년 8월 20일 김일성은 중공의 저우언라이를 통해 스탈린에게 휴전을 제안했으나 스탈린은 이를 받아들이지 않았다. 스탈린은 미국을 한반도 문제에 묶어두는 것이 국익에 도움이 된다고 믿고 있었기 때문이었다. 그러나 스탈린이

좌: 1950년 12월 흥남철수작전 당시 북한 피란민을 태우고 마지막으로 흥남
부두를 출발한 미국 화물선 메러디스 빅토리호(1950년 12월 26일). 중/우:
1950년 12월 흥남철수작전 당시 북한 피란민 14,000여 명을 구출한 미국
화물선 메러디스 빅토리호의 기록은 '한 척의 배로 가장 많은 생명을 구출한
세계 최고 기록'으로 기네스북 인증을 받았다(2004년 9월 21일 등록인: 로
버트 러니) 자료: 〈6·25전쟁과 대한민국의 꿈〉(안재철 저)

1953년 3월 5일 사망하고, 전쟁 종결을 공약했던 아이젠하워(Dwight
D. Eisenhower)가 1953년 1월 20일 대통령으로 당선되자 휴전 논의
는 급물살을 탔다. 그러나 이승만은 휴전을 반대했다. 만일 중공군
이 압록강 이남에 남아 있는 상태에서 휴전한다면 국군 단독으로라
도 싸울 것이라고 엄포했다. 안전보장 없는 휴전을 반대한 것이다.
아이젠하워는 클라크(Mark Wayne Clark) 유엔 사령관을 통해 이승만
을 설득했는데, 이승만은 휴전 수락 조건으로 한·미 상호방위조약
체결 등을 요구했다. 그러나 미국은 휴전 성립 전에 조약 체결은 불
가하다고 단언했다.

　휴전협상의 최대의 난제는 포로 송환 문제였다. 이승만은 1953
년 6월 18일 전격적으로 반공 포로 2만 7천여 명 석방을 단행했다.
이를 통해 미국을 압박했고, 결국 7월 12일 한·미 상호방위조약 체
결을 약속받았다. 휴전 협정은 진척되어 7월 27일 조인됨으로써 3
년 1개월간 계속되던 전쟁은 종식되었다. 한·미 상호방위조약은 8

월 8일 가조인 되었고, 10월 1일 공식적으로 체결되었다. 이로써 북한의 남침과 군사적 위협에 대응하기 위한 주한 미군의 주둔을 공식화하였다. 오늘과 같은 좌파 정권의 안보관과 대북 정책을 고려할 때 한·미 상호방위조약은 한반도 평화와 안전을 위한 든든한 초석이 아닐 수 없다. 주한 미군은 국방 안보의 중요한 자산이기도 하지만 군사적 가치는 30조 원이 넘는다고 한다. 이 조약이 대한민국의 경제 발전을 이룩할 수 있는 토양을 제공해 주었다. 그렇다면 이 조약 체결을 기적이라고 불러도 무방할 것이다.

맺음말

6·25전쟁이라는 민족적 비극의 역사에서도 기적 같은 일들이 적지 않았다. 기적과 같은 일들은 따지고 보면 애국가 가사처럼 '하나님의 보호하심'이었고, 하나님의 역사 간섭이었을 것이다.

정치학자 이정식 박사는 〈21세기에 다시 보는 해방후사〉에서 6·25전쟁은 비극이었지만 대한민국 발전을 이루는 전화위복의 계기가 되었다고 주장한다. 그는 변화의 결정적 변수로 두 가지를 꼽았는데, 첫째가 군사적 팽창이고 다른 한 가지가 한·미 관계의 변화라고 보았다.[10] 특히 전쟁 중 체결된 한·미 상호방위조약을 바탕으로 한·미 관계가 긴밀해져 대한민국이 세계에서 유례가 없는 산업화와 민주화를 동시에 이루어내는 밑거름이 되었다고 주장한다.[11] 아픈 현실에서 그나마도 다행한 일이 아닐 수 없다.

주

1 6·25전쟁 발발 당시의 정황과 전쟁 개관에 대한 평이한 기록으로는, 강규형 외, 2019; 김영호, 1998; 박윤식, 2012; 박태균, 2007; 복거일, 2013; Cumings, 1993; 양호민, 2004; 유영익 편, 2003. 등이 있다. 6·25전쟁에 대한 외국인의 기록으로 필자가 소장하고 있는 문서로는 Kaufman, 1986를 비롯하여 Cumings, 2004; Fehrenbach, 2008; Hastings, 1987; Leckie, 2018; Stone, 2014 등이 있다.

2 박태균, 2007, 184.

3 박태균, 2007, 191.

4 이세기, 2015.

5 전쟁 발발 5시간도 안되어 개성을 점령한 북한군은 3일 만에 서울을 점령하고 6월 30일이 되도록 한강을 넘지 않는 것은 일반적으로 남한에서 봉기가 일어날 것으로 판단했기 때문이었고 따라서 굳이 서울 이외의 지역으로 전선을 확대할 필요가 없다고 판단했을 것이라고 보고 있지만, 박명림, 박태균 등은 '제한전쟁설'을 제시한다. 북한이 순식간에 전쟁을 끝낼 수 있는 중요한 3일간 서울에 체류한 것은 서울만 점령함으로서 전쟁을 끝내려 했다는 것이 '제한전쟁론'이다.

6 인천상륙작전에 대한 자세한 대중적인 기록으로는, Goulden, 1982, 제3부를 참고할 것.

7 미합동참모본부가 인천으로의 상륙작전을 반대한 이유는 4가지로 정리될 수 있는데, 1. 인천은 조수 간만의 차가 9~10m나 되어 간조시에는 함정이 갯벌에 노출되어 상륙 시간이 짧을 수밖에 없다, 2. 낙동강 방어선과 거리가 멀어 각개격파 위험성이 증대된다, 3. 인천 상륙이란 원거리 상륙인데, 상륙용 선박이 부족하다. 4. 상륙 병력 차출 시 병력 부족으로 낙동강 방어선 유지가 불가능하다. 정명복, 2011, 182.

8 Gilvert, B., 2015.

9 Gilvert, B., 2015, 164.

10 이정식, 2012, 155-164.

11 이정식, 2012, 164-165.

제6장 백두산함과 인천상륙작전의 기적

최영섭 | 일본 동경 시립제2중학교(우에노)와 해군사관학교를 졸업했다. 대한해협 전투 당시 백두산함의 갑판사관(당시 소위)으로 참전했으며, 덕적도·영흥도 탈환 작전, 군산 양동 작전에 이어 인천상륙작전에 참전하였다. 백두산함 함장, 구축함 충무 함장, 51전대 사령관, 한국해양소년단연맹 고문으로 있었다.

나는 일제시대에 일본 동경 시립 제2중학교(우에노)로 유학을 갔다. 당시 초등학교 선생님께서 일본 유학을 적극 추천했기 때문이었다. 처음에는 집에서 학비를 보내주기로 했지만, 형편이 워낙 어렵다 보니 결국 한 푼도 보내주지 못했다. 고생스러웠지만, 그때는 가난했던 시절이었고 남들도 다 그런 줄 알았기 때문에 힘든 줄도 몰랐다.

공부를 마치고 돌아와 해방 이후부터 1947년까지 이북에서 역사 교사로 일하다가 월남해서 남한에 왔지만 할 일이 없었다. 그러다가 너무 배가 고파서 밥은 먹을 수 있겠다는 생각에 해군사관학교에 들어갔다. 이후 1950년 5월 26일에 해군 소위로 임관하고, 첫 보직으로 백두산함 갑판사관을 명 받았다. 그리고 얼마 지나지 않아 6·25전쟁이 발발했다.

백두산함 이야기

군인들이 돈을 모아서 군함을 산 사례는 아마 세계 어디에도 없을 것이다. 당시 한국 해군의 함정은 총 105척이었는데, 대부분 소형 보병 상륙용 함정과 일본인이 남기고 간 소형 경비정, 민간용 화물선을 전용한 경비정 등이었고 전투 능력을 가진 전투함은 하나도 없었다. 제대로 된 전투함이 필요했지만 독자적으로 군함을 건조할 능력이 없었기에 이승만 대통령이 미국에 계속 전투함 지원을 요청했지만 미국은 난색을 표했다.

그러자 당시 해군 참모총장 손원일 제독이 우리가 돈을 모아서 전투용 함정을 사자는 애국 운동을 벌였다. 전 해군 장병들이 월급의 일부를 공제하고, 한 푼이라도 더 모으기 위해 고철을 모아 고물상에 팔고 군인 가족들은 빨래와 삯바느질 등으로 돈을 모았다. 이렇게 모은 850만 원, 미화 1만 5천 달러를 대통령에게 가져갔다. 이때 이승만 대통령은 "내가 명색이 대통령인데, 총, 군함을 사주고 나라를 지키라고 해야 하는데, 그럴 처지가 안 되는구나."라며 눈물을 글썽였다고 한다.

모금 운동으로 모인 돈에 정부에서 4만 5천 불의 예산을 보태주어 미국에서 군함을 살 수 있게 되었다. 국고에서 지원을 했다지만, 당시 정부에는 그럴만한 돈이 없었으니 아마도 하와이에서 지원받았을 것이다. 해군의 정성에 감동한 이승만 대통령은 한국 해군 고문관으로 파견 나와 있었던 로빈슨 대위에게 퇴역한 배라도 좋으니 구입할 수 있는 전투함을 알아보라고 했다. 이에 손원일 제독과 로빈슨 대위가 미국으로 가서 1949년 10월 7일에 1만 8천 달러를 주고 '화이트헤드 소위 호'(Ensign White Head)를 구입했다. (백두산함을 구입하고 PC-702 금강산함, PC-703 삼각산함, PC-704 지리산함 이렇게 세 척의 군함을 더 구입했다) 이 배는 정원이 73명이었고, 최고 속력이 18노트 정도였다. 그러나 이미 오래전에 퇴역한 함정이었다. 당시 훈련함으로 사용하고 있었는데, 기관을 움직여본 지가 2~3년은 족히 된 배였다.

배를 인수한 장교들은 인건비를 아끼기 위해 배에서 숙식을 해결하며 직접 녹을 제거한 후 페인트칠을 하고, 기관을 수리했다. 함정 수리를 마치고 배 양쪽에 큰 글씨로 701호라고 함 번호도 썼다. 마지막으로 해군 최초의 전투 함정인 백두산함의 마스트에 태극기를 게양한 뒤 애국가를 부르며 명명식을 올렸다. 이때 참석자들 모두가 감격에 목이 메었다고 한다. 명명식을 마친 후 나중에 해군 참모총장이 된 박옥규 중령의 지휘로 12월 31일 마이애미에 도착해서 급유를 받고, 파나마 운하를 지나 1월 24일 하와이의 호놀룰루 항에 도착했다. 당시 호놀룰루 항구에 한국 군함이 온다는 소식을 듣고 하와이 교민들이 큰 기대를 가지고 환영을 나왔지만, 거대한 군함만 보았던 교민들은 조그만 경비정만한 배를 보고는 적잖게 실망했다고 한다.

하와이 진주만으로 이동한 백두산함은 3월 중순이 돼서야 3인치 포의 장착을 마쳤다. 그리고 3월 20일에 괌의 아프라 항에 도착해 포탄과 기름을 구입했다. 포탄 살 돈이 부족해 겨우 포탄 100발을 구입해서 4월 10일 진해항에 입항했다. 입항 후 전 장병들이 달라붙어서 녹슨 곳에 방부 페인트를 칠하고, 푸른색으로 배 안팎을 칠하고, 주기관과 보조 기관을 수리하는 등 한 달간 정비했다. 정비를 마치고 6월 12일에 진해에서 이 대통령을 모시고 부산으로 향했다. 모의탄을 가지고 사격 훈련을 하는 모습을 보고, 이 대통령은 "우리 수군이 대견하고, 믿음직해, 든든해, 이제 왜놈 어선도 함부로 우리 영해를 침범하지 못할 거야. 바다는 우리 생명선이야. 병사들을 좀 쉬게 해"라며 격려하셨다.

해군 장병들도 백두산함을 보고 싶어 했다. 그래서 6월 중순에 진해를 떠나서 부산, 묵호, 인천, 군산, 목포 등의 해군 경비부를 순회하고 6월 24일 23시 30분에 진해로 돌아왔다. 그리고 영외 근무자들은 모두 집으로 쉬러 가고, 총각인 내가 당직 근무를 했다.

"모두 피곤할 테니 내일은 한 시간 늦추어서 7시에 기상한다. 기상과 동시에 밀린 빨래를 들고 제1부두에 집합." 이렇게 점호를 마쳤다. 요즘에는 배에서 바닷물로 담수를 만들어 사용하지만, 당시에는 그런 기술이 없었으니, 배 위에 근무할 때는 겨우 양치나 하고, 샤워나 빨래는 꿈도 못 꾸던 시대였다.

대한해협 전투 이야기

6월 25일이 되고, 백두산함 장병들은 동해안 삼척과 옥계 지역에 북한군이 상륙했다는 소식을 듣고 출동했으나 이때 까지만 해도 이 전쟁이 전면전인지, 국지전인지 모르고 있었다. 지금은 청와대라 부르는 경무대에서 이승만 대통령도 전쟁이 발발했다는 보고를 오전

10시가 넘어서야 받았는데, 그때 대통령은 경회루 연못에서 낚시하고 있었다고 한다.

장병들은 7시에 기상해서 빨래를 하고 늦은 아침 식사를 하고 있었는데 한 10시쯤에 진해 통제부 사령장관인 김성삼 대령이 배에 올라와서 함장을 급히 찾았다. 모두 집에 갔다고 하니까, 작전 명령이 떨어졌으니 빨리 승조원들을 모두 부르라고 했다. 요즘처럼 전화기가 있는 것도 아니고, 차도 없어서 "병사들을 풀어서 찾아올까요?" 하니까, "헌병감에게 지시해서 헌병들을 풀어서 연락할 테니 너희는 출동 준비하라"라고 했다.

"무슨 일이 났습니까?" 하고 물어보니 동해안에 인민군들이 상륙하고 있다고 했다. 정동진에 2천 명의 인민군 육전대, 즉 해병대가 상륙했고, 삼척에는 오진우가 이끄는 육군 특공대가 남한에서 넘어간 부대의 안내를 받으며 상륙했다고 했다.

당시에는 군대 내에도 공산당이 많았다. 1949년에 대대장이 남한군 1개 대대를 이끌고 이북으로 넘어갔다. 가다가 이상하다고 생각한 부대원의 절반은 도망치고, 나머지 절반은 북한으로 따라갔는데 이들이 동해안 지리를 잘 알기 때문에 나중에 전쟁이 나면서 북한군에게 길 안내를 하며 함께 내려왔다고 한다.

12시쯤에 영외 거주자 전원이 귀함한 후 한 달분의 식량을 싣고 오후 3시경에 목선 전투함인 512정과 함께 백두산함이 출발해 부산의 오륙도 바깥에서 28도로 올라갔다.

오후 8시 10분경 울산 앞바다까지 갔을 때 오른쪽 견지병 조병호 3조가 우현 45도 수평선에 검은 연기가 난다고 보고를 했다. 당시 배는 연기가 많이 났다. 하지만 그 순간 그곳으로 가서 어떤 배인지 눈으로 확인해야겠다는 생각이 들었다. 이것이 하나님의 계시였다. 그래서 최용남 함장에게 배를 끌고 확인하러 가겠다고 했다.

함장은 운항 경력이 없었다. 배 운항 경력이 있는 사람이 별로 없다 보니 많은 부분을 나에게 위임했다. 속력이 느린 목선 군함인 512정은 원래 예정한 대로 묵호항으로 계속 북진을 시키고, 701호 백두산함은 속력이 빠르니 확인하고 돌아와도 512정과 합류할 수 있다고 했더니 함장이 확인을 승인해 주었다.

백두산함은 15노트 속력으로 검은 연기가 나는 수평선 쪽으로 달렸다. 저녁 9시 30분경이 되자 연기를 뿜으면서 남하하는 배가 눈에 들어왔다. 그 배는 10노트 속력으로 남하하고 있었는데, 백두산함이 다가가자 12노트의 속력으로 침로를 바꾸며 남하했다. 쌍안경으로 보니 선체를 새까맣게 칠하고, 국기도 없고, 배 이름도 없었다. 발광 신호로 국적, 출발지, 목적지를 밝히라고 했으나 아무 응답 없이 계속 항진했다. 괴선박과 약 2~3천 야드의 거리를 유지하며 추격하고 해군본부에 보고했으나 계속 정체를 확인하라는 답만 왔다. 배에 올라가서 볼 수 없는데 어떻게 확인하라는 말이냐고 속으로 욕하면서 두 시간 반을 추격했다.

가까이 가서 쌍안경으로 보니 앞에 대포가 있고, 갑판에는 무장 군인이 가득한 모습이 보였다. 얼굴을 보니, 서양인이 아니라 동양인의 모습이었다. 그러니 소련 배는 아니고, 당시 일본은 패전해서 군대가 없었으니 일본 배도 아니라고 판단했다. 장개석이 아직도 모택동과 싸움 중이니, 중국 해군이 동해까지 올 이유 또한 없었다. 순간 북한군이라고 판단했다. 적함의 크기는 우리보다 두 배쯤 컸고, 약 1,000톤은 넘어 보였는데 갑판에 있는 병력만도 족히 600명은 될 것 같았다.

북한군의 배라는 확신이 들자 함장의 지시에 따라 장교 8명이 모두 모였다. 나는 포수 분대와 갑판 분대를 맡고 있어 갑판으로 올라갔다. 그리고 부대원들에게 러닝과 팬티를 갈아입혔다. 죽더라도 깨끗한 옷을 입고 죽자는 생각을 했다. 후에 전사를 읽다 보니 일본군이 러시아와 싸울 때 옷 갈아입혔다는 기록이 있었다. 마침내 26일 새벽 0시 10분에 해군본부로부터 격침 명령이 떨어졌다. 함장은 그래도 혹시 모르니 적함인지 확인하기 위해 첫발은 위협 사격을 하라고 했다. 그동안 포탄을 아끼기 위해서 모의 사격 훈련만 했지 실제 포탄은 처음 쏘는 것이어서 무사히 발사되는 것만으로도 감사했다.

첫 포탄이 적함 조금 못 미쳐 떨어져 물기둥이 솟아오르자 적함으로부터 기다렸다는 듯이 즉각 총알이 날아왔다. 백두산함은 최고 속력 18노트로 기동하며, 주포와 기관총으로 공격했다. 그런데 아무리 쏴도 서로 맞출 수가 없었다. 두 배가 서로 달리는 데다 곡사포를 쏘니 맞을 리가 없었다. 요즈음에는 각종 정밀 기계가 있어서 명중률이 높지만, 당시에는 육안으로 보고 한 발 쏘고 짧으면 고도를 높여서 다시 쏘고, 지나치면 고도 낮추어서 다시 쏘고 이러다 보니 아무리 쏴도 제대로 맞지 않았다.

한 20~30발 정도 쏘고 나니 함장이 몇 발을 쐈냐고 물었다. 포탄 100발이 전부인데, 포탄이 떨어지면 적군 섬멸 작전을 수행할 수 없었다. 그래서 포탄을 아끼기 위해 1,000 야드 이내로 접근해서 3인치 직사포로 근접 사격을 하기로 했다. 3인치 포는 곡사포가 아니라 직사포이기 때문에 가까이에서 발사하면 명중률이 높았다. 그 대신 우리도 맞을 확률이 높아진다. 이것은 내 팔을 떼어주더라도 상대방 심장을 가격하는 방식이다. 그래서 적함 쪽으로 더 가까이 들어갔다.

가까이에서 발사한 3인치 포 한 발이 적 함교에 명중하고, 적함의 마스트가 꺾여 나갔다. 그러자 우리 측에서 함성이 터졌다. 적함은 검은 연기에 휩싸여 좌현으로 기울어져 바다 속으로 빠져 들어갔다. 이때가 새벽 1시 10분경으로 적함과 약 300야드 정도 떨어져 있었다. 바다에서 이 정도 거리면 바로 코앞이다. 3인치 포는 계속 적의 홀수선(배가 물 위에 떠 있을 때 배와 수면이 접하는 경계선)을 때렸고, 기관총도 계속 불을 뿜었다. 적함은 주갑판이 물에 잠겨 침몰하고 있었다. 적함은 가라앉으면서도 백두산함에 포를 쐈다. 이때 3인치 포의 격발장치가 고장이나 포탄이 발사되지 않았다.

포 사격을 중지하고 50mm 중 기관총을 쏘려고 함체를 적함에 가까이 댔을 때 적의 85mm 포탄이 조타실에 맞으면서 키를 잡고 있던 조타사 김창학 3조가 복부에 파편을 맞고 쓰러졌고, 그 파편이 김종식 소위의 발꿈치를 치고 나갔다. 이어 적탄 한 발이 또 주포 갑판에 떨어져 전병익 2조가 가슴을 맞고 쓰러졌고, 김춘배 3조가 다리에 파편을 맞아 쓰러졌다.

다행히도 그때 백두산함에는 군의관이 타고 있었다. 중상자들을 식당으로 옮겨 응급 수술을 했지만 그중 두 명은 가망이 없었다. 부상자들이 피를 철철 흘리는데 폐가 벌렁벌렁하고, 창자가 밖으로 쏟아져 나와 있었다. 중상을 입은 두 사람은 의식이 거의 없는 상태에서도 연신 물을 달라고 했다. 피를 너무 많이 흘려 갈증이 심했던 모양이었다. 물을 주어도 마실 힘조차 없어서, 솜에 물을 적셔서 주었다. 그런 상황에서도 적함은 어떻게 되었느냐고 물었다. "격침되었다. 그러니 너희는 살아야 돼!" 하고 소리쳤는데, 순간 두 용사의 눈빛이 환하게 피어올랐다. 그리고는 "대한민국 만세!"라는 말을 마저 마치지도 못하고 숨을 거두었다.

일단 전속력으로 적함의 사격권 밖으로 백두산함을 이탈시킨 후포의 고장 부위를 발견하여 응급으로 수리를 한 후 적함의 침몰 여부를 확인하기 위해 다시 현장으로 돌아갔다. 그 후 4시간에 걸쳐 적함 잔해물 수색 작업을 끝내고 부상자 치료를 위해 전속력으로 포항을 향해 달렸다. 부상자들을 이송하기 위해서 포항으로 가니 남상휘 포항 기지 사령관이 대형 어선 두 척을 이끌고 접근했다. 전사자와 부상자를 어선에 실어 보내고, 전투를 위해 옥계 해안으로 바로 출항했다. 27일 새벽에 묵호 앞바다를 지나 적이 쳐들어왔다는 옥계 해안에 도착하니 이미 상륙할 때 사용한 어선 몇 척만 있을 뿐이었다. 그래서 진해로 돌아와서 백두산함을 수리하고, 인천으로 향했다. 당시에는 '전사 처리'라는 것도 없었던 때라 훈장도 없이 전사자들을 김해에 묻었다.

전쟁이 끝나고 나는 전사자들의 유족을 오랫동안 찾았다. 가족을 찾아서 마지막 순간을 전하고, 전사자들의 출신 학교에 흉상을 세웠다. 이 전투를 내가 '현해탄 해전'이라고 부르자고 해서 그렇게 이름 붙였다가 1961년에 현해탄의 명칭이 대한해협으로 바뀌면서 이제는 '대한해협 해전'이라고 전사에 기록되었다.

대한해협 전투의 역사적 의의

만약에 이때 600여 명의 특전대를 태운 북한 함정이 부산에 상륙했더라면 부산은 점령당했을 것이다. 당시 부산은 그야말로 무방비 상태로 이들과 싸울 수 있는 부대가 없었다. 이 전투 덕분에 북한군의 후방 침공을 막아, 유엔군과 무기, 탄약, 장비 등 병참 물자가 부산항으로 들어올 수 있었다. 낙동강 방어선만 남은 상태에서 항구는 부산항 한 곳만 남았다. 전쟁 발발 5일 후인 7월 1일에 처음으로 미 제24사단 21연대 스미스 대대 406명이 들어왔다. 7월 3일에는 미군함이 수많은 군수품을 싣고 부산항에 들어왔고, 4일에 미 21연대, 19연대, 그리고 포병연대가 들어왔다. 이렇게 낙동강 방위선을 지켜주는 부대와 탄약들이 부산항을 통해서 들어왔는데, 이곳이 적에 의해서 점령당해 미군과 유엔군 그리고 탄약 등의 보급 물자가 공급되지 못했더라면 낙동강 방어선은 지키지 못했을 것이다.

맥아더 사령부의 정보요원으로 배속되어 6·25전쟁 중에 첩보 활동을 하다가 세 차례 부상을 입었고, 적의 포로로 잡혔다가 탈출하기도 했던 노만 존슨은 1991년에 〈한국 작전〉이라는 책을 저술했다. 그는 이 책에서 대한해협 전투를 설명하면서, 세상에 알려지지 않은 이 사건이 어떤 의미에서는 6·25전쟁의 분수령이 되었다고 적었다.

미국 해군연구소에서는 2007년에 〈한국전쟁과 미국 해군〉이라는 책을 발간했는데, 이 책의 제1편 '해양력과 부산 교두보 방어'를 쓴 토마스 커틀러(Tomas J. Cutler) 미 해군대학 정치전략과 교수는 이 글에서 "이후 부산은 한반도에서 연합군의 최후 보루가 되었으며, 또한 증원 병력과 물자의 주요 도입 항이 되었다. 백두산함의 승리는 그것들을 가능하게 한 것으로서 그만큼 중요했었다."라고 적었다. 그리고 이 책의 제2편 '바다로부터의 공격'을 저술한 커티스 우츠(Cutis Utz) 국방정보국 역사가는 "북한군에 맞서서 싸워 승리를 거둔 한국군 부대는 단 1개 부대가 있었다."라고 백두산함을 소개하면서 "이것은 중요한 항구를 한순간에 잃어버리는 것을 막았기 때문에 이 전쟁에서 가장 중요한 전투 중 하나로 입증되었으며, 유엔군이 한국에서 생존할 수 있는 여건을 만드는 데 가장 중요한 역할을 했다."라고 기록했다.

그리고 2013년에 정전 60주년을 기하여, 하버드 대학에서 학사, 석사 그리고 역사학 박사를 받은 제임스 필드(James A. Field Jr.)가 쓴 책 〈미국 해군 작전의 역사: 한국전〉에서도 백두산함 구입과 대한해협 전투에 대해서 비슷한 내용을 언급했다. 이러한 이야기를 기록하고자 나는 책 〈백두산함: 6·25 바다의 전우들- 바다에서 함께 싸웠던 전우에 대한 노병의 회상록〉을 쓰기도 했다.

박명림 씨가 쓴 〈한국전쟁의 발발과 기원〉(1996)이라는 책을 보면, 그가 박사 논문을 쓰기 위해 6·25전쟁에 관한 미국 자료와 러시아 자료를 찾던 중에 1950년 6월 24일 북한 인민군 문화부 사령관 김일(金一)이 인민군 해군 육전대(해병대) 빨치산 특수부대 600명에게 "인민군 남진(南進)에 호응하여 부산에 돌입하라"라고 명령한 사실을 밝혀냈다.

이 강산, 하늘과 땅 그리고 바다에는 자유를 지키기 위해 6·25전쟁에서 목숨을 바친 20만 명의 국군, 5만 5천 명의 미군, 1만 명의 유엔군의 붉은 피가 스며있다. 뜨거운 그 희생으로 오늘 대한민국은 세계 속에 우뚝 섰다. 북의 핵 무장과 계속되는 미사일 발사, 6·25는 지금도 진행 중이다. 대한민국은 제2의 6·25에 대비해야 한다. 인도의 시성 타고르는 "힘없음이 공격을 유발한다. 강한 것이 최선의 방어다."라고 했다.

야드바셈(Yad Vashem) 홀로코스트 박물관에 "망각은 파멸을 초래하고 기억은 구원의 비결"이라 쓰여 있다.

"너희는 이 일을 너희 자녀에게 고하고 너희 자녀는 자기 자녀에게 고하고 그 자녀는 후 시대에 고할 것이니라(요엘 1:3)."

하나님이 보우하사 대한민국 만세!

좌: 1950년 6·25전쟁 당시 국내 유일의 전투함이었던 백두산함. 국민일보DB. 우: 대한해협 전투 1개월 전 경남 진해 제2부두에서 찍은 백두산함 승조원 기념사진. 국민일보DB

제7장 6·25전쟁 초기 춘천 전투의 기적

나종남 | 육군사관학교를 졸업했으며, 현역 육군 대령이다. 미국 Univ. of North Carolina at Chapel Hill 역사학과에서 전쟁사를 공부한 뒤, 2006년 이후 육군사관학교 군사사학과에서 전쟁사, 군사사를 강의하고 있다.

인류의 전쟁사에서 진정으로 '기적'이라고 평가할 수 있는 전투는 많지 않은데, 그 이유는 전쟁에서는 예상을 뒤집는 결과가 나오기 쉽지 않기 때문이다. 대표적인 기적으로는 제1차 세계대전 초기 독일군의 전면 기습을 당한 프랑스군이 가까스로 섬멸적 패배를 모면하였던 '마른강의 기적(the miracle of the Marne)'과 제2차 세계대전 초기 궁지에 몰린 영국과 프랑스, 벨기에 연합군 병력이 구사일생으로 철수에 성공한 '던커크 철수 작전(the miracle of Dunkirk)' 등이 있다. 이집트와 요르단, 시리아 등 아랍 강대국의 압박을 이겨내기 위해 이스라엘이 1967년 6월 5일 아랍 연합국에 선제공격을 감행하여 불과 6일 만에 이들로부터 항복을 받아낸 '6일 전쟁(the Six-Day

War)'도 빼놓을 수 없는 기적으로 손꼽힌다. 그런 맥락에서 6·25전쟁 초기 국군 제6사단 장병과 춘천 시민이 함께 이뤄낸 춘천 전투의 승리는 애초의 예상을 완전히 뒤엎는 기적에 가까운 결과였다고 할 수 있다.

냉전 시기의 역사 서술에서는 국군 제6사단이 북한군 제2군단의 공격을 막아내고 춘천을 약 4일 동안 굳건하게 지켜낸 춘천 전투에 대한 관심이 크지 않았다. 전투에서의 승리가 차후 유리한 전황으로 연결되었던 낙동강 방어 전투(1950. 8~9)와 백마고지 전투(1952.10)와 달리, 춘천 전투 직후 국군 제6사단의 성공적 철수 작전은 개전 초기 국군이 총체적으로 붕괴된 상황에서 제대로 평가할 수 없었기 때문이다. 그러던 중 1990년대에 들어서서 6·25전쟁에 대한 관심의 폭이 넓어졌고 춘천 전투에 대한 재평가가 시작되었다. 이 과정에서 일부 연구자들이 국군 제6사단이 춘천 전투에서 거둔 승리를 '춘천 대첩(大捷)'이라고 부르기도 했으나, 이 글에서는 춘천 전투의 승리를 단순한 군사적 승리(大捷)를 넘어 '기적(奇蹟)'으로 평가하고자 한다.

배경

북한은 소련 및 중국과 협의하여 "전면 공격으로 신속히 서울을 점령하고, 인민 봉기를 유발하여 대한민국을 전복한다."라는 전략 하에 북한 주재 소련 군사 고문단의 지원을 받아 '선제타격 작전 계획'을 완성했다. 이 계획에 따르면, 1단계 작전은 주공 부대인 북한 군 제1군단이 금천-구화리, 연천-철원에서 38선을 돌파하여 서울을 압박하고, 조공 부대인 북한군 제2군단이 화천-양구에서 서울 동측

사진47. 북한군의 남침 작전 계획

방과 수원 방향으로 우회하여 포위 공격으로 서울을 점령한 후 수원-원주-삼척선을 확보하는 것이었다. 그리고 제2단계와 제3단계 작전은 제1단계 작전에 이은 연속 작전으로 전과 확대에 중점을 두었다.

북한이 남침 전략을 수립하고 군사력을 획기적으로 강화하면서 준비된 작전 계획에 따라 전쟁을 준비하는 동안, 국군은 빈약한 무기와 장비, 훈련 부족 등으로 인해 유사시 전력을 집중적으로 운용할 수 없는 상황이었다. 6·25전쟁 직전 국군이 보유한 병력은 북한군에 비해 현격하게 열세였다. 특히 전방 방어 지역에서의 국군 방어 부대와 북한군의 38도선 전개 부대만을 비교했을 때 그 격차는 더욱 컸다. 더욱이 전쟁 발발 당시 국군 38선 경계 부대의 전체 병력 중 약 1/3이 외출했기 때문에 실제 병력 비율은 훨씬 격차가 심했다. 한편 무기와 장비의 전력 격차는 병력의 격차보다 더욱 컸다. 북한군의 무기와 장비는 대부분 소련으로부터 도입된 신형 장비로서 전투 예비량까지 확보된 상태였으나, 국군이 보유한 무기와 장비는 대부분 미군이 제2차 세계대전 당시에 사용하던 노후 장비였으며, 그마저도 수리 부품 부족으로 인해 병기 장비의 15%가 작동할 수 없는 상태였다.

춘천은 한반도의 중앙에 자리 잡고 있으며, 38도선을 연한 작전 지역 내에서 동서와 남북을 연결하는 교통의 요지이다. 따라서 남침하는 북한군이 서울과 중부 지역으로 진출하기 위해서는 반드시 확보하고 통과해야 할 중요한 지점이었다. 북한강과 소양강이 만나는

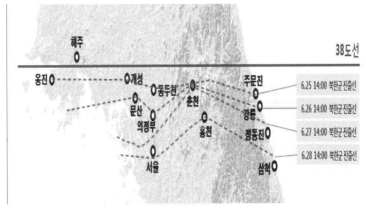

사진48. 6·25전쟁 초기 북한군의 일자별 진출선

곳에 자리 잡은 춘천은 철도와 도로를 통해 서울로 연결되어 있으며, 남쪽으로는 홍천과 원주로 연결되는 원활한 도로망의 출발점이기도 했다.

조기에 춘천을 점령하고 신속하게 서울 측후방으로 진격할 임무를 부여받은 북한 인민군 제2군단은 북한군의 전체 작전 계획에서 중요한 조공의 임무를 담당했다. 즉, 주공 제1군단이 서울 북방에서 정면 공격을 개시하여 국군 주력과 한강 이북에서 결전을 하는 사이에, 제2군단의 일부가 춘천을 거쳐 가평을 지나 서울을 측방에서 압박하고, 동시에 제2군단의 주력이 수원으로 진격하여 국군의 퇴로를 차단할 예정이었다. 이와 같은 임무를 완수하기 위해서 북한군 제2군단장 김광협 소장은 보병 사단 2개와 독립 전차 연대 1개를 춘천 방면으로 투입했다. 이를 통해 제2사단에게 개전 당일에 춘천을 점령한 뒤, 신속하게 강촌~가평 방면으로 진격하여 서울의 동남 방향을 압박할 것을 지시했다. 또한 제12사단에게는 홍천을 점령한 이후 원주 방향으로 주력을 남하시키고, 603모터사이클연대의 일부를 수원 방면으로 진격시킬 예정이었다.

1948년부터 중동부 지역을 방어하던 국군 제6사단은 강원도 현리로부터 경기도 가평에 이르는 약 84km가 넘는 넓은 정면을 담당하고 있었다. 제6사단은 예하에 제2연대, 제7연대, 제19연대의 3개 보병 연대와 제16야전포병대대 및 공병 대대로 편성되었다. 춘천 북방에는 제7연대가 배치되었고, 후방에서 공비 소탕 등의 임무를 수행하던 제2연대는 육군본부의 명령에 따라 1950년 6월 22일에야 홍천 북방에 투입되었다. 사단 예비대 제19연대는 원주에서 교육 훈련과 부대 정비에 주력했다.

국군 제6사단은 춘천 방어에 집중하되, 적이 공격하면 최초에는 진지 전방에서부터 격파하여 38도선을 확보하겠다는 작전 계획을 가지고 있었다. 또한 적의 주공이 화천~춘천 접근로로 지향할 것으로 판단한 국군 제6사단장 김종오 대령은 포병 화력을 집중운용할 수 있도록 제16야전포병대대를 춘천에 배치하고, 전방에 배치된 2개 연대에 사단 공병 1개 중대씩을 배속했다. 특히 적 주공의 접근로인 화천~춘천 사이를 방어하던 국군 제7연대는 방어 지역의 도로에 철근 콘크리트로 만든 대전차 진지를 구축했다. 38도선으로부터 춘천까지의 거리가 13km에 불과했기 때문에 제7연대는 원활한 방어 작전 수행을 위한 진지 구축에 주력했다.

개전 직전 국군이 보유한 병력과 장비는 북한군에 비하여 크게 열세였는데, 이러한 양상은 춘천 지역에서 대결할 국군 제6사단과 북한군 제2군단에서도 극명하게 나타났다. 북한군 제2군단은 대체로 약 35,000여 명의 병력을 보유한 반면, 국군 제6사단은 9,300여 명에 불과했다. 더구나 북한군의 기습 공격이 시작된 6월 25일에는 전체 병력의 약 1/3이 외출 및 외박 등으로 부대를 떠나 있어서 병력 차이는 더욱 커졌다. 한편 국군과 북한군 사이의 전력 불균형 현상은 무기와 장비에서도 극명했다. 북한군 제2군단은 122mm 야포 36문, 76mm 야포 108문, 120mm 박격포 240문, 82mm 박격포 480문, 자주포 30여 대 등 막강한 화력을 보유했다. 반면에 국군 제6사단은 105mm 곡사포 15문, 57mm 대전차포 12문, 2.36인치 로켓포 276문이 전부였다. 이처럼 개전 직전 춘천 정면을 방어하는 국군 제

6사단의 화기와 장비는 북한군 제2군단이 보유한 장비의 성능과 수량에 비교할 수 없을 정도였다.

춘천 전투의 기적
개전 첫날의 격전: 기적의 서막

춘천 정면에 대한 북한군의 기습 공격은 6월 25일 04시경부터 아군 방어 지역에 대한 무차별적인 공격 준비 사격으로 시작되었다. 약 1시간 동안 지속된 적의 포격은 38도선으로부터 후방 3km 지점까지 도달했으며, 공격 준비 포격이 종료된 직후 북한군 제2사단 선두 부대가 SU-76 자주포를 앞세우고 화천~춘천 간 도로를 따라 춘천을 향해 진격했다. 05시 30분경에 국군 제7연대 전방 부대는 적의 공격을 격퇴하려 했으나, 자주포와 장갑차를 앞세운 적을 38도선 일대의 경계 진지에서 저지하는 것은 불가능했다. 또한 각종 포의 지원을 받는 적 병력이 5번 도로를 따라 점차 증강되었다.

북한군의 기습 남침 소식이 전달되고, 6월 25일 05시를 기해 비상이 발령되자 춘천 시내에 주둔하던 국군 제7연대 제1대대는 즉시 영외 거주 장병을 소집했다. 전방 상황이 평소와 다르다고 판단한 제1대대장은 상급부대의 비상 발령에 앞서 자체 소집망을 통해 영외 거주 장병을 소집해 놓고 있었다. 따라서 제7연대장이 출동 명령을 하달했을 때에는 대부분의 장교 및 하사관이 집결한 상태였다. 휴일을 맞아 외박 중이던 일부 병력은 방송을 통해 전쟁 발발 상황을 알게 되자 즉시 귀대하였고, 나머지는 소양강 북안의 계획된 방어 진지로 직접 달려갔다.

적의 공격이 시작되었다는 통보를 받은 제16포병대대장도 즉시 출동 준비 태세를 갖추도록 지시하고, 출동 가능한 4문의 포를 임시로 편성하여 2문은 천전지서 앞에, 그리고 2문은 사농동에 추진하여 방렬토록 했다. 다행스럽게 외출 및 외박 중인 병사들이 귀대함으로써 대대는 건제가 유지되었고, 그 결과 포탄 지원이 원활하게 이루어져 보병 부대에 대한 충분한 화력 지원이 가능했다. 제6사단의 예비 부대로서 원주에 주둔하던 제19연대는 6월 25일 07시를 기해 비상경계에 돌입했다. 가장 먼저 출동 명령을 받은 제3대대는 연병장에 집결하여 개인별 1기수의 탄약과 함께 충분한 양의 보급품을 지급받은 후, 13시경에 원주를 출발했다.

국군 제7연대의 전방 진지를 돌파한 북한군 제6연대는 SU-76 자주포를 앞세우고 5번 도로를 따라 남진했다. 아군 57mm 대전차포 중대장은 이를 발견하고 제2소대를 모테이벼루 도선장으로 전진시켰다. 이 지점은 절벽과 S자형 굴곡으로 이루어져 은폐와 기습에 유리한 지형이었다. 포 방렬을 마친 제2소대는 소대장 심일 중위의 지시에 따라 대전차포 2발을 발사하여 적 자주포에 모두 명중시켰으나, 적은 거리낌 없이 계속 밀고 내려왔다. 예상치 못한 결과에 당황한 아군 대전차포 대원들은 즉시 옥산포로 철수했다. 이후 제2소대장 심일 중위는 옥산포 북방 신동리에 2문의 57mm 대전차포를 다시 배치하고, 적 자주포의 접근을 기다렸다. 오전 10시경에 적 자주포와 국군 제7연대의 대전차포중대 제2소대는 옥산포 북방에서 다시 대치하였다.

개전 첫날 아침부터 예상치 않은 국군의 기습 공격을 의식한 북한군 선두 자주포 부대는 첨병을 앞세우고 구간 약진으로 전진하였으며, 10시경에는 그들의 선두가 한계울~신동리에 이르렀다. 적의 기도를 파악한 국군 제7연대 제1대대장은 1개 소대를 차출하여 적을 사농동 쪽으로 유인하도록 하고, 그 주력이 나타나길 기다렸다. 이때 제16포병대대 제2포대는 출동 준비가 완료된 제3포대에서 2문을 이끌고 사농동으로부터 적진 500m 지점에 추진 방열하고 사격 명령을 기다리고 있었다. 그리고 드디어 12시경, 옥산포를 통과한 적 주력 부대가 넓은 보리밭 인근에 모습을 드러내자 아군의 모든 화기가 일제히 사격을 개시했다. 아군의 예상치 못한 반격으로 인해 적 선두 부대는 혼란에 휩싸였고, 급기야 많은 사상자를 버려둔 채 철수하고 말았다.

하지만 오전 공격에서 많은 병력 손실을 입고 퇴각했던 북한군 제6연대는 정오가 조금 지난 시간에 SU-76 자주포 10대를 앞세우

사진49. 심일 중위 영정

고 다시 옥산포로 접근했다. 적 자주포의 위세에 놀란 아군 병사들이 우왕좌왕할 즈음, 옥산포 북방에서 포를 방열하고 있던 57mm 대전차포중대 제2소대는 적 자주포 3대가 사거리 내에 들어오자 사격을 가하였다. 그러나 2발이 모두 명중된 1번 자주포는 잠시 움찔하고는 다시 기동하면서 포격을 가해왔다.

이를 지켜본 제2소대장 심일 중위는 적 자주포에 대한 대전차포 육탄 공격을 결정했다. 중대장의 만류를 뿌리친 심일 중위가 도로변 민가에서 대기하고 있던 중, 적 자주포가 근접하자 57mm 대전차포로 SU-76 자주포의 캐터필러를 타격하여 정지시켰다. 곧이어 편성된 특공조가 준비한 휘발유병과 수류탄으로 적 자주포 3대를 파괴하고, 이어 대전차포 중대 제2소대는 자주포에서 뛰어내려 도주하려던 승무원을 생포하는 전과를 거두었다. 뒤따르던 적 자주포는 예상하지 못한 상황에 직면하자 14시경 다시 북쪽으로 철수하고 말았다. 이처럼 6월 25일에 실시된 두 차례의 공격을 모두 실패한 북한군 제6연대는 이를 만회하기 위해 국군의 전술 지휘소가 설치된 164고지와 우두산 일대에 강력한 포격으로 아군을 압박했으나, 국군 제7연대 제1대대는 굳건히 진지를 고수했다.

소양강 북안을 점거하기 위해 맹공하던 적의 의도를 간파한 제7연대장 임부택 중령은 우두산의 연대 관측소를 16시경에 소양강 남쪽의 봉의산 진지로 이동시켰다. 아울러 포병대대도 소양강 남안으로 진지를 전환하도록 지시를 내렸다. 한편 적은 주공인 제6연대가 소양강 도하에 실패하자, 18시에 서상리~한계리 선에서부터 제2대대인 제17연대를 전투에 투입하여 도하를 시도했다. 그러나 적의 야간 공격 기도를 미리 파악한 제7연대 제1대대장은 지형 조건을 이용한 선공(先攻)을 시도하기로 결심하고 19시부터 반격을 개시했다. 그러자 북한군이 북한강에 인접한 가래모기 방면으로 압박하려 했다. 이와 같은 전황을 파악하고 있었던 제6사단장 김종오 대령은 적의 전면 압박에 대비하기 위해 분산되어있는 사단의 주력을 집중운용해야 한다고 판단하고, 즉시 사단의 전 병력을 천연 장애물인 소양강을 방어선으로 하는 최후 저항선을 점령하도록 했다.

춘천 공방전 첫날 전투의 주역은 아군 대전차 소대를 지휘하여 북한군 SU-76 자주포의 진격을 저지한 소대장 심일 중위와 용감한 소대원들이었다. 심일 중위가 지휘하는 대전차포 소대가 달성한 옥산포 전투의 성과로 인해 제7연대는 소양강 남안 진지로 철수하여 방어할 수 있는 귀중한 시간을 확보할 수 있었다. 제7연대를 지원하고 있던 제16포병대대는 이날 오후 북한군의 공격이 중단된 시간을 이용하여 소양강 북쪽에 비치하고 있던 약 5,000발의 포탄을 소양강 남쪽 춘천역 인근에 편성된 새로운 진지로 옮길 수 있었다. 이때 춘천농업학교와 춘천사범학교 학생, 인접한 제사 공장 여직공 등 시민들이 군용 트럭에 포탄을 적재 및 하차하는 작업을 도와줌으로써 이날 저녁까지 소양강 남안으로 탄약을 이송할 수 있었다. 이와 더불어 심일 중위와 대전차포 소대원들의 기적에 가까운 활약은 춘천 사수의 사활이 걸린 소양강 전투에서도 한 차례 더 재현되었다.

소양강 방어선 혈투: 기적의 완성

개전 첫날 야간에 국군 제7연대의 반격으로 막대한 피해를 입은 북한군은 6월 26일 새벽에 날이 밝자 옥산포를 향해 재차 공격했다. 이에 따라 옥산포 일대에 배치되어 있던 제7연대 1대대는 05시경에 적의 남하를 저지하며 소양강을 도하하여 남안에 준비된 진지에 배치되었다. 아군이 철수한 우두평야 일대를 모두 장악한 북한군은 아군의 소양강 방어선을 돌파하기 위해 다수의 화포와 SU-76 자주포를 동원하여 짧은 공격 준비 사격을 마친 뒤, 10시부터 본격적인 공격을 개시하였다. 북한군은 SU-76 자주포를 소양강 북안에 두고 봉의산 연대 관측소는 물론이고 산 중턱과 소양강 제방에 구축해 놓은 화기 진지에 직격탄을 퍼붓기 시작했다.

이처럼 소양강을 중심으로 치열한 전투가 벌어지자, 제6사단장은 아군 포병의 전 화력을 동원하여 직접 지원할 것을 지시하고, 이에 따라 포병대대는 즉시 최대 사정으로 옥산포 일대에 대한 포격을 개시했다. 국군의 포격이 시작되고 얼마 후 적의 대구경 포탄이 봉의산 연대 관측소 및 포병 관측소 그리고 제2포대 주변에 떨어지기 시작했다. 이때 제6사단장 김종오 대령은 12시 30분에 홍천 북쪽에서 고전하고 있는 제2연대에 1개 포대를 배속하라고 명령을 내렸다. 이에 따라 포병대대장은 14시에 제1포대를 홍천 북쪽의 원평으로 이동시켜 철수 중이던 제2연대를 화력으로 엄호했다. 제2포대와 제3포대가 보병의 이동과 소양강 남안으로의 철수를 엄호하기 위해 포격을 시작하여 적의 추격을 차단하자, 13시경 우두산 일대에 강력한 포격을 가하던 적은 SU-76 자주포를 앞세우고 공격을 개시했다.

북한군 자주포가 소양교를 건너 공격해오자 아군 대전차포 소대원 중 일부가 두려운 마음으로 진지를 이탈하기 시작했다. 이를 목격한 대전차포중대 제2소대 심일 중위는 진지로 뛰어들어 대전차포 사수가 되어 적 SU-76 자주포가 15야드 이내로 다가올 때까지 기다렸다가 사격을 개시했다. 심일 중위는 이 과정에서 부상을 입었지만 3대의 적 SU-76 자주포가 파괴될 때까지 사수의 임무를 수행했다. 이때 인접 소대장과 소대원 2명이 진지로 복귀하여 심일 중위의 전투를 지원했다.

한편 국군 제7연대 2대대는 38도선의 경계 진지로부터 철수하여 소양강 남안의 가마골~양재일 일대에 전개하여 적과의 접촉이 거의 없는 상태로 적의 도하에 대비하고 있었다. 19시경 제2대대는 춘천의 동쪽 방어를 위해 봉의산 동남쪽 1.5km 지점에 위치한 후평리로 이동하라는 연대장의 명령을 받고, 강행군으로 이동하여 21시에 부대 전개를 완료했다. 아울러 제7연대장은 적이 소양강을 도하하기 위해 주력 부대를 소양교로 지향할 것으로 판단하고 제8중대를 집중운용하도록 지시했다. 따라서 제8중대는 소양교 남안의 범바위 주변에 집중배치 되었고, 제3대대 12중대가 대대에 추가로 배속되었다.

한편 공격 개시 당일 춘천 동북쪽의 추곡리와 대곡리 선에서 춘천 방면으로 공격을 개시한 북한군 제12사단 31연대는 춘천 동북쪽 6km 지점의 하천 전리 지역까지 진출한 후 진격을 멈추고 사단장의 지시를 기다렸다. 그러나 제12사단은 예하 부대에 대한 지휘체계가 불완전한 상태였고, 제2사단과의 협조 체제도 제대로 이루어지지 못했기 때문에 제31연대는 6월 26일 하루 동안 휴식을 취할 수밖에 없었다. 따라서 개전 이틀째에 여러 부대가 동시에 밀고 내려오며 분진 협격으로 춘천을 점령하려던 적의 의도에 차질이 생겼으며, 그 결과 국군 제7연대는 6월 26일 야간에도 소양강 방어선에서 북한군의 공격을 저지하고 춘천을 사수하는데 성공했다.

마지막 격전과 춘천 철수

개전 이후 이틀 동안이나 춘천 점령에 실패하자 북한군 제2군단 장은 6월 27일 새벽부터 춘천 점령을 향한 총공격을 개시하였다. 05:00부터 봉의산에 대한 집중 사격이 시작되더니, 06:00에는 대규모 병력을 동원한 대대적인 공격을 전개하였다. 북한군 제2사단은 주공을 봉의산 방면에, 조공을 국군 제6사단 19연대 정면에 배치하여 공격하였다. 국군 제7연대는 모든 화력을 동원하여 소양강을 도하하는 적을 격퇴하였으나, 북한군은 막대한 인명 손실에도 불구하고 지속적으로 공격하였다. 특히 제7연대 수색대는 소양강 정면에서 도하를 시도하는 적을 저지하였으나, 결국 중과부적으로 10:00에 진지가 돌파되고 말았다. 이후 적은 일제히 총공격을 단행하여 1개 연대 규모의 병력이 가래모기로 도하하고 또 다른 병력은 직접 소양교로 밀어닥쳤다. 그리고 10:00부터 춘천 시가지에 대한 북한군의 공세가 시작되었다.

적의 총공세가 개시되었다고 판단한 제7연대장은 봉의산과 소양강 등 자연 장애물을 최대한 이용하여 그들의 공세를 격퇴하기로 결심했다. 이에 따라 제7연대와 제19연대의 모든 화력을 집중하여 적의 소양강 도하를 저지했다. 그러나 이미 춘천의 일부를 점령한 적의 공격이 계속되자 제6사단장은 병력을 철수 시켜 새로운 진지로 이동한 뒤, 차기 작전에 만전을 기하려 제19연대와 1개 포대를 홍천으로 전환하기로 결심했다. 결국 제19연대는 10시에 현 진지로부터 철수를 개시하였으며, 13시에 춘천 남쪽 8km 지점에 위치한 학곡리에 집결하여 홍천을 향해 이동을 시작했다.

그 사이 제7연대 관측소에 도착한 제6사단장은 연대장으로부터 전황을 보고받은 직후 육군본부와 통화에 성공했다. 이 통화에서 육군본부 참모부장 김백일 대령은 전 전선의 상황을 간략하게 설명한 후, 전선의 균형을 유지하기 위해 제6사단에게 중앙선을 따라 지연전을 실시하라고 통보했다. 이에 따라 국군 제6사단장 김종오 대령은 제7연대장에게 상급부대의 지시 사항을 설명하고, 즉시 적으로부터 이탈하여 원창고개에 제2방어선을 구축하라는 명령을 내린 다음, 자신은 홍천으로 이동했다. 그는 홍천을 고수하는 것이 춘천에서 분전 중인 제7연대의 안전한 철수로를 확보하는 최선의 방법이라 판단하였다. 하지만 전황은 더욱 악화되었고, 시가전을 펼치면서 적의 진격을 저지하려던 국군 지휘관의 계획에도 차질이 생겼다. 따라서 제7연대장은 13시에 연대 관측소를 원창고개로 이동시켰다. 그런데 15시에 제1시가지 방어선이 돌파되었고, 17시에 제2 시가지 방어선마저 돌파되자, 결국 제7연대는 본격적인 철수에 나설 수밖에 없었다.

이러한 상황에 직면한 제7연대장은 연대의 보급로가 차단될 것을 우려하여 일단 춘천을 포기하기로 결심했다. 따라서 연대장은 축차 지연전을 전개하기로 결정하고 이에 대한 작전 명령을 하달했다. 철수를 눈앞에 둔 연대는 모든 화력을 동원하여 적을 집중강타하는 한편 그들이 확보하고 있던 거점에 반격을 실시했다. 그러나 적은 강력하게 대항하였고, 또한 증원 병력이 점진적으로 투입됨에 따라 돌파구가 확대되었다. 시간이 경과 할수록 전황은 악화되었고,

18:00에 마침내 춘천 방어선이 돌파됨에 따라 연대장은 병력의 철수를 지시했다. 그 결과 북한군 제2사단은 6월 27일 저녁에 되어서야 춘천을 점령하였고, 이어 자정 무렵에는 가평 인근까지 진출하게 되었다.

소양강 남안의 방어 진지를 점령한 후 전개된 공방전에서 상당한 타격을 적에게 안겨주었던 국군 제7연대는 축차로 밀려드는 적으로부터 이탈하여 춘천 동쪽 486고지를 점령하고 급편 방어 진지를 편성하였다. 북한군은 6월 28일 08시경에 종대 대형으로 춘천 남쪽에 배치된 아군 방어 진지를 향해 진격하였다. 그리고 6월 29일 11시경에는 원창고개 일대에서 방어 작전을 펼치던 제7연대 경계 부대와 치열한 교전이 시작되었으나, 정오가 조금 지나자 전세가 불리해진 아군은 홍천 방면으로 본격적인 철수를 개시하였다.

기적을 이룬 마지막 퍼즐: 춘천 시민의 활약

춘천 전투가 진행되는 결정적 순간마다 춘천 시민들이 국군과 경찰의 방어 작전에 크게 기여하였다. 국군 제6사단 제7연대는 개전 초기부터 적의 기습 공격에 대비하여 작전 지역 내 여러 곳에 참호와 교통호, 벙커 등 방어 시설을 건설해야 한다고 판단했다. 하지만 상급부대로부터 방어 시설 건설 및 확장에 필요한 자재와 물자를 지원받을 수 있는 상황이 아니었기 때문에 모든 것을 자체적으로 해결할 수밖에 없었다. 이때 춘천 시민들이 적극적으로 지원하여 적의 주요 예상 접근로 상에 참호와 벙커, 교통호를 설치할 수 있었다. 또한 개전 첫날에 적 주력 부대의 진출을 저지하는 데 중요하게 사용된 우두산과 옥산포 일대에 주요 방어 거점을 구축하는 과정에는 춘천농업학교 학생들의 지원이 결정적이었다. 당시 춘천사범학교와 춘천농업학교 등을 포함한 중학교와 고등학교에는 학도 호국단이 조직되어 활동했는데, 학도 호국단 소속 학생들은 평시에도 국군, 경찰 등과 긴밀한 협조 체제를 유지하며 활동 중이었다.

6·25전쟁이 발발하던 첫날에도 춘천 시민들은 국군과 경찰의 방어 작전 수행에 결정적으로 기여했다. 북한군에 의해 갑작스럽게 기습을 당한 춘천 정면의 국군 제7연대는 장병의 약 1/3이 외출 및 외박을 나간 상태였기 때문에 병력 동원을 포함한 전투 수행 준비에 필요한 조치에 많은 제약이 있었다. 적의 전면 공격 소식을 듣고 긴급하게 출동해야 할 제7연대 장병들은 새벽부터 출동하느라 제대로 식사조차 하지 못한 상태였는데, 이때 우두산을 중심으로 전개된 제7연대 제1대대에 주먹밥과 물을 가져다준 이들은 인근 주민들이었다. 제1대대 제1중대장 이대용 대위는 새벽부터 우두산 인근 주민들의 식사 추진이 없었다면, 허기가 져서 제대로 작전을 수행할 수 없었을 것이라고 회고한 바 있다.

춘천 방어 전투에서 국군 제7연대와 경찰이 성공적으로 적의 강력한 공격을 저지하는 과정에는 국군 제16포병대대의 효과적 포병화력 지원이 매우 중요한 역할을 하였다. 그런데 개전 첫날 북한군 선부 부대가 화천에서 춘천으로 연결되는 5번 국도를 따라 신속하게 남하하는 과정에서 소양강 북안과 춘천농업학교 인근에 자리 잡은 제16포병대대 탄약고에 적재된 포병 탄약의 후방 이동이 중요한 사안으로 떠올랐다. 만약 장갑차를 앞세운 적 선두 부대가 아군 포병 탄약을 탈취하거나 폭파시킬 경우 아군은 차후 작전 수행에서 효과적인 화력 운용이 불가능한 상황이 전개될 것이었다. 이에 따라 국군 제16포병대대는 탄약고에 적재된 탄약을 소양강 남쪽의 안전한 곳으로 이동하기 위해서 부랴부랴 트럭을 동원했다. 하지만 약 5,000여 발이 넘는 포병 적재 탄약을 이동하는 과정에는 수많은 인력이 필요했기 때문에 당시 제16포병대대의 병력만으로는 이와 같은 작업을 수행하는 것이 사실상 불가능했다. 더구나 제16포병대대의 본부대를 제외한 각 포대 병력은 이미 전선으로 출동하여 적과 교전 중인 아군 부대에 대한 화력 지원에 열중하고 있었기 때문에, 이들을 다시 탄약 운반 작업을 위해 동원하는 것은 불가능한 상태였다.

이때 아군의 탄약 운반 작업에 적극적으로 활약한 이들은 인근 잠사 공장에서 근무하던 여직공(女職工)들과 춘천농업학교 및 춘천사범학교의 재학생들이었다. 이들은 전쟁이 발발한 상황이었음에도 불구하고 피난을 가지 않은 채 급박하게 탄약 이동 작업을 수행하던 국군 장병을 돕는 일에 주저하지 않고 나섰다. 당시 춘천사범학교에 재학 중이던 김길성 학생은 학도 호국단 간부였는데, 전쟁이 발발하자 즉시 학도 호국단 간부들로부터 연락을 받고 학교에 나와서 대기하였다. 그러던 중, 국군 포병부대가 포탄 이동 작업에 도움이 필요하다는 연락을 받자 즉시 다른 학생들과 함께 포탄 운반 작업을 지원하였다. 김길성 학생이 참가한 포탄 운반 작업은 6월 25일 날이 저문 후에도 지속되었는데, 당시 춘천 시민들에 의해 운반된 포탄은 제16포병대대의 차후 진지에 적재되어 향후 작전 수행에 크게 기여했다.

이처럼 소양강 북방의 국군 제16포병대대 탄약고에 적재되었던 탄약은 안전하게 소양강 남안으로 옮겨졌으며, 이로 인해서 국군 제7연대가 춘천을 향해 진격하던 북한군과 격전을 치르는 동안 아군에 대한 효과적 포병 지원이 가능할 수 있었다. 만약 개전 초기에 아군의 포탄이 적에게 포획되거나 혹은 적에 의해 폭파되었다면, 국군과 경찰은 적의 진격을 저지하는데 많은 어려움을 겪었을 것이었다. 이처럼 춘천 정면에서 아군이 성공적으로 적의 진격을 3일 동안이나 저지할 수 있었던 이유는 국군 제6사단 장병이 주도한 탁월한 방어 작전, 춘천경찰서 관할 지서에서 근무하던 경찰 병력의 헌신적 작전 수행, 그리고 춘천 시민과 학생들의 자발적인 참여가 함께 어우러져 효과를 발휘했기 때문이었다.

한편, 6·25전쟁 초기 아군이 춘천 전투를 승리로 이끄는 과정에서 애국 경찰의 역할을 빼놓을 수 없다. 개전 당시 춘천경찰서 관할의 모든 경찰지서는 약 1개 분대 정도의 경찰력을 동원하여 경비 근무와 치안을 담당하고 있었다. 6월 25일 새벽에 국군이 경계하던 38도선 진지를 돌파한 북한군은 춘천으로 향하던 중 가장 먼저 춘천경찰서 관내 우측 방면 접경 지역에 자리 잡은 내평지서에서 도달했다. 내평지서장 노종해 경위를 포함한 경찰관들은 지서 사수를 결의하고 북한군의 공격에 완강하게 저항하며 치열한 전투를 벌였으나 지서장과 지서원 전원이 장렬하게 전사했다. 개전 직후 내평지서에서 벌어진 혈투와 내평지서원의 필사의 사수 작전은 선두 부대인 북한군 제2사단의 초기 진격을 저지했으며, 이를 통해 춘천 정면에서 방어 작전을 위해 긴박하게 움직이던 국군 제6사단의 차후 작전 수행에 결정적으로 기여했다. 춘천 북방의 사북지서에서도 경찰관 12명과 국군 제7연대 예하 중대가 합동으로, 신속하게 진격하는 북한군의 침공에 맞서다 많은 인명 손실을 입기도 했다. 이처럼 춘천 전투에서는 수많은 애국 경찰들이 목숨을 다해 적의 진출을 저지하기 위해 싸웠으며, 국군과 효율적인 합동 작전을 펼쳐 춘천 전투의 기적을 완성했다.

맺음말

전쟁사에서는 전쟁이나 전투의 결과가 산술적 계산과 비교를 뛰어넘거나, 혹은 상상하기 어려울 정도의 결과가 나왔을 때 이를 '기적'이라고 부르곤 한다. 6·25전쟁 초기 춘천 일대에서 국군 제6사단이 압도적 병력과 장비를 보유한 북한군 제2군단의 기습 공격을 약 4일 동안 저지하며 기적적으로 중부 전선을 지켜냄에 따라 6·25전쟁의 양상이 예측하기 어려운 혼전에 빠지고 말았다. 북한군은 기습 공격을 통해서 3일 만에 대한민국의 수도 서울을 점령했으나, 국군 주력의 조기 섬멸에는 실패했다. 반면 국군은 서부 전선에서의 패배와 서울의 조기 실함에도 불구하고 총체적 붕괴를 모면했으며, 곧바로 한강 방어선에서 필사의 투혼을 펼치며 미군을 포함한 유엔군이 참전할 수 있는 시간을 확보하는데 성공했다. 그 결과 '빠르면 2주, 늦어도 1달' 이내에 남한을 점령할 수 있다고 장담하던 김일성의 예측은 빗나갔고, 이어진 지연전과 낙동강 방어선에서의 혼전을 거듭하다가, 급기야 9월 중순에는 전세가 역전되어 국군과 유엔군이 압록강과 두만강을 향해 북진(北進)하기도 했다. 만약 개전 초기에 국군 제6사단이 중부 전선에서 기적에 가까운 승리를 거두지 못했더라면, 이후의 모든 것이 수포로 돌아갔을 것이었다.

앞서 살펴봤듯이, 국군 제6사단이 춘천 전투에서 거둔 기적에 가까운 승리는 결코 우연이 아니었다. 각급 지휘관과 지휘자, 장병의 철저한 전투 준비와 공세적 방어, 지형의 효율적 이용 등을 통해 병력과 장비의 열세를 극복할 수 있었다. 또한 적의 공격 징후를 간파하고 수색정찰대를 운용하여 기습에 대비했고, 장병들의 외출 및 외박을 자제하고 비상경계 태세를 유지했으며, 보병 및 포병 진지를 사전에 구축하여 실전에 대응했다. 그리고 간부 교육을 철저히 시행하여 전투 효율성을 향상시켰으며, 지형 분석을 통한 실질적 포병 화력 계획을 마련했다. 마지막으로, 춘천의 애국 시민들이 적극적으로 나서서 국군과 경찰을 지원함에 따라 적의 기습 공격을 당한 상황에서도 차분하게 위기를 극복할 수 있었다. 국가가 어려운 상황에 처하자 훌륭한 지휘관들, 과감히 자신의 몸을 던졌던 용감한 국군 장병들, 그리고 이들과 함께 춘천과 대한민국을 지켜낸 애국 시민들이 있었기에 춘천 전투의 기적이 가능했던 것이다.

※ 춘천 전투의 영웅 故 심일 중위에게 수여된 무공훈장

① 美 은성무공훈장(Silver Star) 공적서 내용(US National Archives at College Park, 1950, Box 1227. Register No.267) : 1950년 9월 수여

한국군 제7연대 소속 심일 중위(군번 14494)는 1950년 6월 26일 춘천에서 전개된 적과의 전투에서 홀로 탁월한 영웅적 행위를 보여주었다. 소양강 남안의 방어 진지에서 자신의 중대와 함께 있던 심일 중위는 소양강 도하를 시도하는 적과 포격전을 전개하였다. 10시경에 적전차 3대가 심일 중위의 중대 방어 지역에서 도하에 성공하자, 일부 부대원들이 진지를 이탈하고 말았다. 이런 상황을 목격한 심일 중위는 자신의 안위는 거들떠보지도 않은 채 빗발치는 총탄 속을 뚫고 내달려 대전차포를 잡았다. 치열한 사격이 계속되는 상황 하에서도 고도의 침착성을 보유한 심일 중위는 적 전차가 진지로부터 15야드 이내로 다가올 때까지 사격을 멈추고 있다가 최 근거리에서 사격을 개시하였다. 심일 중위의 행위에 고무된 대전차포 대원 일부가 포진지로 급거 복귀하여 그를 지원하였다. 심일 중위는 이 과정에서 부상을 입었지만, 적 전차 3대가 파괴될 때까지 자신 스스로 포수가 되어 끝까지 진지에서 철수하지 않았다. 심일 중위가 보여준 탁월한 영웅적 행위는 최고의 명성과 무공의 가치를 상징하는 것이다.

사진50. 심일 중위에게 수여된 미국 은성무공훈장

② 일등무공훈장(一等武功勳章, 태극무공훈장) 공적서 내용(대통령기록관, 6213) : 1951년 11월 사후 추서

단기 4383년 6월 26일 10시경 아군 전방인 춘천강 북방에 남진을 목적으로 배치된 적은 선두로 춘천 시내에 침입하려고 하였다. 소양강 남단에 배치된 아군은 보병 전투에서는 백전백승하였으나, 남진하는 적의 대형전차에 대항할 방어무기로는 대전차포가 고작이었다. 약 100야드 내외 거리에서 2, 3발로는 도저히 파괴할 수 없어 아군은 적 전차의 공격으로 인해 많은 피해를 입을 것이 예상되었다. 이때 전방에 배치되었던 적 전차 3대가 아군을 향해 전진하자, 대전차포 부대원이 위험을 감지하고 방황하기 시작했다. 이때 소대장 심일 중위는 적 전차가 소양강교를 통과할 경우 아군 전 부대가 고립상태에 빠지게 될 것을 깨닫고, 자신을 희생하여 전 부대를 구출할 목적으로 용감한 희생정신을 발휘하여, 본인 스스로 대전차포를 들고 적 전차의 약 5야드 거리 내까지 근접한 뒤 전진하는 전차를 육박 사격으로 완전격파하였다. 이 과정에서 심일 중위는 코 부분에 부상을 입기도 하였다. 이와 같은 심일 중위

의 공격으로 인해 적 전차에 공포감을 가지고 있던 아군 전 장병은 적 전차를 능히 격파하였다는 확고한 자신감을 가지게 되었다. 또한 의기양양하게 아군을 향해 공격하던 적 전차부대는 여지없이 격파당하자 당황하고 계속 공격하기를 주저하자, 아군이 이 기회를 이용하여 적에게 맹공격을 퍼부었다.

사진51. 심일 중위에게 추서된 태극무공훈장

제8장 잊지 말아야 할 전투들

김재동 | 성균관대학교 전자공학과를 졸업 후 장로회신학대학원을 졸업하였다. 고려신학대학교와 경인여자대학교에서 한국 근현대사 강사로 일했으며, 현재 하늘교회 담임목사, 대한역사문화원장, 6 · 25 격전지 탐방 코디네이터, 자유리더캠프 공동대표로 있다. 저서로는 〈한국 근현대사 바로알기〉와 〈김재동 목사의 잊지 말아야 할 그때 그 역사〉가 있다.

6·25전쟁 70주년을 맞는 올해, 대한민국 국민 모두가 알아야 하는 것이 있다. 오늘날 우리가 누리고 있는 이 자유는 결코 거저 주어진 것이 아니라 자유 수호를 위해 피 흘리며 싸운 수많은 분들의 희생의 대가로 주어진 고귀한 선물이라는 사실이다. 6·25전쟁 중 절체절명의 자유 대한민국을 구한 호국 투쟁의 역사를 통해 자유의 소중함을 깨닫는 기회가 되기를 바란다.

낙동강 방어선 전투

6·25전쟁 발발 후 40여 일 만에 낙동강 이남 지역을 제외한 남한의 전 지역이 북한 공산군에 의해 점령을 당했다. 결국 미8군 사령

관 워커 장군은 중대한 결단을 내려야 했다. 더 이상 물러설 곳이 없다는 판단에서였다. 8월 1일 워커 사령관은 낙동강과 그 상류 동북부의 산악 지대를 잇는 최후의 방어선을 구축한다. 이른바 '낙동강 방어선'이었다. 낙동강 방어선의 핵심은 칠곡 왜관이었다. 이곳을 거점으로 동북쪽은 국군이, 서남쪽은 미군이 맡았다. 최후의 배수진인 만큼 전투는 치열했다.

칠곡에는 왜관뿐 아니라, 다부동 전투와 가산 전투, 수암산 전투, 유학산 전투, 328고지 전투, 369고지 전투 등 수많은 전투가 치러졌던 곳이다. 그중에서도 가장 치열했던 곳이 왜관 동북쪽 다부동이었다. 다부동은 대구로 가는 길목으로 전략적 요충지였

사진52. 낙동강전선에서 북한공산군의 위협으로부터 전선을 방어하는 국군장병들

다. 이곳이 뚫리면 대한민국은 공산화될 수밖에 없는 운명이었다.

전쟁을 일으킨 김일성은 그해 8월 15일 부산에서 통일 기념식을 갖겠다고 호언장담했지만 여의치 않자 8월 15일을 대구 점령의 날로 정하고 총공세에 나섰다. 이른바 '8월 총공세'였다. 적은 수중교를 가설해 낙동강을 넘어왔다. 동시에 주력 부대를 다부동 일대에 집결시켰다. 전세는 아군에게 극히 불리했다. 병력 규모만 따져봐도 골리앗과 다윗의 싸움이었다. 북한군은 주력 부대인 13사단, 3사단, 1사단, 15사단 등 2만 1천여 명의 병력을 다부동 일대에 투입해 대구 점령을 노렸고, 이에 맞서 아군은 국군 1사단과 7사단 3연대 1대

대, 8사단 10연대, 미군 27연대와 23연대가 적의 절반에도 못 미치는 8천2백여 명의 병력으로 맞섰다. 뺏고 뺏기는 전투는 8월의 더운 날씨만큼 뜨거웠다. 328고지, 유학산, 수암산, 가산 등 다부동 일대의 주요 고지에서는 연일 치열한 전투가 벌어졌다.

특히 8월 13일부터 12일간 전투가 벌어진 328고지에서는 고지의 주인이 15번이나 바뀔 만큼 치열했다. 한 번 전투를 치르고 나면 전우의 절반이 사라지고 없었다. 죽은 전우를 땅에 묻을 시간도 없이 싸우고 또 싸워야 했다. 더 끔찍한 것은, 고지 전체가 바위산이기 때문에 호를 파기 어려워 병사들의 시신을 쌓아 올려 방호막으로 사용해야만 했다. 당시 일등 중사였던 황대형 노병의 증언은 다음과 같다.

내가 맡았던 다부동 전선 서부의 328고지 위에서는 한참 싸움이 벌어질 때 온전한 시체가 남아 있질 않았다. 모두 찢기고 해진 시신 조각들이 나무나 바위 등에 걸쳐 있는 상태였다. '시체를 쌓는다'고 하지만 그런 말은 틀렸다. 부패한 시신은 절대 쌓이지 않는다. 미끄러져 흘러내리기 때문이다. 건빵 먹는 모습을 보고도 고참병인지 신병인지 판단할 정도다. 병사들은 건빵 두 봉지를 배급받았는데, 고참병은 한 알 두 알씩 꺼내서 천천히 먹지만 신병은 배가 고파 마구 먹는다. 고참병은 건빵을 먹는 대로 갈증이 몰려온다는 것을 알기 때문에 천천히 먹으면서 갈증을 피한다. 신참은 허겁지겁 먹다가 목이 메어 물을 마시려고 산에서 내려가다 총격으로 목숨을 잃는 일이 잦았다. 당시 국군 1사단은 태반이 전라도 출신 병력이었다. 사단의 첫 출발지가 호남 지역이었기 때문이다. 그러나 신병으로 충원되던 병력의 대부분은 대구를 비롯한 경상도 병력이었다. 말하자면 영·호남이 한 데 뭉쳐 적을 막아낸 싸움이 다부동 전투였다.

당시 중대장이었던 박형수 노병은 이렇게 증언했다.

다부동 그 지역에 328고지라고 있어요. 거기에 인민군이 낙동강을 건너와서 교두보를 확보했어요. 이제 제트기가 와서 네이팜 탄 그리고 뒤에서 미군 155mm 포가 사흘을 내리 퍼부었어요. 푸른 산이 빨갛게 될 정도로 다 타버렸어요. 그래가지고 상부에서 우리 대대로 하여금 328고지를 점령하라는 작전명령이 내려와서 공격을 시작했는데 탄알이 비 오듯 떨어지는 거예요.

〈낙동강〉이라는 책을 보면 당시 상황이 자세히 기록되어 있다.

328고지 정상 주변에 2천여 구의 시체가 널려 있었다. 328고지는 더 이상 인간 세계가 아니었다. 시체는 검게 타 있고, 팔다리가 잘려나가고, 창자가 터져 나오고, 살점이 떨어져 나간 시체가 땅바닥에 널려 있고, 나뭇가지에도 걸려 있다. 숨이 붙어 있는 사람의 신음과 비명과 절규, 염천의 열기에 풍선처럼 부풀어 오르던 시신의 배가 '펑'하고 터질 때는 수류탄이 날아온 줄 착각하고 또 한 번 놀랜다. 파리 떼가 극성을 부리고, 악취가 진동하여 숨을 쉴 수가 없다.[1]

낙동강 방어선 전투의 영웅 주한 미8군 사령관 워커 장군은 전황이 불리한 상황에서 다음과 같은 사수(死守) 훈령을 내렸다.

> 우리는 지금 시간과 싸우고 있는 것이다. 북한군이 먼저 부산을 점령하느냐, 아니면 맥아더 원수가 보내기로 한 증원 병력이 먼저 도착하느냐가 문제이다. 지금부터는 더 이상의 철수나 후퇴는 있을 수 없으며, 더 이상 물러설 곳도 없다. 부산까지 후퇴한다는 것은 사상 최대의 살육을 의미하는 것으로 우리는 끝까지 싸워야 한다.

X-Ray 첩보 작전과 장사상륙작전

인천상륙작전의 성공 배경에는 55일 동안의 낙동강 방어선 전투와 함께 중요한 작전이 있었다. X-Ray 첩보 작전이 바로 그것이다. 1950년 9월 15일 예정된 인천상륙작전의 성공을 위해서는 북한군의 배치 현황과 방어 진지, 보급선, 해로에 매설한 기뢰 여부, 상륙 지점의 지형 등에 대한 정확한 정보가 필요했다. 맥아더 장군은 인천상륙작전에 필요한 정보를 수집하기 위해 '엑스레이(X-Ray)'라는 이름의 대북 첩보 작전을 당시 해군 총참모장 손원일 제독에게 지시한다. 이에 해군 정보국장인 함명수 소령은 자신을 포함해 비밀리에 선발한 요원까지 총 17명으로 작전에 나섰다. 첩보 부대 요원은 김순기 중위, 장정택·임병래 소위와 정성원·박원풍·차성환·한유만·홍시욱 하사관 등으로 모두 결혼을 하지 않은 이들이었다. 이는 기밀 유지를 위한 조치였다.

기밀 유지 때문에 파혼당한 대원도 있었다. 바로 장정택 소위이다. 결혼식과 신혼살림을 함께 준비하던 예비 신랑이 아무 연락도 없이 갑자기 사라지니 약혼자 입장에서는 황당할 수밖에 없었고 결국 파혼을 당했다. 8월 18일 0시 부산항을 출발한 비밀 첩보 부대는 24일 인천의 관문인 영흥도에 잠입해 본격적으로 임무를 시작했다. 영흥도를 거점으로 정보 분석 임무는 장정택 소위 팀이 맡았다. 그리고 김순기 중위와 임병래 소위 팀 등 3개 팀도 이 작전에 나서 인천 등으로 잠입해 정보 수집 임무를 맡았다. 북한군과 민간인 복장으로 위장해 인천 시내로 잠입하거나, 월미도의 해안 방어 태세를 확인하기 위해 작업 인부로 가장해 상황을 탐지했다.

인천·수원 등을 드나들며 정보를 수집할 수 있었던 것은 권상우와 김정국이라는 현지 첩보 대원들이 통행증 문제를 해결해 주었기 때문이다. 이렇게 수집된 정보는 9월 1일 영흥도에 은밀히 상륙한 미 극동군 사령부 정보국 소속 클라크 해군 대위가 이끄는

사진53. X-Ray첩보작전과 임병래 소위 등의 숭고한 희생을 기념하는 해군 영흥도전적비

팀을 통해 극동군 사령부로 송신됐다.

9월 13일, 인천상륙작전을 위한 모든 준비를 완료한 극동군 사령부는 작전 개시가 임박함에 따라 '모든 임무를 끝내고 철수하라'는 명령을 내린다. 먼저 11명의 첩보 대원들이 영흥도를 떠났다. 하지만 14일 철수 준비를 서두르고 있던 6명의 해군 첩보 대원들은 대

부도에서 온 북한군 1개 대대의 기습을 받고, 영흥도 의용대원 30여 명과 함께 치열한 전투를 벌였다. 하지만 임병래 소위와 홍시욱 하사는 나머지 대원들의 탈출을 돕고 끝내 북한군에 포위되었다. 인천 상륙작전을 불과 24시간 앞둔 시점에서 포로가 될 경우 작전이 탄로 날 것으로 판단한 임병래 소위와 홍시욱 하사는 작전의 승패를 좌우하는 군사 기밀을 지키기 위해 스스로 죽음을 택했다.

당시 이들의 죽음을 먼발치에서 목격한 임승렬의 진술이다.

> 처음 진두리에서 북한군과 싸우다 10여 리를 후퇴해서 십리 포 쪽으로 갔는데, 적은 개미 떼처럼 쫓아옵디다. 민간인인 나 와 몇 사람은 숲속에 숨었는데, 임병래 소위와 홍시욱 하사는 이제 마지막이라고 판단했던가 봐요. 홍병조는 소총으로 추격 해오는 적을 사살하다가 총구를 가슴에 대고 발가락으로 방 아쇠를 당겨 자결합디다. 임 소위도 45구경 권총으로 적 3명 을 거꾸러뜨리고 권총을 이마에 대고 자결하고요. 이렇게 두 분이 용감하게 싸우다가 장렬하게 자결하는 것을 얼마 떨어 지지 않은 숲속에서 똑바로 보았지만, 어쩔 도리가 없었어요. 두 분은 자결 직전에 모두 대한민국 만세를 외칩디다.

엑스레이 작전의 성공 뒤에는 8월 20~21일 영흥도 상륙작전 과 정에서 6명 전사, 엑스레이 작전 수행 중 9월 14일 북한군의 추격 과정에서 대한청년단 방위대원 14명 전사, 임병래 소위와 홍시욱 하 사 자결 등의 숭고한 희생이 있었으며 인천상륙작전 당일인 9월 15 일에는 엑스레이 작전을 도왔다는 이유 때문에 학살당한 영흥도 주 민이 50여 명이나 된다는 사실을 잊지 말아야 하겠다.

아울러 맥아더 사령부는 인천상륙작전을 성공시키기 위해 장사상륙작전을 실시했다. 이는 북한군을 속이기 위한 작전이었다. 대한민국의 운명이 풍전등화와 같았던 1950년 8월 낙동강 방어전이 한참일 때 학도병들은 낙동강 전선으로 모여들었다. 학생 신분으로 겨우 4~5일 동안 총 쏘는 기초 훈련만 받고 참전한 학도병들은 전국에서 3만 명이나 됐다. 이들은 많은 전투에서 군을 도우며 큰 공을 세웠지만 그만큼 희생도 많았다. 그중 희생이 가장 많았던 전투는 인천상륙작전 바로 전날인 9월 14일 장사리 해안에서 벌어진 장사상륙작전이었다. 이 작전에 투입된 학도병은 772명이었다. 적은 장사리 해안에 2개 사단을 배치하고 집중적인 방어에 들어갔다. 아군의 기만전술에 적은 완전히 속았다. 이 작전으로 인해 전체 772명 중 139명이 전사하고 92명이 부상당했으며 나머지도 소수의 생환자를 제외하고 대부분 실종됐다. 작전 당일 동해안에 심한 파도가 몰려오면서 상륙 과정에서 절반가량이 상륙하지 못하고 바다에서 실종됐다.

6·25전쟁의 전세를 뒤집는 인천상륙작전의 성공은 결코 우연히 찾아온 것이 아니다. 자유를 위해 피 흘려 싸운 수많은 무명용사들의 희생으로 이뤄낸 기적이다.

사진54. 장사상륙작전 전승기념관

대역전 드라마, 인천상륙작전의 기적적인 대성공

인천상륙작전은 6·25전쟁의 양상을 뒤바꾼 대역전 드라마였다. 맥아더가 인천상륙작전을 구상하게 된 시점은 영등포 부근 한강 방어선을 처음 시찰한 1950년 6월 29일이다. 맥아더 회고록에 보면 "영등포 언덕에서 하늘의 계시가 울렸다. 인천상륙작전을 포함한 인민군 섬멸 반격작전이다."라고 썼다. 한강변에서 호를 파고 경계하던 병사와 대화를 하면서 조국 수호 결의에 가득 차 있는 모습에 감동을 받은 맥아더는 상륙작전을 통해 반드시 한국을 구하겠다는 결심을 했다. 그날 밤 도쿄의 숙소로 돌아온 맥아더는 퀘벡 전기(戰記)를 밤새도록 읽었다. 이는 영국과 프랑스군이 캐나다 퀘벡에서 싸울 때, 대서양으로 흘러드는 세인트로렌스강을 거슬러 올라간 영국군이 프랑스군의 배후에 상륙하여 승리한 작전을 기록한 전기이다. 맥아더는 밤새도록 책을 읽은 후 성경을 꺼내 읽고 기도를 했다. 그리고 "이것 말고 한국을 건질 작전은 없다."라고 확신한 후에 자리에 누웠다고 회고록에 적었다.

인천 앞바다는 조수간만의 차가 9m나 되기 때문에 밀물 때 2시간 안에 상륙하지 않으면 3.2km나 되는 갯벌을 엄폐물도 없이 전진해야만 한다. 갯벌에서는 전차나 차량은 당연히 이동할 수 없고, 도보도 사실상 어렵다. 또한, 상륙할 장소는 해변의 모래사장이 아니라 방파제와 축대였다. 상륙함을 정박시킨 후에 사다리로 올라가야만 한다. 그야말로 상륙작전으로서는 재앙이 될 만한 모든 조건을 다 가지고 있었다. 그래서 참모들은 인천상륙작전의 성공률이 1/5000

밖에 안된다고 위험성을 지적하면서 모두 반대했다. 콜린스 미 육군 참모총장, 셔먼 해군 참모총장, 미 합참에서 모두 반대했다. 맥아더는 "소심하기 짝이 없군."이라며 "인천에 상륙해야만 적군의 숨통을 제대로 끊어놓을 수 있을 것"이라고 강한 의지를 나타냈다.

결국 9월 4일 최종 계획이 확정되고, 9월 8일 트루먼 대통령의 재가를 받아 9월 9일 합참은 이를 최종 승인했다. 맥아더는 D-day를 9월 15일로 정했다. 상륙작전을 위해 새로운 상륙부대인 제10군단을 일본에서 창설했다. 군단장은 맥아더 사령부의 참모장이던 아몬드(Edward M. Almond) 소장이었다. 예하 부대는 미 제1해병사단과 제7보병사단을 주축으로 하고, 한국 해병대(4개 대대)와 제17연대로 정해졌으며, 병력은 총 75,000명에 달했다. 마침내 D-day가 가까워지자 병력 75,000명을 태운 미 7함대의 함정 261척이 인천 앞바다로 향했다. 미 해병 1사단 제5연대 제3대대 병력이 탑승한 17척의 상륙정과 전차 9대를 적재한 전차 상륙함이 녹색 해안으로 명명된 월미도 해변을 향해 일제히 전진했다. 오전 6시 30분, 상륙정들은 무사히 해안선에 도착하여 병력을 상륙시키는 데 성공했다. 해안가의 북한군 대부분은 9월 13일과 14일에 있었던 사전 포격과 폭격으로 제거된 상태였다. 월미도 곳곳에 만들어진 동굴에 숨어있던 적의 저항이 있었지만, 오전 8시경 월미도는 완전히 장악됐다. 전투 결과, 적 108명이 사살되고 136명이 포로가 되었으며 그 외 동굴 참호 안에서 사살된 적이 150여 명이었다. 반면 아군의 피해는 17명 부상이 전부였다. 하지만 가장 긴박한 순간은 이때부터 시작되었다. 썰물로 인해 함대는 후방으로 물러났고, 오후 밀물 시기에 후속 주력 부대가 상륙하기 전까지 월미도에 상륙한 선발대는 적 지역에 고립되기 때문이었다. 적의 반격을 차단하기 위해 함재기들이 출동하여 월미도로 향하는 도로를 맹폭격하여 적의 접근을 원천적으로 차단했다. 오후 5시 33분 만조 시가 되자 해병 제5연대가 월미도 건너편 만석동 적색 해안으로 상륙하였다. 동시에 해병 제1연대가 인천항 남측의 낙섬 인근 해안에 설정된 청색 해안에 상륙했다. 이들 두 연대는 9월 16일 새벽까지 인천 도심을 누비며 시가지를 완전히 장악했다.

성공적인 인천상륙작전에는 21명의 고귀한 희생이 있었다. 그중 한 사람이 로페즈 중위다. 상륙작전 당시 미 해병대 1사단 제5해병연대 장병들이 만석동 적색 해안에 상륙할 때 선봉에 서서 방파제를 넘으며 부대를 진두지휘한 장병은 로페즈 중위이다. 로페즈는 선두에서 수류탄을 던져 적의 진지 한 곳을 파괴했다. 그리고 또 다른 적의 진지를 향해 수류탄을 던지려는 순간 적의 기관총탄이 그의 가슴과 오른쪽 어깨를 관통했다. 치명상을 입은 로페즈가 손에서 수류탄을 떨어뜨렸다. 선발대 전체가 위험에 처하자, 로페즈는 "수

류탄이다!"라고 외치고 그 수류탄을 온몸으로 감싸 안았고 결국 장렬히 전사했다. 그는 그렇게 여러 전우들의 목숨을 구하고 24살의 나이로 산화했다.[2]

사진55. 인천상륙작전 당시 만석동 적색해안을 상륙하는 과정에서 장렬하게 전사한 로페즈 중위의 모습

사진56. 인천상륙작전을 하루 앞둔 1950년 9
월 14일 오전 8시 월미도 앞바다에서 스웬슨
중위의 수장식이 거행되고 있는 장면

사진57. 월미도에 상륙한 유엔군 소속의
미 해병대에 항복하고 있는 북한공산군

6·25전쟁의 전세를 뒤집는 인천상륙작전의 성공은 결코 우연히
찾아온 것이 아니다. 월미도 앞바다에서 적의 포격에 의해 전사한
스웬슨 중위로부터 시작하여 로페즈 중위에 이르기까지 21명의 고
귀한 희생이 있었다. 월미도 공원과 만석동 적색 해안 지역에 이들
의 추모비가 건립되는 그날을 꿈꾸며 자유는 결코 공짜가 아님을
일깨워주신 모든 분들께 감사를 드린다.

6·25전쟁과 양민 학살

대부분의 사람들은 6·25전쟁을 북한이 소련과 중공의 지원을 받
아 남침한 전쟁이며 국군과 유엔군은 불법 남침한 북한군과 이를
지원한 중공군을 물리친 전쟁으로만 알고 있다. 하지만 여기에는
6·25전쟁을 일으킨 핵심적인 주체 세력 하나가 간과되었다. 바로 남
한 내 좌익 세력이다. 6·25전쟁은 북한군이 남한 좌익 세력과 합세
한 전쟁이었다. 남한 내 좌익이 존재하지 않았으면 전쟁은 일어나지
도 않았을 뿐더러 설령 전쟁이 일어났다 하더라도 그런 참혹한 전

쟁이 되지는 않았을 것이다.

1950년 6월 25일 북한 인민군이 전면적 남침을 시작한 다음 날인 6월 26일 김일성은 방송 연설을 통해 남한의 좌익 세력과 빨치산에게 "반역자는 무자비하게 처단해야 한다."라는 지령을 하달했다. 6·25전쟁 당시 12만 명에 달하는 남한 내 민간인 학살은 인민군에 의해 이루어진 경우도 있지만, 상당수는 남한 내 좌익들에 의해 이루어진 것이었다. 좌익들은 완장을 차고 가가호호 가택수색을 하여 공무원, 군, 경찰, 학자 등 소위 인텔리 계층을 체포해 인민재판에 회부하여 처형했다. 서울을 점령한 인민군의 경우 미처 피난을 가지 못한 경찰이나 군인 그리고 이들의 가족들을 체포해 그 자리에서 인민재판에 회부 했으며, 체포를 거부할 시에는 즉결 처형을 했다. 그 대상에는 부녀자와 어린이들까지 대거 포함되었고, 반동분자로 낙인찍히면 가족은 말할 것도 없고 먼 친척까지 몰살당했다.

하지만 이와 같은 양민 학살은 시작에 불과했다. 인민군 남침 초반에는 계획적, 조직적, 선별적 학살이었으나 9월 15일 인천상륙작전 성공 이후 국군과 유엔군의 진격으로 전세가 불리해지자 인민군

사진58. 1950년 7월 2일, 서울시의회 앞에서 인민재판을 받고 있는 문인 김기진의 모습

사진59. 서울을 점령한 북한군이 인민재판에서 경찰관 23명에게 사형선고를 내린 후 집행장으로 끌고가는 모습

사진60. 인천상륙작전 이후 퇴각하는 공산군과 좌익에 의해 대전형무소 내에 수감되어 있던 경찰, 애국지사들을 포함한 1,700여명이 학살되었다.

과 좌익들은 무차별적인 대학살을 자행하기 시작했다. 9·28 서울 수복 이후 전세가 역전되면서 인민군과 좌익들은 후퇴하는 과정에서 그동안 체포, 수감하고 있던 우익들을 대전교도소, 전주교도소 등에서 집단 처형하기도 하고, 많은 인사들을 북으로 끌고 갔다. 인민군은 퇴각하면서 도·시·군별 또는 읍·면 단위로 인원수를 할당하여 좌익들로 하여금 주민들을 무수히 학살하게 했는데, 그것을 집행했는지를 확인하기 위하여 귀나 코를 자르거나, 또는 눈을 빼서 증거품으로 가져오게까지 했다. 대전에서는 물을 끓여서 그 속에 집어넣어 죽이는 천인공노할 끔찍한 수법으로 1천여 명의 애국인사들을 학살했다.

10월 2일 대전형무소를 직접 취재한 종군 기자 류붕렬씨의 증언이다.

정말 차마 눈 뜨고는 볼 수 없는 참경이 벌어져 있더군요. 어린아이까지도 총알이 아깝다고 구덩이를 파서 돌로 찍어 죽인 후 아무렇게나 묻어버렸어요. 두 개의 우물에는 사람을 단무지 식으로 생매장해서 죽였구요. 공산당들은 사람을 우물 속에 한 겹 처넣고는 카바이드로 덮어버리고 또 처넣고 하는 차곡차곡 단무지 담는 식으로 생매장을 했어요. 시체를 끌어내다가 사람 살려라는 가냘픈 소리가 들려 들쳐보니까 13세 난 남자아이인데 우물 속에 처넣은 3백여 구의 시체 중에서 살아난 단 한 사람의 소년이었지요.

전남 영광은 6·25전쟁 중 다른 지역에 비해 양민 학살로 큰 피해를 입은 대표적인 곳이다. 전남 지역 피살자 43,511명 중 절반에 가까운 21,225명이 영광군에서 피살됐다. 그중 12%에 해당하는 2,500여 명이 10세 이하의 어린이였다. 특히 전남 영광은 6·25전쟁 당시 수많은 기독교인이 순교한 대표적인 기독교 순교지로 꼽히는 곳이다. 그중에 염산면의 염산교회는 전체 교인의 3분의 2인 77명이 미처 퇴각하지 못한 북한 공산군과 좌익에 의해 순교 당했다. 당시 염산교회에는 독립군 출신의 김방호 목사가 담임하고 있었다. 영광 일대가 공산군의 손에 넘어가고, 교회당이 공산군의 사무실로 징발된 후에도 김 목사는 교우들과 함께 마을에 남아 비밀리에 예배를 드리며 믿음을 지켜왔다. 순교의 발단은 9·28 서울 수복 후 북진하는 국군의 환영 대회를 염산교회 청년회가 앞장서 주도하면서 비롯됐다. 아직 후퇴하지 않고 남아 있던 공산군과 좌익 세력이 이에 대한 보복을 자행하면서 엄청난 살육이 이어졌다.

10월 7일 환영 대회에 앞장섰던 기삼도를 학살하고 교회당을 불태운 것이 그 시작이었다. 고풍룡 성도는 당시를 이렇게 증언한다.

> 제일 먼저 순교한 사람이 기삼도인데 집에 동네 청년들을 모아놓고 태극기를 그렸어요. 그것이 발각되어 잡아다 놓고 매질을 하며 누구와 함께 그렸냐고 추궁해도 입을 꽉 다물었지요. 만약 그가 입을 열었다면 동네 청년들은 모두 죽었을 거예요. 그대로 순교했죠. 이런 끔찍한 일들이 3개월 동안이나 계속되었어요.

이튿날부터는 공산군과 좌익들은 염산교회 교인들을 어른 아이 할 것 없이 몽둥이와 죽창으로 학살하기 시작했다. 특히 설도항의 수문통에서는 교인들의 목에 큰 돌을 매달아 수장하기까지 했다. 이들은 생명이 다하는 순간까지도 찬송하고 서로를 격려하며, 의연하게 죽음을 맞이했다고 전해진다. 염산교회 집사였던 노병재 씨 일가 9명은 물론 동생 가족 7명 등 노 씨 일가 23명이 같은 날 바닷물에 던져져 수장되었다. 노병재 집사는 파도 속에서 하늘을 우러러보면서 "내 주를 가까이하게 함은 십자가 짐 같은 고생이나"를 부르며 순교자의 길을 걸어갔다.

10월 13일에는 김만호 장로와 박귀덕 권사의 딸 4명(15살 옥자, 11살 금자, 9살 신자, 3살 미자)이 단지 예수 믿는 집의 자식이란 이유로 수장을 당했다. 옥자가 세

사진61. 전라도 염산교회 교인들을 학살할 때 좌익들이 실제로 사용한 돌

사진62. 염산면 설도항에서 공산군과 좌익들에 의해 수장되면서 '내 주를 가까이 하게함은' 찬송을 부르며 순교하는 노병재 집사와 일가족

살배기 미자를 업고 금자, 신자와 같이 끌려가는데 어린 미자가 등 뒤에서 울기 시작했다. 이때 옥자는 우는 동생을 향해 "울지 마라, 우리는 지금 천국 가고 있단다. 천국 가니까 울지 마라." 면서 달래더니 죽음 앞에서 "하나님, 우리를 천국 보내주시니 감사합니다. 저 아저씨들 용서해 주세요."라고 기도했다. 이때 한 사람이 대검으로 옥자와 미자의 목을 쳐서 바다에 던져버렸다.[3] 물이 빠져나간 후 미자가 언니 등에 업힌 채 둘이 다 목이 잘려나간 상태로 발견되었다. 염산교회 김방호 목사는 가족들이 보는 앞에서 죽창과 몽둥이로 살해당하고 뒤이어 부인과 아들, 여덟 살과 다섯 살 난 손자까지 차례로 몽둥이와 죽창으로 학살당했다. 염산교회 교인의 2/3인 77명이 3개월에 걸쳐 이렇게 학살을 당했다.

염산교회에서 가까운 곳에 야월교회가 있다. 야월교회는 6·25전쟁 당시 전체 교인 65명이 모두 공산군과 좌익들에 의해 순교 당한 교회로 알려져 있다. 6·25전쟁으로 야월리를 점령한 공산당들이 양조장집 주인과 다른 유지들을 교회당 뜰에 무릎 꿇리고 마을 사람들 앞에서 공개 처형하기에 앞서 인민재판을 벌였다.

"여러분! 인민의 피와 땀을 착취한 이 악질 반동 세력들을 어떻게 하면 좋겠소?"

"인민의 원수이니 죽여야 합니다."

그때 야월교회 출신 김성종 영수가 "아닙니다. 그 사람은 흉년이 들어 어려웠을 때 쌀을 풀어 나눠주었고, 법 없이도 사는 사람입니다. 나라에선 이런 사람을 상을 주어도 모자랄진대 어찌 이럴 수 있습니까? 사람의 생명은 하나님께 있습니다. 사람이 사람을 죽여서는 안 됩니다."라고 하자, 다른 사람이 "옳소!" 하면서 동조했다.

이로써 계획에 차질이 생기자, 그들은 기독교인들을 먼저 죽이려는 무서운 음모를 꾸미게 되었다. 이런 상황에서 1950년 9월 29일 국군과 유엔군이 목포에서 함평과 영광을 수복할 때 기독교인들과 우익 인사들이 대대적으로 국군을 환영한 일이 있었는데, 미처 후퇴하지 못한 채 인근 산속에 은거하고 있던 공산군과 좌익들은 국군을 환영한 교인들과 주민들에 대한 보복 계획을 세웠다. 염산면과 백수면은 가장 늦게까지 수복되지 못하였는데, 공산군과 좌익들은 인민재판으로 처형을 시작하여 무려 두 달에 걸쳐, 정문성과 일가족, 영수 김성종과 조양현 일가족, 최판섭 집사와 일가족 등 야월교회 전교인 65명을 잔혹하게 학살했다. 전남 영광군 백수면에 살았던 장맹룡 씨는 6·25전쟁 당시 좌익들에 의해 6촌 이내 친척 300여 명이 떼죽음을 당했다고 증언했다.

원산·함흥·평양 지역에서의 학살은 더욱 잔인했다. 목을 자르는 데 톱을 사용했고 머리에 큰 못이 박혀있는 시체, 손과 다리가 절단된 시체, 코가 잘린 시체 등이 많았다.[4]

사진63. 전교인 65명이 모두 좌익들에 의해 학살 당한 염산면 야월교회 성도들

당시 함흥교화소에서 학살당한 양민들의 시신 발굴에 참여했던 김인호 선생의 증언이다.

> 함흥교화소에서 일어난 학살은 지금 생각해도 끔찍했다. 곳곳에 잘려나간 팔다리가 즐비했고 100여 개가 넘는 방들에는 모두 시체가 쌓여 있었다. 화장실 안에도 시체들이 널브러져 있었고 오물통 안에도 도끼에 머리가 찍혀 두개골이 파손된 시체들이 오물 속에 처박혀 있었다. 이런 잔학한 만행을 북한군은 아무렇지도 않게 실행했다. 일본군도 이렇게 잔인하지 않았는데, 어떻게 같은 민족끼리 더 잔인한 이런 짓을 할 수 있는지 치가 떨렸다.

6·25전쟁을 기억해야 하는 이유는 전쟁의 주범인 김일성 공산 집단이 자행한 반인륜적이고 반민족적인 만행이 불과 얼마 지나지 않은 최근의 역사이기 때문이다.

사진64. 1950년 10월 함경남도 함흥의 반룡산 방공굴에서는 퇴각하는 북한 공산군이 다이너마이트를 사용하여 무수한 함흥주민들을 학살하였다.

사진65. 붙잡힌 인민군 포로들이 국군헌병의 감시하에 함흥의 우물 속에서 민간인 시체 65구를 끌어 내고 있는 모습

장진호 전투

　김일성은 인천상륙작전이 성공하고 유엔군이 계속 북진하자 중공군의 참전을 재차 요청하였고 그 결과 중공군은 10월 19일부터 은밀하게 압록강을 건너 북한 땅에 들어오기 시작했다. 중국 측이 1990년대 이후에 밝힌 숫자로는 1953년 정전 협정 체결에 이르기까지 25개 보병 군단(79개 사단)을 비롯하여 그 외 40개 이상의 사단을 합쳐 300만 명에 이르는 병력이 6·25전쟁에서 싸웠다.[5] 총사령관 펑덕회의 지휘 아래 10월 19일 제1차로 압록강을 건너온 중공군은 18만 명이었다. 그 후 2차로 12만 명이 들어왔다. 2차 공세(1950.11.25.) 때 중공군의 총규모는 30개 사단 30만 명으로 그중에 미 8군이 있는 서부 전선에 18개 사단, 미 10군단과 제1해병사단이 있는 동부전선에 12개 사단이 투입되었다. 동부전선의 미 10군단과 제1해병사단은 북한의 임시 수도인 강계를 점령하기 위해 한반도에서 가장 추운 함경북도 개마고원에 있는 장진호 방향으로 북상하고 있었다. 그러나 미리 산속에 숨어서 대기하고 있던 중공군 12개 사단에게 포위되어 부대가 전멸할 위기에 처하게 되었다.

　중공군의 예상치 않은 개입으로 6·25전쟁은 또다시 한 치 앞도 내다볼 수 없는 상황이 되었다. 1950년 12월 트루먼 대통령은 국가 비상사태까지 선포하고 최악의 경우를 상정한 계획을 세웠다. 당시 미국은 더 이상 전세를 뒤집기가 불가능하다는 판단을 내리고 한국군을 포함 총 328,000명의 한국인을 해외로 긴급 이주시킨다는 계획을 비밀리에 세워둔 상태였다. 이주지는 서(西)사모아(Samoa)에 있는 사바이와 우폴루라는 섬이었다. 그곳에 328,000명의 한국인을 이주시켜 '뉴코리아(New Korea)'를 만든다는 계획을 확정했다. 이렇게 중공군의 침략으로 또다시 대한민국이 풍전등화의 위기에 빠져 있을 때 나라를 구한 전투가 바로 '장진호 전투'다.

장진호 전투는 1950년 11월 27일에서 12월 11일까지, 북한의 장진호에 포위되어 있던 미 10군단이 15일 동안 12만 명이 넘는 중공군(10개 사단)의 포위망을 간신히 뚫고 장장 128km에 이르는 흥남항구까지 성공적으로 철수한 후퇴 작전이다. 장진호 전투 중에서도 특히 하갈우리 전투는 미군에게 평생 잊힐 수 없는 참혹한 전투였다. 지형도 모르고 기동하기조차 힘든 고원 산악 지대에서 대규모의 적군에게 겹겹이 포위되었으니 죽거나 포로가 되는 수밖에 없었다. 더구나 밤이면 기온이 영하 30도 밑으로 뚝 떨어지다 보니 동상 환자가 속출했다. 적과 싸우다 총에 맞아 전사한 것보다 동상으로 죽는 병사의 수가 더 많았다. 사망자가 계속 늘어나자 동태처럼 얼어붙은 시신을 트럭에 켜켜이 쌓아 수송하기까지 했다.

철수 과정에서도 큰 문제가 발생했다. 12월 8일, 철수 작전의 마지막 고비였던 고토리 지역 황초령 고개의 깊은 협곡에 있던 교량이 중공군에 의해 파괴되어 미군은 험준한 산악지역에서 발이 묶이게 되었다. 우회로가 없는 상태에서 중공군에게 겹겹이 쌓여 꼼짝없이 갇힌 것이었다. 이를 돌파할 수 있는 유일한 방법은

사진66. 장진호 전투 당시 하갈우리에서 고토리로 철수하면서 이송한 미 해병, 영국해병, 한국인 카투사 병사들의 시신을 고토리에 조성한 묘지에 매장하기 위해 준비하는 모습

임시 가설교를 만드는 것이었고 그러기 위해서는 수송기가 공중에서 교량과 가설교 부품을 투하해야 했다. 그러나 문제는 짙은 안개와 폭설로 시야가 확보되지 않아 항공기가 교량을 투하할 수가 없었다. 그날 밤에 미군들은 하나님께 간절히 기도했다. 그 순간 기적 같은 일이 벌어졌다. 하늘이 맑게 변하며 밝고 환한 별 하나가 고토리 지역 상공에 반짝이기 시작했다. 그리고 다음날 아침 거짓말처럼 날이 개었다. 곧바로 시작된 교량 공중 투하 작전이 성공하였고 미군은 다리를 설치한 후 중공군의 포위망을 벗어날 수 있었다. 당시 참전했던 리처드 케리(Richard Carey) 장군은 이렇게 회고했다.

> 그날 밤은 섭씨 영하 30도로 엄청난 강추위가 몰아쳤고 눈보라로 공수 작전이 어려웠다. 군인들이 맑은 날씨를 위해 기도했는데 거짓말처럼 하늘이 열리며 큰 별이 빛나는 게 아닌가. 하나님의 응답이라 여긴 해병대원들은 용기백배하여 중공군의 포위망을 뚫을 수 있었다.

결국 미 10군단 장병들은 영하 30도까지 내려가는 살인적인 추위와 폭설 속에서 10배가 넘는 중공군의 포위망을 뚫고, 12월 11일 밤 9시 흥남항구로 철수를 완료하였다. 작전 중 미 해병 4천5백여 명이 전사하고 7천5백여 명이 동상을 입었다. 그야말로 미국의 전쟁 역사상 최악의 전투로 기록될 만큼 미군의 희생은 너무나 컸다.

당시 참전용사였던 프레드 주니어는 훗날 다음과 같은 시를 남겼다.

> 부디 잊지 말아주십시오. 한국을, 그리고 저 잊힌 전쟁을! 우리가 알지 못했던 곳, 장진호 전투에서 사라져간 전사들을, 더

러는 곧 숨을 거두었지만 많은 이들이 고통 속에 숨져가야 했습니다. 34대의 트럭에 실린 부상자와 죽어가는 이들, 다시 한 번 간절히 빕니다. 부디 잊지 말아 주십시오. 한국과 그 잊혀진 전쟁을![6]

장진호 전투 과정에서 잊지 말아야 할 희생이 또 있다. 875명의 한국 젊은이들로 구성된 카투사들이다. 이들 중 상당수가 철수 과정에서 전사했다. 후퇴하면서도 적의 공세에 맞서 피 흘리며 싸운 미군들과 카투사들의 고귀한 희생으로 12만 명의 중공군은 치명타를 입었고 흥남항구로 철수한 98,000명의 북한 주민들은 학살되지 않

사진67. 미국 버지니아주에 있는 팔각모양의 장진호 전투 기념비 위에는 고토리의 별 장식이 세워져있다

고 흥남 철수 작전을 통해 탈출할 수 있었다. 더 나아가 지구상에서 사라질 뻔했던 대한민국은 기적적으로 살아났다. 많은 전사가들은 장진호 전투의 철수 과정에서 당시 미군이 중공군에 의해 속수무책으로 무너졌다면 미군을 포함한 유엔군은 한국을 포기하고 철수했을 것이라고 말한다.

대한민국의 여러 격전지를 자주 탐방하면서 한 가지 아쉬운 것이 있다면 장진호 전투를 기념하는 추모비와 기념관이 없다는 것이다. 미국 워싱턴 D.C.의 한국전쟁 참전용사 기념공원 안에 있는 장진호 전투 기념 조형물과 같은 기념비가 대한민국에도 세워지는 그날을 간절히 소망한다.

맺음말

사진68. 미국 워싱턴D.C. 한국전쟁 참전용사기념공원에 있는 장진호전투를 기념하는 조형물

6·25전쟁이라는 국난의 위기에서 대한민국이 망하지 않고 살아남을 수 있었던 것은 북한 공산군에 맞서 피 흘리며 싸운 국군과 유엔군, 그리고 미군의 수많은 희생이 있었기 때문이다. 특히 미군은 한국을 위해 가장 많은 희생을 치렀다.

미군은 1950년 7월 1일 스미스 대대 장병 540명이 부산에 상륙한 이래 3년 1개월 동안 178만 명이 참전했다. 인천상륙작전, 낙동강 방어선 전투, 장진호 전투 등 수많은 전투를 치르면서 전사 54,246명, 실종 8,177명, 포로 7,140명, 부상자 10만 3,284명 등 총 17만 2,847명이 희생됐다. 세계 최강국 국민이 약자를 위해 바친 희생은 값지고 숭고했다. 특히 우리에게 감동을 주는 것은 미국 대통령을 비롯해 장관·장군 등 최고위층 아들 142명이 참전해 그중 35명이 전사했다는 사실이다. 아이젠하워 대통령의 아들 존 아이젠하워 육군 중위는 1952년 미 3사단 중대장으로 참전했고, 워커 8군 사령관의 아들 샘 워커 중위는 미 24사단 중대장으로 참전해 부자가 모두 한국전 참전 가족이 됐다. 워커 장군은 도봉동에서 불의의 교통사고로 순직했다.

밴 플리트 장군은 한국전에서 사단장, 군단장, 8군 사령관까지 오른 인물이다. 그의 아들 지니 밴 플리트 2세도 B-52 폭격기 조종사로 6·25전쟁에 참전, 1952년 4월 4일 새벽 평남 순천 지역에 야간

출격을 나갔다가 전사했다. 미 해병 1항공단장 필드 해리스 장군의 아들 윌리엄 해리스 소령은 중공군의 2차 공세 때 장진호 전투에서 전사했다. 미 중앙정보국 앨런 덜레스 국장의 아들 앨런 메시 덜레스 2세도 해병 중위로 참전해 머리에 총상을 입고 상이용사로 살고 있다. 또 유엔군 사령관 클라크(1896~1984년) 대장의 아들도 참전했다가 부상당했다.

하버드 대학은 교내 예배당 벽에 한국전쟁에 참전했다가 전사한 20명의 이름을 동판에 새겨 추모하고 있다. 월터리드 미 육군 병원에는 6·25전쟁에 참전했다가 중상을 입은 용사 수십 명이 아직도 침상에 누워 있다.

한편, 6·25전쟁에서 미국은 천문학적인 비용을 지출했다. 2009년 미국의 국방정보센터(CDI)는 미 의회 조사국 등의 자료를 바탕으로 6·25전쟁 당시 미국이 부담한 전쟁 비용을 총 670억 달러로 산출했다. 이를 현재 가치로 환산하면 6,910억 달러(약 767조 원)에 달한다.[7] 그들은 이렇게 천문학적 비용을 지불하면서 한국을 도왔다.

미국은 한국을 지키기 위해 전쟁에 필요한 무기, 장비, 탄약 등 물자만 지원한 것이 아니라 한국 국민 전체를 먹여 살리면서 싸웠고 고귀한 생명까지 바쳤다. 한 마디로 미국이 도와주지 않았다면 한국은 그때 없어졌을 것이고, 만약 전쟁에 졌다면 살아남았다고 해도 아프리카처럼 세계 최빈국으로 전락할 수밖에 없었을 것이다. 대한민국이 오늘날 경제적 풍요와 함께 자유를 누리며 살게 된 배경에 미국 정부의 지원과 미군의 고귀한 희생이 있었음을 잊어서는 안된다.

주

1 류형석, 2010, 27.
2 류형석, 2010, 302.
3 임준석, 2016, 63.
4 극동문제연구소, 1987, 661.
5 김용삼, 2014, 377.
6 안재철, 2015, 47.
7 배영복, 2017, 162.

제9장 농지개혁이 6·25전쟁에 미친 영향[1]

김승욱 | 중앙대학교 경제학과에서 31년간 교수로 봉직한 명예교수이며, 한국제도경제학회 회장을 맡고 있다. 미국 조지아 대학교에서 박사 학위(Ph. D.)를 받고 UNPD 국제 전문가와 경제사학회 회장을 역임하였다. 1989년에 9명의 교수들과 함께 "기독교학문연구회(현 '기독교세계관학술동역회')"를 창립해, 2000년부터 2012년까지 회장으로 봉사했다.

들어가는 글

해방 이후 대한민국이 세워지기까지 많은 어려움이 있었지만, 그 중에 가장 큰 어려움은 공산 세력의 도전이었다. 이러한 도전에 대한 응전을 통해 대한민국이 태어나고 굳건하게 성장해갔다.

해방 이후, 세계의 다른 지역과 마찬가지로 한반도에서도 좌우익의 갈등이 극심했다. 1946년 10월 1일 대구에서 조선 공산당의 선동으로 폭동이 일어나 전국으로 확산되었다. 그리고 1948년에는 건국을 위한 5·10 선거를 반대하는 4·3 사건이 제주도에서 일어났다. 이를 진압하기 위해 여수 주둔 국방경비대 제14연대 일부를 제주도로 파견하려고 하자, 2,000여 명의 남로당 계열 군인들이 명령을 거부하고 10월 19일에 무장 반란을 일으켰다. 이 사건을 진압하는 과정에서 경비대에 불과했던 한국군은 비로소 무장을 강화하고, 전투 경험도 쌓을 수 있었다. 이후 숙군 작업을 통해서 군 내부의 공산당 세력을 가려낼 수 있었다. 만약 이러한 과정 없이 6·25전쟁이 발발했다면, 또 김일성이 기대한 바와 같이 20만 명의 남로당원이 봉기를 일으키고 거기에 군대 내의 공산 세력이 가세했더라면, 미군과 유엔군이 도착하기 전에 남한은 공산화되었을 것이다. 이것은 위기가 전화위복이 된 기적이었다.

또 기적 같은 일은 6·25전쟁 발발 이전에 농지개혁이 실시되었다는 점이다. 농지개혁을 6·25전쟁 발발 이전에 하지 않았다면, 소작 농들이 목숨을 걸고 공산당에 맞설 이유가 없었을 것이다. 이 글은 농지개혁이 6·25전쟁에 미친 영향을 설명한다. 먼저 농지개혁 이전에 농민들의 사정이 어떠했는지, 그리고 해방 당시 농지개혁이 갖는 중요성 등에 대해서 살펴보고 이승만 정부가 농지개혁을 어떻게 추진했는지 그 과정을 정리한다. 이를 통해 농지개혁이 6·25전쟁을 승리로 이끌게 된 힘의 원천 중의 하나임을 설명한다. 또한, 6·25전쟁으로 인한 인플레이션이 산업 자본 형성과 재분배에 어떠한 영향을 미쳤는지에 대해서도 살펴본다.

이승만 정부의 농지개혁 이전의 상황

일제시대의 토지 조사 사업이 완료된 1918년에 조선의 경지 면적은 약 450만 정보로 국토 면적의 20.2%였다. 그 후 경작지 면적은 계속 증가하여 1936년에는 494만 정보(22.2%)로 증가했다.[2] 그러나 경작지 면적은 늘었지만, 농민의 생활 수준은 크게 개선되지 않았다. 그 이유는 일제가 지주층을 통치 세력으로 포섭하기 위해서 지주에게 유리한 지세 제도를 실시해 식민지 지주제가 정착되었기 때문이었다. 그리하여 산미 증식 계획을 실시한 1930년대까지 소작인은 계속 증가했다. 그 후 미국에서 시작된 세계 대공황의 여파로 일제하 조선에서도 농업 공황이 발생하여, 식민지 권력에 대한 농민들의 저항이 심해졌다. 이에 일제는 농촌진흥운동과 조선 농지령 등의 농가 경제 안정화 정책을 실시하여 식민지 지주제는 점차 약화되었고 토지 소유 불평등도 완화되었다.

그러나 해방 직후 국민의 70.9%를 차지하는 농민들은 식민지 지주제가 남긴 유산 하에서 여전히 갈등을 겪고 있었다. 당시 남한의 총 경지 면적 232만 정보 중에 63.4%가 소작지였으며, 자소작지까지 포함하면 80%에 이르렀다. 게다가 전 농가의 68%가 1정보 미만의 영세농이었다.[3] 이로 인해 해방 직후 남한의 농촌에서는 현상 유지를 원하는 지주 세력과 이를 타파하려는 농민 간의 긴장이 고조되고 있었다. 그 결과 농민들 사이에서는 농민위원회와 농민조합이 조직되었고 전국적으로 연합한 농민조합총연맹이 결성되었다.

해방 직후 남한의 치안을 담당한 미군정은 남한 지역에 자본주의 시장경제 체제를 정착시키기 위해서 가장 먼저 쌀을 시장에서 자유롭게 사고 팔 수 있게 했다.[4] 그러나 그 결과 극심한 쌀 부족 현상이 일어났고, 쌀값 상승을 예상한 농민들은 쌀을 시장에 내놓지 않았으며, 여기에 상인들의 매점매석까지 겹쳐 시중에서 쌀을 구할 수 없는 쌀 파동이 일어났다. 결국 미군정은 불과 한 달 만에 공출제로 바꾸어, 다시 통제 경제로 전환할 수밖에 없었다.[5] 그 후 1946년 2월 미군정은 신한공사(후에 신한 주식회사)를 창설해 한국에 있는 모든 귀속 재산을 관리하면서 일본인 지주가 받던 소작료를 취해 쌀 가격을 안정시켰다.

신한공사에 이관된 토지 재산은 경지가 논 205,988정보, 밭 62,631정보, 대지 및 기타 13,861정보로 합계 282,480정보였다. 이는 당시의 남한 총 경지 면적의 13.4%를 차지할 정도로 방대한 면적이었다.[6] 그리고 신한공사로 이관된 농지를 소작하는 농가는 554천 가구로, 당시 남한 총 농가(2,066천 가구)의 26.8%에 이르는 규모였다.[7]

해방 직후 수확량의 절반을 소작료로 지급하던 소작농들은 전농을 중심으로 소작료 인하를 요구했다. 조선 공산당은 소작료를 30%로 낮추는 3.7제를 주장했으며, 한민당(한국민주당)은 1/3로 낮추어 주는 3.1제를 제안했다. 이러한 요구에 따라 미군정은 1945년 10월 5일에 '최고 소작료 결정의 건'(제9호 법령)을 발표했다. 소작료의 최고 한도를 한민당의 요구대로 3.1제로 정하고, 소작농을 보호하기 위해서 지주가 소작 계약을 일방적으로 해제하지 못하도록 했다.[8] 이 조치는 폭넓은 지지를 받았으나 이 소작료 인하 조치가 얼마나 효과적으로 실현되었는지는 미지수다. 전상인은 미국 〈시카고 선(Chicago Sun)〉 특파원 게인(Mark Gayn)의 보도를 인용하여, 1946년 추수기에도 이 조치가 잘 이행되지 못했다고 주장했다.[9]

북한과 일본의 토지개혁(1946년)[10]

이러한 상황에 북한은 1946년 3월 5일에 '북조선 토지개혁에 대한 법령'을 공포해, 일본이 남기고 간 적산[11]과 소작지 모두를 무상 몰수해서 무상으로 분배했다.[12] 그 이유는 김일성의 지지 기반을 확보하기 위해서였다. 북한은 토지개혁을 불과 20일 만에 완결했으며[13] 이때 분배한 총 토지의 면적은 북한 전체 경지의 53%에 해당되는 94만 6천 정보로,[14] 이것은 당시 전체 소작지의 90%에 해당되는 규모였고, 전체 농가의 70%가 토지를 분배받았다.

북한은 무상 몰수, 무상 분배를 실시했는데, 농민은 토지를 무상으로 분배받는 대신, 그 토지의 매매, 소작, 저당을 금지했으므로[15] 실제로는 '북조선임시인민위원회'(1948년에 '조선민주주의인민공화국'으로 바뀜)가 모든 토지를 소유하게 되었고,[16] 농민은 경작권만 얻었을 뿐 사유 재산권은 인정되지 않았다.[17] 그리고 북한은 수확의 25%를 현물세로 거두었으므로 과거 소작료에 비해서는 낮지만, 여전히 상당한 부분을 평생 정권에 납부해야 했다.[18] 그럼에도 불구하고 소작인이었던 북한의 농민들은 토지개혁을 열렬히 지지했다. 당시에는 남과 북의 왕래가 자유롭던 시절이었으므로, 북한의 이러한 토지개혁 소식은 빠르게 전파되어 남한 농민들은 북한과 같은 무상 몰수, 무상 분배 방식의 토지개혁을 요구하였다.

맥아더 사령부의 통제 하에 있던 일본도 1946년 9월 '자작농 창설 특별 조치법' 및 '농지 조정법'을 제정하였다. 이 법은 일본의 공산화를 막기 위해서는 소작제를 없애고 자작농을 육성해야 한다고 판

단하였던 맥아더 사령부가 1945년 12월에 내린 '농민 해방에 관한 명령'에 기초한 것이었다.[19]

미군정의 귀속 농지 불하(1948년)

남한을 통제하던 미군정은 초기에는 농지개혁에 대해서 부정적인 입장을 보였다. 그 이유는 농지개혁이란 근본적으로 자본주의의 사적 소유제를 부정하는 공산주의적 요소가 강하기 때문이었다.[20] 그러나 1946년 2월 11일 미국의 번스(Arthur Bunce) 경제 고문단이 방한해 귀속 농지 불하를 긍정적으로 평가하면서 농지개혁에 관한 안을 마련했다. 이에 미군정은 농지개혁에 대한 태도를 바꾸어,[21] 1948년 3월에 과도정부 법령 제172호로 신한 주식회사를 해체하고, 법령 제173호로 '중앙토지행정처'를 발족시켜 귀속 농지를 소작인에게 불하했다. 한국에서 농지개혁에 대해서 미온적이었던 미군정이 갑자기 귀속 농지를 불하한 이유는 북한의 토지개혁과 맥아더 사령부에 의해서 추진된 일본 농지개혁의 영향이었다.[22]

미군정의 귀속 농지 불하 원칙을 살펴보면, 현 소작인에게 최우선적으로 불하권을 주도록 했으며(6조 1), 농지 불하 가격은 주 생산물 연간 생산액의 3배로 정했고(제9조), 이를 매년 생산물의 20%씩 15년간 분납(제10조)하도록 했다.[23] 한국농촌경제연구원에 의하면 이때 매각된 면적은 27만 6천 정보로, 분배 대상 농지 가운데 85%에 달했다.[24]

미군정이 책정한 가격이 너무 높았다는 비판도 있었으나 한국농촌경제연구원[25]은 결코 비싼 가격이 아니라고 평가했다. 왜냐하면 이것은 당시 자작지 가격과 비슷한 수준이며,[26] 일제시대 말기 농지 가격의 1/5~1/6 수준에 불과했기 때문이다. 게다가 당시 쌀값 폭등을 고려하면 결코 비싼 것이 아니었다. 독일이 1811년에 실시한 하르덴베르크(Hardenberk)의 토지 조정령 당시 농지 가격이 25년분 지대와 같았던 것을 고려하면, 미군정이 책정한 농지 가격은 매우 저렴한 편이다.[27] 농지 가격이 높다는 평가가 나온 이유는 후에 한국 정부가 실시한 농지개혁 당시의 가격이 미군정이 정한 귀속 농지 가격의 절반에 불과했기 때문이었다. 사실 미군정이 정한 가격이 비싼 것이 아니라, 이승만 정부가 실시한 농지개혁의 가격이 매우 낮았던 것이다. 농지를 더 싸게 불하했어야 한다고 주장하는 이유 중의 하나는 당시 귀속 농지를 불하받은 소작인들은 일제시대 동안 계속 비싼 소작료를 지급했으므로 소작인들이 이미 많은 비용을 치른 것으로 봐야 한다는 것이다. 이러한 점을 고려할 때 더 싸게 불하했어야 했다는 주장도 있다.[28]

이렇게 가격이 너무 높다는 비판은 있었지만, 당시 미군정의 귀속 농지 불하는 농민들에게 큰 환영을 받았다. "중도 우파로 알려진 민정장관 안재홍은 시대적 요청이고 환영할만한 일로 평가했고, 우파 대변지 〈서울신문〉도 사설에서 '쾌사요 복음'이라고 평가했다."[29]

일부에서는 미군정이 농민의 개혁 요구에도 불구하고 농지개혁에 적극적이지 않았다는 반대 주장도 있지만,[30] 미군정은 여론과 이승만 대통령의 반대를 무릅쓰고 총선거를 불과 6주 앞둔 시점에 귀속 농지 불하를 단행했다. 그리고 정부 수립 이후에도 미군정은 공산 혁명을 막기 위해서 한국 정부에 농지개혁을 촉구했다. 미군정이 실시한 귀속 농지 분배의 의의는 전농이 주장한 무상 분배의 원칙을 거부하고, '유상 매입·유상 분배'의 원칙을 확립함으로써 사적 소유제의 원칙을 관철시켰다는 점이다.

이승만 정부 농지개혁의 전개

이승만 대통령은 귀속 농지 분배를 미군정이 실시하는 것에 대해서 반대했다. 그 이유는 농지의 분배 자체를 반대한 것이 아니라, 정부 수립이 얼마 남지 않았기 때문에 한국 정부가 주도적으로 해야 한다고 생각했기 때문이다.[31] 이승만 대통령은 농지개혁을 실시해야 한다는 강력한 의지를 가지고 있었다. 이승만 대통령은 1948년 3월 20일 올리버 박사에게 보낸 편지에서 "제일 먼저 처리할 과제는 농지개혁법이고 그다음에 다른 많은 자유주의적 조치가 차례로 취해질 것입니다."라고 했다.[32]

이승만 정부는 1948년 7월 17일 제헌 헌법의 제86조에 "농지는 농민에게 분배한다."라고 규정하고, 그해 12월 12일에 '농지개혁법'을 국회에 회부했다. '농지개혁법'은 정부 수립 후 약 11개월 이상 지난 1949년 6월 21일에야 확정되어 공포되었으나 그나마 이 법도 제때 시행되지 못했고, 1950년 3월에 가서야 '농지개혁개정법'을 공포·시행한다.

이 '농지개혁개정법'의 주요 내용을 보면 다음과 같다. 첫째, 농민에게 분배하는 것을 원칙으로 하되 농가 1호당 총 경지 면적은 3정보를 초과하지 못한다(제12조). 둘째, 농지위원회는 지주로부터 3정보를 초과하는 농지와 귀속 농지를 접수하여 소작인에게 우선 분배하되, 가격은 연평균 생산량의 1.5배를 5년 연부로 매년 12월 31일 이내에 정부에 수납해야 한다(제13조, 시행령 제35조). 이를 계산하면 매년 생산량의 30%가 되는데, 미군정이 정했던 소작료 33% 보다 낮은 30%를 5년만 상환하면 소유권을 이전받는다는 것이다. 그리고 미군정이 실시한 귀속 농지 분배 가격은 연간 생산량의 3배였으나, 이승만 정부의 농지개혁에서는 1.5배였으므로 미군정 귀속 농지 가격의 절반에 불과했다. 게다가 등록세와 취득세 등 일체의 세금이 면제되었다. 셋째, 강제 매수당한 지주에 대한 보상은 체감률을 적용하고 해당 연도의 법정 현물 가격으로 환산하여 5년 동안 균분 상환한다(제7조, 시행령 제13조, 규칙 제19조). 여기서, 사용한 '보상'이란 강제 매수당한 지주에게 정부가 토지 대금을 지불하는 것을 말하고, '상환'이란 농지를 분배받은 농민이 토지 대금을 정부에 납부하는 것을 말한다.

보상할 때는 보상액이 많을수록 누진적으로 보상 대금을 깎았다. 보상액의 75석까지는 체감률을 적용하지 않고 다 지급하지만, 75석을 초과하는 부분에 대해서는 누진적으로 감액했다. 천 석 이상의 경우 초과분의 23%를 체감했고, 10,000석 이상의 경우 초과분의 47%를 체감했기 때문에 대지주일수록 크게 불리했다. 게다가 보상을 현금으로 하지 않고, 지가 증권으로 지불했다. 보상받은 지주가 이 지가 증권을 금융 기관에 제시하면 해당 연도분의 가액이 지불되는데, 이 법정 가격은 시중 가격의 절반 정도였으므로 지주들의 손해가 컸다.

그런데 이 보상을 위한 지가 증권이 인쇄되어 배포되기 전인 6월

25일에 전쟁이 발발해서 지가 증권을 교부하지도 못했다. 이점으로 인해 그동안 많은 경제사학자는 이승만의 농지개혁은 실패했다고 주장했으며, 6·25전쟁 전에는 농지개혁이 없었다는 주장도 했다. 일반적으로 1980년대 이전의 경제사 연구자들은, 이승만 정부나 당시 다수당인 한민당은 지주 계급을 옹호했기 때문에 농지개혁에 소극적이었다고 주장했다.[33] 이러한 견해는 수정주의적 현대사 연구자들에 의해서 수용되었다. 농민들의 끊임없는 요구로 인해서 불가피하게 농지개혁을 단행했지만 지주 계층의 요구를 수용하기 위해서 입법 과정을 가능한 지연시켰다는 의회·정부 공모설도 있었다. 그 근거로 '농지개혁법'이 정부 수립 후 11개월이 지나서야 입법화된 것을 제시한다.[34]

그러나 한국농촌경제연구원은 당시 농지개혁법 제정 과정에서 한민당이 그런 전략을 사용한 것은 사실이지만 이승만 정부가 한민당과 같은 입장은 아니었다고 주장했다.[35] 농지개혁을 담당해야 할 농림부 장관에 지주 계급을 적대시한 혁신계의 조봉암이 임명되었으며, 조봉암 농림부 장관은 농지개혁의 실무 책임자인 차관과 농지국장 등을 후에 월북을 할 정도의 마르크스주의자들로 임명했다는 것을 그 근거로 든다. 그리고 이들이 정부안인 〈농림부안〉을 작성했다는 점을 미루어볼 때 행정부가 다수당인 한민당과 같은 생각을 가지고 있었다고 보기 어렵다. 〈농림부안〉이 제출된 직후에 조봉암 농림부 장관이 비리 혐의로 사임당하고, 후임에 한민당계의 이종현이 임명된 것도 한민당이 배후에서 역할을 했던 것으로 보인다.[36] 최근 여러 연구에 의해 이승만 정부의 농지개혁은 매우 성공적이었으며 지주로 구성된 한민당의 협조 하에 국회에서 진행한 개혁이었다는 것이 밝혀졌다.

장제스(蔣介石)는 중국 대륙의 농지개혁에 실패해 공산당에게 본토를 빼앗겼다. 이를 목격한 미국은 공산화를 막기 위해서 점령 지역의 농지개혁을 독려했다. 그럼에도 불구하고 필리핀 등 여러 지역에서 농지개혁이 지지부진했다. 대만으로 물러난 장제스도 농지개혁을 실시했고 북한도 토지개혁을 단행해서 농민을 자신들의 편으로 만들었다.

이러한 상황에서 지주들로 구성된 한민당도 농지개혁 자체를 반대하지 않았다. 한민당이 농지개혁법 입법 과정에서 '농림부' 안을 반대하고 지주의 이익을 대변했지만, 농지개혁 자체를 반대한 것이 아니라 지주의 불이익을 최소화하도록 정부안을 수정하려고 했을 뿐이다. 호남 대지주이고 한민당 총수였던 김성수도 농지개혁이 공산당을 막는 최선의 길이라는 사실에 동의했다. 농지개혁만이 공산당을 막는 최선의 길이라는 유진오의 설득에 김성수가 약간 망설이는 빛을 보이더니, "그것도 그렇겠다."라고 동의했다. 이 말 한마디가 농지개혁의 문을 연 청신호였다.[37] 따라서 이승만 정부의 농지개혁은 맥아더 사령부의 주도로 실행된 일본과 달리, 농지개혁을 거부할 수 있을 정도로 국회를 주도했던 한민당이 반공 국가 건설을 위해 스스로 사유 농지를 포기했던 자주적 개혁이었다. 오히려 국회의 법률 심의로 입법을 방해하고 계획적으로 지연시킨 것은 북한의 지령에 따라 움직인 국회 내의 좌익 세력(국회 프락치 사건) 이었다. 이러한 다수당의 동의하에 이승만 정부는 농지개혁을 적극적으로 추진했다.

농지개혁과 6·25전쟁

일부 학자들이 6·25전쟁 중에 농지개혁이 이루어지지 않았다고 주장한 이유는, 농지개혁법이 공포된 것은 6·25전쟁이 발발하기 3개월 전인 1950년 3월 10일이었지만, 그 후 3월 25일에 시행령이, 그리고 4월 28일에 시행 규칙이 발표되고, 농지 분배에 관한 세부 규정과 요령을 정한 '농지분배점수제규정'은 6월 23일에 공포되었는데, 그로부터 불과 이틀 후에 6·25전쟁이 발발했기 때문이다.[38]

그러나 농지 분배는 시행 규칙이 공포되기 이전인 1950년 4월 15일에 이미 실질적으로 완료되었다. 당시 농림부는 6·25전쟁이 발발하기 이전인 1950년 4월 15일, 120만 호에 42만 정보의 농지 분배를 완료했다고 발표하였다. 당시 정부는 만일 봄의 파종 시기를 놓치면 사업은 다시 1년간 연기될 뿐만 아니라 1950년도의 농사에 막대한 지장을 준다고 판단한 이승만 대통령의 지시에 의해 파종기 이전인 4월 10일까지 '농지 분배 예정 통지서'를 발부하기 위해 사업을 강행했다. 이 예정 통지서에 이의가 없으면 통지서에 적힌 농가의 소유로 '확정'한다고 했다. 그리고 6월 9일부터는 보리 등 하곡에 대해서 이미 상환이 시작되었다. 이때 이의가 제기되지 않아서 확정된 농지가 약 70-80%로 추정된다.[39] 만일 이러한 행정적 조치가 강행되지 않고 모든 법령이 공포된 이후에 사업을 착수한다고 기다렸더라면, 6·25 남침으로 인해 농지개혁은 사실상 불가능했을 것이다.[40]

이승만 정부가 서둘러서 실시한 농지개혁이 대한민국을 공산화의 위협에서 구해내는데 실질적으로 얼마나 기여했는지 정확하게 파악하기는 쉽지 않다. 그러나 6·25전쟁 중에 북한이 점령한 남한 지역에서 있었던 사건을 추적해 보면 기여도를 짐작할 수는 있다. 남한을 점령한 북한군은 3개월의 점령 기간 동안 소작지를 무상으로 몰수해서 무상으로 분배했다. 그러나 북한군의 기대와는 달리 농지를 분배받은 남한 농민들은 북한의 재 농지 분배를 별로 달가워하지 않았다. 그 이유는 북한에서처럼 분배 농지에 대해 매매나 저당을 잡힐 수 없고 사용권만을 보장받았기 때문이었다. 이미 매매 가능한 농지를 분배받은 농민들이 소유권이 보장되지 않은 농지개혁을 달가워할 이유가 없었다. 만약 6·25전쟁 이전에 농지개혁이 없었더라면, 북한군의 농지 분배에 남한의 소작인들은 열광했을 것이고, 이러한 소문은 다른 지역에도 퍼져서 소작인들의 전의가 크게 위축되었을 것이다.[41] 6·25전쟁 이전에 단행했던 농지개혁으로 인해 남한의 농민들은 지켜야 할 땅이 있었고, 공산주의와 싸워야 할 이유가 생겼다. 베트남 전쟁은 군사력으로 우수해도 국민의 지지를 받지 못하면 전쟁에서 이길 수 없다는 것을 보여주었다. 따라서 6·25전쟁 전에 실시한 농지개혁은 남한이 공산화되는 것을 막아냈고, 남한의 체제를 유지하는 데 결정적인 역할을 했다.

이승만과 농지개혁

김일영은 보수적인 이승만이 농지개혁과 관련해서는 개혁적인 모습을 보였다는 사실을 '이승만 퍼즐'이라고 부르면서, 이를 풀어보려고 했다. 그는 이승만 대통령이 농지개혁에 소극적이지 않았다고 결론을 내리고 그 이유를 농민들의 지지를 끌어내기 위해서, 그리고 공산 혁명을 막기 위해서라고 주장했다. 프랑스 농민들이 땅을 분배받아 소농이 되고 나서 나폴레옹의 열렬한 지지자가 된 것처럼, 농지개혁의 결과로 자신의 농지를 갖게 된 농민들이 소작농의 급진성을 잃고 소농의 보수성을 보이기 시작했다고 주장했다.[42]

이승만 대통령이 농지개혁을 서둘렀던 것이 자신의 정치적 이익 때문이었는지, 아니면 이 나라를 공산주의의 손으로부터 구하고 싶어서였는지는 불분명하다. 그러나 윤영선 농림장관의 증언에 의하면 이승만 대통령이 단지 선거에 이기기 위해서 농지개혁을 서두른 것만은 아닌 것으로 보인다. 윤영선 농림장관이 "대통령은 전쟁 수행으로 다른 일은 볼 틈이 없었지만, 농지개혁만은 예외여서 기회 있을 때마다 '공산당을 막으려면 농지개혁을 빨리해야 해'라고 말했습니다. 대통령이 전쟁의 북새통 속에서도 개혁을 서두른 것은, 농지개혁은 공산당만이 할 수 있다는 선동을 봉쇄해 영세 소작인의 반공정신을 일깨우는 것, 피난 지주의 생계를 돕는 것, 그리고 군량미 조달의 뜻이 있었습니다."라고 회고했다는 사실을 보면 단순히 개인의 정치적 이해타산 때문이 아니라 공산당으로부터 이 나라를 구해야 한다는 마음이 더 컸던 것으로 짐작된다.[43]

전상인은 이승만이 농지개혁에 적극적이었던 이유에 대해서 다른 주장을 했는데, 그것은 이승만 대통령이 평등주의 사회사상을 가졌기 때문이라는 것이다. 이승만 대통령이 태조 이성계의 후손이라서 왕손이라고들 하지만 서계(庶系)였기 때문에 대대로 가난했고, 그래서 다른 양반에 비해 사민평등과 민주주의 사상을 쉽게 받아들일 수 있었다는 것이다.[44] 그리고 이승만 대통령은 자본주의 시장경제 발전의 원동력이 사회 구성원의 법적·신분적 평등과 자유로운 경쟁이며, 사회적 평등만이 공산주의를 막을 수 있다는 사실을 굳게 믿고 있었다고 주장했다. 이승만 대통령이 당시 지주 계급으로 구성되어 있던 여당인 한국민주당의 입장을 극복하고 농지개혁을 단행할 수 있었던 것은 평등사회를 위한 사회개혁의 의지가 있었기 때문이며, 따라서 이러한 측면에서 볼 때 이승만 대통령이 추진한 농지개혁은 역사적으로 높이 평가되어야 한다고 주장했다.[45]

이상의 논의를 정리하면 이승만은 지주 계급을 옹호하지도 않았고, 결코 농지개혁에 소극적이지도 않았다. 오히려 서둘러서 농지개혁을 추진했으며, 그가 서두르지 않았다면 6·25전쟁으로 인해 농지개혁을 실시하지 못했을 것이고, 그랬을 경우 6·25전쟁 당시에 농민들이 목숨을 걸고 나라를 지키지도 않았을 것이다. 이승만 대통령이 지주 계층의 요구를 물리치고 서둘러 농지개혁을 단행한 것이 남한을 공산주의의 위협으로부터 지켜내는 결과를 가져왔다는 것은 사실이다.

지주 자본이 산업 자본화와 재분배에 미친 효과

다음으로 6·25전쟁이 미친 영향 가운데, 전쟁 인플레이션으로 인해 자산 재분배 효과와 산업 자본 형성에 미친 영향을 살펴보자.

일본에서는 농지개혁으로 지주 자본이 산업 자본으로 전환되면서 자본주의 발전에 기여했다. 그러나 농지개혁을 긍정적으로 평가하는 학자들조차 한국의 경우 지주 보상금을 산업 경영에 유도함으로써 농지개혁을 통해 지주를 근대적 산업 자본으로 승화시키는 데에는 실패했다고 평가했다.[46] 당시 산업 자본가로 진출하기 위해서는 귀속 기업체를 불하받는 것이 가장 좋은 방법이었다. 정부는 재정 재원 확보를 위해서 정부 평가 가격의 50-60%에 불과한 저렴한 가격으로 귀속 기업체를 불하했다. 원래는 일시불로 지불하도록 했지만, 실제는 최고 15년 분할 납부도 인정했다. 따라서 당시의 전쟁 인플레이션을 감안하면 큰 특혜를 받은 셈이었다. 여기서, 귀속 재산 처리 법안에는 귀속 재산 불하 대금을 농지 증권으로 지불 할 수 있도록 허용했기 때문에 지주가 자본가로 전환할 수 있는 가능성은 있었다. 그러나 귀속 기업체를 불하받을 수 있는 우선순위를 정한 시행령에서 '농지개혁법에 의해 농지를 매수당한 자'는 가장 하위로 밀려났기 때문에 실제로는 지주가 귀속 재산을 불하받지 못했다.[47]

그리고 농지개혁법 제8조에는 "지가 증권을 기업 자금에 사용할 때는 정부는 융자를 보증한다."라고 되어 있었지만, 그 효과는 미미했다. 지가 증권으로 융자를 신청한 경우는 181건 있었으며, 그중에 90건이 성사되었으나 실제로 성공한 사업은 20건에 불과했기 때문에 지주들의 산업 자본가로의 전업 효과는 별로 없었다.[48]

그뿐만 아니라 농지를 수용당한 지주는 보상을 받기 어려웠으므로 산업 자본가가 될 수도 없었다. 토지를 보상받으려면 각급 농지 위원회 위원장의 확인을 받아 40일 이내(즉 1950년 5월 4일 이내)에 거주지 지방 장관에게 보상 신청서를 제출해야 했다. 그러나 당시의 교통 사정과 지주들의 반발, 한 달 후에 시작된 6·25전쟁 등으로 보상 신청서가 제대로 신고되지 않았다.[49] 게다가 정부는 인쇄해둔 지가 증권을 서울에 버리고 피난을 갔기 때문에 지주들에게 나누어 줄 수도 없었다. 이후 전쟁 중 부산에서 지주에게 보상금을 지가 증권으로 교부하며 원래 5년으로 나누어 매년 지급하도록 한 것과 달리 월별로 나누어서 보상했다. 그러나 피난 중이었던 지주들은 생계를 위해서 지가 증권을 헐값에 팔아치울 수밖에 없었고, 결국 그들은 농지를 그냥 빼앗긴 것이나 마찬가지였다. 당시 정부는 전쟁 경비 확보 때문에 지주 보상에 대해 무성의할 수밖에 없었다. 전쟁이 끝난 이후인 1955년 5월 말까지 지가 보상 실적은 28% 정도에 불과했다는 사실이 이를 증명한다.

게다가 귀속 기업체를 인수하기에는 지주의 규모가 너무 영세했다. 농림부는 귀속 기업체를 불하받기 위해서는 토지 보상액이 최소 400석은 되어야 한다고 파악했는데, 보상받은 지주의 97.8%가 400석 미만이었다.[50] 그리고 대다수라고 할 수 있는 84.2%가 50석 미만의 보상을 받은 영세 지주들이었다.[51] 400석 이상 보상을 받은 3,400명(전체의 2.2%)의 지주들도 투자를 거의 하지 못했다. 또한, 지가 증권을 현금 대신 지급할 때는 각 연도의 법정 미가로 환산해서 지급했는데, 전쟁 중 법정 미가는 실제 가격의 30-40%에 불과했다. 게다가 전쟁 기간 중 서울 도매 물가 상승률이 거의 1000%를 넘었기 때문에 물가 상승에 비하면 지주의 보상은 더욱 미미했다. 그리하여 많은 지주가 피난 중에 생계비 조달을 위해서 지가 증권을 20-70%의 가격에 팔아치웠다.[52]

당시 지주들은 상대적으로 고등 교육을 받았음에도 불구하고, 근대적 기업을 경영할 수 있을 정도의 의욕과 기술은 없었기 때문에 농지개혁 이후 지주 중에 자본가로 변신한 사람이 드물었다. 1982년에 종업원 100-500명의 중소기업 경영주 489명을 대상으로 실시한 설문 조사에 의하면, 설문 응답자의 84.5%인 413명이 농부의 아들이었는데 그중에 농지를 분배받은 소작농 출신은 92.5%인 382명인 반면, 지주 출신은 한 명도 없었다.[53]

이와 같이 농지개혁이 지주 계층을 산업 자본가 계층으로 전환시키는 데는 실패했지만, 지가 증권을 사들인 자본가들은 큰 이득을 얻었다. 산업 자본주의가 발전하기 위해서는 축적된 자본이 필요하다. 오늘날 제3세계 국가들이 산업 자본을 발전시키는 데 가장 큰 장애 요인은 자본 부족이다. 에르난도 데 소토(Hernando De Soto)는 제3세계에서 자본주의가 작동이 되지 않는 이유는 부정부패로 인해 대부분의 주택과 공장 등이 합법적인 등기가 되어 있지 않고 이로 인해서 부동산을 담보로 사용할 수 없기 때문에 자본이 순환되지 못해 자본이 부족한 것이 가장 큰 이유라고 했다.[54] 6·25전쟁 이후에 한국에서 산업 자본주의가 발전되기 위해서는 산업 자본의 축적이 필요했다. 그런데 일제가 세운 기업들을 인수할 수 있는 자본을 축적한 계층은 일본인들이었고, 이들이 떠난 후에 기업을 인수할 수 있는 한국인 자본가는 턱없이 부족했다.

지주들에게 교부된 지가 증권은 전쟁과 인플레이션을 겪으면서 매우 낮은 헐값에 거래되었지만, 이것으로 귀속 기업체를 인수할 때는 액면가 그대로 불하 대금으로 인정되었다. 1958년까지 귀속 재산 분납금 중 40%가 지가 증권으로 불입되었다. 600석 이상 보상받은 대지주 중에 귀속 기업체의 불하를 받은 사람은 1.7%에 불과했음에도 불구하고, 이렇게 많은 분납금이 지가 증권으로 지불되었다는 것은 지주의 지가 증권을 헐값으로 산 자본가들이 이것으로 분납금을 납부했기 때문이다. 결국 자본가들은 헐값에 지가 증권을 산 후 이것을 귀속 재산 매입에 사용하여 큰 이득을 남겼기 때문에, 지주 자본의 부가 산업 자본가에게로 이전되어 신흥 자본가 계층이 탄생했다는 것을 알 수 있다. 그뿐만 아니라 이 지가 증권은 증권 시장이 태동하는 계기가 되었다.[55]

이와 같이 농지개혁은 6·25전쟁이라고 하는 위기의 상황에서 지주 계급을 산업 자본가 계급으로 전환시키는 데 실패했지만, 지가 증권이 산업 자본의 형성에 일정 부분 기여한 것은 부정할 수 없다. 따라서 농지개혁은 남한의 자본주의 체제 성립에 기여한 것으로 평가되며, 긍정적이었다고 할 수 있다.

재분배 효과

다음에는 농지개혁의 재분배 효과에 대해서 생각해보고자 한다. 일각에서는 이승만의 농지개혁이 지주에게 유리한 개혁이었다는 비판이 있다. 해방되기 전에는 좌·우익을 막론하고 토지 국유화를 통해 농민에게 분배해야 한다는 데 의견을 모았으나, 해방 후에 남한에서의 농지개혁론은 무상 몰수·무상 분배론과 유상 매입·무상 분배론, 그리고 유상 매입·유상 분배론의 세 가지 주장이 있었다. 귀속 농지의 경우 일본인으로부터 무상으로 몰수하여 소작인에게 유상으로 분배되었고, 조선인 지주의 땅은 유상 매입·유상 분배로 농지개혁이 실시되어 농민에게는 불리하고 지주에게는 유리한 방법이 채

택되었다는 것이다.[56]

그러나 이러한 주장은 근거가 약하다. 앞에서 살펴본 바와 같이 대지주와 소작 지주들은 매우 낮은 가격으로 농지개혁 이전에 상당수의 농지를 매각했다. 그리고 지주들은 농지 보상의 대가를 제대로 거두지 못했고, 이것은 지가 증권의 형태로 산업 자본가와 정부로 흘러들어갔다.

정부는 보상 과정에서 농민에게 현물로 상환을 받아서 지주에게 지가 증권으로 보상해 주었고, 가격도 법정 미가로 시세 가격보다 훨씬 낮게 보상해 주었기 때문에 상당히 큰 차익을 남겼다. 차익 규모는 6·25전쟁 기간에 38억 환 정도로 추정되고, 1950-59년으로 확대하면 270억 환을 남겼던 것으로 추정된다.[57]

이렇게 남은 차익은 국가 운영을 위한 재정에 사용되었다. 1952년 4월에 제정 공포된 '농지개혁사업특별회계법'에 의해 귀속 농지 상환 대금 16.7억 원 가운데 9.8억 원(58%)이 농업 투자로 사용되었다. 그리고 일반 분배 농지에서 발생한 사업 잉여 총합계 약 35억 원 가운데 49%인 17억 원이 1952-60년간 농지 개량 사업에 투자되었다.[58] 이 차익은 주로 농업 부문에 투자되었지만, 농업 부문에 투자될 재정 재원을 절약한 것이므로 다른 제조업의 발전에도 간접적으로 도움을 주었다고 판단된다.

결론적으로 농지는 지주로부터 농지를 분배받은 소작인, 자본가, 그리고 정부로 재분배되었고, 정부로 재분배된 것은 행정 비용과 전쟁 비용 등으로 사용했기 때문에 결국 온 국민이 혜택을 보았다. 특히 앞에서 살펴본 바와 같이 농지개혁의 대상은 주로 5정보 미만의 농지를 가진 영세 지주였으나 이들은 보상도 거의 받지 못했다. 따라서 농지개혁으로 인한 소득 재분배는 대부분 영세 지주로부터, 온 국민에게 흘러갔다. 사실 농지개혁으로 인해서 엄청난 소득 재분배를 초래했다는 주장이 더 설득력이 있다.[59] 그리하여 이것은 훗날 고도성장 이후, 상대적으로 다른 저개발 국가들에 비해서 소득 분배가 양호하다는 평가를 받게 되는 데도 크게 기여했다.[60]

맺음말

지금까지 논의를 요약하면, 이승만 정부가 실시한 농지개혁은 농민을 보수화시켜 6·25전쟁이 발발했을 때 공산당의 선전에 속지 않고, 자유 민주주의 공화국 대한민국을 지켜내는 데 크게 기여했다. 특히 공산화의 위기 속에서, 시행령 등이 마련되지 않은 상황에서도 농지개혁을 앞당겨 시행하도록 지시한 이승만 대통령의 통찰과 결단력은 역사적으로 높이 평가되어야 한다.

이승만 정부의 농지개혁이 한국의 사회 경제 발전에 기여한 효과는 여러 가지이다. 1946년부터 1955년까지 10년 동안 155만 호의 소작농 및 자소작농이 자작농이 됨으로 인해서 얻은 이익을 계산한 연구가 있다. 농지개혁이 없었을 경우 한국의 소작농들이 지불해야 할 소작료에서 실제로 농지를 불하받아서 지불한 금액을 제외한 금액을 추정했는데, 그 액수는 478만 석의 양곡에 해당하는 엄청난 금액이었다. 1945년부터 1955년 사이에 중·고등학생이 8.4배, 대학생이 9.9배로 늘어났는데, 자작농의 자녀들이 고등 교육을 받을 수 있었던 것도 바로 이 때문이었다. 당시 농민들이 자녀를 대학에 보낼

수 있었던 것은 이러한 잠재 능력에서 나온 것이며, 그 결과 1950년
대 후반에는 한국의 대학 진학률이 영국을 능가하게 되었다.[61] 이 밖
에 농지개혁이 한국의 사회 구조에 미친 영향으로 지주 계급의 해
체, 정치적 안정, 개인주의 확산, 인적 자본 축적 등도 꼽는다.[62]

주

1   이 글은 김승욱, 2011을 수정한 글이다.

2   조석곤, 2001, 394.

3   생산성이 높은 호의 경우 70%가 소작지였다(조선은행 조사부, 1949, 28-29).

4   1945년 10월 5일에 발표한 일반고시 제1호였다.

5   이대근, 2002, 72-76.

6   여기에 과수원과 뽕나무밭, 산림까지 다 합하면 총토지가 324,464정보였다.

7   이대근, 2002, 82-83

8   김일영, 2006, 301.

9   전상인, 2001, 27.

10 북한에서는 토지개혁이었다. 그러나 남한은 농지만 대상이었기 때문에 농지개혁이라고 불린다.

11 남한에서는 일본인이 남기고 간 재산을 귀속 재산이라고 불렀으나, 북한에서는 적의 재산이라고 하여 적산이라고 불렀다. 한일 국교 정상화 이후 한미일 동맹으로 인해 일본을 적이라고 규정하는 것은 바람직하지 않아 한국 사회에서는 일반적으로 귀속 재산이라고 부른다.

12 법령 제5조: 몰수한 토지 전부를 농민에게 무상으로 영원한 소유로 양여한다. 제6조: 무상 분배 작업을 인민위원회 처리에 위임한다.

13 원래는 1947년 3월 말까지 1년 동안 실시한다고 했으나 실제는 20일 만에 마쳤다(이종원, 2002, 505-506).

14 이대근, 2002, 79.

15 제10조: 분여된 토지는 매매치 못하며 소작 주지 못하며 저당하지 못한다.

16 제13조와 14조.

17 기무라 미쓰히코, 2006, 751.

18 이는 평균이고 쌀의 경우에는 27%였다(기무라 미쓰히꼬, 2006, 750).

19 그 내용은 지주제의 철폐, 농지 증권의 발행, 농지위원회를 설치해 주요 농지개혁 관련 업무를 관장토록 한다는 점 등으로 되어있는데,

이는 이승만 정부의 농지개혁 방법과 매우 유사하다(이대근, 2002, 78-79).

20 매일신보(1945. 9. 25)에 의하면 미군 사령관 하지중장은 농지개혁은 공산주의의 냄새가 풍긴다고 하여 농지개혁에 대한 반감을 밝혔다(전상인, 2001, 25).

21 권병탁(1984, 510)은 "미 군정은 적극적 반응을 보였다. 건전하고 온건한 민주 제도를 수립하기 위해서는 농지개혁보다 확실한 것은 없다고 주장했다. 과격파의 사상적 압력에 대항하기 위해서 이보다 강력한 방위력은 없다고 동경의 맥아더 사령부는 인식하고 있었다."고 주장했다.

22 사꾸라이 히로시(1982, 405)는 "1946년 3월 5일에 북한에서 〈북조선토지개혁법〉이 공포되자, 미국무성에서 파견된 키니(Kinney)는 3월 8일 농업 발전을 위해 중견 자작농을 육성하여 구일본인 소유지를 불하한다고 언명하였다. 이어 3월 15일 미 군정은 구일본인 소유지에 대해서 불하안을 발표했다."고 하며 미 군정의 태도 변화는 북한의 토지개혁이 큰 영향을 미쳤다고 주장했다.

23 김일영, 2006, 301.

24 한국농촌경제연구원, 1989, 993.

25 한국농촌경제연구원, 1989, 995.

26 당시에 소작지와 자작지의 가격이 달랐는데, 일반적으로 소작지가 자작지보다 30%정도 저렴했다. 따라서 미 군정의 불하 가격은 소작지보다는 비싼 편이지만 자작지와는 비슷했다.

27 권병탁, 1984, 519-520.

28 권병탁, 1984.

29 권병탁, 1984, 519-520.

30 금성출판사 등 일부 고등학교 교과서에서도 이러한 언급을 해서 사회적으로 논란이 되었다(교과서포럼 편, 2004, 108-109).

31 전상인, 2006, 397-400.

32 Oliver, 1978, 152-153; 유영익, 2006, 543에서 재인용.

33 김병태, 1974; 유인호, 1975; 사꾸라이, 1982; 황한식, 1985. 일반적으로 정치학계에서는 대통령 개인과 정부를 구분하지 않고 표현하는 경우가 많다. 대통령 중심제 하에서 대통령의 의지가 곧 행정부의 의지로 나타나는 경우가 많기 때문이다. 이 글의 요점이 이승만 대통령 개인에 대한 평가가 아니고 이승만 정부가 실시한

농지개혁에 초점을 맞추기 때문에 이승만 대통령의 의지를 이승만 행정부의 의지로 표현하였다.

34   한국농촌경제연구원, 1989, 995.

35   한국농촌경제연구원, 1989, 995-996. 여러 연구가는 이승만은 농지개혁에 적극적이었다고 주장한다. 그 이유에 대해서 김일영(2006, 300)은 이승만이 농민들이 한민당과 남로당보다 자신을 지지하게 만들기 위해서라고 주장했다. 전상인(2006, 387)은 이승만이 평등주의 사회사상을 가졌기 때문이라고 주장했다. 나아가 전상인(2006, 386-388)은 이승만 대통령이 "당시 지주계급을 배경으로 하고 있던 여당, 곧 한국민주당의 입장을 극복하고 농지개혁을 단행한 것은 평등사회를 위한 사회개혁이라는 견지에서 역사적으로 높이 평가되어야 한다."고 주장했다.

36   김성호, 1985

37   한국농촌경제연구원, 1000.

38   사꾸라이, 1982.

39   김일영, 2005, 13-62, 321. 반면에 유영익은 60%가 6·25전쟁 발발 이전에 분배되었다고 했다(유영익, 2006, 545).

40   한국농촌경제연구원, 1989, 998-999. 이승만 정부가 이렇게 관련 법규가 마련되기도 전에 농지개혁을 밀어붙인 이유를 김일영은 5·30선거 때문이라고 주장했다. 당시 인구의 70% 이상을 차지하는 농민들의 표를 의식해서 서둘렀다는 것이다. 전체 유권자 900만 명 중에 약 330만 명이 수혜농가 유권자였을 것으로 추정하며 이들이 상당한 선거에 영향을 미쳤을 것으로 추론한다. 이 선거 이전에 농지가 분배되어 지주계층 중심의 한민당은 선거에서 패배하였다는 것이다. 그리고 이들 농민들이 보수화되어 이승만의 수동적인 지지 계층이 되었다고 주장한다(김일영, 2005, 325-330).

41   김일영, 2005, 26.

42   김일영, 2005, 24-25.

43   중앙일보, 1982년 5월 3일 자; 전용덕(1997, 121)에서 재인용.

44   유영익, 2006, 14; 전상인, 2006, 387.

45   전상인, 2006, 386·388.

46   권병탁, 1984, 509; 강만길, 1984, 226-227.

47   임차인 및 관리인, 해당 기업체의 주주, 사원, 조합원 및 종업원, 농지개혁법에 의해 농지를 매수당한 자의 순이었다(김일영, 2006,

316-317).

48   장시원, 1995, 295-296.
49   권병탁, 1984, 528.
50   한국농촌경제연구원, 1989, 776.
51   한국은행, 1955; 김일영, 2006, 310.
52   김일영, 2006, 331-335.
53   권병탁, 1984, 529-530.
54   De Soto, 2000.
55   장시원, 1995, 295-297.
56   강만길, 1984, 226-227.
57   김일영, 2006, 333.
58   장시원, 1995, 297.
59   전용덕, 1997, 140.
60   안충영 · 김주훈, 1995, 316.
61   권병탁, 1984, 533.
62   전용덕, 1997, 153.

Korean War

6·25전쟁을 둘러싼
왜곡된 견해들

03
Chapter

제10장 6·25와 역사 교과서 :
우리는 6·25전쟁을 어떻게 가르치는가?[1]

정경희 | 서울대학교 역사교육과를 졸업하고 서울대학교 대학원에서 서양사학 석 · 박사 학위를 받았다. University of California at Berkeley 역사학과 객원학자와 국사편찬위원을 지냈으며, 현재 21대 국회 당선인(국민의힘)이자 영산대학교 자유전공학부 교수로 있다.

6·25전쟁이 일어난 지 70년이 지났어도 한반도에 드리워진 전쟁의 그림자는 걷힐 기미가 보이지 않는다. 이 글에서는 6·25전쟁을 역사 교과서에서 어떻게 가르치고 있는지 고등학교 〈한국사〉 교과서를 중심으로 살펴보려고 한다. 우리나라 현대사의 가장 큰 사건인 6·25전쟁에 대한 올바른 인식이 먼저 이루어져야 이를 바탕으로 해서 통일을 비롯한 한반도의 미래에 관한 청사진을 그릴 수 있다고 보기 때문이다.

북한의 기습 '남침'을 부정하는 교과서

필자는 몇 년 전 역대 한국사 교과서를 모아서 이를 분석하는 프로젝트를 진행했는데, 교과서 내용 가운데 한국 현대사 부분을 보고 엄청난 충격을 받았다. 역사 교과서의 서술이 너무나도 편향되어 있었기 때문이다. 이는 6·25전쟁에 관해서도 마찬가지였는데 그 서술 내용을 몇 개의 항목으로 나누어 살펴보기로 한다. 먼저 6·25전쟁 발발에 관한 서술을 보자.

이제는 고인이 된 이기백 교수가 쓴 〈한국사신론〉은 우리나라에서 가장 많이 팔린 한국사 개설서 가운데 하나이다. 이 책은 6·25전쟁 발발에 대해, "북한은 1950년 6월 25일에 불의의 남침(南侵)을 감행하였던 것이다. 이것을 흔히 6·25 동란이라고 부르고 있다."[2]라고 쓰고 있다. 6·25전쟁이 예상치 못한 북한군의 남침으로 시작되었다는 뜻이다. "벌써부터 강력한 군대가 조직·훈련되고 있었다."라는 표현도 쓰고 있는데, 이는 북한이 전쟁이 일어나기 훨씬 전부터 남침을 준비했다는 것을 설명하는 내용이다. 이처럼 6·25 전쟁이 일찍부터 전쟁을 준비한 북한군의 남침으로 시작되었다는 게 보통 사람의 상식이다.

하지만 2003년에 발행된 역사 교과서에는 이러한 상식과 반대되는 내용이 서술되어 있다. 금성 출판사에서 나온 〈한국 근현대사〉 교과서는 우리나라 역대 교과서 가운데 처음으로 1950년 6월 25일 북한군의 "전면적인 공격으로 전쟁은 시작되었다."라고 서술하고 있다. 여기서 "전면적인 공격"과 "남침"이 뭐가 다르냐고 질문할 수도 있다. 하지만 이 둘은 전혀 다르다.

6·25전쟁의 책임이 남북한에 반반씩 있다?

6·25전쟁의 원인과 관련하여, '남침'이라는 용어 대신에 "전면적인 공격으로 전쟁은 시작되었다."라는 금성 〈한국 근현대사〉 교과서의 서술은 이른바 내전설(內戰說)의 입장을 취하고 있다. 내전설은 38도선 일대에서 하루가 멀다 하고 크고 작은 군사적 충돌이 일어났다는 것을 강조한다. 남한과 북한에 이념과 체제가 다른 두 개의 정부가 들어서서 물리적 충돌을 거듭하다 마침내 전면적인 전쟁으로 번졌다는 것이다.

'남침설'과 '내전설'이라는 서로 다른 두 주장을 쉽게 설명하기 위해 두 대의 차량이 부딪친 교통사고에 비유해보자. '남침설'은 남한은 가만히 있는데 북한이 와서 부딪쳤으니 남한의 과실은 전혀 없고, 북한의 과실 100%라는 주장이다. 이와 달리 '내전설'은 6·25 이전에 있었던 38도선 일대의 군사적 충돌을 강조하면서, 남한과 북한이 서로 충돌했으니 남한의 과실 50%, 북한의 과실 50%라고 주장하는 것이다. 즉 금성 교과서가 6·25전쟁이 북한군의 '남침'으로 시작되었다고 쓰지 않고 "전면적인 공격"으로 시작되었다고 쓰는 것은 북한에 지워야 마땅한 6·25전쟁의 책임을 물타기하려는 것이다. 결국 6·25전쟁의 책임이 전적으로 북한과 김일성에 있는 게 아니라, 북한과 남한에 반반씩 있다는 것이다.

북한의 남침을 물타기하려는 교과서

이처럼 '내전설'을 강조하는 역사 해석을 '수정주의(修正主義,

revisionist)'해석이라고 부른다. 1980년대 이후, 남북 분단과 6·25전쟁의 책임을 김일성과 소련에서 찾던 '전통주의' 역사 해석 대신에 이승만과 미국에서 찾는 '수정주의' 역사 해석이 국내 학자들 사이에서 호응을 불러일으켰다. 그 결과, 한국 현대사 연구도 주로 수정주의자들에 의해 이루어지게 되었다.

하지만 한때 유행하던 이 수정주의 해석은 1990년대 소련이 붕괴된 후, 소련 측 비밀 자료들이 하나둘 공개되면서 쓸모없는 이론이 돼버렸다. 김일성이 남한에 쳐들어갈 테니 허락해달라고 스탈린을 집요하게 설득해서 6·25전쟁이 시작되었다는 사실이 소련의 문서를 통해서 밝혀졌기 때문이다. 그런데도 금성 교과서는 여전히 1980년대 수정주의 해석을 고수하면서 6·25전쟁이 남침이었다는 사실을 물타기했다.

물타기 용어, '한국전쟁'

6·25전쟁의 명칭도 좌파들의 물 타기 대상이기는 매한가지다. 사실 우리는 오랫동안 6·25를 '전쟁'이라고 부르지 않고, '6·25사변' 또는 '6·25동란'이라고 불렀다. 전쟁은 국가와 국가 간의 싸움인데, 우리는 북한을 '국가'로 인정하지 않았기 때문이다. 한국사 교과서에서도 줄곧 '6·25사변'이라고 하다가, 1990년에 5차 국정교과서에서 처음으로 '6·25전쟁'이라고 가르치기 시작했다. 그런데 교과서 밖에서는 '6·25전쟁'보다 '한국전쟁'이라는 용어가 갈수록 점점 더 많이 사용되고 있는 게 현실이다. 좌파들이 앞장서서 6·25를 '한국전쟁'이라고 부르기 때문이다. 그들은 왜 '6·25전쟁'이라는 공식 명

칭을 놔두고, 마치 남의 이야기처럼 '한국전쟁'이라고 하는가? 이유는 딱 하나다. '6·25전쟁'은 북한이 6월 25일에 기습 남침했다는 사실을 드러나게 만드는 명칭이기 때문이다. 그래서 좌파들은 '6·25전쟁' 대신에 '한국전쟁'이라는 용어를 고집하는 것이다. 다시 말해서, '한국전쟁'이라는 용어는 좌파들이 북한의 기습 남침을 물타기 하려고 사용하는 용어인 셈이다. 그러면 좌파들은 왜 이처럼 6·25전쟁이 남침이었다는 사실을 물타기 하려 하는가? 이는 6·25전쟁을 일으킨 주범 김일성에게 면죄부를 주기 위해서이다.

좌파들의 교과서 편향 작업은 여기서 끝이 아니다. 7차 〈한국 근·현대사〉 교과서 6종은 좌편향 교과서의 대표 격이라 할 수 있는데, 그중 금성출판사의 〈한국 근·현대사〉 교과서는 일제시대 항일 투쟁의 예로 이른바 '보천보 전투'를 들고 있다. 금성 〈한국 근·현대사〉 교과서가 이를 최대한 부각시키는 서술을 하는 이유는 보천보 전투를 김일성이 주도했다고 알려져 있기 때문이다.

정리하면, 2003년부터 10년 가까이 고등학교에서 사용된 금성출판사 〈한국 근·현대사〉 교과서는 6·25 침략전쟁을 일으켜 수백만 명을 죽거나 다치게 만든 김일성을 항일 투쟁에 앞장선 애국 투사인 양 가르친 반면에, 불의의 기습을 당하고도 결과적으로 6·25전쟁을 승리로 이끈 이승만 대통령에 대해서는 전쟁 중 양민을 학살하고, 휴전을 지연시킨 전쟁광으로 가르쳤다.

교과서 검정화 이후 등장한 좌편향 역사 교과서

이렇게 금성 〈한국 근·현대사〉 교과서처럼 편향된 검정 교과서는 어떻게 해서 생겨났는가? 1980년대 말부터 우리나라에는 민중사학자라고 불리는 좌파 역사학자들이 본격적으로 부상했다. 민중사학은 1980년대 후반부터 북한 역사학계의 연구 성과가 남한에 유입되면서 편협한 민족주의 사학과 접목되어 나타난 마르크스주의 역사학의 일종이다. 민중사학은 민족 모순과 계급 모순을 주요 모순과 기본 모순으로 설정하고, 그에 입각해서 한국 근현대사에 접근한다. 민중사학의 문제의식은 민족이 곧 민중이고, 민중이 곧 민족이라는 것이다.[3]

이들 민중사학자는 1980년대 말부터 국정 역사 교과서의 폐지를 주장하고 나섰다. 그래야 자신들이 쓴 민중사학에 바탕을 둔 역사책으로 학생들을 가르칠 수 있기 때문이었다. 마침 7차 교육과정에서 〈한국 근·현대사〉 과목이 신설되면서 교과서 검정제가 도입되었다. 그러자 민중사학자들은 이때를 기다렸다는 듯 〈한국 근·현대사〉 교과서 집필에 대거 가담했다. 그 결과 2002년에는 상당히 편향된 〈한국 근·현대사〉 교과서 6종이 출현했다. 국정 교과서의 제약이 사라지면서 그동안 누적된 역사학계 일각의 좌편향 성향이 한꺼번에 분출되고만 것이다.

〈한국 근·현대사〉 교과서 6종 가운데 일부는 매우 편향된 이념 성향을 보였다. 통일 지상주의에 사로잡혀 대한민국을 건설한 세력을 조직적으로 폄하하는가 하면, 친북·반미 성향의 서술로 일관하면서 국가의 정통성마저 부정하는 내용이 교과서에 똬리를 튼 것이다. 마침내 좌파의 시각이 교육계를 장악하여 역사를 제멋대로 정치 도구화하기에 이르렀다. 교과서 검정 과정부터 논란이 된 〈한국 근·현대사〉 교과서는 2004년부터는 아예 기나긴 분란으로 번지고 말았다. 이른바 '교과서 파동'이 일어난 것이다.

이후 편향된 교과서를 바로잡겠다는 목적으로 새 교육 과정이 만들어지고, 그에 따라 검정을 거쳐 〈한국사〉 교과서 6종이 선정되었다. 하지만 2011년부터 고등학교에서 사용된 이들 교과서 6종 가운데 일부는 이전의 교과서보다 더 좌편향 되었다는 평가를 받았다. 그 까닭은 새로운 〈한국사〉 교과서의 필진에 전보다 훨씬 더 많은 민중 사학자들과 전교조(전국교직원노동조합) 및 전역모(전국역사교사모임) 교사들이 가담했기 때문이다. 이 편향성을 개선하기 위해 2013년 말에 새 교과서가 만들어지면서 교학사 교과서를 포함한 8종이 검정을 통과했다. 2002년 〈한국 근·현대사〉 교과서 이후 10년 넘게 좌편향 역사 교과서가 독점하다시피 한 교육 현장에 교학사 교과서라는 친(親) 대한민국 교과서가 오랜만에 다시 출현한 것이다.

교학사 교과서 죽이기는 좌파들의 '현대판 분서갱유'

하지만 좌파 언론들과 전교조, 민족문제연구소를 비롯한 좌파 사회단체들의 집요한 교학사 교과서 죽이기로 인해 전국 2,352개 고등학교 가운데 교학사 교과서를 채택한 학교는 단 하나도 남지 않게 되었다. 좌파들이 자기들 입맛에 맞지 않는 교과서를 고등학교가 아예 채택하지 못하도록 하기 위해서 저지른 이 '현대판 분서갱유'는 저들이 국정제 폐지를 주장할 때 내건 '역사 교과서의 다양화'라는 명분과도 완전히 어긋난다.

2014년 1월, 조선일보 김대중 고문은 〈2352 對 0〉이라는 제목의 칼럼에서, 대한민국의 정통성과 당위성을 긍정적으로 보고 대한민국의 성공과 북한의 실패를 적시한 교학사 교과서는 결코 우편향이거나 중도가 아니라 "정도(正道)"라고 지적했다. 그리고 이러한 교과서가 패배한 것은 "보수·우파의 무지·무감각·무관심 그리고 무뇌(無腦)의 소치"라고 지적했다. 또한 제대로 된 현대사 하나 후손에게 가르치지 못하고 있는 우리는 훗날 큰 벌을 받을 것이라고도 했다.[4]

사실 교학사 교과서를 둘러싼 싸움은 본래 '친(親) 대한민국' 교과서 대 '친북' 교과서의 대결이었지만 결국은 '친일(親日)' 대 '반일(反日)'의 구도로 귀결되고 말았다. 저들의 '친일 몰이' 또는 '친일 매카시즘'이라는 오래된 그리고 아주 정교한 덫에 걸리는 바람에 '친일' 대 '반일'이라는 프레임에 그만 갇혀버린 것이다. 그러다 보니 소극적으로 친일의 낙인을 벗기에만 급급했고, 적극적으로 교학사 교과서가 대한민국의 자랑스러운 역사를 기술한 교과서라는 것을 제대로 알려보지도 못한 채 패배하고 말았다.

폐기된 새 국정 역사 교과서

우리나라의 역대 한국사 교과서를 분석하면서 발견한 중요한 사실은, 대한민국의 정통성을 부정하면서 가능한 한 대한민국을 깎아내리는 교과서와 북한을 무조건 감싸고도는 교과서가 완벽하게 일치한다는 것이다. 즉 '반(反)대한민국' 서술과 '친북' 서술은 동전의 양면과 같다는 사실이다. 이처럼 '반(反)대한민국'적이고 '친북'적인 내용이 들어찬 역사 교과서가 독점하다시피 한 교육 현장을 바로잡기 위해 2017년 말 새로이 국정 역사 교과서가 만들어졌다. 하지만 촛불 시위대를 앞세운 정변으로 급작스레 정권이 교체되었고, 문재인 대통령은 취임과 동시에 행정명령 제2호로 국정 교과서를 폐기해버렸다. 새 국정 교과서는 만들어지자마자 빛도 보지 못한 채 곧장 폐기되고 만 것이다.

이제 이처럼 편향된 역사 교과서가 교육 현장을 차지한 지 20년이 가까워온다. 오랫동안 민중 사학자들이 지닌 왜곡된 역사관의 영향을 받고 자라난 젊은이들의 역사 인식을 바로잡는 일이 무엇보다 시급하다. 무엇보다 젊은이들이 한국 근현대사를 올바로 인식할 수 있도록 일반 대중을 상대로 한 '한국 근현대사 바로 알리기'에 나서야 한다. 그런 의미에서 6·25전쟁에 관한 역사 교과서의 서술 문제로 다시 돌아가 보자.

유엔군은 "개입", 중국군은 "참전"

앞에서 설명했듯이, 7차 〈한국 근·현대사〉 교과서 6종은 심각한 편향 서술로 인해 '교과서 파동'을 불러일으켰다. 그러니 이 7차 〈한국 근·현대사〉 교과서에서 유엔군의 참전을 "개입"으로 서술하고 중공군의 개입을 "참전"으로 서술했다고 해도 놀랄 일은 아니다.

7차 〈한국 근·현대사〉 이전의 거의 모든 교과서가 유엔군이 '참전'했다거나 '파견'되었다고 서술하고 있다. 하지만 7차 금성 〈한국 근·현대사〉 교과서는 유엔군이 전쟁에 "개입"하였다고 서술하고 있다. 이는 유엔군을 우리나라를 도와주러 온 우군(友軍)으로 보고 있지 않다는 뜻이다.

중공군에 관한 서술도 마찬가지다. 6차 교과서까지는 거의 모든 교과서가 '중공군'이 '개입'했다고 서술하고 있다. 1차 및 2차 교과서에서는 '개입'뿐 아니라 '침입'까지 사용하고 있고, 심지어는 '침략'으로 기술한 교과서도 있다. 북한군과 더불어 중공군을 적으로 파악하고 있는 것이다.

하지만 7차 〈한국 근·현대사〉 교과서부터는 중공군을 '중국군'이라고 부르는 교과서가 나타났다. 그리고 그 뒤에 나온 2009개정 〈한국사〉 교과서부터는 '중공군'이라는 용어가 아예 사라졌을 뿐 아니라 심지어는 중공군을 '중국 인민지원군'이라고 부르는 교과서가 절반을 차지했다. 여기서 주목할 것은 '중국 인민지원군'은 북한이 사용하는 명칭이라는 사실이다.

그렇다면 역사적으로 타당한 명칭은 무엇인가? 6·25전쟁 당시 우리는 오늘날의 중국을 국가로 인정하지 않고, '중국 공산당'이라고 불렀다. '중공(中共)'은 이 '중국 공산당'의 준말이다. 1992년 중국과 정식으로 국교를 수립하기 이전에 우리나라가 '중국'이라고 부른 대상은 오늘날의 대만(타이완)이었다. 그러므로 우리나라의 입장에서 당시의 명칭인 '중공군'이 역사적으로 타당한 용어라는 것은 두말할 필요가 없다.

한편, 7차 〈한국 근·현대사〉 교과서부터는 6·25전쟁에서 적이었던 중공군이 마치 우군이기라도 하듯, '참전'했다고 서술하는 교과서가 생겨나기 시작했다.

이처럼 2000년대 들어서 나온 교과서의 상당수는 유엔군의 참전을 "개입"으로 서술하는 한편, 중공군의 개입을 "참전"으로 서술함으로써 어느 쪽이 아군이고 어느 쪽이 적군인지를 모호하게 만들고 있다. 이는 역사적 사실을 거꾸로 써서 기존 역사 인식을 뒤집으려는 저들의 전략이라고 보는 게 타당하다. 다시 말해서 누가 우리의 우방이고 누가 우리의 적인지 구별 못하게 하려는 서술인 것이다. 또한 유엔군이 "개입"했고, 중국군이 "참전"했다는 일부 교과서의 서술은 우리나라 역사 개설서인 〈한국사신론〉의 서술과 완전히 판이하며, 오히려 북한 역사서의 서술과 흡사하다. 그러므로 이들 교과서 집필자들이 남한과 북한 중 어느 쪽의 입장에서 교과서를 썼는지는 누구라도 쉽게 알 수 있다. 그러니 교과서를 분석하면서 줄곧 가졌던 의문은, 이게 도대체 어느 나라 역사 교과서인가 하는 것이었다.

남한이 전쟁 피해자라는 사실을 물타기 하는 교과서

6·25전쟁에 관한 역사 교과서 서술의 편향성 문제 가운데 또 하나는 민간인 희생에 관한 서술이다. 최근의 교과서 가운데 일부는 전쟁 중에 발생한 민간인 희생을 '민간인 학살', '집단 학살'이라는 명칭을 붙여 지나치리만큼 강조한다. 그러면서도 이들 교과서가 북한이 저지른 학살은 제쳐놓고 국군과 미군에 의한 학살에만 초점을 맞추고 있으니 문제가 아닐 수 없다.

6·25전쟁의 '학살'에 관한 서술은 7차 〈한국 근·현대사〉 교과서에서 처음으로 시작되었다. 예를 들면, 금성 〈한국 근·현대사〉 교과서는 6·25전쟁 중 경상남도 거창과 충청북도 노근리에서 있었던 민간인 희생을 국군과 미군에 의해 이루어진 '학살'이라고 부각시킨다. 하지만 이 교과서는 적군이 저지른 만행에 대해서는 상대적으로 훨

씬 적게 쓰고 있다. 이 문제를 하나씩 따져보자.

'인민재판'과 '납북'이라는 용어 사용을 꺼리는 검정 교과서

우리나라 국민이 겪은 6·25전쟁 피해 중 대표적인 민간인 희생으로 꼽을 수 있는 것은 '인민재판'을 통한 처형과 '납북'이다. 전쟁 당시 북한군이 점령했던 남한 지역의 좌익들은 인민재판을 통해 우익 인사와 그 가족들을 학살했다. 그 결과, 6·25전쟁 중 학살당한 민간인이 12만 명을 넘는다.

전쟁 중 납북된 민간인도 9만 6천 명이 넘는데 이와 같은 강제 납북은 잘 알려진 대로, 전쟁이 일어나기 훨씬 전인 1946년부터 계획된 범죄 행위였다. 북한에 부족한 인력을 해결하라고 김일성이 지령을 내렸고, 이에 따라 남한 지식인들의 납북이 이루어졌기 때문이다.

'인민재판'을 통한 처형 및 '납북'에 대해 역사 교과서는 어떻게 서술하고 있는가? 7차 교과서 6종과 2009개정 〈한국사〉 교과서 6종을 합한 총 12종 중 '인민재판'이라는 용어를 쓴 교과서는 단 3종뿐이다. 납북에 관한 서술은 상황이 더 심각하다. 총 12종 가운데 납북을 다룬 교과서는 하나뿐이다. 그나마 "인민군은 많은 수의 지식인과 정치인 등을 북으로 끌고 갔다."라고 쓴 게 전부다. 그러니 이 교과서에서도 '납북'이라는 말은 쓰지 않는다. 이와 같이 검정 교과서는 '인민재판'이나 '납북'과 같이 남한이 전쟁 피해자라는 것을 알 수 있는 용어는 쓰기를 꺼려한다. 그 대신에 남한과 북한 가운데 누가 피해자이고 누가 가해자인지 알 수 없는 '학살'이나 '처형'이라는 단어를 쓴다. 그럼으로써 '우리 민족끼리 서로가 서로를 죽였다'는 프레임을 만들어내려는 것이다. 이처럼 상호 간의 학살을 강조하는 교과서의 서술은 남과 북을 모두 가해자인 동시에 피해자로 만들어서 남한이 북한의 기습 남침에 의한 전쟁 피해자라는 사실을 물타기 하려는 것이다.

더욱 심해진 '학살'에 대한 강조

2009개정 〈한국사〉 교과서 6종도 6·25전쟁 중 아군에 의한 민간인 희생을 어김없이 '학살'이라는 용어를 써가며 부각시켰다. 특히 거창, 노근리, 황해도 신천 등지에서 "많은 양민들이 학살되었다."라고 서술하고 있는데, 이를 금성 〈한국 근·현대사〉 교과서의 서술과 비교해보면, 새로 황해도 신천이 추가된 것이다.

신천은 북한이 미군에 의한 "인민 학살"이 저질러졌다고 주장하면서 이른바 '신천 학살'로 알려지게 된 지역이다. 북한은 '신천 학살'이 1950년 10월 초부터 12월 초까지 미군이 신천군 주민 4분의 1에 해당하는 무고한 사람들을 잔인하게 학살한 만행이라고 주장한다. 하지만 북한의 주장과 달리 '신천 학살'은 미군에 의해 자행된 것이 아니라 좌익과 우익의 상호 투쟁에서, 즉 신천 지역의 공산주의자와 기독교도들 간의 대립에서 비롯된 것이었다.[5]

공산당의 선전물 – 피카소의 〈한국에서의 학살〉을 수록한 교과서

이른바 '신천 학살'을 묘사한 피카소의 그림이 바로 〈한국에서의 학살〉이다. 이 그림은 미국이 6·25전쟁에 참전한 것을 격렬하게 비난하던 프랑스 공산당이 반미(反美) 선전을 위해 공산당원인 피카소에게 작품을 의뢰하면서 제작된 것이다. 피카소는 스페인 태생이지만 파리에서 작품 활동을 하면서 당시 프랑스 공산당에 가입해 있었다. 즉 이 그림은 공산당의 주문을 받은 피카소가 신천 학살의 주범이 미군이라는 북한의 선전을 곧이곧대로 믿고 제작한 것으로, 북한의 선전 선동의 산물에 지나지 않는다. 따라서 실제 역사적 사실과는 거리가 멀다.

이 그림은 대표적인 수정주의 역사학자로써 6·25전쟁을 남·북한의 내전으로 파악한 브루스 커밍스의 책 〈한국전쟁의 기원 1〉의 표지에 수록되면서 우리나라에 널리 알려졌다. 2010년에 검정을 통과한 〈한국사〉 교과서 가운데 일부도 이 그림을 교과서에 실었다. 하지만 북한이 퍼뜨린 거짓 정보를 바탕으로 해서 그려진 그림을 교과서에 수록하는 것은 적절하지 않다는 비판을 받은 바 있다. 그림을 통해서 학생들이 6·25전쟁에 대해 그릇된 이해를 할 소지가 있었기 때문이다. 어쨌든 미군이 양민을 학살했다는 거짓 정보를 바탕으로 해서 그려진 그림을 교과서에 수록했던 것은 일부 교과서의 친북 반미 기조가 바뀌지 않았음을 보여준다.

지금까지 최근의 역사 교과서가 6·25전쟁에 관해 어떻게 서술하고 있는가를 살펴보았다. 요약하면 민중 사학의 영향으로 최근의 역사 교과서 가운데 일부가 6·25전쟁의 발발을 비롯한 여러 역사적 사실에 대해 상당히 편향된 서술을 하고 있다는 것이다. 2009개정 〈한국사〉 교과서 가운데에는 6·25전쟁이 북한의 남침에 의한 것임을 서술하지 않은 교과서도 있었다. 또한 중공군의 개입을 '참전'

이라고 서술한 교과서가 그렇지 않은 교과서보다 훨씬 더 많았다. 6·25전쟁의 피해에 대한 서술도 편향되기는 마찬가지였다. 한국사 교과서에서 6·25전쟁 중 북한군의 만행에 대한 내용을 거의 찾아볼 수 없었으며 오히려 한국사 교과서 가운데 일부는 거창 사건과 노근리 사건처럼 국군과 미군에 의한 민간인 살상 문제를 부각시키면서, 정작 적(敵) 치하에서 대한민국 국민이 겪은 수난과 희생에 대해서는 될 수 있는 대로 침묵했던 것이다.

현행 한국사 교과서 8종의 '영혼 없는 서술'

그렇다면 현재 문재인 정부에서 사용되고 있는 고등학교 〈한국사〉 교과서 8종은 6·25전쟁에 대해 어떻게 서술하고 있는가? 문재인 정부가 2017년 말에 내놓은 역사과 교육 과정 및 집필 기준 시안에서 가장 크게 문제 된 것은 두 가지다. 하나는 헌법의 '자유 민주주의' 표현 중 '자유'가 삭제되었다는 것이고, 다른 하나는 '6·25 남침', '북한 세습', '북한 인권' 등의 주요 학습 요소가 빠졌다는 것이다.

문재인 정부가 내놓은 역사과 교육 과정 및 집필 기준 시안에 대해 우파 언론과 시민 사회가 크게 반발한 것은 물론이다. 그럼에도 불구하고 '자유 민주주의' 표현 중 '자유'는 끝내 삭제되고 말았다. 하지만 '6·25 남침'은 달랐다. '남침'을 교육 과정에서 빼버렸다는 사실이 언론을 통해 알려지면서 이에 대한 비판이 커지자, 2018년 3월에 내놓은 최종 교육 과정에 '남침'을 슬그머니 끼워 넣었다. 하지만 현재 사용되고 있는 〈한국사〉 교과서 8종의 6·25전쟁에 관한 서술은 한마디로 말해 '영혼 없는 서술'이다. 한국 현대사 최대의 참화인 6·25전쟁을 교과서에서 제대로 그려낼 의지라고는 보이지 않는다. 사실 이 정부가 내놓은 교육 과정 편제에서는 한국 근현대사의 비중이 매우 커졌다. 선사 시대부터 19세기 후반 개항 이전까지 수천 년의 역사를 교과서의 4분의 1로 몰아넣고, 나머지 4분의 3을 근·현대사가 채우는 식으로 바꾼 것이다. 그러나 근·현대사에 관한 분량이 대폭 커졌음에도 6·25전쟁에 관한 서술 비중은 오히려 줄어들었다. 6·25전쟁을 제대로 다루는 것이 좌파 진영에 아무런 도움이 되지 않는다고 인식했기 때문일 것이다.

김일성에게 면죄부를 주기 위한 한국사 교과서의 '물타기' 서술

먼저 전쟁 발발의 원인에 관한 서술을 보자. 8종 가운데 대부분이 6·25전쟁 발발 원인에 대해 '남침'이라고 어쩔 수 없이 쓰고는 있다. 하지만 상당수의 교과서가 38도선 일대의 무력 충돌을 강조하면서, 국지적 충돌이 전면적으로 번졌다는 이른바 '내전설'의 입장에서 서술하고 있다. 북한의 '남침'을 물타기 하려는 의도임은 두말할 필요도 없다.

중공군을 "북한을 돕기 위해 참전한 중국군"[6]이라고 서술한 것은 물론이고 중공군이 6·25전쟁에 개입한 것이 아니라 "참전"했다고 묘사하고 있다.

또한 현행 교과서는 6·25전쟁 중 민간인이 입은 피해에 대해서도 기존의 역사 교과서가 보이는 서술 행태를 그대로 답습하고 있다. 북한군에 의한 학살이 아니라 우리 민족끼리 서로 죽고 죽였다는 게 서술의 기조(基調)다. 이에 더하여 노근리 사건을 미군에 의한 '학살'이라며 크게 강조한다. 거기에는 전쟁 중 있었던 민간인 희생을 마치 국가 폭력에 의한 대량 학살이라도 되는 양, '집단 학살(genocide)'로 과장하려는 의도가 엿보인다. 그런가하면 6·25전쟁의 피해를 서술하면서 남한보다 북한의 피해가 더 컸다는 걸 강조한 교과서도 있다.[7] 누가 전쟁을 일으켜서 수백만 명을 사지(死地)로 몰아넣었는지, 그래서 그처럼 엄청난 인명 손실과 재산 손실을 가져왔는지에 관해서는 제대로 서술하지 않은 채, 남북한이 서로 죽고 죽였으며 남북한 모두 큰 피해를 입었다는 식의 '물 타기' 서술에만 열을 올리고 있다. 이 모든 '물타기' 서술의 목적은 사실 하나다. 앞에서도 설명했듯이, 6·25전쟁을 일으킨 북한 김일성에게 면죄부를 주어 전쟁의 책임으로부터 벗어나게 하려는 것이다.

지금 우리에게 주어진 소명(召命)

어느 나라든 간에 국민이란 '기억의 공동체'다. 지금껏 역사 교과서를 통해서 동일(同一)한 역사적 기억을 공유해 온 우리나라 국민, 즉 '기억의 공동체'로서의 대한민국 국민은 보다시피 해체될 위기에 처해 있다. 2000년대 들어 〈한국 근·현대사〉 교과서, 〈한국사〉 교과서 등 편향된 교과서가 줄줄이 출현하면서 부모 세대와 자식 세대 간에 역사적 기억을 공유(共有)하지 못하게 훼방을 놓고 있기 때문이다. 이대로 가다가는 최근에 만들어진 좌편향 역사 교과서로 우리나라의 역사를 배운 자식 세대와 20세기 후반 한국 현대사를 현장에서 몸소 겪었던 부모 세대 사이에는 건널 수 없는 간극이 생겨나고 말 것이다. 그 경우, '기억의 공동체'로서의 자유 대한민국은 지구상에서 사라져 버릴지도 모른다. 아무쪼록 그런 일이 절대로 일어나지 않도록 역사 교육을 정상화해서 후손들이 올바른 역사 교과서로 배울 수 있도록 하는 것, 그 소명(召命)이 지금 우리에게 주어져 있다.

주

1   이 글은 정경희(2013)을 수정·보완한 것임.

2   이기백, 2012, 400.

3   임지현, 2001, 345-385.

4   김대중, 2014.

5   이른바 '신천 학살'은 북한이 주장하는 것처럼 미군이나 국군에 의한 학살이 아니고, 신천 지역 주민들 간에 발생한 참상이었다. 1950년 10월, 국군과 유엔군의 북진에 앞서 그 지역 공산주의자들이 우익 인사를 대량으로 학살하자 이에 대한 보복으로 기독교도를 중심으로 한 민간 우익진영이 반공 봉기를 일으켰고, 이 과정에서 좌우익의 상호 살육전이 벌어졌다는 것이다(박명림, 2002).

6   최병택 외 10인, 2020, 252.

7   남한의 제조업은 절반 가까이 파괴되었고, 북한은 이보다 더 큰 피해를 입었다." 최병택 외 10인, 2020, 253; "남한은 생산 시설의 절반 가까이가 파괴되었고, 북한의 피해는 더 심하였다 (한철호 외 7인, 2020, 248).

제11장 '런승만'이라고? 도망간 놈은 김일성이야!
: 이승만 정부 '한강교 폭파'와 '일본 망명설'의 진실

김성훈 ┃ 연세대학교에서 화학을 전공했고, 건국대 안보재난관리학과(국가안보전략전공)에서 박사과정 중에 있다. 월간조선 기자로 일했으며, 현재 청년한국 아카데미 및 히즈코리아 강사, 이승만기념관 자문위원, 박정희TV 진행자 등으로 활동 중이다.

이 총으로 공산당이 내 앞까지 왔을 때 내 처를 쏘고, 적을 죽이고 나머지 한 알로 나를 쏠 것이오. 우리는 정부를 한반도 밖으로 옮길 생각이 없소. 모두 총궐기하여 싸울 것이오. 결코 도망가지 않겠소.

1950년 8월 14일, 무초(John Joseph Muccio) 주한 미국 대사가 이승만 대통령에게 정부를 제주도로 옮길 것을 건의하자, 이승만 대통령이 허리에 차고 있던 모젤 권총을 꺼내들고 외쳤던 말이다.[1] 일각에서는 6·25전쟁 당시 이 대통령이 "한강 다리를 끊고 도망쳤다.", "일본으로의 망명을 타진했다."라는 등의 주장을 하며 '런승만', '친일파'라고 비난한다. 조선의 선조나 세월호 선장 이준석에 비유하는 이들도 있다. 그러나 일평생 일제에 맞서 독립운동가로 살았고, 목숨 걸고 한반도를 끝까지 사수하고자 했던 이승만의 발언, 행적과는 배치되는 주장이다. 어느 것이 진실일까?

이승만의 서울 사수 의지 "서울을 사수해! 나는 떠날 수 없어!"

진실을 알기 위해 1950년 6월 25일 주일 새벽 4시, 6·25전쟁 발발 당시로 거슬러 가보자. 북한 인민군은 소련으로부터 받은 전차 242대와 항공기 226대의 압도적 전력으로 38선을 뚫고 남침했다. 파죽지세였다. 국군은 화염병을 들고 수류탄을 두르고 전차로 뛰어들었지만, 몸만 산화할 뿐 북한군의 남하를 저지할 수 없었다.[2]

전쟁 발발 하루 만인 6월 26일 정오경, 서울의 관문인 의정부가 점령됐다. 의정부에서 서울까지의 거리는 불과 18km. 시속 55km로 달리는 북한군 전차로 30분이면 도달할 수 있는 거리였다. 정부 각료들은 대통령의 피난 문제를 검토하기 시작했다. 6월 26일 밤 9시 김태선 서울시경 국장이 경무대(당시의 청와대)로 들어와 "서대문 형무소에 수천 명의 공산분자들이 갇혀 있는데, 그들이 탈옥하면 인왕산을 넘어 제일 먼저 여기로 옵니다. 각하께서 일시 피난하셔서 전쟁의 전반을 지도하셔야 합니다."라고 보고했다.[3] 당시 서대문 형무소에 7,000여 명, 마포 형무소에 3,500여 명, 영등포 형무소에 1,300여 명의 죄수들이 수감돼 있었다.[4] 실제로 6월 28일 북한군은 서울에 들어온 뒤 가장 먼저 형무소의 철문을 부수고 좌익 죄수들을 풀어줬다.[5] 당시 드럼라이트(Everett Francis Drumright) 미 참사관은 미 국무장관에게 보낸 전문(電文)에서 "6월 28일 서울이 점령되자 서대문 형무소의 문이 열리고 무장한 죄수들이 보복을 당연한 것처럼 여겼다. 그들은 가택 수색을 하면서 정부 관리, 경찰관, 기타 공산주의에 반대하는 자들을 체포했는데, 이들은 보통 살해당했다."라고 보고했다.[6]

일촉즉발의 위기 상황 속에서 6월 27일 새벽 2시, 신성모 국방장관, 이기붕 서울시장, 조병옥 박사 등이 경무대를 찾아 "각하 사태가 급박합니다. 빨리 피하셔야겠습니다."라고 권했고, 이승만 대통령은 "안 돼! 서울을 사수해! 나는 떠날 수 없어!"라고 외치며 서울 사수 의지를 역설했다. 이에 영부인 프란체스카(Francesca Donner Rhee) 여사도 대통령의 피신을 간곡히 요청했다.

> 지금 같은 형편에서는 국가 원수에게 불행한 일이 생기면 더 큰 혼란이 일어날 거라고 염려들 합니다. 그렇게 되면 대한민국의 존속이 어렵게 된답니다. 일단 수원까지만 내려갔다가 곧 올라오는 게 좋겠습니다.

이 말에 이승만 대통령은 "뭐야! 누가 마미한테 그런 소릴 하던가? 캡틴 신(신성모)이야. 아니면 치프(chief) 조(조병옥)야. 장(장택상)이야. 아니면 만송(晩松, 이기붕의 아호)이야. 나는 안 떠나!"라며 고함쳤다.[7]

적의 전차가 청량리까지 들어왔다는 경찰 보고가 올라오자, 이승만은 그때서야 참모들의 뜻에 따른다. 청량리에서 경무대까지는 4km도 채 안 되는 가까운 거리였다. 창동까지 진출한 적의 포병 사거리(11km)는 경무대를 타격권 안에 두고 있었다. 이뿐 아니라 북한군의 공습이 계속되고 있었다. 북한군 전투기는 6월 26일부터 서울

용산 일대의 군 시설과 여의도 및 김포 비행장은 물론이고, 경무대를 비롯해 중앙청 일대까지 기총 소사를 하며, 항복을 권유하는 전단을 살포했다. 이때 대통령과 영부인도 방공호로 피신해야만 했다.

당시 경찰 보고는 나중에 사실이 아닌 것으로 밝혀졌다. 대통령이 서울을 사수하다 북한군에게 생포되거나 죽을 수도 있는 '전시 대통령 유고(有故)'라는 최악의 사태를 막기 위한 특단의 조치였던 것이다. 세계 역사를 통틀어 전쟁이 일어나면 국가 원수는 가장 안전한 곳으로 이동하여 전쟁을 지도하는 것이 동서고금의 상례(常例)였고 지도자의 역할이었다.[8] 피신이 하루만 늦어졌어도 돌이킬 수 없는 결과를 낳았을 것이다. 대통령 피신 바로 다음 날인 6월 28일 북한군은 서울을 점령했고, 서울에 남아 있는 정부 요인과 주요 인사들 그리고 그들의 가족까지 납치하고 고문, 살해했다.

북한, 이시영 부통령에게 공작원 보내 서울 잔류 권유 및 납치 계획

이종찬 전 국정원장(초대 부통령 이시영의 조카 손자)의 회고에 따르면 북한은 이시영 부통령에게 공작원을 보내 서울 잔류를 권유하고 납치를 계획했다. 6월 28일 오전 파나마모자를 쓴 북한 공작원이 이시영 부통령의 집을 찾아온다.

> 저는 중국 상하이에서부터 성재장(이시영 부통령)을 잘 알고 있는 사람입니다. 존경해 왔습니다. 그래서 어제도 잠시 뵙고, 꼭 서울에 남으셔서 이 전쟁의 뒷수습을 하셔야 한다고 말씀드렸지요…우리 공화국 정부는 선생님과 대화를 하여야 합니다. 제가 다시 들르겠습니다.

서울 사수를 고집했던 이시영 부통령은 다행히 부통령 경호실장 임태순 경감의 말을 듣고 6월 27일 밤 수원으로 피신한 상황이었다. 다음은 이종찬 전 국정원장의 회고다.[9]

> 다음날 찾아온 파나마모자 쓴 분은 중국에서 독립운동을 했던 사람으로, 과거 신흥무관학교도 나왔고 의열단 활동도 했으며 한때 중경과 연안을 드나들며 임정 요인들과 조선혁명당 간부들 사이에 연락 업무를 해오던 사람인데 그 후 북한 정권 수립에 가담했고 6·25동란 직전 북에서 파견하여 사전 작업을 위해 침투 활동 중인 사람이었던 것 같다. 그 사람이 중국 망명 시대에도 성재 할아버님(이시영 부통령)을 만났던 인연으로 자기의 정체를 드러내지 않으면서 대통령 부재중에 부통령이라도 서울을 사수하여야 한다고 바람을 잡고 할아버님의 피란을 극구 방해했던 것이다. 그는 인민군이 서울을 점령한 이후 할아버님을 앞세워 일을 벌이려 하지 않았을까 짐작된다. 아마 그 때문에 다음 날, 할아버님을 놓치게 되자 조바심을 냈던 것 같다.
>
> 나는 또 그 연장선에서 상상해봤다. 만약 성재 할아버님이 순전히 애국적인 입장에서 서울을 사수하였다면 서울이 점령당한 후 파나마모자 같은 북의 공작원이 틀림없이 모셔 갔을 것이다. 그리고 북을 대표하는 김일성이나 김두봉 - 특히 김두봉은 중국 혁명 시대 동지였다 - 과 대한민국을 대표하는 부통령이 회담을 통하여 어떤 불리한 결정을 하게 되었다면 이 전쟁 상황은 어떻게 변질되어 발전되었을까? 틀림없이 북은 남쪽의 부통령이 항복했다고 선전했을 것이요, 그 순간 대한

민국은 침몰 되었거나 흡수되었을지도 모른다. 지금 생각하여
도 아찔한 순간이었다. 임태순 경감이 할아버님만 살린 것이
아니라 대한민국을 살린 것이다.

"이승만의 피난이 대한민국 살렸다."

이종찬 전 국정원장의 증언에서처럼 부통령이 북한에 붙잡혔어도
대한민국이 결딴났을 텐데, 이승만 대통령이 사로잡혔을 경우는 두
말할 필요 없을 것이다. 배진영 월간조선 부장은 이승만 대통령이
북한에게 붙잡혔을 경우의 아찔한 상황을 이렇게 예측했다.[10]

> 그들은 이승만 대통령을 협박하거나 회유하여 대한민국의 국
> 권을 포기하고 북한 공산 정권에 항복하도록 만들려 들었을
> 것이다. 아마 이승만 대통령은 죽기로 이를 거부했을 것이다.
> 그러면 북한은 이승만 대통령 명의로 국군과 국민에게 '더 이
> 상 저항을 포기하고, 통일을 이룩하자'는 내용의 거짓 성명을
> 내보냈을 것이다.
>
> 그런 상황에서 대통령의 항복 성명이 나오면, 적에게 패퇴하
> 면서도 저항을 포기하지 않고 있던 국군은 힘이 빠져 총을 내
> 려놓았을 것이고, 국민들도 북으로의 흡수 통일을 받아들였
> 을 것이다. 미국은 물론 유엔도 대한민국 정부가 저항을 포기
> 하고 해체를 선언한 마당에 대한민국을 돕겠다고 군대를 파
> 병하지는 못했을 것이다. 대한민국은 오래전에 사라졌을 것이
> 고, 우리는 지금 김씨 왕조의 신민(臣民)으로 가난과 억압 속
> 에서 살고 있을 것이다.

이승만의 피난이 갖는 함의에 대한 배진영 부장의 분석이다.

> 이승만 대통령은 단순히 자기 한 사람의 목숨을 건지려고 피
> 난한 것이 아니다. '대한민국 정부'의 기능을 유지하기 위해,
> '헌법기관'인 대통령의 소재지를 안전한 곳으로 옮긴 것이다.
> '자연인 이승만'의 '피난'이 아니라, '대한민국 정부'의 '이전'이
> 었다. 일부 시행착오가 없었던 것은 아니지만, 이승만 대통령
> 은 유엔군 참전을 이끌어내고 전선을 찾아다니며 국군 장병
> 을 격려하면서 '전시(戰時) 대통령'으로서의 직무를 수행했다.
> 헌법에서 대통령에게 '국가를 보위'하라고 규정하고 있는 것
> 은, 대통령에게 소총수들처럼 총을 들고 나가서 적과 싸우다
> 죽으라는 의미가 아니다. 대한민국이라는 국가를 보전하라는
> 의미다. 그리고 그 결과로 대한민국을 보전했다. 대통령에게
> 이보다 더 중요한 일이 어디 있는가?

이승만이 한강 다리 끊고 도망갔다고? 악마적 편집에 의한 해석

이승만 대통령이 6월 27일 새벽 3시 30분 피난길에 올랐고, 6월
28일 새벽 2시 30분 한강 인도교가 폭파됐다. 폭파에 앞서 6월 27
일 밤 10시에 서울중앙방송국에서는 "유엔과 미국에서 우리를 도
와 싸우기로 했다. 지금 공중과 해상으로 무기, 군수품을 날라와 우
리를 돕기 시작했으니 국민들은 고생이 되더라도 굳게 참고 있으면
적을 물리칠 수 있으니 안심하라."라는 취지의 대통령 연설이 방송
됐다.[11]

이 일련의 사건을 두고 이승만 대통령이 혼자만 살겠다고 도주한

뒤, 서울 시민에게는 안심하라 방송하고 한강 인도교를 폭파시켰다는 유언비어가 나왔다. 이른바 '런승만'이라는 조롱과 비방. 이는 전후 관계를 생략한 악마적 편집에 의한 해석이다.

먼저 6월 27일 밤, 이승만 대통령이 라디오 연설을 하게 된 경위는 이렇다. 이 대통령이 대전역 사무실에서 머물고 있을 때, 드럼라이트 참사관이 찾아와 "유엔이 북한에 대한 군사 제재를 결의했고, 트루먼(Harry S. Truman) 미 대통령이 해·공군 출동 및 대한(對韓) 긴급 무기 원조 명령을 내렸다."라는 소식을 전했다. 뒤늦게 대전에 도착한 무초 대사도 유엔 안전보장이사회(안보리)에서 소련이 거부권을 행사하지 못한 경위와 미국의 적극 개입 방침을 설명했다. "유엔 안보리에 소련이 불참한 것이야말로 럭키 찬스입니다. 하나님이 한국을 버리지 않은 증거입니다. 전쟁은 이제부터 당신의 전쟁이 아니라 우리의 전쟁이 되었습니다." 미 대사관으로부터 희소식을 전해 들은 이승만 대통령은 국민에게 희망을 줄 수 있는 소식을 빨리 알리고자 라디오 연설을 한 것이다. 태평양 전쟁 때도 이승만 대통령은 동포들에게 희망을 주기 위해 '미국의 소리(VOA)' 방송을 통해 전황을 알렸던 적이 있다. 혼자만 살겠다고 도주한 뒤 거짓 연설로 국민을 속였다는 주장은 사실이 아니다.[12]

이승만 대통령은 6·25전쟁 초기 불가피한 상황 속에서 서울 시민을 피난시키지 못한 것을 가슴 아파했고 회한으로 여겼다. 그는 1951년 1·4 후퇴를 앞두고는 군과 행정부의 역량을 총동원하여 20여 일에 걸쳐 서울 시민을 피난시켰다. 그리고 대통령 자신은 가장 늦게 서울을 빠져나왔다.[13]

"한강교 폭파로 얻은 6일이 대한민국을 구했다."

6월 28일 새벽의 한강 인도교 폭파는 전시 지침 및 사전 계획에 따른 것이었다. 북한군은 서울을 점령함과 동시에 한강교를 접수할 계획이었다. 실제로 북한군은 이를 위해 전쟁 초기 수도권에 그들 전력의 2/3 이상을 투입했다. 북한군은 1개밖에 없는 1개 전차 여단과 1개 모터사이클 연대까지 투입시켰다. 이에 대응해 국군 수뇌부는 북한군 전차가 서울 시내에 진입했을 시, 2시간 내에 한강교를 폭파한다는 계획을 세웠다. 한강교를 폭파하지 않고는 북한군 전차의 도하를 막을 수 없었기 때문이다.

국군이 한강교를 폭파하는 것이 먼저냐, 북한군이 한강교를 접수하는 것이 먼저냐의 시간 다툼은 전쟁의 승패를 좌우하는 중요한 사안이었다. 북한군 전차가 서울 시내로 진입한 시간은 6월 28일 오전 12시 30분에서 1시 사이였고, 한강교가 폭파된 시간은 오전 2시 30분이었다. 한강교 폭파는 전시 지침을 따라 계획대로 수행된 군사 작전이었다. 이를 두고 이승만 대통령이 자기만 살고자 한강교 폭파를 명령했다고 주장하는 것은 무지의 소산이자 명백한 역사 왜곡이다.

또한, 일각에선 북한군이 한강교에 도달하지 않은 상황에서 미리 폭파했기 때문에 '조기 폭파'였다고 주장한다. 이는 전쟁 상황의 불확실성을 고려하지 않은 단순한 생각이다. 적이 한강교에 들이닥치는 시간은 아무도 모른다. 그렇기에 충분한 시간적 여유를 두고 폭파하는 것이 군사적 상식이다. 북한군 전차의 속도(55km/h)를 감안

하면 서울 진입 후 2시간 이내는 오히려 너무 늦은 조치라고도 볼 수 있다.[14]

다행인 점은 북한군이 전차 부대 운용에 미숙했고, 전차를 보병의 진격 속도에 맞춰 이동시켰기 때문에 한국 정부와 국군은 대처할 시간을 벌 수 있었다. 북한군은 6월 26일 정오경에 의정부를 함락했고, 서울까지 전차로 30분이면 이동할 수 있는 가까운 거리였음에도 이틀이 지난 6월 28일에야 서울에 들어왔다. 물론 이것은 우리 국군이 목숨을 걸고 북한군의 남하를 저지한 결과이기도 했다.

한강교 폭파로 인해 한강 이북에 남아 있던 국군의 퇴로와 국민들의 피난길이 막혔고 많은 희생을 낳은 것은 사실이지만, 이는 전쟁 국면을 바꾸는 결정적 계기로 작용했다. 국군은 북한군의 남하 속도를 늦추고, 가장 위협적인 무기인 북한군 전차를 저지할 수 있었다. 이로 인해 국군은 시간적 여유를 두고 한강 방어선을 형성할 수 있었다. 채병덕 육군총장은 시흥 지구 전투사령부를 설치한 후 사령관에 김홍일 육군 소장을 임명하고 한강 방어의 임무를 맡겼다. 당시 미 군사 고문단은 한강 방어선에서 3일만 버텨주면 된다고 했으나, 김홍일 장군은 7월 3일까지 그 두 배가 되는 6일간을 버텨냈다. 바로 그 한강 방어선을 미 극동군 사령관 맥아더 장군이 6월 29일에 시찰했고, 그로 인해 미 지상군과 유엔군이 파병될 수 있었다. 한강교 폭파를 통해 자유 진영 국가들의 도움을 얻어낼 시간을 벌지 못했다면 대한민국은 세계지도에서 사라졌을 공산이 크다.[15]

국방부 군사편찬연구소 책임연구원을 지낸 남정옥 박사는 한강교 폭파는 전쟁의 주도권을 가져오는 기점이 됐다고 평가했다. "한강 방어선의 최대 공로자는 폭파에 따른 한강교 절단입니다. 그런 점에서 한강교 폭파는 한강 방어선을 6일간이나 지탱하게 해주었고, 그 과정에서 6월 29일 맥아더의 한강 전선 시찰이 이뤄졌으며 뒤이어 7월 1일 미 지상군 참전이 가능했던 것이죠. 미군 참전으로 국군은 낙동강 방어선에 이어 인천상륙작전을 성공해 결국 전쟁의 주도권을 쥐게 됐습니다."[16]

소련 군사 고문단 역시 당시 상황을 동일하게 분석하며 북한군 수뇌부의 안일함을 질타했다. "서울을 점령한 후 (북한군) 각 부대가 행한 극단적으로 완만한 행동과 개별 부대 지휘관들의 임무 유기로 인하여, 적(국군)은 한강을 도하하고 교량을 파괴했으며, 남쪽 강변에 방어선을 조직하여 '조선 인민군'의 진격을 늦추었다."[17]

이승만이 일본 망명을 타진했다고? 방심위, '허위 보도'라며 중징계

KBS는 2015년 6월 24일 단독 보도라며 〈이승만 정부, 한국전쟁 발발 직후 日에 망명 정부 수립 시도〉라는 제목의 뉴스를 방영했다. 같은 날 KBS는 인터넷 판으로 〈"이승만 정부, 일본 망명 요청설" 사실이었다!〉라는 제목의 기사를 내보냈고, 다음 날인 25일에도 〈전쟁 통에 지도자는 망명 시도…선조와 이승만〉이라는 제목의 인터넷 기사를 내보냈다.

기사가 나간 뒤 이승만 대통령을 비난하는 친일 프레임 공격이 이어졌다. 이재명 경기도지사는 자신의 트위터에 "혼자 살겠다고 한강 철교 폭파하고 도망치신 분, 친일 정권이니 일본 도망쯤은 당연지사…"라는 글을 기사 링크와 함께 올렸다. 앞서 한강 인도교를 폭파하고 도망쳤다는 주장은 역사 왜곡이자 거짓임을 확인했다. 이승만 정부가 일본으로 망명을 요청했다는 주장은 사실일까?

위 KBS 보도에서 증거로 제시한 것은 일본 야마구치현 지사였던 다나카 다쓰오(田中 龍夫)의 회고록과 '비상조치 계획'이란 제목의 미군정 문서이다. 먼저 다나카 전 지사의 회고록은 일개 현(縣)의 자료일 뿐 한국 정부나 일본 외무성의 공식 자료가 아니다. 한일 양국 어느 공식 자료에도 이승만 정부의 일본 망명에 대한 내용은 발견되지 않는다. 또한 미군정 문서에는 애초에 이승만 정부의 망명 요청과 관련된 내용이 담겨있지 않다. 한국에서 전시 피난민이 몰려올 때를 대비한 미군정의 대비 계획 문서였을 뿐이다.[18]

이를 두고 조갑제 대표(조갑제닷컴)는 "KBS 기자는 한국전쟁에 대한 지식이 얕은 것으로 보이는 일본 취재원(교수), 당시 일본 지사의 회고담에 나오는 말, 망명과는 상관없는 미군 문서, 그리고 야마구치현의 역사 등 일본 측 자료를 검증 없이 금과옥조처럼 믿고선 그보다 훨씬 신뢰성이 높은 수많은 한미(韓美) 두 나라 정부의 최고급 문서는 검토도 안 해보고, 오로지 이승만을 폄하하는 조작과 억측에 주력하였다. 이는 시마네현의 억지를 받들어 독도는 일본 땅이라고 주장하는 것과 비슷한 친일(親日) 반역적 논리 구조"라고 비판했다.[19]

더욱이 회고록을 쓴 다나카 전 지사는 만주 사변을 일으킨 일본의 대표적인 군국주의 총리 다나카 기이치(田中 義一)의 아들이다. 또한 위 KBS 보도는 이승만 정부가 일본 망명을 요청한 시점이 "한국전쟁 발발 이틀 뒤"라며 회고록에는 나오지도 않는 내용을 임의 삽입했다. 위 보도를 했던 KBS 기자들은 결국 '공정성'과 '객관성'을 위반했다는 사유로 방송통신심의위원회로부터 중징계인 '주의' 조치를 받았다.

KBS 보도에 앞서 오마이뉴스의 김종성 시민 기자는 2013년 8월 29일 〈일본 망명 정부 구상한 이승만, 선조와 닮았다〉는 기사에서 이승만 정부가 일본 망명을 추진했다고 주장하고, 이승만 대통령을 선조에 빗대며 무책임한 통치자라고 비난했다. 당시 오마이뉴스가 근거로 제시했던 자료는 앞서 거론했던 다쓰오 전 지사의 회고록과 6·25전쟁 발발 직후의 기록을 모은 미국 외교 문서 '미국대외관계, 1950, 한국, 7권(Foreign Relations Of The United States, 1950, Korea, Volume Ⅶ)'이다. 김종성 기자는 무초 대사의 기록에 따르면 "6월 27일 새벽에 수원 천도를 결정할 때에 이승만은 존 무초 주한 미국 대사에게 '일본에 망명 정부를 세울 수 있겠느냐?'고 문의했다."라며 "서울이 함락된 것은 6월 28일이었다. 이승만은 서울이 함락되기도 전에 일본 망명을 생각했던 것"이라고 주장했다. 또한 '원수의 나라에 망명 정부를 꾸리려 한 이승만'이라는 소제목 아래 "그는 조선을 식민 통치했을 뿐만 아니라 자신이 그렇게도 혐오감을 표시했던 일본에 망명 정부를 꾸리려고 했다. 그런 인물이 대한민국의 초대 대통령이 되었다는 것은 대한민국의 수치라고 말하지 않을 수 없다."라며 이승만 대통령을 비난했다.

그러나 오마이뉴스의 보도는 미 외교 문서를 오역(誤譯)한 것이었다. 당시 무초 대사가 6월 27일 오전 8시에 미 국무장관에 보낸 문서를 보면 "신성모 국방장관이 이승만 대통령과 내각을 일본에 망명 정부로 세울 수 있는지 여부를 내게 타진했다. 이에 대해 나는 아무 말도 하지 않았다."라는 내용이 나온다. 신성모 장관과 무초 대사와의 대화만 나오고, 이승만 대통령이 직접 일본 망명을 추진했다는 내용은 나오지 않는다. 당시 이승만 대통령은 새벽 3시경, 내각은 오전 7시경 서울에서 벗어난 시점이었다. 또한 무초 대사가 신성모 장관의 문의에 "아무 말도 하지 않았다."라고 미 국무부에 보고한 것을 보면, 망명 요청이 공식적인 의사를 전달한 것이라고 보기에는 무리가 있다. 공식적으로 망명 요청을 했다면 대사가 개인 선에서 답변하지 않고 끝낼 사안으로 보기 힘들다는 것이다. 만약 공식적인 문의였다면, 무초 대사가 이승만 대통령을 만났을 때 망명과 관련된 논의를 해야 하지만, 이후 언급이 없었을 뿐더러 여타 공식 문서나 기록도 발견되지 않고 있다. 전쟁의 혼란스러운 상황에서 신성모 장관이 미 대사에게 개인적으로 문의했다고 보는 것이 더 적합할 것이다.[20]

평생을 바쳐 독립운동을 했고, 일본이라면 이를 갈았던 이승만 대통령을 친일파라고 비난하고 심지어 일본 망명설까지 운운하는 것은 고인에 대한 모독이라 할 수 있다. 무엇보다 6·25전쟁 와중 미국이 일본군 참전을 거론했을 때, 이 대통령이 한 발언은 '이승만 정부 일본 망명설'이 허구라는 사실을 방증한다. 중공군의 개입으로 국군과 유엔군이 밀리고 있던 1951년 초, 미국은 일본군을 유엔군에 편입시켜 한국에 파견할 것을 검토했다. 이 사실을 안 이승만은 분노했다. 그는 "만약 일본군이 참전하면 일본군부터 격퇴한 다음 공산군과 싸우겠다."라고 말했고, 미국은 일본군 참전 계획을 접어야만 했다.[21]

겁쟁이, 진짜 도망자는 김일성… "이탈자 즉결 처형" 명령한 뒤 중국으로 망명

이승만 대통령의 도주·망명설은 거짓임을 확인했다. 그렇다면 북한의 지도자 김일성의 경우는 어땠을까? 1950년 9월 15일 인천상륙작전의 성공 이후 전세(戰勢)는 완전히 역전됐다. 국군과 유엔군은 9월 28일 서울을 수복하고, 10월 1일에는 국군이 38선을 넘어 북진했다. 국군과 유엔군이 38선을 돌파했다는 보고를 받은 김일성은 10월 3일 아홉 살짜리 아들 김정일과 일가친척들을 한 대의 대형 버스에 태워 만주 심양(瀋陽)으로 보낸다. 이들의 가재도구만 3대 트럭분이었고 이들을 호송하기 위해 4대의 트럭에 분승한 20여 명의 정치보위원과 경무원, 그리고 고사기관포를 장비한 1개 중대의 내무성 소속 경비대가 동원됐다.

김일성 자신도 국군이 평양에 입성하기 일주일 전인 10월 12일 평양을 떠나 중국을 향해 도주한다. 김일성은 야음을 틈타 도망가며 '조국의 위기에 처하여 전 인민에게 고함'이라는 녹음 연설을 방송하게 한다. 연설의 주요 내용은 "최후의 피 한 방울까지 흘리면서 싸워라.", "어떤 일이 있어도 현물세를 바쳐라."였다. 김일성은 도망치는 와중에도 북한 주민의 피와 땀을 착취했던 것이다.[22]

김일성은 10월 14일, '10·14 명령'이라고 알려진 〈절대 비밀 제0070호 조선 인민군 최고사령부 명령〉을 내린다. 명령의 일부 내용이다.

① 일보도 퇴각하지 말라. 우리에게는 이 이상 퇴각할 장소가 없다. 조국과 인민은 자기의 무장력인 인민군대가 최후의 피한 방울까지 진지를 사수할 것을 요구한다.

② 우울분자, 유언비어를 퍼뜨리는 분자는 전투에 있어서 위험한 우리의 적이다. 부대에 혼란을 야기하고, 무기를 버리고, 명령 없이 전장을 떠나는 자들은 직위 여하를 막론하고 모두 인민의 적이며, 그 자리에서 사형에 처할 것. (중략)

⑥ 전선 또는 전장에서 도주하는 분자, 유언비어를 퍼뜨리는 분자를 포착하기 위하여 전선 또는 군단, 사단의 지휘관들은 금년 10월 15일까지 독전대를 조직하여 후방 경계선에서 방어하는 부대와 연합 부대에 소속시킬 것.[23]

김일성은 전장을 이탈하는 자를 즉결 처형하고, 전문적 처형 부대인 독전대를 운영하라고 명하고 있다. 그의 명령대로라면 가장 먼저 목을 쳤어야 하는 자는 김일성이다.

김일성이 평양을 떠날 때 탔던 차는 소련제 고급 승용차 볼가였다. 호위국장 지경수와 여비서 2명을 태운 승용차는 호위국 소속 경비대 2개 소대의 호위 하에 북으로 질주했다. 김일성은 도주 중 상황이 여의치 않자 청천강 변에 자동차를 버리고 도망했는데, 이 차는 나중에 국군에게 노획된다. 인민에게는 끝없이 희생을 강요하고 본인은 호화 생활을 누리는 김일성의 이중성에 호위 장병들도 치를 떨었던 것으로 보인다. 50여 명의 호위병 가운데 10여 명이 이동 중 도망간다. 이에 화가 난 김일성이 제2소대장 최현규의 머리를 권총 손잡이로 때려 기절시켰고, 깨어난 최현규는 김일성을 쏴 죽이려고 하다가 김일성에게 먼저 총을 맞고 사망한다. 도주 3일째 되는 날 밤 제1소대장 송윤철도 탈출하여 국군에게 투항한다. 당시 김일성의 도주 경위는 정일권 장군의 회고록에 나온다.[24] "평양을 탈출한 김일성은 적유령 산맥의 분지에 있는 진천이라는 산속 마을을 거쳐 쌍방동으로 도주 중이었다. 이것은 나중에 정보국의 보고를 통해 알게 된 사실이었다. 김일성을 호위하던 군관 한 명이 국군 제7연대에 투항, 김일성의 도주 행각을 털어놓은 데서 밝혀진 일이었다."

김일성은 압록강을 건너 만주의 통화(通化)로 도주했고, 1950년 10월부터 1951년 1월까지 강계에 중앙당 연락소를 설치하고 주요 기관은 만주로 옮긴다. 김일성은 평양 함락 일주일 전에 저만 살겠다고 도주한 뒤 중국에 망명 정부를 차린 것이다.[25] 수도 평양의 방어와 낙동강 근처에서 포위된 수만 명의 인민군은 사지로 내몰렸다.

이승만과 김일성의 행보는 극명하게 대비된다. 이승만 대통령은 서울이 함락되기 하루 전인 6월 27일까지 서울을 사수하며 전쟁을 지휘했다. 그가 서울을 떠날 때 탔던 교통편은 차창은 깨져있고 좌석의 스프링이 튀어나와 있을 정도로 낡은 2칸짜리 3등 열차였다. 수중에는 5만 원뿐이었고 경호 인력은 김장흥 총경과 경찰관 4명뿐이었다. 이승만 대통령은 국민이 겪는 고난에 동참했고 어떤 위기 상황 속에서도 끝까지 한반도를 사수했다.[26]

애민의 지도자 이승만, 그의 구국의 기도

이승만 대통령과 관련된 자료와 기록을 다시 읽으며, 국민을 진심으로 사랑했던 지도자의 마음이 느껴져 눈물이 났다. 이 대통령은 대전에 전시 정부를 차린 상황 속에서 유언과 같은 기록을 남겼다. "죽음이 결코 두려운 것은 아니다. 다만 어떻게 죽느냐가 문제다. 나는 자유와 민주 제단에 생명을 바치려니와 나의 존경하는 민주국민들도 끝까지 싸워 남북통일을 이룩해야 할 것이다."[27]

낙동강 방어선마저 위태로운 상황에서 이승만 대통령은 창밖에서 고통받는 국민들을 생각하며 창틀을 움켜쥐고 울음 섞인 목소리로 기도했다. "하나님, 어찌하여 착하고 순한 우리 백성이 이런 고통을 받아야 합니까? 이제 결전의 순간이 다가옵니다. 우리 한 명이 적 10명을 대적할 수 있는 힘과 용기를 주소서…."[28]

이승만 대통령의 마지막 꿈은 남북의 자유 통일이었다. 이 대통령은 말년에 아들 이인수 박사가 곁에 앉아 있으면 묻곤 했다. "지금 우리나라에서 누가 남북통일을 하려는 이가 있나?" 이인수 박사는 으레 생각해둔 대답을 했다. "우리 국민의 소원이니 모두가 생각하고 있습니다." 그러자 이 대통령은 말했다. "그까짓 생각만 해서 뭐해? 아, 이승만이가 한바탕했으면 또 누가 나서서 해야 할 게 아니야. 내 소원은 백두산까지 걸어가는 게야."

하와이에서 숨을 거두기 전 그의 마지막 기도 제목은 조국과 민족이었다. "하나님, 저는 너무나 늙고 지쳤습니다. 사랑하는 우리 민족을 위해서 더 이상 아무것도 할 수 없습니다. 우리 민족을 하나님께 맡깁니다. 다시는 종의 멍에를 메지 말게 하소서."

평생을 조국과 민족을 위해 몸 바쳤고, 마지막 순간까지도 조국과 민족을 위해 기도했던 이승만 대통령은 1965년 7월 19일, 향년 91세로 하와이에서 숨을 거두었다. 박정희 대통령은 이승만 대통령의 영결식 조사(弔辭)에서 "조국 헌정 사상에 최후의 십자가를 지고 가시는 '어린 양'의 존재"가 되셨다고 그의 생애를 기독교적으로 평하며 "그토록 오매불망하시던 고국 땅에서 임종하실 수 있는 최선의 기회를 드리지 못하고 이역의 쓸쓸한 해변에서 고독하게 최후를 마치게 한 것을 가슴 아프게 생각한다."라며 사죄의 인사를 올렸다.[29]

언제쯤이면 온 국민이 이승만의 생애, 그분의 마음을 올바로 이해할 수 있을까? 선진들의 피와 땀과 눈물 위에 세워진 대한민국 자유의 헌정 체제는 계속될 수 있을까? 한국교회는 다시금 복음으로 일어날 수 있을까? 여러 상념에 사로잡혀 뒤척이는 밤이 부쩍 늘었다. 낙동강 방어선 앞에 선 느낌. 막막하고 길이 보이지 않는 시절이다.

평생을 독립과 건국을 위해 바쳤고, 마지막 투혼을 불사르며 호국의 사명을 다했던 이승만의 생애, 그의 간절한 기도를 떠올린다. 그는 더 막막하고 길이 보이지 않는 시절을 믿음으로 걸어갔고, 기적의 역사를 써 내려갔다. 도망자, 비겁자, 반역자 김일성의 길이 아닌 기도자, 사명자, 순교자 이승만의 길을 걷고자 한다. 그 길을 따라 북한 해방, 자유 통일, 세계 선교의 사명, 기적의 새 역사, 이승만 대통령이 못다 이룬 그 꿈들을 우리 세대에 완수할 것을 다짐하고 앞서간 영웅의 기도를 되뇌어 본다.

"하나님, 이제 결전의 순간이 다가옵니다. 우리에게 힘과 용기를 주소서."

주

1   Oliver, Robert T., 2013, 463.
2   남정욱, 2015, 15.
3   중앙일보사 편집부, 1972, 126.
4   국방부 군사편찬연구소, 2006, 26.
5   북한사회과학원 역사연구소, 1981, 125.
6   Foreign Relations Of The United States, 1976, 248.
7   프란체스카 도너 리, 2010, 25.
8   남정욱, 2015.
9   이종찬 등, 2010.
10   배진영, 2015.
11   김용삼, 2014, 303.
12   권혁철 등, 2015, 77-78.
13   남정욱, 2015.
14   남정욱, 2015.
15   남정욱, 2015, 65.
16   김태완, 2013.
17   국방부 군사편찬연구소 역, 2001, 183-184.
18   이세영, 2018.
19   조갑제, 2015.
20   이세영, 2018.
21   양원석, 2015.
22   박갑동, 1990, 118-121.
23   하기와랴 료, 1995, 305-306.
24   정일권, 1986, 188.
25   김용삼, 2016, 703-708.
26   프란체스카 도너 리, 2010, 26.
27   프란체스카 도너 리, 2010, 31.
28   프란체스카 도너 리, 2010, 69.
29   이호, 2012, 160-162.

제12장 6·25전쟁 민간인 학살, 누가 했나?

이희천 | 한국학중앙연구원 정치학 박사과정을 수료했고, 국가정보대학원 교수와 박정희대통령기념재단 책임연구위원을 역임한 바 있으며, 현재는 구국제자훈련원 대표로 활동하고 있다. 한국사, 사상사, 공직 가치 등과 관련된 다수의 책을 저술했다.

문제 제기

6·25전쟁은 세계 전쟁사 중에서도 민간인 피해가 가장 많았던 전쟁이었다. 군인들만이 아니라 민간인들도 합세하여 서로 죽이는 전쟁이었던 탓에 후방 마을 곳곳에서도 수많은 시신들이 발견되었다. 도대체 왜 이런 현상이 일어났을까? 이것의 실상을 알아야만 6·25전쟁의 본질을 제대로 이해할 수 있다.

그동안 국민들은 6·25전쟁에 대해 주로 '군사적 충돌 측면'에서만 이해해 왔다. 학교에서도 북한의 남침, 유엔군 참전, 낙동강 전투, 인천상륙작전, 38선 통과 북진, 중공 참전, 장진호 전투, 흥남철수작전,

1·4 후퇴, 휴전 등을 주로 가르쳤다. 그러다 보니 6·25전쟁의 '사상적 측면'(공산주의와 자유 민주주의 간의 사상·체제 전쟁)이 지나치게 소홀히 취급되어왔다.

사상사적 측면에서 6·25전쟁을 정의하면, 공산주의 체제인 북한이 소련과 중공(중국 공산당)의 지원 아래 자유 민주주의 체제인 대한민국을 적화(공산화)하기 위해 일으킨 체제 전쟁이었다고 할 수 있다. 공산주의 사상은 자유 시장경제를 '자본주의'라고 부르면서 '자본가들이 노동자 등을 착취하는 나쁜 체제'라고 혐오한다. 또한, 자본가, 지주 등 부자들과 경찰 등 자유 민주주의 수호 세력을 '반동분자'라고 매도하면서 이들을 제거해야 한다고 보았다. 이 때문에 다른 공산 국가들의 공산화 과정에서도 '반동분자 숙청'이라는 명분으로 부자들(자본가, 지주 등)과 반공 세력을 학살하는 일이 공통적으로 일어났다.

6·25전쟁도 마찬가지로 김일성이 '남한의 반동분자들을 제거하고 인민들을 해방해야 한다'라는 공산주의 관념에 따라 일으킨 전쟁이었기에 그가 남한을 점령했을 때 지주, 자본가, 경찰 등 우익 세력들을 학살할 것은 당연히 예견되었다. 실제 김일성, 박헌영 등은 전쟁 발발 당시 남한 내에 있는 좌익 세력의 도움을 받아 반동분자를 숙청하겠다는 뜻을 밝혔다. 김일성은 소련 공산당 서기장 스탈린(Joseph V. Stalin)에게 남침 전쟁을 허락해 달라고 요청하였고, 이때 그는 서울만 점령하면 20만 남로당원 등 좌익 세력의 협조를 받아 손쉽게 공산화할 수 있다고 스탈린을 설득했다. 그리고 실제로 북한군이 남한 각 지역을 점령했을 때 남한 좌익분자들과 합세하여 우

익 민간인들을 체포, 학살했다.

그동안 6·25전쟁의 대표적 '민간인 학살 사건'으로 '노근리 사건, 국민보도연맹 사건, 거창 양민 학살 사건' 등 미군이나 한국군 혹은 경찰에 의한 사건만 부각되면서 북한군과 지역 좌익 세력에 의한 민간인 학살 사건은 제대로 드러나지 않았고, 공론화되지도 못했다. 그러므로 우리는 북한군과 좌익 세력에 의한 민간인 학살의 실체를 알아야만 6·25에 대한 균형 잡힌 전쟁관을 확립할 수 있다.

6·25전쟁 초기 한국 정부에 의한 민간인 학살 논란

이승만 정부의 좌익 세력 경계 배경

6·25전쟁 초기, 이승만 정부가 민간인을 학살한 보도연맹 사건을 이해하려면 이승만 정부의 좌익 세력에 대한 경계심을 이해해야 한다.

대한민국이 건국(1948년 8월 15일)된 후 불과 2개월 정도밖에 지나지 않은 10월 19일, 여수에 주둔하던 14연대에서 지창수 상사 등 좌익 병사들에 의해 반란이 일어났다. 이것이 '여순 반란 사건'이다. 반란군들은 여수, 순천을 점령하고 인근 전라남도 동부 6개 시, 군을 장악했다. 이들은 각 지역의 관청들을 접수한 후 인공기를 게양하고, 인민위원회를 조직했다. 그리고 지역 좌익 세력들을 앞장세워 집집마다 돌아다니며 경찰 가족, 군인 가족 그리고 우익 인사들을 체포하여 '반동분자 숙청'이라는 명분 아래 무단으로 혹은 인민재판을 통해 2,000여 명 이상의 민간인을 학살(여수 1,200여 명, 순천 1,134명, 보성 80명, 광양 57명, 구례 30명, 고흥 26명, 곡성 6명 등)했다.

이에 정부는 급히 진압군을 조직하여 8일 만에 진압을 완료했다. 국방부의 발표(11. 10)에 따르면, 국군에 의한 진압 과정에서 반란군 363명이 사살되었고, 반란군 혐의자 2,817명이 재판에 회부되어 그중 410명을 사형에 처하였다. 그뿐만 아니라 이 과정에서 국군도 61명이 전사했다.[1]

또한, 진압군을 피한 반란군 잔당 1,000여 명은 지리산 등 산악으로 들어가 빨치산(좌익 무장 유격대) 활동을 전개했다. 당시 이들의 반정부 투쟁 내용을 소재로 한 소설이 조정래의 〈태백산맥〉이다.

여순 반란 사건을 통해 이승만 정부는 좌익 세력의 위험성을 깨달았다. 그래서 대한민국 국회는 국가보안법을 제정(1948년 12월 1일)해 좌익 세력을 처벌할 근거를 마련했다. 정부는 이 법을 근거로 1949년부터 군 내부의 좌익 군인들을 제거하는 숙군 작업을 전개했다. 또한, 사회 곳곳의 남로당 세력을 뿌리 뽑는데 전력을 다했다. 나아가 정부는 좌익 성향 인물들을 전향시켜 '국민보도연맹'이라는 단체를 만들었으며, 군은 1949년 겨울을 이용하여 지리산, 백운산, 회문산 등 산악을 거점으로 활동하던 빨치산을 토벌했다.

그나마 다행스러웠던 점은 여순 반란 사건을 계기로 남한 내부의 좌익 세력을 소탕한 후에 6·25전쟁이 일어났기 때문에 북한의 남침시 동조 반란을 막고 공산화를 저지할 수 있었다는 것이다.

국민보도연맹 사건

국민보도연맹이란 이승만 정부가 1949년 조직한, 좌익에서 전향한 인물들로 구성된 우익 단체이다. 그런데 이 보도연맹 회원들은 북한군이 마을에 들어오자, 언제 전향했느냐는 듯 좌익분자로 되돌아가 북한군에 협조했다.

주한 미국 대사관은 1950년 7월 16일 본국에 보낸 보고서에서 "서울 서대문 형무소에 수감되어 있던 좌익 재소자와 보도연맹원들이 풀려났다. 북한 경찰(내무서 지칭)이 보도연맹의 도움을 받고 있다. 서대문 형무소에서 풀려난 좌익수와 보도연맹원들이 난폭한 행위를 일삼고 있다."라고 했다.[2] 이렇듯, 6·25전쟁이 일어나 북한군이 서울과 인천 등을 점령하자, 좌익분자들뿐만 아니라 전향을 선언했던 보도연맹원들도 북한군을 환영하고 북한군에 협조했다. 이들은 경찰 등 우익 인사들을 학살하는 데도 앞장섰다.

이에 정부는 좌익 전력자들의 북한군 협조 사태를 우려하여, 계엄령(제13조)에 근거해 '체포·구금 특별조치령'을 제정(7. 12), 예비 검속을 단행했다. 당시 예비 검속에 대한 자세한 법령 내용이 밝혀지지 않았으나, 〈민주신보〉의 예비 검속 관련 보도(1950. 8. 4)[3]나 1951년 정부가 만든 예비 검속 관련 공문서[4] 내용을 고려할 때, 이승만 정부의 예비 검속의 목적이 집단 처형에 있었다고 보기 힘들다.[5] 오히려 예비 검속의 1차적 목적은 이들을 외부와 격리시키는 것이었다. 이를 위해 그들을 경찰서 유치장, 형무소 등에 가두어 두는 것이었다.

예비 검속을 실행하는 과정에서 군 첩보기관(CIC), 사찰 경찰 등이 예비 검속한 사람들 중 일부를 집단 처형하는 일이 곳곳에서 발생하였다. 북한군이 경남 진주 등으로 진격해오자 극심한 공산화 공포에 사로잡힌 가운데, 전쟁 초기 대응 기준과 매뉴얼 부족, 사상 검증 능력이 부족한 군과 경찰의 무리한 조치[6] 등이 사태를 악화시켰다고 할 수 있다.

이러한 집단 처형은 충북 이하 남쪽에서 주로 일어났는데, 진주 등 경남 지역에서 가장 많이 발생했고, 경산 등 경북에서도 다수 발생했다. 좌익 세력과 보도연맹원에 대한 집단 학살의 규모에 대해 정확한 기록은 없으나 수만 명 이상이라는 주장들이 많다.[7] 2009년 11월 과거사위원회에서는 "6·25전쟁 기간 동안 대한민국 정부 주도로 국민보도연맹원 4천934명이 희생된 사실을 확인했다."라고 발표하기도 했다.

6·25전쟁 중 미군의 민간인 학살 논란, 노근리 사건

6·25전쟁에서 미군에 의한 민간인 학살 문제는 1990년대에 본격적으로 제기되었다. 대표적인 사례가 '노근리 사건'이다. 6·25전쟁 당시 북한군은 노근리 사건을 반미 선전 선동 소재로 많이 활용했었다. 이후 수면 아래 있다가 1990년에 와서 친북 성향의 브루스 커밍스 교수(미국 시카고대)가 왜곡이 심한 북한 자료를 근거로 처음 연구하였고, 그 내용이 1994년 한국에도 알려졌다. 나아가 1999년에는 AP 통신의 보도를 통해 세계적인 이슈로 확산되었다. 이후 국내 좌파 세력이 반미 감정을 자극하는 소재로 적극 활용하면서 커다란 역사적 사건으로 부각되었다.

노근리 사건이란 1950년 7월 말 미국 1기병사단 소속 부대가 충북 영동군 황간면 노근리 인근 경부선 철로 위에서 전투기에 의한 포격과 기관총 사격, 쌍굴다리에 모인 피난민들을 향한 총기 사격 등을 통해 다수의 사상자(300-400여 명 설, 확인자는 182명)를 낸 사건이다.

그렇다면, 미군은 왜 갑자기 피난민들을 공격했을까?

당시에는 민간인 복장을 한 북한군이 피난민 속에 숨어든 일이 비일비재했다. 이들은 미군을 공격하거나 탄약과 무기를 수송하는 등 여러 문제를 일으켰다. 이 때문에 해당 부대는 피난민 통제에 골치를 앓았다. 미군 부대의 7월 24일 자 전투일지의 내용은 이렇다.

> 피난민 통제는 어려운 문제였다. 누구도 무고한 인민을 사살하길 원치 않았다. 그러나 전통적 흰옷을 입은, 피난민으로 보이는 많은 무고한 사람들은 달구지로 탄약과 중무기를 나르고 등에는 군사 장비를 짊어진 북한 군인들로 밝혀졌다. 그들은 자주 군복에서 민간인 복장으로, 다시 민간인 복장에서 군복으로 갈아입는 것이 목격되었다. 조사가 불가능한 수많은 피난민들이 있었다. 흰옷 입은 한 남자가 여인과 아이를 데리고 있었는데, 여인은 임신 중이었다. 조사를 하자 여인은 임신하지 않은 것으로 밝혀졌다. 그러나 임신한 것처럼 위장하여 소형 라디오를 옷 속에 숨겨 가던 중이었다. 제1기병사단 지역의 민간인들과 피난민들은 엄격한 통제 하에 놓이게 되었다. 사단은 이들의 이동은 낮 10:00~12:00에만 허용되며 어떤 소달구지, 트럭, 민간인 차량의 도로 운행도 허용되지 않는다고 명령하였다.[8]

북한군의 노근리 현지 보고 자료에도 "전진하는 인민군의 공격과 후방 빨치산의 대담한 작전에 의해 적(미군 의미) 퇴로 차단의 결합으로 포위 섬멸할 수 있었다."라는 기록이 있다. 이는 당시 미군이 인민군복을 입은 군인과 민간인 복장을 한 빨치산의 협공을 받는 상

황이었음을 알 수 있다.[9]

이렇게 볼 때, 미군이 피난민을 공격한 이유는 이들을 민간인 복장을 한 공산 게릴라로 판단했을 가능성을 의미한다. 전투 초기 참전했던 미군의 미숙함도 일조했다. 이들은 전투 훈련을 받지 않은 상태에서 참전해 당황하거나 공포에 사로잡혔고, 미군끼리 교전하는 등 오판도 많았다.

북한 점령기, 북한군과 남한 좌익 세력에 의한 양민 학살 문제
북한 정권의 양민 학살 지시 근거

김일성이 남침 전쟁을 일으킨 이유는 남한을 공산화하기 위함이었다. 공산화란 프롤레타리아 독재 정권을 수립하는 것이고, 이를 위해 부르주아 계급을 중심으로 한 지주와 자본가 그리고 지식인을 타도해야 하는데 이때 공산주의자들이 사용하는 방법이 바로 '반동분자 숙청'이다.

김일성도 전쟁을 개시하면서 수시로 '반동분자 숙청'이라며 우익 세력 척결을 강조했다. 그러나 이는 다름 아닌 학살 지시였다. 김일성은 6·26 방송을 통해 "후방을 철옹성같이 다져야 한다. 도피분자, 요언(妖言) 전파 분자와 무자비하게 투쟁하며 밀정 및 파괴분자를 적발, 가차 없이 숙청하고 반역자는 무자비하게 처단해야 한다."라고 했다.[10] 남침 직후 서울 시내에 뿌려진 김일성의 호소문에도 "반동분자, 비협력분자, 도피분자를 적발하여 '무자비'하게 숙청하라"[11]라는 문구가 있었다. 1950년 6월 30일 발표한 포고문에도 "국군 장교와 판·검사는 무조건 사형에 처하고, 면장, 동장, 반장 등은 인민재판에 부친다.”라고 했다.[12] 부수상 겸 외상인 박헌영도 1950년 7월 1일 “반역자들을 체포, 처단하여 인민들의 원한을 풀어 줄 것”을 선동했다. 1950년 조선노동당 중앙위원회 제3차 정기대회에서 발표한 김일성의 보고에 따르면, “악질 반동에 대해 복수하려는 것은 극히 정당한 일입니다.”라고 했다.

이러한 각종 자료를 볼 때도 북한 정권 기관(북한군, 국가보위부, 내무서 등)과 민간 좌익 공산 세력에 의한 민간 우익 세력의 학살은 예정된 것이었다.

인천상륙작전 이전 북한군 점령 지역의 민간인 학살

북한군은 전쟁 후 3일 만에 서울을 점령했고, 7월 말에는 경상남·북도 일원을 제외하고는 전 국토를 장악했다. 북한군은 점령 후 인민위원회(행정 조직), 내무서와 치안대(치안 조직) 등 통치 조직을 만들고 동네의 좌익분자들을 동참시켰다. 북한군과 남한 좌익분자들이 행한 악행은 우익 인사 학살, 의용군 징집, 유력 인사 납북 등이었다.

북한군은 남한 좌익분자들을 앞세워 경찰, 군인 가족, 지주, 자본가 등을 반동분자로 지목하여 살생부 명단을 만들고, 가가호호 수색하여 이들을 체포한 후 인민재판, 무단 처형 등을 통해 학살했다. 당시를 겪었던 사람들은 “그때가 되니 이웃이 더 무섭더라.”라고 증언하곤 한다. 이는 북한군보다 그 지역 사정을 잘 아는 동네 좌익분자들이 더 큰 역할을 했음을 의미한다.

현승종 전 국무총리는 당시 고려대 교수였는데, 체포돼 납북될 위기에 처했으나 구사일생으로 도피에 성공했다. 그의 수기에 이런 내용이 있다.

> 당시 서울에는 북한에서 내려온 사람들이 그리 많지 않았다. 대신 남한 곳곳에 숨어있던 공산분자들이 기다렸다는 듯이 들끓기 시작했다. 그들은 파출소를 점령하고, 남한에 있던 자본주의 세력들을 찾아내고, 젊은 남자들을 공산군에 입대시키기 위해 동네방네를 샅샅이 뒤지고 다녔다. 공산군 앞잡이들이 우리 집 문도 두드렸고 나도 끌려나갔다.[13]

북한군은 남한 점령 3개월 동안 남한의 인력을 총동원하는 정책을 폈다. 북한군과 남한 좌익분자들은 젊은 청년들을 선전·선동하거나 강제로 체포해 낙동강 전선의 북한군에 투입했는데, 이를 의용군이라고 했다. 그 규모가 15만 명에 이르렀는데, 훈련도 없이 전선에 투입되어 상당수가 총알받이로 희생되어 낙동강을 피로 물들였다. 북한군에 강제로 징집되어 총알받이가 된 의용군의 죽음도 학살당한 사례에 포함될 수 있다.

강제로 징집된 남한 주민들은 낙동강 전선에 의용군으로 투입되었을 뿐만 아니라 탄약·식량의 보급품 수송, 교량·도로 보수 공사, 진지·참호 구축, 정찰·간첩 임무 등에도 투입되었다. 이렇게 북한군의 전쟁 수행 능력을 보충하는 인력까지 포함하면 북한군이 징발한 민간인 규모는 60만 명에 이르렀다.[14] 이들은 북한군의 임무를 수행하다가 미군의 폭격 등으로 사망하기도 했다. 그러므로 이들의 희생도 민간인 학살의 범주에 포함 시켜야 하며 주민들을 강제로 징집해 전쟁터로 내몬 북한군과 남한 좌익 세력이 이들의 죽음을 책임져야 할 것이다.

서울 점령 3개월 동안 북한군은 8만 명이나 되는 유력 인사들(정치인, 학자, 교사, 예술가 등)을 체포해 납북했다. 공보처 통계국이 1952년 3월 작성한 "6·25 사변 피납치자 명부"에는 납북자가 82,959명으로 나타나 있다.[15] 이름과 주소가 확인된 숫자만 82,959명이다. 그러나 실제로 피랍자가 116만 8,849명이라는 통계도 있다.[16] 이들 중에는 정치인이 많았는데, 제2대 국회의원 210명 가운데 원세훈, 안재홍, 조소앙 등 27명이 납북되었고, 특히 제1대 국회의원(제헌의원)은 200명 가운데서 50명이나 납북되었다.[17]

이들 납북자들을 설득, 체포한 것은 북한군과 지역 좌익분자들이었다. 납북자들은 철삿줄로 두 손이 묶인 채 미아리 고개를 넘어 강제로 압송되었는데, 그 일부가 평양 등 곳곳에서 학살당했다고 한다. 이들의 죽음도 학살의 범주에 들어갈 수 있다.

인천상륙작전(9월 15일)과 서울 수복(9월 28일) 이후 민간인 집단 학살

6·25전쟁 동안 공산 세력에 의한 민간인 학살은 인천상륙작전 이전과 이후로 나눌 수 있다. 인천상륙작전 이전에는 인민재판 등을 통해 '반동분자'로 지목된 우익 인사들에 대한 '선별적 학살'이 일어났고, 인천상륙작전 이후부터는 무차별 '집단 학살'이 일어났다. 인천상륙작전 이후의 집단 학살은 두 가지로 나누어지는데, 하나는 북한군이 후퇴하면서 체포했던 우익 인사들을 집단으로 학살한 경우

이고, 다른 하나는 북한군이 후퇴한 이후에 남은 남한 내부의 좌익 분자(빨치산 활동)들이 지역 주민들을 집단으로 학살한 경우이다.

인천상륙작전 이후 전세가 역전되자 다급해진 김일성은 9월 27일 일시적·전략적 철수 명령을 내렸고, 북한군은 앞다투어 후퇴의 길에 올랐다. 이것이 남·북한의 주민들에게 피의 전쟁을 알리는 신호탄이 되었다. 북한군은 후퇴하기 전 전국적으로 체포해두었던 우익 인사들을 학살했다. 1950년 9월 20일 전선사령관 김책(金策)은 우익 인사들을 집단적으로 학살하도록 지령을 내렸다.[18] 이에 따라 26일에서 30일 새벽까지 집중적으로 집단 학살이 이루어졌다.[19] 북한군은 대전형무소 6,000여 명, 전주형무소 1,000여 명 등 주요 형무소들뿐 아니라 전국 각지에 산재한 내무서(남한의 경찰서)에 체포해두었던 우익 인사들을 학살한 후 퇴각했다. '반동분자'들을 제거하고 떠나야 한다고 생각했기 때문이다.[20] 그러나 북한군이 퇴로가 막힐까 우려하여 급박하게 후퇴하는 바람에, 처형을 면하고 살아난 사람들도 많았다. 빠른 전세 역전으로 북한군이 급속히 와해되는 바람에 아군과 민간인 희생을 줄인 측면도 있는데, 인천상륙작전 실행으로 인해 아군 병력 14만 명과 국민 200여만 명의 피해를 줄일 수 있었다는 평가도 있다.[21] 만약 아군이 육상으로 북한군을 밀어 올렸을 경우, 다수의 아군 병력 손실이 있었을 것이다. 또한, 북한군이 시간적 여유를 가지고 후퇴했다면, 각 지역별 민간인들을 예비 검속하여 엄청난 수를 납북하거나 학살했을 것이 분명했다.

남한 좌익 세력에 의한 민간인들의 집단 학살극은 주로 9·28 서울 수복 이후 10월에 집중적으로 일어났다. 북한 점령 당시 북한군을 도왔던 좌익분자들은 북한군이 철수하자 혼돈과 공포에 사로잡혔다. 이들은 유엔군과 국군, 경찰이 돌아올 경우, 자신들에게 피해를 입은 사람들로부터 직접 보복을 당하거나 군·경에 신고하여 처벌받을 것을 우려했다. 그래서 자신들의 악행을 증언하거나 보복할 지역 주민들을 대상으로 집단 학살에 나선 것이다.

당시 빨치산 활동을 했던 김서용 씨는 9·28 서울 수복 이후 일어난 집단 학살에 대해 "미군이 오면 우익 가족들이 보복할 것을 우려해 다 죽이기로 했다.", "빨치산들은 보복을 막으려면 씨를 말려야 한다면서 일가친척들까지 모조리 잡아다가 죽였다. 갓난애들은 자루에 담아서 그냥 던져버렸다."라고 증언했다.[22]

이 시기에 일어난 참혹한 민간인 집단 학살의 실상은 2002년 월간조선이 국립중앙도서관에서 "6·25사변 피살자 명부"[23]를 찾아냄으로써 드러났다. 이 명부에 피살자의 이름, 지역, 학살 일자, 발견지 등 자세한 내용이 기재되어 있었다. 이를 통해 9·28 이후 좌익분자들에 의해 이루어진 집단학살의 실체를 알 수 있게 되었다. 이 명단의 5만 9,964명의 피살자 중 전남이 72.6%(4만 3,511명)에 이르렀고, 전북까지 포함하면 83%에 이르렀다. 희생자가 가장 많았던 지역은 전남 영광군이었다. 학살된 자가 2만 1,225명이었는데, 이중 2500여 명이 10세 미만이었다. 이는 보복을 막기 위해 가족 단위로 집단학살했음을 의미한다.

실제 학살 피해자의 규모는 "6·25사변 피살자 명부"(59,964명)보다 훨씬 클 것으로 보인다.[24] 명부는 발견되지 않았지만 대한민국통계연감(1952. 10)에는 북한군과 남한 좌익분자에 의한 민간인 피살자를

12만 8,900여 명으로 기록하고 있고, 정일권 장군의 수기 "6·25비록"에는 16만 5천여 명이 학살(서울에만 9,500여 명)되었다고 기록되어 있기 때문이다. 더욱이 1953년 공보처 통계국에서 발간한 "1952년 대한민국 통계연감"에 따르면, 민간인 학살(122,799명)과는 별도로 민간인 사망자 236,475명, 행방불명 298,175명 등을 수록한 점을 고려할 때 학살의 규모는 매우 클 것으로 추정할 수 있다.[25]

이승만 정부, 북한군 후퇴 시기(인천상륙작전-서울 수복) 양민 학살 대응 조치

인천상륙작전 이후 이승만 정부의 '부역자들에 대한 보복 방지를 위한 대응 조치'를 살펴볼 필요가 있다. 부역자들이란 북한군 점령 통치 하에서 인민위원회 등 북한 점령 통치에 적극 참여하여 우익 세력 학살, 의용군 징집, 유력 인사 체포·납북 등에 앞장섰던 사람들을 말한다.

먼저 이승만 정부는 인천상륙작전에 성공(9.15)하고 전세가 역전되자, 북한군 점령기에 피해를 입은 국민들이 보복 감정을 가지고 북한군 협조자들을 사적으로 보복하거나 학살할 것을 우려했다. 이에 대한민국 국회는 인천상륙작전이 개시된 3일 뒤인 9월 18일, 사형(私刑) 금지법을 가결했다.

뿐만 아니라 육군본부도 서울 수복을 3일 앞둔 9월 25일, 민간인에 대한 사적인 가해를 금지하는 훈령을 발표했다. 군인들이 사적으로 보복 조치를 취할 것을 우려했기 때문이다.

나아가 서울을 수복한 9월 28일 이승만 대통령이 직접 나서 대국민 성명서를 발표했다. 그는 '탈환 지역에서의 사적인 원한에 의한 타살, 구타, 구금 등을 하지 말 것'을 촉구했다. 북한군과 남한 좌익분자들로부터 피해를 당했던 당사자나 가족들이 사적으로 보복 조치하지 못하도록 못을 박은 것이다. 그리고 국회는 10월 13일 부역자 처리법을 확정하고 가결했다. 이것은 북한군 점령기 3개월 동안 북한군에 협조해 우익 세력 학살 등을 저질렀던 부역자들을 법에 따라 처벌하기 위함이었다.

이러한 조치들은 '자유 민주주의는 법치주의이고 범죄자는 법에 따라 처벌해야 한다'라는 원칙을 지키려는 노력의 일환이었다. 이러한 이승만 정부의 대응조치는 더 큰 학살극을 막는 방파제 역할을 했다고 할 수 있다.

북진 시기(1950년 10월), 북한에서의 양민 학살 실상
후퇴하던 북한 정권의 북한 주민 집단 학살극

국군과 유엔군은 9월 28일 서울을 되찾았고 국군은 10월 1일부로, 미군은 10월 9일부로 38선을 통과하여 북진을 시작했다. 국군과 유엔군은 북한 전역에서 발견되는 수많은 시신을 보고서 놀라지 않을 수 없었다. 시신들이 발견된 지역은 황해도, 평안남·북도, 함경남·북도, 강원도 등 북한 전역이었다. 시신들이 집단으로 발견된 장소는 교화소(감옥), 정치보위부, 내무서, 동굴, 터널, 방공호, 공동묘지, 우물, 개울, 저수지, 바다 등 다양했다.

북한 지역에서 대표적 집단 학살 지역은 함북 함흥으로, 2만여 명 이상이 학살당했다. 함흥 지역 집단 시신 발견 장소로는 함흥감옥 700여 구, 충령탑 지하실 200여 구, 정치보위부 지하실 300여 구, 함흥 북쪽 덕산 니켈 광산 6,000여 구, 함흥 뒷산 반룡산 반공굴 8,000여 구 등이었다.[26]

함북 함흥뿐 아니라 함남 영흥(영흥 반공호 1520호 등), 평남 평양(칠골리 2,500여 구, 승호리 4,000여 구 등), 황해도 신천·재령(35,000여 구 등) 등 북한 전역에서 집단 시신이 발견된 곳이다.

인민군은 국군이 동해안에서 북진을 개시한 10월 1일에 퇴각하며 학살을 시작했다. 유엔군이 북진을 개시한 10월 9일 이후에는 대대적인 집단 학살이 벌어지는데 이들이 학살한 대상은 '반동분자'로 의심되는 사람들이었다. 반체제 세력으로 지목된 사람들 중에는 목사 등 기독교인들이 많았고, 남한에서 납북된 인사들이나 국군 포로들도 있었다.

평양교화소(500여 구), 함흥교화소(700여 구), 원산인민교화소, 해주교화소 등 북한 전역에 산재한 교화소(형무소), 정치보위부 등에서 집단 시신이 발견되었는데, 평양에 처음으로 도착했던 1사단장 백선엽 장군의 수기 〈군과 나〉에

사진69. 함흥 동굴에서 발견되는 희생자들

도 평양교화소에서 본 집단 학살 현장이 생생하게 기록되어 있다.

평양형무소를 들렀을 때다. 끔찍한 광경을 목격했다. 우물마다 시체가 가득하고 맨땅 곳곳에도 생매장한 시체가 헤아릴

수 없을 만큼 많았다. 적들은 납북 인사와 소위 그들이 말하는 '반동분자'를 모조리 학살하고 달아난 것이었다. 일대는 악취가 가득하여 숨쉬기조차 힘들었다.[27]

북한 지역에서는 교화소(형무소), 정치보위부 등 구금 시설뿐 아니라 공동묘지, 개울가, 저수지, 동굴에서도 민간인들의 집단 시신이 발견되었다. 이것은 인민군이 후퇴하던 상황에서도 민간인들을 무차별 예비 검속하여 마구잡이로 처형했음을 의미한다.

이는 북한 정권이 국가보위부 주도로 내무서(경찰서)에 예비 검속과 처형을 지시한 결과였다. 내무서는 장차 들어올 유엔군과 국군에 협조할 가능성이 있는 인사들을 색출, 검거하여 '반동분자'라는 이름으로 집단 학살을 자행했다. 이때, 지역 사정과 인물들의 사상을 잘 아는 동네 좌익분자들의 도움을 받았다.

북한 정권은 이렇듯, 지역 내 좌익분자들의 협조를 받아 반공 우익 세력들을 대거 학살한 후 북으로 후퇴했다. 당시 목격자들에 따르면 북한군이 떠나고 유엔군과 미군이 점령하자 "여태까지 세도를 부리던 빨갱이는 온데간데없고 집집마다 남은 것은 곡성뿐이다."라고 탄식했다.[28] 북한군이 후퇴한 후, 우익 인사들은 치안대를 구성하여 질서를 유지하는 한편 반공 투쟁에 나서기도 했다.

11월 말 중공군이 공격을 개시하고 12월 초 유엔군과 국군이 후퇴를 시작했다. 북한 정권은 전세가 역전되자, 북한 지역에서 활동하던 반공 우익 세력을 숙청하기 시작했다. 이에 북한 지역의 반공 우익 세력은 후퇴하는 유엔군과 국군을 따라 남으로 대량 탈출에 나섰다. 유엔군이 함경남도의 흥남부두를 통해 철수 작전을 전개하자, 인근 북한 주민들 30여만 명이 흥남부두로 몰려들어 "배를 태워주지 않으면 죽는다."라고 울부짖으며 애원했다. 서해에서도 백령도, 강화도 등 큰 섬들은 물론 작은 섬들에도 피난민들이 구름떼처럼 몰려들었다. 예를 들어 백령도는 당시 주민이 17,813명이었는데, 피난민 수는 62,082명이나 되었다. 북한 주민들이 필사적으로 북한을 탈출한 이유는 국군이 떠나고 나면 반동분자 숙청의 회오리가 불어 닥칠 것이라는 불안감이 엄습했기 때문이다.[29]

신천 양민 학살 사건의 진실

북한은 유엔군과 국군이 북진할 당시 인민군이 행한 학살에 대해 미군 등에게 책임을 전가하고 있다. 대표적인 예가 신천 학살 사건이다. 해리슨 대위가 이끄는 미군 부대가 북진하던 중 35,000여 명의 신천 지역 양민들을 대량 학살했다는 주장이다. 북한은 신천박물관을 만들어 '미군이 톱으로 민간인의 머리를 자르는 그림' 등 잔혹한 학살 자료들을 전시하여 북한 주민들에게 반미 의식을 고취시키고 있다.

그러나 북한이 주장하는 해리슨이라는 이름의 미군은 존재하지도 않았고, 현실적으로 대위가 이끄는 중대급 부대가 그 정도의 대규모 학살을 주도할 수도 없으며 더욱이 미군이 북진할 때 신천 지역을 잠시 들렀을 뿐 전혀 작전을 전개하지도 않았다는 것이 당시 경험자들의 공통된 증언이다. 미군이 38선을 통과한 것은 10월 9일, 평양에 도착한 것은 10월 19일이었다. 당시는 국군 1사단과 서로 면저 평양을 장악하려 경쟁하며 정신없이 북진하느라, 신천 지역에서 작전을 전개할 상황이 아니었다. 더욱이 당시 미군은 양민 학살은 물론 항복한 북한군에게 사격을 가하는 것도 불법이라는 원칙을 고수했는데, 이런 내용은 백선엽 장군의 수기 〈군과 나〉에도 나와 있다.[30]

그러면 신천 양민 학살 사건의 본질은 무엇일까?

사건의 발단은 북한 정권이 후퇴를 앞두고 주민들을 예비 검속하여 '반동분자 숙청'을 하라는 지시에 있다. 대표적으로, 황해도 도당은 1950년 10월 11일 북으로 철수 명령과 함께 정치보위부와 내무서에 "반동들을 색출 검거하여 무자비한 숙청을 감행"하라는 명령을 하달했다. "국방군(대한민국 국군 지칭)과 국제연합군(유엔군 지칭)에게 협력하는 자들을 말소시키고 도내 반적대, 구월산 학생 유격대 등 무장 반동들과 야합을 미연에 방지"하기 위함이라고 했다. 이 지시에 따라 황해도 신천내무서(경찰서)에서는 10월 13일 포고문을 발표했는데, "반동적인 유언을 퍼트리는 자" 등 5가지 해당자에 대해 색출 검거하는데 협력할 것과 이들을 인민의 이름으로 총살할 것을 지시했다. 당일 선천읍과 각 면에서는 교수장, 총살장 등 사형 집행장이 설치되고 집단 학살용 방공호가 준비되었다. 그리고 공산당원들이 긴 칼과 죽창을 들고 집집마다 다니면서 부엌, 헛간, 뒤주 등을 샅샅이 뒤졌다. 예비 검속과 학살 열풍이 시작된 것이다. 13일 시작된 집단 학살극은 황해도 신천군 뿐 아니라 인근 안악군, 재령군, 은률군, 송화군 등 모든 황해도 지역에서 일어났다.[31]

이러한 집단 학살극이 일어나자, 재령에서는 수많은 민간인들이 희생당하는 것을 보면서 미군이 올 때만을 기다릴 수 없다며 우익 인사들이 10월 13일, 학살에 대한 반공 저항 운동을 일으켰다. 당시 사람들의 증언에 따르면 "우리는 우리만 살겠다고 이렇게 가만히 앉아 있을 수는 없소…더욱이 수륙만리 타국에 와서 피 흘리며 싸우는 연합군들을 더 대할 수 없을 것 아니겠소…하여간 우리가 지금 학살당하는 애국 동지들을 목전에 놓고 이렇게 있다는 것은 도의적으로 용서 못 할 일이거니와 하느님 앞에서도 죄가 될 것이오." 라며 집단 학살에 대한 저항 운동에 나섰으나 인민군의 진압으로 실패하였다.[32]

재령 인근 지역인 신천에서도 10월 13일, 기독교인 등 우익 인사들이 민간 유격대를 만들어 북한군의 무자비한 학살에 대해 총, 낫, 죽창 등을 들고 저항 운동에 나섰다. 이 신천 반공유격대는 며칠간 인민군과 교전하며 북한군에 타격을 주기도 했다. 이들은 북한군 후퇴 후 치안대를 구성하여 치안권을 행사하면서 북한군 패잔병들과 학살에 연관된 좌익분자들 그리고 그 가족들을 처단하는 등 학살에 대한 보복 조치를 단행하기도 했다. 이로써 또 다른 민간인 학살극이 일어난 것이다.[33] 이 때문에 신천 지역에서 유독 많은 시신이 발견된 것이다.

서울 수복 이후 남한 지역 빨치산에 의한 양민 학살과 토벌

인천상륙작전(1950년 9월 15일)과 서울 수복(9월 28일) 이후, 인민군은 북으로 후퇴했으나 퇴로가 막혀 남한 각지의 산악으로 들어간 패잔병들도 많았다. 이들은 태백산, 소백산, 지리산, 백운산, 회문산 등 남한 각지의 산악을 근거로 빨치산이 되어 무장 투쟁을 전개했다. 또한, 북한군을 도왔던 남한의 좌익분자들 역시 그들을 따라 월북을 하거나 고향을 떠나 다른 지역으로 피신하기도 했고, 지리산 등 산악으로 들어가 북한군 패잔병들과 함께 빨치산 활동을 하기도 했다.

비상경비사령부 정보처의 통계에 따르면 1950년 9월 30일부터 12월 31일까지 남한 각지에서 활동했던 공비(빨치산)의 규모는 약 6만 명에 달했다. 이는 남한 지역 내에서 대남 저항 세력의 규모가 엄청났음을 의미했다.[34] 6·25전쟁 발발 당시 대한민국 국군 전체 규모가 9만여 명에 불과했다는 점을 고려할 때 남한 지역의 산악에서 활동한 빨치산 규모가 6만이었다는 점은 놀랄만한 일이다.

11월 말 중공군이 개입하고 12월 들어 유엔군과 국군이 남으로 후퇴를 시작하자, 남한 각지의 산악을 근거로 활동하던 빨치산들은 사기가 높아져 대남 투쟁 활동을 강화했다. 당시 빨치산들은 산악을 근거로 활동하면서 인근 주민들을 포섭하여 세력을 넓혔다. 이들은 밤이면 주민들을 협박하여 음식, 옷 등을 빼앗고, 경찰에 신고라도 하면 학살로 보복 조치를 했다. 이러한 빨치산의 활동으로 인해 "낮에는 대한민국, 밤에는 인민 공화국이 시계추처럼 왔다 갔다 했다"라는 말이 유행할 정도였다.

정부에서는 후방에서 활동하는 빨치산을 토벌하기 위해 11사단(사단장 최덕신 준장)을 창설하고 빨치산 토벌전도 전개했다.

거창 양민 학살 사건

거창 양민 학살 사건은 11사단 소속 부대가 지리산 주변 빨치산들을 토벌하는 가운데 발생한 사건이었다.

1951년 2월 8일, 400~500명의 빨치산들이 경남 거창군 신원면 신원지서를 습격하여 경찰과 청년 의용대 대부분을 사살하고, 10여 명만이 겨우 탈출한 사건이 일어났다. 이에 11사단 일부 부대가 빨치산을 토벌하러 신원면에 들어가자, 빨치산들은 산골로 퇴각했다. 이후 토벌 부대가 다른 지역으로 떠나자, 빨치산들이 다시 신원면에 나타나 경찰을 위협했다. 이에 토벌대는 신원면으로 되돌아와 9일에서 11일까지 3차에 걸쳐 인근 주민들을 불러 모아 선별한 후 처형하였다.

이 사건은 토벌 부대원들이 흥분한 탓도 있지만, 지역 주민들이 공비(빨치산)이거나 공비와 내통한 세력일 수 있다는 선입견이 강하게 작용했다. 이때 살해된 사람이 약 700여 명에 이르렀다. 이 사건은 근본적으로는 공비(빨치산)들이 원인을 제공했다 하더라도 공비 토벌 과정에서 지역 주민 대부분을 집단적으로 처형한 것은 6·25전쟁이 남긴 비극이 아닐 수 없다. 이 사건은 정치 쟁점화되어 국회 조사단이 파견되었고, 책임자인 9연대장 오익경 대령은 무기징역, 3대대장 한동석 소령은 징역 10년 등의 사법적 처벌을 받았다.

거창 양민 학살 사건에서 반드시 짚고 넘어가야 할 것은 대한민국 군·경이 민간인들을 학살한 사건에는 반드시 그 지역 주민들의 빨치산 협조 문제가 연관되어 있었다는 점이었다. 실제로 주민들이 산악을 근거로 활동하는 빨치산들에게 많은 도움을 주었고, 군경의 진압을 방해하거나 빨치산들을 피신하게 해주는 역할도 했었다. 물론 빨치산의 위협 때문에 어쩔 수 없이 협조한 사람들도 많기는 했지만 말이다. 당시 빨치산 활동을 했던 비전향자 정관호의 "전남유격투쟁사"에 따르면, 지역 주민들에 대해 식량 등 많은 도움을 받았다고 밝히면서 "적극적으로 빨치산을 도와주었고 뒷바라지해 준 인민들"이라며 고마워했다. 이런 이유로, 토벌하는 군경(군인, 경찰)들은 지역 주민들에 대해 불신을 가질 수밖에 없었고, 토벌 과정에서 과잉 진압할 가능성이 있었던 것이다.[35]

국군의 빨치산 토벌 작전과 대응

북한군 패잔병들과 남한 좌익 세력들로 이루어진 빨치산들은 대한민국을 무너뜨리고 북한 체제로의 통일을 위해 목숨을 걸고 투쟁한 사상적 동지들이었다. 이들은 무기를 들고 대한민국 국민들을 위협했고 전쟁 중 군수 물자 수송 차단을 위한 철도 폭파, 열차 습격, 철교 폭파, 그리고 아군의 통신 방해를 위해 전선 절단, 전신주 파괴 등을 자행했다. 또한 형무소 습격, 경찰서 습격, 군 주둔지 공격, 미군 전투기 격추 등 온갖 무장 투쟁을 자행했으며, 이들에게 협조하지 않는 민간인들을 학살했다.

전방에서 전투가 소강상태를 보이던 무렵인 1951년 11월 25일, 정부는 백선엽 소장을 사령관으로 하는 백야전 전투사령부를 설치했다. 백야전 전투사령부는 전주를 거점으로 하여 지리산 등 영호남 일대의 빨치산들을 토벌하는 작전에 돌입했다. 백야전 전투사령부의 규모는 정규군 3개 사단, 전투경찰 4개 연대 등 총 5만여 명에 달했다. "쥐잡기" 작전명의 공비 토벌 작전은 1951년 12월 2일에서 1952년 3월 14일까지 총 4번에 걸쳐 실시되었는데, 1951년 12월 한 달 동안 공비 약 4,000여 명을 사살하고 약 4,000여 명을 생포하는 전과를 올렸다.[36]

공비 토벌군 사령관 백선엽 장군은 거창 사건에서처럼 실수하지 않기 위해 특별한 지시를 내렸다. '모든 예하 장병은 작전 기간 중 부락 근처에서 숙영하지 말 것. 물 한 모금도 그냥 얻어 마시지 말 것. 식량은 여유 있게 지급되니 주민들에게 나눠줄 것. 저항하는 자 이외에는 절대로 쏘지 말 것' 등을 강력히 지시하였다. 이는 주민들에게 피해를 주어서는 안 되고 주민들의 마음을 감싸 안아야 작전에 성공할 수 있다는 믿음에서였다.[37] 백선엽 장군은 죄를 지은 빨치산들은 죗값을 치러야 하지만 그렇지 않은 단순 가담자의 가족들은 최대한 구조하려 했다.

사진70. "지리산 지구 공비포위 작전도(1951.12.2.-8)", 백선엽 장군의 수기 《군과 나》(272쪽)

양민 학살의 주도 세력과 그 원인

6·25전쟁 중 북한군이 남한을 점령했을 때는 북한군과 남한의 좌익 세력이 합세해 점령 통치를 했고, 유엔군과 국군이 북한을 점령했을 때는 북한 지역에 있던 우익 세력 즉 반공 세력과 합세하여 북한군에 대항했다. 다시 말하면 남한 지역에서나 북한 지역에서나 공

산 사상을 가진 세력은 동지로 뭉치고, 자유 민주주의 사상을 가진 세력은 공산주의에 대항해 함께 뭉쳤다. 그러므로 6·25전쟁은 공산주의 사상을 가진 세력과 반공산주의 사상 즉 자유 민주주의 사상을 가진 세력의 사상 전쟁, 즉 체제 전쟁이었다.

그렇다면 어느 쪽이 더 학살에 책임이 있을까?

앞에서 설명한 바와 같이 북한군과 지역의 좌익분자들이 합세한 공산주의 세력이 훨씬 더 많은 수의 민간인을 학살했다.

북한군이 남한 지역을 점령했을 때, 학살은 주로 북한군과 남한의 좌익분자들에 의해 일어났다. 분노한 일부 우익 세력들이 보복을 하기도 했지만, 정부가 법으로 막았기 때문에 광범위한 사적 보복 행위는 일어나지 않았다. 영광군 백수면의 한금례 씨는 6·25전쟁의 실상을 모두 경험한 사람으로서 이렇게 말했다. "그래도 공산당이 더 나쁜 짓을 많이 했어. 잘못 걸리면 온 가족을 전부 죽였으니까. 운이 있으면 살고 운 없으면 죽고. 그 사람들 기분 내키는 대로 죽이고 살리고 했어."[38]

국군과 유엔군이 북진할 당시에도 북한 지역에서 일어난 대량 민간인 학살의 주범은 북한 정권과 북한 지역의 좌익분자들이었다. 황해도 신천 지역 등 일부 지역에서 저항 운동이 일어나기도 했고, 국군과 유엔군 점령기에 피해를 입었던 우익 세력에 의한 보복 조치도 있었지만, 북한 정권이 광범하게 자행한 집단 학살에 비교할 바는 아니었다. 함흥에서 시체 발굴 단원으로 활동했던 김인호 씨는 동굴 속에서 죽은 수천, 수만 구의 학살당한 시신들을 처리하면서 꿈인가 생시인가 꼬집어 보기도 했고, "왜 공산당 빨갱이들은 이런

끔찍한 일을 하는가?"라고 스스로 반문했다.[39]

그러면 왜 공산주의자들은 민간인을 더 많이 학살했을까? 학살의 이유와 근거는 뭘까?

공산 세력이 반공 세력 즉 우익 세력을 잔인하게 학살한 이유는 바로 공산주의 사상 때문이었다. 마르크스-레닌주의, 스탈린주의, 모택동주의 등 공산주의 사상은 평등한 사회주의, 공산주의 사회를 만들기 위해서는 프롤레타리아 계급이 혁명을 일으켜 부르주아 계급을 제거해야 한다고 보았다. 그래서 필연적으로 피를 흘리는 내전이 일어난 것이다.

프랑스 학자들이 만든 "공산주의 흑사"에 따르면 1917년 러시아가 처음으로 공산주의 국가가 된 이래 1991년 소련이 멸망할 때까지 70년간의 공산주의 역사에서 피의 숙청을 겪지 않은 나라가 없었고, 공산주의에 의해 학살당한 규모는 약 1억 명 이상으로 보았다. 그중 구소련은 2,000만 명 이상, 중공(모택동)은 6,500만 명, 베트남 100만 명, 북한 200만 명, 캄보디아 200만 명, 아프리카 1,500여만 명 등으로 산정했다.

이렇듯, 6·25전쟁에서 북한군과 남한의 좌익 세력이 학살의 주범이었던 이유도 바로 공산주의 이론과 사상에 기인한 것이라는 것을 알 수 있다.

맺음말

6·25전쟁은 단순히 남과 북의 군사적 충돌에 그치지 않고 공산 세력과 자유 민주 세력 간의 사상전, 체제 전쟁이었다. 그런 차원에

서 6·25전쟁을 이해해야 전쟁 와중에 있었던 수많은 민간인 학살 문제를 객관적 시각에서 이해할 수 있다. 6·25전쟁 중에 민간인 학살이 일어난 근본적 이유는 북한 김일성이 남한을 공산화시키려는 의도를 가지고 남침했다는 점과 우익 세력을 반동분자로 학살하는 것을 정당화하는 공산주의 계급투쟁 이론에 있다. 따라서 북한군과 남한 좌익분자들의 민간인 학살 행위가 더욱 광범위하고 잔혹했던 것이다.

"자유는 공짜가 아니다(Freedom is not free)"라는 명언처럼 국민들이 대한민국의 자유 민주주의 체제가 얼마나 많은 희생 위에 이루어진 것인지 깨달았으면 한다. 6·25전쟁의 사상전, 체제 전쟁의 실체를 제대로 알 때 오늘날 대한민국 위기의 실체를 이해할 수 있고, 자유민주주의 대한민국을 위해 어떤 자세로 행동해야 하는지를 알 수 있다.

주

1   박윤식, 2012, 60.

2   김기진, 2006, 43.

3   민주신보 보도(1950. 8. 4)에 따르면, 부산지방검찰청장이 기자에게
         "시국에 비추어 부득이 일부 맹원을 예비검속한 것이다. 그러나
         이것은 호전되면 곧 석방할 것이다."라고 밝혔다.

4   ① 1951년 2월 3일 계엄사령관이 각 지청장에게 보낸 예비구금
         관련 문건에서는 '경찰이 예비구금을 할 때 인권을 경시하지 말 것,
         엄정 감독을 실시할 것을 강조'한 내용이 있다. ② 1951년 12월 8일
         계엄사령관이 빨치산 토벌부대인 백선엽 백야전전투사령관에게
         보낸 공문서에도 '작전상 필요에 의하여 통비(적과 내통)할 우려가
         현저한 자를 공비와 격리하기 위함'이며 '범죄로 인한 구속'이
         아니라는 점을 강조한 내용이 있다.

5   김기진, 2002, 320-324.

6   김기진, 2002, 188.

7   김기진, 2002, 189.

8   박명림, 2009, 331-332.

9   박명림, 2009, 332.

10   김필재, 2005.

11   전라북도 경찰국, 1980; 김필재, 2005년 기사에서 재인용.

12   김필재, 2005.

13   월간조선, 2010, 149.

14   남정옥, 2014, 172-174.

15   정진석, 2006, 32-33.

16   국방부 전사편찬위원회, 1971, 760; 정진석, 2006, 21에서 재인용.

17   정진석, 2006, 21-22.

18   국방부 군사편찬연구소, 2009, 22.

19   이때 시작된 북한군의 후퇴 행렬은 북한 지역으로 이어졌고, 이로
         인해 민간인 학살극도 북한 지역에로 이어졌다. 국가보위부, 내무서,
         북한군, 북한 지역 내 좌익세력(공산당 등) 등 북한 정권에 의한 북한
         지역 민간인 집단 학살은 국군이 북진을 개시한 10월 1일경 부터
         시작되었으며, 유엔군이 북진을 개시한 10월 9일경부터 더욱 심화

되었다.

20 연정은; 서중석 외 6인 공저, 2011, 302-304; 한화룡(2015)에서 재인용.

21 국방부 군사편찬연구소, 2009, 193.

22 월간조선사, 2003, 26.

23 공보처, 1952.

24 월간조선사, 2003, 14-16.

25 박명림, 2009, 254-255.

26 박계주, 1955, 78; 박남식, 2004, 169-172; 한화룡(2015)에서 재인용.

27 백선엽, 2010, 129.

28 국방부 군사편찬연구소, 2003, 45-48.

29 국방부 군사편찬연구소, 2003, 48-49.

30 백선엽, 2010, 126-127.

31 한화룡, 2015, 88-92.

32 한화룡, 2015, 93-94.

33 신천지역 반공유격대는 중공군이 내려오자 치열하게 싸우다가 백령도, 연평도, 강화도 등지로 피난해 미군과 국군 소속의 유격대로서 수시로 황해도 지역에 침투하여 북한군과 유격전을 벌이곤 했다. 이로서 신천 등 황해도지역에는 쌍방한 피살자가 많았던 것이다. 국방부 군사편찬연구소, 2003.

34 박명림, 2009, 311.

35 현대사상연구회, 2011, 188-190.

36 양영조 · 남정옥, 2008, 114-115.

37 백선엽, 2010, 268.

38 월간조선사, 2003, 23.

39 김인호, 2016, 192-193.

제13장 북한 기독교와 6·25전쟁

김명구 | 감리교 목사로 연세대학교에서 신학 박사 학위를 취득했다. 서울장신대학교와 연세대학교 교수를 거쳐 현재 서울YMCA 월남시민문화연구소 소장으로 일하고 있다. 저서로는 〈월남 이상재의 기독교 사회운동과 사상〉, 〈소죽 강신명 목사〉, 〈영주제일교회 100년사〉, 〈서울YMCA운동사 100-110〉 등이 있다.

북한의 기독교회와 공산 정권 거부

8월 15일 정오 조금 지나 일제가 항복했다는 방송이 보도되자, 만주 관동군의 가족들을 인솔하고 선천에 와 있던 일군(日軍) 장교는 "천황이 항복했으니 할 수 없다."라고 하면서 당장 기가 죽고 말았다. 일본인 경찰서장은 시내 기관장들과 교회 책임자들을 개별 방문, 해방을 축하하고 지난날의 잘못을 사과했으며 한국의 앞날에 영광이 있기를 바란다는 인사를 하고 돌아갔다.[1]

선천의 목회자였던 강신명은 해방 직후 일본의 반응에 대해 이렇게 회상했다. 그런데 일본이 교회 지도자들을 찾고, 그 이후를 부탁했던 일은 선천에만 있었던 것이 아니다.

해방 직후, 북한 지역의 일본 관리들은 개신교 목회자들을 찾아와 사회 질서 유지와 관리의 책임을 부탁했다. 국가 부재의 상황에서 교회만이 일본이 의존할 수 있는 최대의 조직이라고 보았고 지역사회를 이끌 수 있는 사람은 교회의 지도자들밖에 없다고 판단했기 때문이다. 실제로 기독교인들과 교회는 해방 정국에서 가장 교육수준이 높은 집단이었다.

신의주의 일본 관리들이 한경직 등에게 치안을 부탁했을 때, 목회자들은 기독교가 새로운 국가 건설을 주도할 수 있을 것이라는 희망에 들떴다. 그런 인식 아래 한경직과 윤하영 등은 도쿄의 연합군 사령부에 편지를 보내 미군을 "평화와 자유의 십자군"이라며 칭송하며 "전쟁이 끝났을 때에 모든 사람은 미군이 곧 들어오리라고 생각했고, 열렬히 기다렸다."라고 했다. 아울러 신의주와 평안북도의 정황, 소련군의 활동 등도 자세히 전하며[2] 공산당이 언론을 장악하고 적색 단체들이 개인 소유의 공장과 농토를 강탈한 상황을 구체적으로 알렸다.[3]

해방 초기만 하더라도 기독교 지도자들은 소련 군부에 대해 걱정하지 않았다. 신탁통치를 한시적으로 보았기 때문이다. 이들은 기독교 국가를 세우기 위해 정당들을 조직하며 적극적으로 정치에 나섰는데 1945년 9월 초 신의주 제일교회와 제이교회의 윤하영과 한경직이 중심이 되어 기독교사회민주당을 조직했고, 11월

3일에는 조만식 중심의 조선민주당이 창당되었다.[4] 11월 초 정주에서는 장로교의 김화식, 이유택, 김관주 등과 감리교회의 신석구, 송정근 등이 통일된 기독교 국가를 내세우며 기독교자유당을 창당했다.[5]

북한의 목회자들이 1907년 평양 대부흥의 전통을 벗어나 정치에 참여하게 되는 것에는 몇 가지 이유가 있었다. 그것은 먼저, 일본이 떠난 이후에 북한을 선도할 조직이 없었다는 것, 둘째 "새 나라의 정신적 기초가 반드시 기독교여야 한다."[6]라는 신념, 그리고 셋째는 공산당 조직이 급속하게 확대되어가는 상황에 대한 우려 때문이었다. 그러나 북한의 기독교 정당들은 교회와 교회의 지도력을 제거하려 했던 소련 공산 정권의 탄압으로 뜻을 이루지 못했다. 소련은 미국과 38선을 만들기로 합의했을 때부터 북한에 친소 정부를 세우려고 계획했고, 스탈린은 1945년 9월 20일 조선 주둔 소련군 사령관 치스차코프(Ivan Mikhailovich Chistyakov)에게 북한에 단독 친소 정부를 세우라고 명령을 내린 바 있었다.[7] 따라서 기독교의 정치적 영향력을 내버려 두려 하지 않았다.

1945년 11월 16일 평안북도 용암포(龍巖浦)에서 열린 기독교사회민주당 지방 대회에서, 평북 자치대 용암포 대표는 기념사를 통해 폐교 조치된 수산기술학교의 복구를 촉구하고 공산당 용암포 대장 이종흡의 만행을 규탄했다. 이를 지지하고 나선 학생들은 만세를 외치며 '학원의 자유'를 부르짖었다. 곧바로 소련군은 행사 참가자들을 향해 곧바로 총격을 가했는데 평안교회의 장로가 현장에서 사살되었고 12명의 학생과 시민들이 총상을 입었다. 이에 격분한 신의주시의 6개 중학교 남·녀 학생들이 11월 23일 상오 9시 학교 강당에 모여 '공산당 타도'를 결의하고 시 인민위원회를 습격해 문서 등을 빼앗고 공산당원들로부터 사죄를 받아냈다. 그러자 소련 군대는 무자비하게 진압을 감행했고, 그 바람에 학생 23명이 피살되었다. 중·경상자가 700여 명이었고, 사건 이후 검거·투옥된 학생과 시민은 무려 2,000여 명에 달했다. 기독교사회민주당 간부들도 체포되었는데 이후 평북의 교회들은 노골적인 핍박을 받게 되었다.[8]

한편, 평양의 교회들은 1946년 북조선임시인민위원회가 주최하는 평양역 앞에서의 3·1절 기념식 참가를 거부하고 장대현교회에서 독자적으로 기념 예배를 감행했는데 이는 소련이 3·1운동을 볼셰비키 혁명의 결과로 만들려고 했기 때문이다.[9] 소비에트와 북한 공산주의자들은 1919년 3·1 운동이 1917년 볼셰비키 혁명의 영향을 받아서 시작되었고, 3·1 운동을 주도한 것은 33명의 민족주의자들이 아니라 노동자와 농민이라고 주장한 것이다. 소비에트와 북한 정권은 2월 18일부터 이 같은 선전을 하면서 만일 이에 불복하면 많은 불이익이 있을 것이라고 경고했다.[10]

기독교계로서는 이를 받아들일 수 없었다. 3·1 운동이 기독교계에 의해 주도되었다는 역사성을 포기할 수 없었기 때문이다. 결국 기독교계는 3·1절 기념식 불참에 그치지 않고 주일 성수를 이유로 북조선 도시군 인민위원회 선거에 불참 의사를 공개적으로 표명했다. 공산 정권으로서도 기독교와 같이 할 수 없다는 것을 다시 확인하게 되었고 그들에게 기독교는 "건국의 비협력자"요 "친미파"였으며 적대 세력이었던 것이다.[11]

긴 시간이 지나지 않아 기독교는 북한 지역에서의 모든 지도력을 상실했다. '조선기독교도연맹'에 참여해서 공산주의를 찬양하고 변절을 선언하지 않으면 생존하지 못할 지경까지 이르게 되었다. 목회자들과 기독교 정당들은 '반동결사체'라며 모진 핍박을 받았고 북한 공산 정권에 협조하지 않은 목회자들은 처형당해야 했다. 한경직을 비롯한 다수의 목회자와 교인들은 월남을 결심해야 했다.[12] 결국 소련군과 공산 정권이 기독교의 정치적 영향력을 제거했던 것이다.

북한 공산 정권의 기독교관- 개인 구령 거부, 정권의 도구 의식

1946년 2월 북조선임시인민위원회가 수립되었을 때, 북한은 김일성이 발표한 '20개조 정강'을 통해 "전체 인민에게 언론, 출판, 집회 및 신앙의 자유를 보장할 것"과 신앙의 유무를 불문하고 누구나 "정치·경제생활에서 동등한 권리를 보장할 것"을 약속했다.[13] 1946년 8·15 경축사에서도 김일성은 "우리 인민은 비로소 말할 자유를 얻었으며 오랫동안 념원(염원)하고 갈망하여 온 출판, 집회, 결사, 신앙의 자유를 얻었습니다."라며 신앙의 자유를 확인했다.[14]

해를 넘긴 2월, '북조선인민위원회'를 공식으로 수립하면서도 신앙 자유의 보장을 또다시 약속했다. 이를 믿고 감리교는 서부연회를 개최했고 장로교는 김진수를 회장으로 해서 '오도연합노회'가 결성됐다. 성결교는 1946년 봄 이전에 16-17개의 교회들을 재건했고 성공회, 구세군, 침례교도 교회를 재건했다.[15] 그러나 북한 정권은 재건된 교회들을 모두 폐쇄했다.

1947년 4월 평양에서 감리교와 장로교 연합으로 '대부흥운동 40

주년 기념 부흥회'가 열렸고 약 2만 명이나 참석했다.[16] 시련과 핍절을 견뎌온 한국 교회에게 북한의 공산 정권이 새로운 핍박의 주체로 나서고 있었다. 또다시 위기가 다가오고 있을 때 영적 각성으로 이를 극복하려 했던 것이다.[17] 그것은 1907년의 발생지가 평양이었다는 확인을 통해 교회를 이어가야 한다는 소망이었다. 무섭게 교회를 탄압하기 시작한 공산 정권에 대한 저항이었고 일방적으로 억눌릴 수 없다는 항변이기도 했다. 그러나 그런 기대와 저항은 속절없이 일순간에 무너졌다. 북한에서 공산 정권이 인정하지 않는 교회는 존재가 불가능했다.

북조선인민위원회가 수립된 1947년 2월부터 공산 정권의 기독교 탄압은 노골화되었고 구체화되었다. 엡윗청년회와 기독교청년면려회가 해산되었고 신석구와 김진수를 비롯한 북한 교회 주요 목회자와 지도자들이 검거되었다.[18] 북한의 각 기업소와 기관의 기독교인이 파면되었고 허락받지 못한 종교 집회는 열리지 못했다. 교회 행사도 마음대로 할 수 없었다.[19] 기준에 미달된다며 작은 교회들을 폐쇄했고 일요일을 노동일로 정해 교회 출석을 막았다. 수요일 기도회 참석을 금지하기 위해 오후 6시 이후 통행금지령을 내리기도 했다.[20] 학교들은 일요일에 각종 행사와 훈육 시간을 실시했고 신학교에서는 김일성 초상화를 걸어야 했다. 교수들은 기독교도연맹에 가입해야 했고, 입학생들은 거주 지역 기독교도연맹 위원장의 추천서를 첨부해야 했다.[21] 수단과 방법을 가리지 않고 공격했고 감리교 서부연회도 폐쇄했다. 성결교, 침례교, 구세군, 한국 천주교도 예외 없이 교회 문들을 닫아야 했다. 교인들의 토지는 몰수당했고[22] 국유화를 이유로 기독교인들이 운영하는 기업이나 종교 단체가 운영하는 기관도 몰수당했다. 헌금과 기증이 금지되어 재정적 기반이 상실되었다. 반혁명분자로 전락이 되기 때문에 반대와 항의도 할 수 없었다.

감리교회의 성화신학교나 이북 5도 연합의 연합노회 직영(直營)으로 운영하고 있던 평양장로교신학교의 목사들은 월남을 해야 했거나 순교를 당해야 했고 아니면 북한 정권의 하수인 노릇을 해야 했다. 두 학교는 북한 정권에 의해 합쳐졌으나 어용(御用)과 변질로 일관하다가 소멸되었다.[23]

기독교회와 목회자들은 친미파이며 미국의 앞잡이였고 "제국주의자들의 정탐군"이었다. 그리고 "민족 반역자"였다. 김일성은 이렇게 말했다.

> 북조선에서는 종교를 믿는 것을 반대하지 않으며 신앙의 자유를 법적으로 보장하고 있습니다. 종교를 믿는가 안 믿는가 하는 것은 자유라는 것을 종교인들에게 똑똑히 인식시켜야 합니다… 과거 조선에 와있던 외국 선교사들은 제국주의자들의 정탐군들이였습니다(이었습니다). 타국을 침략하기 위하여 선교사들을 파견하는 것은 오직 제국주의 국가에서만 있는 일이며 오늘의 민주주의 세계에서는 있을 수 없는 일입니다. 종교인들은 외국 선교사들을 숭배하는 그릇된 사상을 없애야 합니다. 이제부터는 종교도 국가와 인민의 리익에(이익에) 복종 되여야(되어야) 하며 우리 민족의 리익(이익)을 위하는 종교로 되어야 합니다. 그러한 종교만이 조선 사람이 믿을 수 있는 종교로 될 수 있습니다.[24]

김일성은 법적으로 신앙의 자유를 보장하겠다고 말했다. 그러나 북한 정권 수립에 지장을 준다고 판단된다면 박해를 가하고 교회를 폐쇄할 수 있다고 위협했다. "하느님을 믿어도 다른 나라의 하느님을 믿을 것이 아니라 조선의 하느님을" 믿으라고 소리쳤고, "조국의 번영과 우리 인민의 행복"을 위해서만 존재해야 한다고 주장했다.[25] 선교사들은 제국주의의 정탐꾼이 되었고, 김일성 정권을 지지하지 않거나 이익을 주지 않는 교회는 모두 반민족으로 분류되었다. 기독교는 정권의 안정을 해칠 반동사상이 되었고 기독교회는 반혁명 세력과 연계된 집단이 되었다. 목사와 장로들은 북한 정권에 반대하는 '3대 세력' 중 하나로 판단되었다.[26]

김일성의 주장에 따라, 기독교는 숭미(崇美) 사상이요 반(反)국가를 획책하는 종교가 되었다. "국가와 인민의 이익에 복종"하지 않는 종교가 되었고, 기독교인은 반혁명 분자가 되었다. 그런 취급을 받지 않으려면 "조국의 자주독립을 위하여 투쟁하는 애국적 종교인"으로 탈바꿈해야 했다.[27] 교회는 김일성 정권의 충실한 도구로 거듭나야 했다.

한편, 북조선임시인민위원회가 탄생 20일 만에 무상 몰수 무상 분배를 완료했다. 공산 정권에 반대하는 사람들을 일제의 잔재, 봉건사상의 잔재로 몰아세웠고 단 순간에 지주층이 사라지기 시작했다. 기독교인들은 일제의 잔재요 악랄한 착취 계급으로 전락했다. 자연스럽게 청산해야 할 대상이 되었고, 교회 말살은 반드시 이루어야 할 정치적 과제가 되었다. 김일성은 다음과 같이 말했다.

반동적인 장로, 목사로서 땅을 안 가졌던 자가 거의 없고 놀고먹지 않은 자가 없었기 때문에 이들도 우리에게 불평을 품고 있습니다. 특히, 미국 놈들은 40년 전부터 종교를 통하여 조선 땅에 자기들의 사상적 영향을 퍼뜨리려고 광분하여 왔으며 조선을 침략하기 위한 사회적 지반으로서 반동적 장로, 목사들을 길러내고 비호하는 데 힘을 기울였습니다. 이와 관련하여 기독교 신자들 가운데는 미국을 무조건 숭배하는 경향이 있으며 반동적 목사들은 우리 인민이 똑똑하여지면 자기들의 목적을 실현하기가 더욱 곤난(곤란)해지기 때문에 인민들을 계몽하고 정치적으로 각성시키는 우리 당을 싫어하며 당의 정책을 반대하여 나서고 있습니다.[28]

일제 강점기 공산주의자들에게 기독교는 "제국주의 수족", "자본주의 주구", "양의 얼굴을 가진 늑대"였고[29] 기독교인들은 "자본주의를 옹호하는 아편"이었다.[30] 교회가 자본주의 사회를 이끈다고 보았고, 따라서 궤멸의 대상이었다.[31] 이들에게 "기독교는 인간의 정신이 만들어낸 산물"에 불과했기 때문에 사라져도 무방했다.[32]

공산주의자들은 기독교인 상당수가 지주나 자영농, 의사와 학교 설립자 등 중산층 이상의 계층이라고 몰아세웠다. 노비 문서를 태우고 여성을 해방한 사실이나, 소외된 계층을 애모(愛慕)로 대했다는 것을 인정하지 않았다. 김일성 자신도 기독교에 대한 묘한 적개심을 갖고 있었다. 그에게 기독교 신앙은 과학과 진보에 역행하는 것이고 자각적인 것에 불과했다. 미신의 잔재였고 의식적인 투쟁을 방해하는 장애물이었다.

그러나 북한 공산 정권도 자신들을 위한 교회가 필요했다. 그런 이유에서 1946년 11월, 평양 기림 고정교회 목사요 북조선임시인민위원회 서기장인 강양욱을 앞장세워 기독교도연맹(基督敎徒聯盟)을 출범시켰다.[33] 강양욱은 "전국의 기독교인들은 위대하신 김일성 장군을 중심으로 함께 뭉쳐야 한다."라는 메시지를 발표했고, 기독교도연맹은 인민위원회 단독 선거에 솔선 참가를 선언하며 다음과 같은 결의문을 발표했다.[34]

> 1. 우리는 김일성 정부를 절대 지지한다.
> 2. 우리는 남한 정권을 인정치 않는다.
> 3. 교회는 민중의 지도자가 될 것을 공약한다.
> 4. 그러므로 교회는 선거에 솔선 참가한다.[35]

기독교도연맹은 공산 정권의 비호와 강압 아래 교역자들을 가입시켰다.[36] 이후 북한의 교회는 더는 영적 전통이나 한국의 근대를 이끌어온 기독교 이데올로기와 상관없게 되었다. 가혹한 일제 강점기에서도 살아남았던 교회가 북한 공산주의 밑에서는 생존할 수 없었다. 교인들은 전향하거나, 순교자가 되거나, 월남을 해야 했다.[37]

북한 공산 정권의 기독교회에 대한 적개심

북한은 1946년 2월 8일에 북조선 임시인민위원회를 창설했고, 그때 "임시위원회는 우리의 정부이다."라며 실질적 정부 수립을 선포했다.[38] 10개 부처의 정부 조직과 공산주의 공안 기관을 설치했고, 무상 몰수 무상 분배 방식의 토지개혁을 실시했다. 중앙은행을 설립해 화폐도 발행했다. 주요 산업의 국유화 조치도 거침없이 실행에 나갔다.[39] 이미 실질적인 독자 정권으로서 활동을 시작한 것이고 1947년 2월 21일에는 이를 확정하고자 '인민위원회'를 공식 출범시켰을 뿐이다.[40] 북한을 공산 체제로 확정 지은 것이다.

소련과 북한 공산 정권은 한반도 전체를 공산화하려 했다. 북한 땅을 '민주 기지'라[41] 부르며 남한을 필수 불가결한 점령 대상으로 여겼던 것이다.[42] '대구 폭동', '2·7 사건' 그리고 제주도 '4·3 사건'[43] 등이 일어난 것도 한반도 공산화를 위해서였다. 그런데 기독교는 이들의 에너지를 분산시킬 수 있는 방해 요인이었다. 공산화를 위해 기독교의 제거는 필수적이었다.

북한을 장악했을 때, 소련과 공산 정권은 저항했던 개신교회뿐만 아니라 호교적 이유로 침묵을 지키고 있던 천주교회도 예외 없이 탄압하고 학살까지 했다.[44] 개신교에 대해서는 반공적 태도와 친미주의 경향을 문제 삼았고 천주교회에 대해서도 외세라며 시복 대상자 대다수를 살해했다.[45] 영적 각성의 진원지였던 철원의 장흥교회와 철원제일교회의 김윤옥, 박성배, 정국화, 박상춘, 박정재 등도 옥사하거나 죽임을 당했다.[46] 김화감리교회의 김화, 금성교회의 한사연 등도 살해했다. 김일성의 북한 공산 정권은 민족주의를 내세웠지만,[47] 그것은 명분이었다. 애초부터 유물론 이데올로기 아래 기독교회의 존립은 불가능했다. 공산 정권에 의해 2,850개의 북한 교회와 수십만의 교인들, 신학교들, 숭실학교 등 수많은 기독교 학교들이 일순에 사라졌다.[48]

북한군은 개전 3일 만에 서울을 점령했다. 8월에서 9월 사이에 이르러서는 경상남북도 일원을 제외한 남한 대부분의 땅을 차지했다. 유엔군이 개입하며 전쟁은 더욱 치열했고 그럴수록 그들의 박해와 만행은 도를 넘었다. 특별히 기독교에 대해서는 살의와 적개심을 갖고 대했다. 공산 체제와 민주주의 체제가 양립할 수 없다는 것과 공산주의와 기독교회가 함께할 수 없다는 것을 다시 한번 확인했다.

당시 서울 시민 144만 6천여 명 가운데 인민군에게 점령당하기 전에 서울을 빠져나간 사람은 40만 명이었는데 그 가운데 80%가 월남 동포였다. 북한 땅에서 이미 공산주의자들의 실체를 경험하였던 이들은 필사적으로 도강(渡江) 하여 서울을 벗어나려 했었다.

북한 공산주의자들의 기독교에 대한 적개심은 점령지 남한에서도 여실히 나타났다.[49] 3개월이라는 그 짧은 기간 동안, 일제 강점기에 희생된 기독교인들 보다 더 많은 교인들이 납북되고 처형되었으며 실종되었다. 서울에 남아있던 대부분의 사람들은 인민군의 포악성을 잘 몰랐고 북한 공산주의자들도 동포일 것이라는 기대가 전혀 없지 않았다. 그런 기대는 서울에 남게 된 대부분의 목회자들도 마찬가지였다. 그들은 공산당에게도 최소한의 동포애와 인간성이 남아 있을 것이라는 희망을 포기하지 않았다.[50] 그러나 그들 중 적지 않은 수가 공산주의자들에게 붙잡혀 모진 고문을 받았고 수모를 당했으며 마지막에는 무참하게 총살당했다.

6·25전쟁 중 북한군과 공산당에 피살당한 기독교 교직자 중 이름이 밝혀진 사람만 174명이었다. 358명 정도의 납북당한 사람들 중에서 교직자가 184명이었다.[51] 한국 감리교회 초대 통리사였던 양주삼, 재건파와 복흥파 간의 분열을 해결하고 통합된 감리교회를 이끌

었던 김유순, 전도국 총무 박만춘, 북아현 감리교회 조상문 목사, 총
리원 재단이사였던 방훈, 협성신학교 교수 서태원, 기독교교육협회
심명섭 등이 납북 당했다. 장로교회에서는 평양신학교 교수를 역임
했던 남궁혁, 성빈사상의 창시자 송창근, 새문안교회의 김영주, 신
당중앙교회의 안길선이 끌려갔다. 성결교에서는 기독교조선성결교
회의 초대 총회장을 했던 박현명 서울 신공덕동 성결교회의 김유연,
서울신학교 교장 이건이 납북 당했다.[52] 구세군의 김삼석 정위와 성
공회 회장 임홍석도 북으로 끌려갔다. 상해임시정부 참여자로 해방
후 〈민주주의 원론〉 등 주옥같은 서적들을 저술로 남기고 협성신학
교와 이화여전, 서울대학교 교수로 있던 한치진도 납북 당했다.

상해임시정부에서도 일했던 후암교회의 김예진은 린치를 당하고
리어커에 실린 채 이리저리 끌려다니다 천호동에서 총살당했다. 신
사 참배와 여순 반란 사건을 통해 기독교인의 태도를 증명했던 손
양원도 살해당했다. 김인룡, 김인선을 비롯한 서울 북창동 공동교회
의 김윤실 등도 서울에서 철수하던 인민군들에 의해 서대문 형무소
에서 죽임을 당했다.[53]

감리교회 239개, 장로교회 619개, 성결교회 106개, 구세군 8개의
예배당이 파손되었으며[54] 기독교인이라는 이유 하나로 수많은 사람
들이 죽임을 당했다. 공산 이데올로기가 선명했던 사람들에게 애초
부터 동포(同胞)요 동족(同族)이라는 개념은 없었다.

어용, 변질, 변절의 기독교

인민군이 서울로 들어올 때, 곳곳에서 과거 좌익 운동을 했던 보

도연맹 출신들이 나타났다. '인민군 환영' 현수막이 거리에 무수히 걸렸으며 더 이상 어제까지의 서울이 아니었다. 3·1운동 당시 33인 중 한 사람이었던 김창준이 인민군과 함께 서울에 나타났고 종교교회 출신으로 한국 근대교육역사에 금자탑을 이루었던, 그러나 월북해 문교상에 올랐던 이만규도 서울로 들어왔다. 평양신학교 출신으로 1946년 10월의 대구 폭동 주도자 중 한 사람으로 서대문 형무소에 갇힌 바 있던 최문식도 사람들 앞에 나타났다.

인민군이 입성하자 김창준은 태평로에 사무실을 내고 이승만 정부가 등장하면서 해체되었던 '기독교민주동맹'을 다시 조직하려 했다.[55] 위원장 직함을 갖고 피난 가지 못한 목사들을 만나기 시작한 그는 교회에도 '민주동맹'을 다시 조직할 것을 강요했다.

기독교민주동맹 회원들은 대개 YMCA 내부의 공산·사회주의를 신봉하던 청년들로,[56] 경동교회를 다니던 김욱이 사무장이 되었다. 전북 삼례 출신인 김욱은 장로교의 김종대에게 장로교회도 인민군 환영 행사에 나서야 한다고 강요했다.[57] 두 사람은 전주성경학교 동창이기도 했다. 김종대와 한국 장로교회 총무를 맡고 있었던 유호준 등이 신변 안전을 요구했으나 이 말에는 어떤 답변도 하지 않았다.

김창준, 최문식 등의 협박에 서울을 빠져나가지 못했던 기독교 지도자들은 어쩔 수 없이 어용 조직에 가담했고 '인민군환영대회'를 준비해야 했다. 대회 고문으로 신흥우, 총무에 박성산이 뽑혔고[58] 각 교단 대표자로 장로교는 유호준과 김종대, 감리교는 박만춘과 심명섭이 나서야 했다. 7월 10일 오후 2시, 종로 YMCA에서 3백여 명이 참석한 가운데 예정대로 대회가 열렸다. 감리교 감독 김유순과 적

십자 총재 양주삼도 여기에 참석해야 했는데 유호준이 병을 핑계로 나오지 않아 김종대가 대신 설교를 했고 감리교 목사로 대한성서공회 총무였던 임영빈이 환영문을 낭독했다.[59]

당시 대(對) 기독교계, 특히 감리교를 대상으로 북한 정권을 대변한 인물은 김창준과 최택 이었고 장로교는 최문식이었다.[60] 1919년 3·1운동 33인 중 한 사람이었고 미국 게렛에서 공부하고 협성신학교 교수를 지냈던 김창준은 1930년대만 하더라도 공산주의와 기독교가 절대 타협할 수 없다고 주장한 바 있다. 기독교는 구원의 종교이고 공산주의는 "오직 물질의 힘과 생사력을 본위"로 하는 유물 사상 아래 있다는 것을 분명히 했다. 덧붙여 계급투쟁이 인류를 멸망시키는 반면 기독교의 복음과 십자가의 사랑은 모든 죄악을 소멸시킨다고 고백하기도 했다.[61] 이때만 하더라도 사회주의적 이상을 꿈꾸었을지언정 공산·사회주의는 배격했다. 해방 직후까지도 이를 굳건히 했으나[62] 1947년 1월, 일명 '민주주의 민족전선'(민전)에 참여하고 허헌, 박헌영, 여운형, 김원봉, 김기전과 함께 의장단에 선출된 이후, 김창준은 달라졌다. 1947년 2월 4일 그는 다음과 같은 성명을 발표했다.

> 첫째로 나는 기독교 목사로서 특권 계급의 편에 서는 것보다 예수의 정신에 따라 노동자들에게 더 가까운 친구가 되고자 근로 인민을 기초로 한 민전에 참가한 것이다.
>
> 둘째로 십자가애(十字架愛)는 경제적 공평의 제도까지 병행해야 하며, 지금 세계의 무산대중은 기아선상에서 굶어 죽어가므로 형제애를 달성키 위하여 경제적 공평을 주장하는 민전에 참가한 것이다.

셋째로 국제정세에 순응하고 민족주의적 국가로서의 독립을 쟁취하는 첩경은 막부(莫府) 3상 결정을 지지하는 데 있으며, 우리 민족의 근본적 해방은 근로 대중의 승리로 올 것과 세계 약소민족의 해방은 세계 인민 민주주의의 최후의 승리로 올 것을 확신하기 때문에 삼상 결정을 지지하는 민전에 참가한 것이다.[63]

예수의 정신과 기독교적 양심을 언급했지만, 분명히 김창준은 '인민 민주주의'로 전향했다. 기독교 복음의 구속과 은총의 개념은 사라져 있었고 결국 공산주의자가 되었다. 그래서 아무런 가책 없이 서울에 남아있던 기독교 지도자들에게 소위 '교역자 자술서'라는 것을 강요하며 변절을 유도했던 것이다.[64]

대구 출신의 최문식은 대구 계성중학교와 숭실전문, 평양신학교를 나왔다. 1920년대에는 조만식, 배민수와 함께 기독교 농촌 운동을 하기도 했다. 1926년 1년간 일본에 있으며 사회주의에 심취해 유토피아를 꿈꾸었던 그는 결국 공산주의자가 되었다.[65] 그는 해방 후 경북 인민당 대표이자 경북 인민위원회 부위원장의 신분으로 소위 '10월 인민 항쟁', 곧 대구 폭동의 주도 인물이 되었다.[66]

최문식에게도 목사가 갖추어야 할 영적 영역은 지워져 있었다. 6·25의 한복판에서 그는 장로교 목사들에게 '비민주적인 기독교를 선포했다.'라는 내용의 자수서를 쓰라고 요구하며 '미군 철수 반대를 선동했고 미국의 앞잡이였다는 것'을 시인하라고 강요했다. 또한 한국교회가 '미국을 돕는 통로'라는 것을 인정하라며 이승만을 위해 정치 운동을 했다는 자백도 강요했다.[67] 그는 숨어있던 목사들을 색출해 내는 데 앞장섰으며 목사들을 강제로 대중 앞에 세워 모욕을 주었다. 또한 김일성 정권을 지지하는 궐기대회에 참석하게 하고 남북통일호소문을 작성하게 했으며[68] 강제로 끌고 다니던 교인들을 적극성과 열의가 없다며 구속시키기도 했다.[69]

김창준과 최문식 등 변절한 목회자들이 강요한 '교역자 자술서'로 인해 서울에서는 모두 60여 명의 교역자와 교인들이 검속되었다. 자술서는 미처 피난을 가지 못한 목사들을 학살하고 연행, 납북시키는 근거가 되었다. 한국의 대표적인 신학교, 곧 협성신학교와 평양신학교 출신의 목사가 형제 배반의 만행을 앞장서서 저질렀던 것이다.

한편, 6·25전쟁이 발발했을 때 북한의 교회들은 공산 정권의 지원 활동을 벌였다. 북조선기독교도연맹은 1950년 8월 5일 서문밖교회에서 궐기대회를 열고 북한의 기독교도들에게 "정의의 성전"에서 하루속히 승리하도록 예배하고 기도하라고 소리를 높였다.[70] 여기에서 그치지 않고 무기 대금 마련을 위한 헌금을 모으는 데 힘을 다했다. 기독교도연맹총회 초대 총회장인 김익두의 이름으로 비행기·탱크·함선 기금 10만 원을 냈고, 북한 교회들의 무기 구입 헌납을 독려했다.[71] 명분은 "조국의 통일과 독립과 민주와 자유와 평화"였다. 유물론을 표방하는 북한 공산 정권을 위한 기독교, 곧 어용의 기독교로 변절한 것이다.

어용의 교회와 변절한 기독교인들에게 '복음'이나 '영적 기독교'라는 개념은 사라져 있었다. 서울에 남아 있던 사람들과 기독교인들은 그것을 몰랐다. 그로 인해 수많은 사람들이 고초를 겪었고 적지 않은 기독교인들이 공산주의자들에게 붙잡혀, 모진 고문과 수모를 당했다. 변절한 기독교인들은 자신들을 가로막거나 맞선다고 생각하면 반동분자로 낙인찍고 무참하게 폭력을 가했다. 그 수는 일제 35년간의 희생자들보다 많았다.

주

1 강신명, 1987, 585.

2 Ha Young Youn and Kyungchik Han, 1945, 10-145.

3 1945년 9월 26일자 편지이다.

4 조선민주당에 참여한 사람들은 대개 신간회에 참여했던 사람들
   이었다.

5 북한연구소 편, 1990, 415; 신석구는 일명 '기독교 민주당 비밀
   결사사건'으로 1949년 4월 19일 북한 중앙정치보위부에 검거되어
   "반동비밀결사"를 이끌었다는 죄목으로 사형언도를 받았다가
   독립운동공훈이 참작되어 징역 10년 언도를 받았다.

6 김흥수, 1992, 288.

7 이정식, 2006, 178-195.

8 김명구, 2015.

9 사단법인 북한연구소, 1990, 387; 김양선, 1956, 63-64.

10 Intelligence Summary Northern Korea # 8, 1945, 3.

11 이덕주, 2012.

12 기독교사회민주당 거점인 신의주에서는 용암포지부 위원장 장원
   봉이 공산당원에게 폭행당하고 장로 한 사람이 피살되었으며 교회
   건물과 당 간부의 주택들이 파손되었다. 이 사건을 계기로 일어난
   신의주 학생시위를 소련군정은 계엄령을 선포하고 당 지도부들의
   검거에 나섰다. 결국 이 사건을 계기로 한경직과 윤하영 등 기독교
   지도자들이 월남을 하게 되었다.

13 김일성, 1979, 347.

14 김일성, 1979, 209.

15 한국기독교역사연구소 북한교회사집필위원회, 354-375.

16 Rhodes, H. A. and Campbell, A., 1935-1959, 94.

17 김명구, 2015, 132-133.

18 이북오도연합노회의 회장 김진수를 비롯해 김인준, 김철훈, 이유택,
   허천기, 김길수 등이 함께 구속되었다. 또한 김화식(장대현교회),
   김인준(평양신부교회), 김길수(신암교회), 김철훈(산정현교회),
   정일선(산정현교회), 장윤성(황해도), 지형순(기림리교회), 장도신
   (고정교회), 박경구(황해도 장연교회), 이정심(함경도 청진중앙교회),

이성주(평북정주), 김의근(신리감리교회), 백인숙(산정현)전도사, 유계준(산정현교회), 방계성(산정현교회) 장로 등도 구속되었다.

19   북한민주통일운동사편찬위원회, 1990, 397.

20   활천, 1947, 36,

21   북한민주통일운동사편찬위원회, 1990, 406.

22   북한 임시인민위원회는 5정보 이하의 소규모 토지라 하더라도 직접 농사를 짓지 않으면 모두 몰수하도록 했다. 이주철, 2000, 107.

23   평양 노회사 편집위원회, 1990, 324.

24   민주조선, 1946.

25   김일성, 1979, 285.

26   연세대 대학원 북한현대사연구회, 1989, 546.

27   평양신문, 1987,

28   김일성, 1967, 249-250.

29   동아일보, 1925.

30   배성룡, 1925, 63.

31   배성룡, 1925, 58.

32   박헌영, 1925, 65.

33   강양옥은 함경도의 목사 조희렴을 발기인으로 하고 곽희정(郭熙貞,) 이웅(李雄), 신영철(申英徹), 심익현(沈益鉉), 나시산(羅時山), 배덕영(裵德永), 김치근(金致根) 등을 중심으로 '기독교도연맹'을 조직했다.

34   1946년 11월3일 선거를 앞두고 '북한오도연합회'는 주일에 실시되는 선거에 불참할 것을 결의했다.

35   김양선, 1956, 69.

36   기독교도연맹 중앙위원은 강양욱, 강석록, 김은석, 김응순, 김치근, 김태은, 변봉조, 배덕영, 박건수, 박성채, 박상순, 이피득, 조희렴, 최수걸, 하지산이었고 상임위원은 강양욱, 김임길, 김치근, 박건수, 박기천, 배덕영, 박상순 등이었다.

37   해방 이후부터 6 · 25전쟁이 끝날 때까지 월남한 사람들은 120-140만 명으로 추산된다. 그중 기독교신자는 7-8만 명으로 추정된다. 장로교회는 월남한 기독교인의 수가 남한 기독교인의 25%를 차지했고, 감리교는 69명의 교역자들이 월남했다. 평양에 개교했던 감리교 성화신학교 졸업생 132명 중 대다수가 월남했다. 강인철, 1993, 80-82.

38	이정식, 2006, 184.
39	김용삼, 2014, 127.
40	김영훈, 1994, 51.
41	과학원 역사연구소, 1989, 287.
42	Slusser, Rover M., 1977, 136.
43	단독선거와 단독정부 수립을 방해하기 위해 남로당 제주도당 김달삼 등 350여 명이 무장을 하고 제주도 내 24개 경찰지서 가운데 12개 지서를 일제히 급습했다. 곧 1948년 4월 3일에 시작된 제주 4·3 사건이 초대 대통령 취임식이 있을 때에도 여전히 진행되고 있었다.
44	북한은 기독교 국가건설을 외치고 공산주의를 반대한다는 이유로 1946년 장흥교회와 철원제일교회의 김윤옥, 박성배, 정국화, 박상춘, 박정배 등을 옥사시키고 사형시켰다. 조선혜, 2014, 322.
45	북한 공산정권 수립이후, 어용을 표방하며 최소한의 형태로 존립을 유지하고 있던 북한 교회는 6·25전쟁 이후 공식적으로 사라졌다. 천주교회도 마찬가지이다. 북한 땅에 제일 먼저 탄압을 받았던 덕원교구 이후, 6·25전쟁 직전까지 73명이 체포 또는 피살되었다. 독일인 성직자 22명, 수사 25명, 수녀 20명, 한국인 신부 5명, 수녀 1명이었으며, 이 가운데 31명이 희생(외국인 25명, 한국인 6명)되었다. 차기진, 1994.
46	철원군지 증보편찬위원회, 1992, 2046-2047.
47	서광선, 1990, 78.
48	강인철, 〈한국의 개신교와 반공주의-보수 개신교의 정치적 행동주의 탐구〉, 2007, 192-193.; 해방 이전 평양에만 남산현교회와 장대현교회 등 28개의 감리교회, 33개의 장로교회, 5개의 성결교회를 비롯해 숭실학교, 광성학교, 평양신학교, 성화신학교 등의 미션스쿨, 평양기독연합병원 등의 기독교 병원과 평양 예수교서원 등 기독교 서적센터기타 기관이 자리하고 있었다.
49	1950년 서울시민은 144만 6천여 명 정도였다. 인민군에게 점령당하기 전에 서울을 빠져나간 사람은 약 40만 명이었다. 그 가운데 80%가 월남 동포였다. 이들은 공산주의자들의 실체를 경험했기 때문에 필사적으로 서울을 벗어나려 했다.
50	강신명, 1987, 593.
51	정진석, 2003; 민경배에 의하면 피살되거나 납치된 교역자는 장로교 177명, 감리교 44명, 성결교 11명, 성공회 6명이었다.; 민경배,

1993; 천주교회는 교구장 1, 신부 40, 수녀 7, 신학생 4명의 한국인 희생자가 있었는데 외국인 98명을 포함하면 모두 150명이 희생되었다고 보고 있다.; 한국가톨릭대사전편찬위원회, 1992, 911.

52 이들 중에는 기독교연맹에 속아 협조한 인물들도 있다.

53 강신명, 1987, 593.

54 기독공보, 1952.

55 기독교민주동맹에는 월북한 기독교인들과 일부 남한 기독교 지도자들도 참여했다. 인민군환영대회뿐만 아니라 신도궐기대회, 교역자 대상의 강연회, 국방헌금 모금, 노력동원, 자술서 쓰기와 사상 전환을 위한 인민교육 등의 활동을 벌였다.

56 유호준, 1993, 220.

57 김명구, 165

58 두 사람은 1947년의 기독교민주동맹시절, 곧 김창준이 위원장이 되었을 때 고문과 총무로 있었다.

59 본래 설교는 유호준이 하기로 되어 있었다. 그러나 유호준이 치병을 핑계로 대회에 참석하지 않았다. 할 수 없이 김종대가 밀려서 설교를 했다. 이 일로 김종대는 후일에 부역자로 몰려 한동안 곤역을 치러야 했다.; 김명구, 165.

60 유호준(1993)에 의하면 최문식은 장로교 목사들을 대상으로 기독교의 반성과 전향을 유도하였고, 최택이 성서공회 2층에 사무실을 차려놓고 감리교쪽을 담당했다고 한다. 유호준, 1993, 225-226.

61 김창준, 1990, 15-19.

62 1945년 해방 직후 그는 기독교적 건국과 기독교의 세계주의 운동을 표방했다.

63 독립신보, 1947; 김도형, 1992, 265에서 재인용.

64 김창준은 1948년 3월 김일성과 김두봉 등의 명의의 초청장을 받고, 4월 김구, 김규식, 조소앙 등과 함께 월북했다. 이후, 허헌, 홍명희 등과 함께 평양에 남았다가 최고인민회의 상임위원과 조국통일민주주의전선 중앙위원회 초대 서기장이 되었다.

65 배민수는 그 때 최문식이 "공산주의자와 무정부주의자들이 하듯이 머리를 길게 기르고 지팡이를 사용했다"고 회상하면서 그가 "분명히 공산주의자가 되어 있었다"고 주장했다.; 배민수, 1993, 310.

66 배민수, 1993, 419-421.

67   유호준, 1993., 226-229; 이만규는 남한의 기독교 목사들이 잘만
      협조하면 정부는 신분을 보장하고 보호해 줄 것이라는 내용의 연설을
      한 것으로 알려져 있다.
68   김수진, 2001.
69   최문식에 의해 수감된 김윤실(金允實), 전인선(全仁善) 등은 형무소
      에서 옥사했다.
70   노동신문, 1950; 김흥수 편, 1992, 498-504.
71   김흥수, 2006, 59-60.

Korean War

6·25전쟁의 성격과
한국에 미친 영향

04
Chapter

제14장 6·25전쟁과 정전체제의 탄생

김명섭 | 연세대학교 교수로 재직 중이며 제19대 한국정치외교사학회 회장을 역임했다. 저서 〈전쟁과 평화〉로 한국정치학회 학술상을 수상하였다.

들어가는 글

전쟁을 기억하는 것은 전쟁을 좋아해서가 아니라 전쟁을 회피하기 위해서이다. 평화를 사랑하고 평화를 수호하기 위해서라도 전쟁을 연구해야 한다. 전쟁의 발발과 함께 없어지는 것은 초병의 목숨과 더불어 진실이라는 말이 있다. 그만큼 전쟁에 관해서는 거짓말이 가득하다. 승전을 위한 거짓말은 금지되기보다는 권장되었다. 따라서 전쟁의 진실을 기억하는 것은 생각보다 쉽지 않다. 많은 사람들이 전쟁을 잊고 싶어 하기에 평화를 위해 적당히 전쟁의 진실을 덮

어버리자는 유혹도 강하다. 그럼에도 불구하고 전쟁의 진실을 직시할 때만이 평화를 지속할 수 있다.

정전체제의 탄생

시간: 상이한 시간관념에 기초한 정전체제

1950년 6월 25일 조선인민군의 전면 전쟁으로 시작된 6·25전쟁은 아코디언처럼 전선이 요동치던 전면전쟁기(全面戰爭期)를 지나고, 1951년 7월 10일부터 정전협상이 병행되는 화전양면기(和戰兩面期)를 맞이했다. 정전협상은 군사령관들 간의 정화와 정전을 위한 협상이었다. 이것은 외교관들의 평화 협상과는 다른 것이었기 때문에 당시 현장을 취재하고 있던 서방 기자들은 1951년의 여름이 가기 전에 정전협정이 체결될 것이라고 예상했다. 베이징에서 파견된 중국 공산당 측 인사들도 겨울옷을 지참하지 않았다. 그러나 정전협정은 두 번의 겨울을 더 보내고 새로 여름을 맞이한 1953년 7월 27일에야 발효될 수 있었다. 정전 이외의 문제들에 관한 협상은 1954년 4월부터 7월까지 진행된 제네바 정치회의로 미뤄졌다.

단지 전쟁을 정지하기 위한 협상에 그토록 오랜 시간이 필요했던 이유는 무엇일까? 그것은 전쟁과 평화에 대한 서로의 관념이 달랐기 때문이었다. 우선 시간관념부터가 달랐다. 정전협상이 시작된 시각을 한국 국방부에서 발간된 〈6·25전쟁사〉는 1951년 7월 10일 오전 11시였다고 기록하고 있다. 이에 비해 중화인민공화국에서는 같은 날 오전 10시에 '정전 담판'이 시작되었다고 기록하고 있다. 유네스코 세계기록유산에 등재되어야 할 6·25전쟁 정전 협상 회의록에 따르면 쌍방은 약속 시간을 정하면서, "우리들 시간(our time)"인가, 아니면 "당신들 시간(your time)"인가를 확인해야 했다.

왜 이런 시간의 차이가 존재했을까? 평양에서는 6·25전쟁 이전이나 이후 일광 절약 시간제(서머타임)를 실시한 적이 없지만, 대한민국은 당시 일광 절약 시간제를 실시하고 있었다. 마찬가지로 1950년 6월 25일 38선 이북의 새벽 4시는 38선 이남에서는 같은 날 새벽 5시였다. 이러한 시차(時差)는 6·25전쟁 개전 관련 사료들을 분석함에 있어서 반드시 고려되어야 했지만, 국내외의 6·25전쟁 연구자들에 의해 간과되어왔다.

서머타임이라는 생소한 제도로 인해 서울과 평양 사이에 존재하게 된 서로의 시차(時差) 이상으로 전쟁과 평화에 대한 시차(視差, parallax)가 존재했다. 소련이나 중화인민공화국은 서양 국가들과는 달리 서머타임 제도를 실시하지 않는 전통을 가지고 있었다. 현재 중화인민공화국이 미국과 달리 지역별 시간을 인정하지 않는 것도 서로의 다른 시차를 반영하고 있다.

정전은 전쟁을 잠시 멈추는 것이다. 전쟁의 광기를 요술 램프 속에 미봉하는 것이다. 지니(Genie)는 미세한 틈을 통해 언제든지 빠져나올 수 있었다. 이러한 정전 상태를 감시하기 위한 중립국에 공산주의 종주국 소련을 포함 시켜야 한다는 것이 공산 진영 정전 협상 대표들의 주장이었다. 자유 진영, 특히 한국의 이승만은 공산 진영이 상정하고 있는 그러한 '정전의 시간'이란 결국 속전을 위한 전쟁 준비의 시간이 될 것이라고 보았다. 공산 진영이 비행장을 복구하고 증설함으로써 군사력을 증강하는 것에 극구 반대했던 이유도 거기에 있었다.

　조선전쟁 또는 한국전쟁이라고도 불리는 6·25전쟁은 정치적 이념은 물론 서로 다른 시간적 표준을 가진 문명 권역(文明圈域) 간의 충돌이기도 했다. 조선 인민군 대표단장 남일과 국제연합군 대표단장 찰스 터너 조이(C. Turner Joy) 그리고 한국군 대표 백선엽이 개성에서 각각 서로 다른 시간관념을 갖고 만나는 장면은 조선/한국의 근현대사를 관통하는 '비동시성의 동시성'(die Gleichzeitigkeit des Ungleichzeitigenm, Ernst Bloch)을 극명하게 보여준다. 상이한 시간관념을 가지고 있었다는 것은 상이한 역사 관념을 가지고 있었음을 의미한다.

공간: 38선에서 군사 분계선으로

　전통적 의미의 전쟁은 공간 장악을 위한 투쟁이다. 전쟁을 정지하기 위해서는 인간의 희생 속에 얻거나 잃은 공간을 재확정해야 했다. 정전협상이 이루어지는 공간도 중요하다. 국제 연합군 사령관 리지웨이는 당시 국제 연합군이 장악하고 있던 원산 인근 해상에 정박한 덴마크 병원선 위에서 정전협상을 개최할 것을 제안했다. 공산 측은 이러한 제안을 거부하고 개성을 선택했는데, 개성에서 정전협상이 시작됨으로써 개성은 공산 진영의 공간으로 고착되는 결과를 초래했다. 개성이 정전협상 장소로 적합하지 않았다는 점은 결국 정전협상 장소가 판문점으로 옮겨진 사실에서 반증된다.

　판문점에서 양측은 공간 재획정에 관한 의제부터 다시 시작했다. 전쟁이 일방의 승리로 끝날 경우에는 징벌적 재조정의 원리가 적용될 수 있지만, 서로의 합의에 의해 전쟁을 정지하기 위한 경계선을 획정하는 원리에는 두 가지가 있다. 하나는 '전전 상태(戰前狀態, status quo ante bellum) 회복의 원리'이고, 다른 하나는 '점유지 보유(uti possidetis, ita possidatis)의 원리'이다. 공산 진영이 주장한 38선 회복은 전자의 원리에 가까운 것이었고, 자유 진영이 주장한 교전선에 따른 경계확정은 후자의 원리에 가까운 것이었다.

만일 자유 진영이 38선을 회복하는 데 동의했다면 공간 재획정에 관한 합의는 빨라졌을 것이고 정전협상은 좀 더 일찍 끝났을 수도 있을 것이다. 그랬다면 조금은 더 희생을 줄일 수 있었고, 38선 이남에 있던 고도(古都) 개성을 보유할 수 있었다. 그리고 NLL 문제가 회피될 수도 있었을 것이다. 그럼에도 불구하고 왜 자유 진영은 38선으로의 회복을 받아들이지 않았던 것일까?

첫째, 한반도 동부의 38선 이북에 해당하는 공간을 확보할 수 있었다. 둘째, 더 큰 이유는 자유 진영이 38선을 받아들일 경우 당시 38선 이북 서해의 압록강 인근까지, 그리고 동해의 두만강 인근까지 확보하고 있던 해상과 상공의 우위를 단번에 포기하는 결과를 초래하기 때문이었다. 국제 연합군 측의 터너 조이(C. Turner Joy) 수석대표는 해군 사령관으로서 이러한 3차원적 우위를 끝까지 활용하는 전략을 선택했다. 육상에서의 군사 분계선이 합의에 이르게 되자 그에 따라 서해와 동해의 해군력을 후퇴시키면서 해면과 도서를 공산 측에 양보하며 형성된 평화선(平和線)이 NLL이었다.

군사 분계선 이북(서해안과 동해안의 한국군과 국제 연합군 등)과 이남(지리산 인근의 빨치산 등)의 무장 세력은 각각 1950년 6월 25일 이전의 선으로 되돌리기로 합의했다. 이 합의에 따라 NLL 이북의 무장 세력은 이남으로 소개(疏開)되었고, 일부는 서해 5도에 정착했다. 지리산 인근의 빨치산들은 이러한 합의에도 불구하고 이북으로 소개되지 않았다. 평양에서 북로당 계열의 공산주의자들과 남로당 계열의 공산주의자들 간에 치열한 권력 투쟁이 전개되어 후자가 몰살되고 있던 상황에서 남쪽에서 활동하고 있던 남로당 계열의 빨치산들은 북으로 소개되지 않고, 방치되었다.

인간: 정전 협상 막전 막후의 인간 군상

정전협상 회의록에 대한 심층적 분석은 정전협상의 전면에 나섰던 공산 측의 쎄팡(解方), 덩화(邓华), 남일(南日), 이상조(李相朝), 장평산(張平山) 그리고 국제 연합군 측의 터너 조이(C. Turner Joy), 헨리 호드스(Henry Irving Hodes), 로렌스 크레이기(Laurence Carbee Craigie), 알레이 버크(Arleigh Albert Burke), 백선엽(白善燁) 등의 인간 군상에 대한 치밀한 인문학적 이해를 필요로 한다. 아울러 스탈린(Joseph Stalin), 마오쩌둥(毛澤東), 저우언라이(周恩來), 리커눙(李克農)으로 이어졌던 공산군 측 막후와 트루먼(Harry S. Truman)과 아이젠하워(Dwight Eisenhower), 이승만, 마크 클라크(Mark Wayne Clark) 등 국제 연합군 측 막후에 있던 인간 군상에 대한 분석은 정전협상의 현장과 각국의 수뇌부가 어떻게 연결되어 있었던가를 보여준다.

정전협상에서 가장 긴 시간을 소요시킨 부분 또한 포로가 된 인간의 문제였다. 포로 문제의 처리에 있어서 미국은 '자유 수호'라는 명분을 지키고자 했다. 자국의 포로들에 대한 신속한 송환을 요구하는 국내의 압박에도 불구하고 미국은 송환 불원 공산군 포로들의 자유 선택권을 보장해 주기 위해 협상이 지연되는 것을 감수했다. 10여 명의 송환 불원 미군 포로들이 공산 중국을 선택하는 것도 감수했다(이들은 결국 다시 미국 땅을 밟았지만).

공산 측 실무대표 남일과 국제연합군 측 실무대표 해리슨(William Kelly Harrison)이 서명하는 장면은 정전협상과 관련해서 가장 많이 알려진 사진일 것이다. 그러나 이 장면은 공산 측의 의도대로 연출된 것이었다. 공산 측은 이 장면을 연출하기 위해 목조 건물을 급조했다. 현재 이 목조 건물은 조선민주주의인민공화국 평화박물관으로 사용되고 있으며, 정전협정 조인장이라고 쓰여 있는 표지석에는 "1950년 6월 25일 조선에서 침략전쟁을 도발한 미 제국주의자들은 영웅적 조선 인민 앞에 무릎을 꿇고 이곳에서 1953년 7월 27일 정전협정에 조인하였다."라고 새겨져 있다. 1953년 3월 5일 정전에 반대했던 스탈린이 사망하자 공산 진영은 정전에 적극적인 입장을 보였고, 정전협정 체결 장면을 "미 제국주의자와 이승만 괴뢰도당이 일으킨 전쟁"에 대한 승리의 장면으로 연출하기 시작했고, 현재까지 계속되고 있다.

1918년 11월 11일 제1차 세계대전 정전협정에서 보이듯이 정전협정은 전장(戰場)의 최고 사령관들 간에 체결되는 것이다. 중국 인

사진71. 양측 최고사령관들의 서명에 앞서 협상대표로서 서명하고 있는 해리슨(William K. Harrison, Jr)과 남일. 1953년 7월 27일 판문점(이 건물은 현재 조선인민군 관할의 선전장으로 사용되고 있다). 출처: NARA

민지원군 사령관 펑더화이(彭德怀), 조선 인민군 최고사령관 김일성 그리고 국제연합군 총사령관 마크 클라크(Mark Wayne Clark) 등의 서명이 최종적인 것이었다. 이승만 대통령이 정전협정에 반대해서 서명하지 않았기 때문에 한국(군)은 정전협정의 당사자가 아니라는 주장도 있지만, 이승만이 서명하지 않은 것은 마오쩌둥이나 아이젠하워가 서명하지 않은 것과 마찬가지로 정전협정은 군 최고사령관이 서명하는 것이기 때문이다. 한국군 사령관이 서명하지 않은 것은 당시 한국군에 대한 작전 지휘권이 국제연합군 총사령관에게 이양되어 있었기 때문이었다. 제1차 세계대전 당시에도 미군 사령관 퍼싱 (John Joseph Pershing)은 서명하지 않았고, 연합군 총사령관이었던 프랑스의 포쉬(Ferdinand Foch)가 대표로 서명했었다. 1954년 제네바 정치 회의가 열렸을 때도, 공산 측은 한국의 정전협정에 대한 당사자성을 부인하지 않았다. 조선 인민군 측이 한국군의 당사자성을 부인하기 시작했던 것은 1970년대부터였다.

사진72. 1953년 8월 8일 대한민국 경무대에서 정전협정 체결에 앞서 이승만과 월터 로버트슨이 합의했던 한미상호방위조약에 변영태 외무장관과 덜레스 국무장관이 가조인하는 장면 (연세대 이승만연구원 소장)

평화 체제 만들기

"전쟁과 평화 사이에는 아무것도 없다(There is nothing between war and peace)."라는 그로티우스(Hugo Grotius)의 명제에 입각해서 본다면 1953년에 수립된 조선/한국 정전체제는 평화인가, 아니면 전쟁인가? 정전은 전쟁에 가깝고, 따라서 평화 협정의 체결을 통해 끝내야 할 상태로 보는 주장이 있다. 이러한 인식은 7·27 정전 협정과 한·미 상호 방위 조약에 기초한 정전체제가 국제법적(de jure) 전쟁 상태라는 인식에 근거하고 있다. 평화 협정에 의해 평화가 시작되는 시점(始點)이 곧 전쟁의 종점(終點)이라는 유럽의 근대 국제법적 전통에 충실한 생각이다.

그러나 정작 유럽에서는 제2차 세계대전 이후 독일과 평화 조약이 체결된 바가 없다. 패전국 독일이 체결한 평화 조약이 없는 유럽과 1951년 패전국 일본이 체결한 샌프란시스코 평화 조약이 있는 동아시아 중 어디가 더 평화로울까? 또 다른 평화 협정의 패러독스는 베트남 평화 협정이었다. 미국이 서둘렀던 1973년 베트남 평화 협정은 1975년 베트남 공산화로 이어졌다. 그리고 베트남의 보트피플, 캄보디아에서의 '킬링필드' 그리고 1979년 공산주의 국가들의 제3차 인도차이나 전쟁으로 이어졌다.

정전협정과 한·미 상호방위조약으로 구성된 정전체제는 일차적으로 공산주의의 팽창을 봉쇄하기 위한 것이었다. 그러나 이차적으로는 미국의 지원을 받아 부활하고 있는 일본의 우익 전체주의를 봉쇄하기 위한 한국의 의도가 견지되고 있었다. 그리고 3차적으로는 6·25전쟁을 통해 60만 대군으로 성장한 한국군의 북진 통일 시도를 방지하기 위한 미국의 의도도 결합되어 있었다. 독일 재무장과 소련의 위협에 대한 이중 봉쇄(dual containment)를 특징으로 했던 유럽의 냉전 체제보다 더 복합적인 삼중 봉쇄 체제(triple containment, 三重封鎖體制)였던 것이다. 이러한 성격을 지닌 정전체제가 6·25전쟁 이후의 '긴 평화(long peace)'를 가능하게 했다.

이렇게 볼 때, 코리아 평화체제는 조선/한국 정전체제를 통해서, 그리고 동시에 그것을 넘어서 이루어져야 하는 이중성이 있다. 정전 상태를 보다 영구적이고 완전한 평화 상태로 대신하고자 하는 이상이 자칫 정전 대신 속전(續戰)을 불러오지 않도록 경계하면서, 정전체제의 불완전한 '긴 평화'를 보다 완전하고 영구적인 평화체제로 만들어야 한다. 그리고 이러한 평화체제에 대한 이상이 평화 협정에 대한 맹신으로 왜곡되는 것을 경계해야 한다.

평화 협정에 대한 진실성 있는 논의는 6·25전쟁의 개전에 관한 사실에 기초할 때만이 가능하다. 평양 측은 교과서와 박물관 그리고 대중 매체 등을 통해 6·25전쟁의 개전 진실을 호도하고[1], 조선 민족주의를 넘어서 김일성 민족주의까지 내세우고 있다.[2] 이런 의미에서 '민족' 화해를 위한 역사를 내세우며 진실을 가리는 역사 교육을 '오로지 진실'을 추구하며 탐색하는 역사 교육으로 정립하는 것은, 정전체제를 영구 평화 체제로 바꾸어가는 선결 요건이 된다. 정전체제의 시공간을 평화체제의 시공간으로 진화시키고자 하는 인간이 가져야 할 조건은 미래에 대한 맹목적 믿음과 희망에 앞서 과거의 진실부터 직시할 수 있는 역사 지성이다.

주

1   평양의 교과서는 "미제는 면밀한 계획과 준비에 기초하여 1950년 6월 25일에 우리 공화국을 반대하는 침략전쟁을 도발하였다"라고 서술하고 있다.

2   '조선민족제일주의'를 주창했던 '조선민주주의인민공화국'은 1994년 김일성 사후부터 김정일의 주도로 '김일성민족'이라는 개념을 도입했다. '김일성민족'이야말로 봉건적 '조선민족'이 근대적으로 변화된 새로운 민족이라는 것이다. 1997년에는 조선어(한글)를 '김일성민족어'라고 명명하기도 했다.

제15장 거시적인 측면에서 본 6·25전쟁과 한국 사회

박명수 | 미국 보스턴대학교에서 기독교 역사학(Ph. D.)을 공부하고 서울신학대학교 신대원장과 한국교회사 학회 회장을 역임하였다. 현재 서울신대 현대기독교역사연구소장, 한국정치외교사학회 부회장이며 미래한국 편집위원이다.

들어가는 글: 6·25전쟁에 대한 전통적 평가를 넘어

우리가 6·25전쟁을 언급할 때 항상 덧붙여 사용하는 용어가 바로 동족상잔의 전쟁이라는 표현이다. 6·25를 통해 얼마나 많은 사람이 죽고, 얼마나 많은 가족이 헤어지게 되었는가. 80년대 KBS를 통하여 전개된 이산가족 찾기 운동은 6·25가 남긴 비극이 얼마나 큰가를 생각하게 한다. 남·북의 통일이 어려운 것은, 한반도에서 전쟁이 있었기 때문이며 그것은 무엇보다도 한반도의 분단을 더욱 고착화시켰다.

한국기독교의 입장에서도 6·25는 잊을 수 없는 전쟁이다. 6·25전쟁 동안에 한국기독교는 인적, 물적으로 막대한 피해를 입었다. 해방 이후부터 시작된 북한 기독교인들의 월남은 6·25를 통하여 절정을 이루었다. 전쟁 당시 미국과 싸웠던 북한에는 강력한 반미 체제가 구축되었고 이것은 반기독교 운동으로 이어졌다. 현재 세계에서 기독교가 가장 핍박을 많이 받는 지역이 바로 북한이다.

필자는 이상의 6·25에 대한 일반적인 평가에 전적으로 동의한다. 하지만 최근 6·25에 대한 전통적인 평가를 넘어서서 좀 더 포괄적으로 6·25를 바라보아야 하는 것이 아닌가 생각하게 되었다.

6·25전쟁은 한반도를 완전히 둘로 나누었다. 아직도 많은 사람은 통일이 이루어질 수 있을 것이라고 생각하지만, 6·25전쟁을 통해서 38선은 휴전선으로 바뀌었다. 38선은 미국과 소련의 군사 전문가들이 작전을 위해서 지도상에 그어 놓은 선에 불과했지만, 휴전선은 공산군과 연합군, 북한과 남한의 치열한 전쟁의 결과로 만들어진 것인 동시에 이후에 일어날 전쟁을 막기 위해서 만들어진 것이기 때문에 이전의 38선에 비교할 수 없을 정도로 견고해졌다. 이제 한반도는 남과 북으로 나누어져 북한은 공산주의 세계의 일부분으로, 남한은 자유 민주 세계의 일원으로 자신의 위치를 분명히 하고 있다.

본 글은 우선 6·25전쟁으로 인한 국제정세의 변화를 말하려고 한다. 사실 세계사적으로 볼 때 6·25전쟁은 미·소 양 진영을 중심으로 한 냉전체제가 확립된 사건이며 이후 세계는 공산 진영과 자유 민주 진영으로 나뉘게 된다.

이러한 국제적인 변화는 한반도에도 심각한 변환을 가져다주었다. 이 변화를 네 가지 측면에서 정리하면 첫째, 세계사적인 측면에서 6·25 이후 한국 사회는 분명하게 자유 세계의 일원이 되었고, 둘째, 정치의 측면에서 남한 사람들은 민주 공화국 대한민국을 사랑하게 되었으며, 셋째, 경제적인 측면에서 전쟁 이후 한국 사회는 자유 시장경제 체제에 편입되었고, 넷째, 교회사적인 측면에서 서양 선교사들의 도움으로 한국교회는 사회의 새로운 동력으로 등장하게 되었다. 이 글에서는 앞의 네 가지 측면을 설명하고자 한다. 그러나 한편으로 6·25전쟁은 한국인들에게 심각한 과제를 안겨주었다. 그것은 분단된 한반도를 어떻게 다시 하나로 만들 수 있는가 하는 점이다. 그래서 6·25전쟁이 한반도의 통일 운동과 어떤 관련이 있는가도 살펴보아야 한다.

북한은 인민의 해방을, 남한은 개인의 자유를 위해 싸웠다. 결론적으로 오늘의 우리는 6·25전쟁이 남긴 질문에 대한 대답을 갖고 있다. 이제 6·25전쟁 70주년을 맞이하며 과연 누구의 주장이 옳았던 것인지 판단할 수 있다. 이것이 오늘의 대한민국이 6·25전쟁이 남긴 과제를 어떻게 극복할 것인가 하는 문제에 답을 줄 수 있다고 본다.

6·25전쟁이 만들어 놓은 국제 질서의 변화

6·25전쟁은 본질적으로 제2차 세계대전 이후 공산주의를 확산시키려는 소련과 이것을 막으려는 미국 사이의 갈등에서 일어난 것이다. 원래 제2차 세계대전은 미국과 소련을 비롯한 연합국이 독일과 일본을 비롯한 전체주의에 맞서 싸운 전쟁이었다. 그러나 전쟁이 끝

난 다음, 미국과 소련은 각각 세계의 주도권을 놓고 힘을 겨루기 시작했다. 유명한 냉전 사학자 개디스(John Lewis Gaddis)의 말처럼 "전쟁은 끝났지만 축제는 없었다." 왜냐하면 새로운 전쟁이 시작되었기 때문이다.

사실 제2차 세계대전이 끝날 때 미국은 소련과 함께 세계를 이끌어 갈 수 있다고 보았다. 그러나 소련의 생각은 달랐다. 소련의 공산주의자들은 미국의 자본주의 패권과 언젠가는 싸워야 한다고 생각하고 있었다. 2차 세계대전 중 유럽 전선에서 독일이 승리를 거듭하자 소련은 자신과 인접한 국가에 세력을 형성하기 시작했고, 이로 인하여 동유럽의 수많은 나라들이 공산화되었다. 결국 미국은 소련과 협조할 수 없다고 생각하며 그들의 협력관계는 붕괴되기 시작했다.

그 과정에서 벌어진 일이 바로 한반도의 분단이다. 1948년 소련은 북한을 인민 공화국으로 만들며 한반도에 공산 기지를 구축하였다. 이런 상황에 1949년 중국에서는 공산당이 승리하며 장개석이 대만으로 밀려나고, 중화인민공화국이 세워졌다. 이렇게 아시아에서 공산주의가 승기를 잡는 것 같았다. 그러나 미국은 중국을 공산당에게 넘겨주었지만, 중국을 소련에서 분리하여 유고와 같은 독립적인 공산 국가를 만들기 원했다. 그래서 1950년 1월 중국 공산당에게 대만과 한반도를 미국의 방위선에서 제외한다는 소위 애치슨라인을 발표하며 중국에 유화적인 제스처를 보낸다. 소련은 이런 미국의 유화적인 제스처를 미국의 한국전 개입 반대로 이해했고, 이에 자신감을 얻고 김일성에게 전쟁을 해도 좋다는 허락을 했다.

최근 연구에 의하면 6·25전쟁에 대한 소련의 태도는 이중적이었다. 첫째로 소련은 6·25전쟁에 미국이 개입하지 않을 것이라고 믿었다. 이것은 스탈린이 김일성에게 했던 말이다. 둘째로 소련은 만일에 미국이 개입하더라도 자신에게 불리할 것이 없다고 생각했다. 소련은 미국의 6·25전쟁 개입이 공산주의의 입지를 강화해 줄 것이라 생각했다. 필자는 이 두 번째 내용이 중요하다고 생각한다.

당시 소련은 두 가지 위협 속에 있었다. 하나는 유럽 전선에서의 어려움이다. 소련과 공산주의자들은 유럽에서 서방 세력에게 밀리고 있었고, 여기에 쏟는 미국의 힘을 분산시킬 필요가 있었다. 이를 위해 스탈린이 생각한 바는 아시아에서 전쟁을 일으키는 것이었다. 다른 하나는 미국이 신생 중공을 자신의 편으로 끌어들이려고 하고 있다는 점이었다. 그래서 소련은 만일 미국이 한반도의 전쟁에 개입하면 중공군이 북한의 편에 참여하기로 약속을 받았다. 이것은 중공을 분명히 소련의 편으로 끌어들이는 것이었다. 따라서 스탈린에게 6·25전쟁은 이렇게 해도 저렇게 해도 유익인 전쟁이었다. 만일 미국이 개입하지 않으면 한반도를 공산당이 지배하는 것이 되고, 미국이 참전하면 한쪽으로 미국의 군대를 분산시켜 유럽 내에서 그들이 영향력을 팽창시킬 수 있는 것이었다. 스탈린에게 6·25전쟁은 꿩 먹고 알 먹는 전쟁이 될 것이라 예상되었다.

그러면 이에 대한 미국의 입장은 어떠했던가? 미국은 원래 한반도 문제의 관할은 유엔의 영역이라고 생각했다. 제2차 세계대전의 종전 이후, 한국과 같이 직접적인 전쟁 당사국이 아닌 전쟁의 결과로 해방된 지역은 유엔의 관할 지역이었기 때문이다. 따라서 미국은 유엔을 내세워 한반도를 관리하고자 했고, 한반도의 전쟁을 통해서 소수의 공산주의, 대다수의 유엔의 구도로 만들어 가려고 했다. 결국 미국의 전략은 성공했다. 16개나 되는 국가들이 미국과 함께 유엔의 이름으로 한반도 전쟁에 참여했고, 세계의 지형은 소수의 공산주의 국가 대다수의 자유 민주주의 국가로 재편되었다. 6·25전쟁을 통해서 소련은 중국을 얻었지만, 미국은 대다수의 국가를 자유의 수호라는 이름 아래 하나로 묶을 수 있었다. 그러나 서방 진영 내에서도 갈등은 있었다. 영국은 막대한 식민지를 가지고 있었고, 이런 정책은 민족의 자결권을 강조하는 대서양 헌장과 어긋나는 것이다. 그러나 이제 세계는 미국과 소련, 민주 진영과 공산 진영으로 나뉘어져 어느 한쪽에 속해야 했다. 6·25전쟁은 이런 서방 진영을 하나로 묶었고 이제 미국의 깃발 아래 하나로 뭉치게 되었다.

6·25전쟁은 제2차 세계대전 이후의 국제 질서를 바꾸는 데 결정적인 역할을 했다. 세계는 더 이상 하나가 아니었고, 과거 전체주의와의 투쟁 시대보다도 더 길고 엄격한 국경 통제가 이루어졌다. 무역도 외교도 자신의 진영 안에서만 이루어졌다. 이런 국제 질서의 변화가 한반도에는 어떤 변화를 가져왔는가?

6·25전쟁이 가져온 한국 사회의 변화
6·25전쟁과 대한민국의 서방 자유 세계 편입

6·25전쟁의 가장 큰 결과는 휴전선의 설치이다. 휴전선은 단지 한반도만 둘로 갈라놓은 것만이 아니라, 중요한 문화와의 단절을 가져왔다. 중국 중심의 중화 질서와 소련 중심의 사회주의 세력이 6·25

이후에는 더 이상 남한에 자리를 잡을 수 없게 되었다.

중국은 오랫동안 한반도의 운명을 결정하는 중요한 변수였다. 물론 개항 이후 한반도에 대한 영향이라는 것은 상당히 약화 되었지만, 여전히 중국은 한반도에 중요한 국가였다. 하지만 중공군과 전쟁을 치른 한국인들에게 중국은 더 이상 우방이 아니었다. 한반도는 6·25 이후부터 1992년 한·중 수교까지 약 40년 동안 중국과의 교류를 단절했고 그 기간 동안 중화 질서에서도 분명하게 벗어나 있었다.

소련 역시 개항 이후 한반도에 중요한 영향력을 행사하였다. 원래 동토 시베리아에서 태평양으로 진출하고 싶었던 소련은 한반도에 지대한 관심을 가졌다. 사실 개항 이후 한반도에 제일 큰 위협은 일본이 아니라 소련이었다. 조선이 최초로 조·미 조약을 맺은 것도 실은 소련을 막기 위해서였다. 물론 소련은 일본의 한반도 지배 때문에 태평양 진출의 꿈을 이룰 수 없었다.

그러나 볼셰비키 혁명이 일어난 후, 소련은 공산주의라는 이름으로 다시 한반도를 지배하고자 했다. 소련은 주변 모든 나라에 공산주의를 전파했고, 그래서 유라시아의 대륙은 붉은색으로 물들었다. 그런데 이런 호열자(胡熱者, 콜레라)와 같은 공산주의를 막은 것이 바로 휴전선이다. 휴전선은 한반도를 공산주의의 위협으로부터 자유롭게 만들어 주었고, 이것은 오늘의 대한민국이 되는 가장 강력한 힘이 되었다.

6·25전쟁을 통해서 남한 사회는 중국과 소련의 정치·문화와 단절되었고, 이것은 다른 한편으로 대한민국을 미국과 일본을 중심으로

한 서방 세계와 하나로 묶는 중요한 계기를 가져왔다. 오늘의 대한민국은 바로 이런 새로운 자유 세계 질서 속에서 가능하게 된 것이다.

해방과 6·25전쟁을 거치면서 남한 사회에서 일어난 가장 중요한 변화는 미국 중심의 서구 질서가 자리를 잡아가기 시작했다는 것이다. 해방과 더불어 미국 중심의 서구화가 밀려왔지만, 이것이 구체적으로 자리를 잡은 것은 6·25전쟁 이후이다.

사실, 한반도에 미국 문화가 들어온 것은 19세기 선교사들의 입국부터였다. 그러나 미국에서 한반도에 관심을 가진 사람들은 선교사들뿐이었고 대부분은 조선이 어디 있는지도 몰랐다. 해방 이후 미 군정이 한반도를 통치했지만, 여전히 미국인에게는 낯선 땅이었다. 하지만 트루먼 독트린 이후 공산주의를 막는 것이 미국의 가장 중요한 과제가 되자 한반도는 공산주의와 싸워 이겨야 하는 전선이 되었다. 이제 남한의 성공은 미국의 성공이 되었고, 남한의 패배는 미국의 패배가 되었다. 여기에서 미국이 한국을 도와야 하는 당위가 형성되었고, 오늘날 대한민국의 발전을 가져오게 하는 중요한 원인이 되었다.

해방과 6·25전쟁을 거치면서 한국과 일본의 관계는 매우 복잡하게 형성되었다. 일제시대를 거치면서 한국인들의 반일 감정은 극에 달했다. 여기에 소련은 기름을 부었다. 소련 극동 정책의 제1목표는 한반도를 일본에서 분리하여 이 지역에 친소 정부를 세우는 것이었다. 따라서 친일파 숙청은 매우 중요한 과제가 되었다. 하지만 해방과 6·25를 거치면서 한국과 일본은 함께 미국이 주도하는 자유 세계에 속하게 되었고, 공산주의를 막아야 하는 공동의 목표를 가지고 있었다. 따라서 이 시기에 반일 감정이라는 대중적인 정서와 자유 세계의 공동 멤버라는 국제 질서 사이의 이중적인 현실에서 한국 정치는 갈등을 겪게 되었다. 결국 대중적으로는 반일 감정을 유지하지만, 정치·경제적인 측면에서는 일본과 국제적인 공조를 추구하며 오늘에 이르렀다. 사실 한국은 상당한 반일 감정에도 불구하고, 일본과의 정치·경제적 공조를 통해서 오늘의 대한민국을 만들 수 있었다.

6·25전쟁이 만들어 놓은 휴전선은 한 민족을 갈라놓은 눈물의 분단선이다. 하지만 이 분단선 때문에 대한민국 사회는 중국과 소련의 영향력에서 자유로울 수 있었고, 이런 가운데 미국과 일본의 선진 기술을 도입하여 오늘의 경제 대국이 될 수 있었다. 휴전선은 민족 분단의 철조망이지만 다른 한편으로는 중화 질서와 공산주의의 위협에서 대한민국을 지켜 준 울타리가 되었다. 만약 이 울타리가 없었다면 오늘 같은 모습의 국가로 발전하기 어려웠을 것이다.

6·25전쟁과 민주 공화국 대한민국 체제의 확립

한반도가 개항 이후 중화 질서와 서구 질서 사이에서 갈등했다면 3·1운동 이후 한반도의 또 다른 갈등은 공산주의와 민주주의 사이의 갈등이었다. 3·1운동이 일어난 제1차 세계대전 당시 국제 질서는 과거 식민지 지배를 꿈꾸었던 제국주의 시대가 지나가고, 1917년 약소민족의 해방을 내세운 볼셰비키의 공산주의와 1918년 윌슨(Thomas Woodrow Wilson)의 민족자결주의에 기초한 자유 민주주의가 새로운 대안으로 등장했다.

사실 한반도의 많은 사람들은 볼세비키의 공산주의 혁명에 큰 관심이 없었다. 하지만 미국 대통령 윌슨의 주장에 한국인들은 환호하였다. 사실 이것은 한국만이 아니었다. 식민지로 착취당하던 수많은 나라가 윌슨의 주장에 고무되어 독립운동을 일으켰다. 1919년 3·1운동은 이런 상황에서 한국인들이 윌슨의 민족자결주의를 중심으로 한 국제 질서를 택한 것이었다.

그러나 1919년이 지나고, 1920년이 되면서 윌슨의 주장이 비현실적이었다는 것이 드러났고, 결국 미국은 스스로 제안했던 국제 연맹에 상원의 반대로 가입하지 못했다. 미국을 믿고 독립운동을 했던 수많은 사람들은 실망했고, 결국 이런 상황 가운데서 등장한 것이 바로 공산주의였다.

1945년 해방되었을 때 한반도에는 두 세력이 존재하게 되었다. 하나는 미국을 중심으로 민주 공화국을 세우자는 주장과 다른 하나는 소련을 중심으로 인민 공화국을 세우자는 주장이다. 이 두 주장은 서로 양보할 수 없는 이데올로기였고, 결국 남한에는 민주 공화국이 북한에는 인민 공화국이 수립되었다. 그러나 당시의 상황을 자세하게 살펴보면 한반도에는 공산주의보다 민주주의를 선호하는 사람들이 많았는데 남한 사람의 70% 정도가 민주 국가를 세우자는 생각을 갖고 있었다.[1] 다수의 국민이 소련의 인민위원회 제도보다는 미국의 대의제도와 삼권분립을 지지했고 이렇게 해서 1948년 5·10 선거를 통해서 대한민국이 탄생했다.

일부 학자들은 대한민국의 탄생은 한국인들의 선택이 아니라 국제 정치의 산물이라고 주장하지만 1919년 3·1운동 당시 한국인들의 꿈은 민주 공화국을 만드는 것이었다. 사람들은 해방 후 3년의 논쟁을 통해서 공산주의와 민주주의의 차이를 배우게 되었고, 특히 남한 사람들은 5·10선거를 통해서 한반도 남쪽에 대한민국을 세우는 데 동의하였다. 사실 한국인들이 민주주의를 선호했다는 것은 해방 후 수없이 많은 사람이 월남했다는 사실에서도 드러난다. 해방 후 북한에서 월남한 사람은 약 150만 명에 달하는데, 남한에서 북한으로 간 사람들은 불과 13만 명 정도밖에 되지 않았다. 민심은 공산주의보다는 민주주의를 택하고 있었던 것이다. 사실 가장 강력한 반공주의자들은 북한에서 월남한 사람들이었다.

6·25전쟁은 한국인들에게 보다 실질적으로 두 체제를 비교할 수 있는 기회를 가져다주었다. 전쟁 직후 처음 몇 달간 남한 사람들은 공산주의가 무엇인지 직접 경험할 수 있었다. 김일성과 박헌영은 전쟁이 시작되어 북한군이 남한에 진격하면 수많은 인민들이 나와서 환영할 것이라고 기대했다. 이들은 인민군이 서울에 진주하면 곧 인민 봉기가 일어날 것을 고대하였으나 결국 아무런 일도 일어나지 않았다.

1950년 여름과 초가을은 남한 사람들이 공산주의가 무엇인지를 배울 수 있는 좋은 기회였다. 전쟁 이후 수많은 사람이 서울을 떠나 피란길에 올랐지만, 일부 사람들은 피란을 가지 못하고 남아 있었다. 이들 가운데는 공산주의에 대한 순진한 생각을 가진 사람들도 많았다. 그러나 남아 있던 이들이 경험한 공산주의는 지독한 것이었다. 주민들에게 매일 학습을 통해 공산주의 사상을 가르쳤지만, 사람들은 점점 공산주의에 대해서 회의를 느꼈다. 주로 머슴들이 주동이 된 소위 완장 부대의 행패는 인민재판과 인민위원회의 본질이 무엇인가를 보여주었다. 맥아더의 인천상륙작전 성공으로 공산주의자들이 철수할 때 자발적으로 이들을 따라 월북한 사람들은 불과 얼마 되지 않았다. 사람들은 농민과 노동자의 천국을 환영하지 않았던 것이다.

1950년 10월 이후에는 북한 사람들이 미국을 경험할 수 있는 기회였다. 1950년 겨울 중공군의 개입으로 미군이 철수할 때, 함께 월남한 사람은 백만 명 이상으로 추정된다. 흥남에서 철수하는 미군과 함께 피란 온 사람만 10만 명에 이른다. 이러한 대량의 월남 피란민의 출현은 이들이 해방 직후 경험한 공산주의 체제에 대한 평가를 보여준다. 사람들은 그동안 경험했던 북한을 떠나서 월남하였다. 이들은 남한의 체제를 선택하였다.

중공군의 개입으로 한반도의 전선은 또다시 바뀌었다. 압록강까지 밀고 올라갔던 유엔군은 철수를 거듭하여 1951년 1월 4일 서울을 다시 내주고 말았다. 이제 서울 사람들은 공산주의와 민주주의를 다 같이 경험해 보았다. 과연 이들은 어떤 선택을 하였을까? 중공군과 인민군이 서울에 다시 진주했을 때, 서울은 정말로 텅 비어 있었다. 공산주의를 경험했던 사람들이 망설이지 않고 분명한 결단을 내린 것이다. 이것이 소위 1·4후퇴이다. 대부분의 서울 사람들은 미군의 철수와 함께 남쪽으로 피란을 떠났다. 외부의 강요에 의해서가 아니라 국민이 스스로 체제를 선택한 것이다.

이같이 선택은 또 다른 곳에서도 이루어졌다. 6·25전쟁은 수많은 전쟁 포로를 만들었고, 이들 가운데는 국민당 정부나 남한에서 징집된 사람들도 있었다. 포로들은 수용소에서 생활하며 자유 세계가 인간을 어떻게 다루는지 보았고, 이를 통해 자유 민주주의를 택하였다. 6·25전쟁은 두 체제를 분명하게 보여주는 사건이었고, 절대다수가 공산주의보다는 민주주의를 선택했다. 이로써 6·25전쟁은 대한민국을 반공 국가로 만들었고, 사람들에게 국가의 체제가 얼마나 중요한지를 알려주는 계기가 되었다.

6·25전쟁과 시장경제 체제의 도입

한 사회의 성격을 규정하는 가장 중요한 요소 가운데 하나가 경제 구조이다. 전통 봉건 사회와 근대 서구 사회의 가장 중요한 차이는 개인의 등장이다. 개인은 자율권을 가졌고, 개인의 사적 권리는 국가가 함부로 규제할 수 없다는 것이 근대 서구 사회의 특징이다. 이것을 경제 부분에 적용한 것이 바로 시장경제 체제라고 말할 수 있다. 국가의 통제에서 벗어나 개인이 자유로운 경쟁을 통해서 경제 활동을 하는 것이다.

근대 사회의 발전은 개인의 이익이 궁극적으로 공동체의 이익과 결합 된다는 신념이다. 애덤 스미스(Adam Smith)의 국부론의 핵심 사상은 "합리적으로 이해된 개인의 이익"은 궁극적으로 공동체의 이익과 부합된다는 것이다. 그러나 이것은 건전한 도덕이 전제된다. 따라서 시장경제의 발전은 건전한 시민 의식과 함께하지 않으면 이루어질 수 없는 것이다. 이승만은 일찍이 그의 〈독립정신〉에서, 이런 사회 구조를 갖지 못하면 사회는 발전할 수 없다고 주장하였다.

한국 사회에서 이 같은 경제 제도가 처음 받아들여진 것은 3·1운동 이후에 마련된 헌법이다. 1919년 4월에 제정된 대한민국 임시 헌장에는 "소유의 자유"가 명시되었다. 국가는 개인의 소유를 보장해 주어야 한다는 것이다. 같은 해 9월에 개정된 임시 정부 헌법에는 "기업의 자유"가 명시되어 있다. 이것은 일본이 일본 기업 육성을 위해서 조선인들에게 각종 규제를 부과하는 것에 대해서 반대한 것이다. 개인의 소유권과 사기업의 권리를 주장한 것이라고 볼 수 있다.

하지만 이런 경제사상은 당시 강력하게 전개되고 있던 공산주의와 부딪히게 되었다. 공산주의자들은 사회적 모순의 핵심에는 개인의 소유권이 있다고 보고, 이것을 제거하는 것이 바로 문제 해결의 지름길이라고 주장했다. 이들이 궁극적으로 꿈꾸는 사회는 바로 개인의 소유권이 없는 사회이다. 공산주의자들은 당시 미국을 중심으로 전개되던 자유 무역과 시장경제에 대해서 강력하게 반대했다. 1930년대 이후 소련은 파시즘과 맞서기 위해서 미국과 손을 잡았지만, 근본적인 생각에는 아무런 변화가 없었다.

해방 이후 한국 사회는 정치 제도 못지않게 어떤 경제 정책을 사용할 것인가에 대해서 심각하게 논의하기 시작하였다. 당시 한국 사회에는 막대한 일본 기업과 일본인 소유의 토지가 있었다. 그리고 여기에 한국인 지주가 갖고 있던 토지가 있었다. 북한은 일본인들이 갖고 있던 기업과 토지는 물론 한국인이 갖고 있던 토지까지 국유화했다. "토지는 농민에게, 공장은 노동자에게"를 외쳤지만, 이것은 허울뿐이었고 실제로 모든 것은 국가의 소유가 되었다. 국가는 공산당의 통제 아래 있으므로 결국 모든 것은 공산당의 소유가 되고 만 것이다.

그렇다면 토지 문제에 관해서 남한 사회는 어떻게 대응했는가? 해방 직후 여론은 일본인의 토지는 농민에게 무상으로 분배해 주고, 한국인 대지주의 토지는 유상 몰수, 유상 분배를 하자는 것이었다. 1948년 헌법은 이런 여론을 반영하여 만들어졌고 정해진 기준대로 토지 분배가 이루어져 당시 60%가 넘는 소작농들이 토지를 소유하게 되었다. 그간 토지 소유권은 소수의 대지주에게 있었지만, 이제는 대다수의 농민들이 토지를 소유하게 되었다. 1948년 정부 수립 이후 이들은 신생 대한민국의 국민이 됨과 동시에 당당한 토지 소유자가 된 것이다. 이런 농민들에게 공산당이 모든 토지를 국유화하겠다는 것은 가진 것을 빼앗는 것이나 다름이 없다. 농민들은 자신의 소유권을 지키기 위해서 대한민국을 선택한 것이다. 6·25 때 공산당의 완장을 찬 사람들은 농민이 아니라 이런 분배 과정에서 소외된 머슴들이었다. 그리고 이들의 상당수는 월북하였다.

다음으로 중요한 것은 기업의 문제이다. 일본은 패전과 함께 거대한 기업을 남겨놓고 철수하였다. 이들이 남겨놓은 적산은 해방 이후 미군정과 대한민국 정부 수립 이후 정부의 주요 재원이었다. 미군정과 한국 정부는 개인에게 적산을 불하해주고, 그 수입을 국가 재정의 주 수입원으로 삼았다. 하지만 여전히 상당수의 기업을 국가가 소유하고 있었다. 전쟁 이후 매우 어려운 상황에 있었던 한국 정부는 이것을 타결하기 위해서는 미국의 원조가 절실했다. 당시 미국의 원조가 한국 정부의 운영에 차지하는 비중은 절대적이었다. 미국은 한국에 원조하는 대신에 한국의 경제 구조를 바꿀 것을 요구하였다. 미국은 기업의 국유화를 최소화하고, 이것을 대부분 사기업으로 전환할 것을 주문하였다.

원래 1948년의 헌법은 사기업도 근로자의 이익을 국가가 보장하는 이익분배균점권이 명시되어 있었고, 일본이 남기고 간 기업의 국유화와 공공 부분의 국영, 그리고 국가의 무역 통제를 주장했다. 따라서 1948년 헌법은 경제적인 측면에서는 상당히 사회주의적인 측면을 갖고 있었다고 말해야 할 것이다.[2] 하지만 미국의 생각은 달랐다. 미국은 근본적으로 경제는 국가 주도가 아니라 시장에 맡겨 놓아야 한다고 생각했다. 그래서 1953년 전쟁이 끝난 후, 사기업을 육성하는 방향으로 헌법을 고칠 것을 요구하였다. 이렇게 해서 헌법은 1954년에 개정되었고, 그 주요 내용은 주요 지하자원이나 수자원도 민간에게 넘길 수 있게 되었고(85조), 국제 무역에 있어서 국가의 통제도 제한되었으며(87조), 국방 산업을 제외한 사기업을 국영기업으로 바꿀 수 없도록 했다(88조). 이제 국가가 기업을 운영하는 것이 아니라 개인이 국가의 산업을 주도할 수 있도록 한 것이다. 이것을 발판으로 사기업이 탄생했고, 결과적으로 공산주의 체제를 이길 수 있는 기초가 마련되었다.

해방과 6·25를 거치면서 남한과 북한은 서로 다른 길을 걸어갔다. 북한은 모든 것을 국유화해서 국가가 통제했지만, 남한은 토지 개혁을 통해서 다수의 소작농이 토지를 소유하게 되었고 귀속 재산 불하를 통해서 사기업을 육성해나갔다. 결국 남한은 6·25 직전 토지 개혁을 통해 봉건 사회를 붕괴시켰고, 1954년 6·25전쟁 직후 만들어진 개헌을 통해 신흥 자본가가 탄생할 수 있는 기초를 마련했다. 그러나 사기업이 완전하게 사적으로 이루어진 것은 아니었다. 이승만 정부는 수입 대체 산업 육성을 통해서 경제 건설의 육성을 꾀했고, 박정희 정부는 수출 주도 경제를 통해 국제 무역에 박차를 가했다. 오랫동안 통상을 죄악시하던 한국이 이제는 수출을 통해서 살아가는 국가가 되었다. 대한민국이 이렇게 발전할 수 있게 된 원인은 시장경제라는 새로운 제도, 그리고 이것을 작동할 수 있도록 만들어 준 미국과 일본을 비롯한 자유 무역 국가들이 존재했기 때문이다.

6·25전쟁과 한국 개신교의 리모델링

과거에는 유교와 불교가 대륙의 문화를 한반도에 전해주었다면 근대사에 있어서는 기독교가 서구 문화를 한반도에 전해주었다. 더 이상 전통문화가 조선의 앞날을 보장해 줄 수 없다고 생각한 고종은 미국과의 수교를 통해 한반도를 근대화시키고자 하였다. 하지만 정작 미국은 한반도에 깊게 관여하기를 원하지 않았다. 이때 나타난 인물이 바로 기독교 선교사들이다. 이들은 자신들이 조선에 학교와 교회를 세워주겠다고 약속했다. 고종은 선교사들과 친분을 유지하면서 서구 세계와 근대 문명을 배우게 되었으나 선교사들을 통해서 전해지는 서구 문명은 한계가 있었다. 먼저 서구의 근대 문명을 받아들인 일본은 자신들이 조선을 근대화할 수 있다고 주장하면서 결국 조선을 강제로 합병하였다. 이렇게 해서 한반도는 일본의 통치 아래 들어갔고, 결국 조선의 근대화는 일본식 근대화였고, 조선의 정치, 경제, 사회의 모든 분야는 일본에 예속되었다. 그러나 이런 상황 가운데서도 선교사를 통한 서구 문명의 유입은 계속되었고 기독교 교회, 미션 스쿨 그리고 병원을 통하여 여전히 조선에 중요한 역할을 하고 있었다.

일본이 미국과 전쟁을 시작하며 기독교는 일제에 의해서 상당한 핍박을 받게 된다. 일본은 기독교를 하나의 경쟁자로 의식하며 일제 말에는 기독교를 미국과 내통하는 세력으로 크게 경계하였다.

그러나 해방 이후 기독교는 한국 사회에서 중요한 대안 세력으로 등장한다. 태평양 전쟁에서 일본과 싸워 이긴 미국과 오랫동안 연결 고리를 갖고 있었던 유일한 곳이 바로 기독교 교회였고 일제 강점 기 일본과 맞설 수 있는 유일한 집단이었다. 해방 직후 전국 13도에 만들어진 건국준비위원회의 위원장 중 7명이 기독교인이었으며, 당시 가장 중요한 정치가들인 북한의 조만식, 남한의 이승만, 김구, 김규식은 모두 기독교인이었다.

기독교는 해방 후 한국 사회의 주요 세력으로 등장하였다. 남한의 해방 공간에서 기독교는 여러 단체에 가담하여 활동했지만, 그중에서도 이승만의 핵심 그룹인 독립촉성국민회(독촉국민회)와 민족통일 총본부에서 특히 기독교인들이 주류를 이루었다. 제헌국회에 가장 많은 국회의원을 배출한 것이 바로 독촉국민회였고, 이승만 정부에서 가장 많은 요직을 차지했던 사람들이 민족통일총본부의 인물들이었다. 북한에서 공산주의를 경험한 수많은 기독교인은 남한에 자유 민주주의적인 반공 정부가 수립되기를 강력하게 지지했다. 특별히 1948년 대한민국이 수립될 때 기독교인들은 새로 세워진 국가가 기독교 국가라고 생각했다. 개원 국회는 기도로 시작했으며, 이승만은 "하나님과 민족 앞에서" 헌법을 지키겠다는 대통령 취임 선서를 했다.

1948년 정부가 수립되자 대한민국을 지키기 위해 가장 중요한 것 중의 하나가 주한 미군의 잔류였다. 한국기독교는 1949년 서울운동 장에 모여서 주한 미군 철수를 반대하는 대규모의 집회를 개최했다. 당시 미국의 떠오르는 부흥사 빌리 그래함과 밥 피어스가 한국을 방문했는데, 이들 역시 미군 주둔의 필요성을 본국에 강력하게 전달 했다. 아울러서 1950년 6·25 직전에 독실한 기독교 장로인 덜레스 가 트루먼 특사로 한국을 방문했는데, 당시 영락교회를 방문해 수많 은 월남 교역자들이 나라를 위해 모여서 기도하는 것을 보고 감명 을 받았다. 이들은 모두 6·25전쟁이 발발했을 때, 트루먼에게 조속 히 한국을 지켜줄 것을 요청하였다.

당시 한국에서 활동하던 한 선교사에 의하면 "한국기독교는 공산 주의를 막고 민주주의를 지키는 보루"라고 표현하였다. 그의 주장에 따르면 당시 한국 사회는 공산주의와 민주주의의 싸움이 아니라 공 산주의와 기독교의 싸움이라고 주장하며, 실제로 민주주의는 실체 가 없으며 오직 기독교가 실체 있는 집단으로서 공산주의와 싸우고 있다고 주장하였다. 정부 수립 직후 전국의 남로당 세력들이 산악 지방으로 들어가서 활동하였는데, 한경직 목사를 중심으로 한국기 독교는 이들을 순화시키고 자유 민주주의를 교육하는 사역을 감당 하였다. 당시 기독교와 민주주의는 둘로 나눌 수 없는 세력이었다.

6·25전쟁이 발발한 후 기독교와 공산주의는 더욱 적대적인 관계가 되었다. 기독교가 반공 집단이라는 것을 인식한 인민군은 남한에 와 서도 기독교를 적대시하였다. 인민군은 맥아더의 인천상륙작전으로 철수하기 전, 남한 각지의 교회를 파괴하고 기독교인들을 무참하게

학살하였다. 전남의 영암과 신안에서, 그리고 전북의 정읍, 충남의 논산에서 대규모의 박해가 이루어졌다. 이것은 북한에서도 마찬가지였다. 황해도의 신천 대학살이 바로 그것이다. 이것을 통하여 기독교와 공산주의가 양립할 수 없다는 것이 더욱 확실하게 드러났다.

6·25전쟁은 두 가지 차원에서 미국 기독교의 관심을 불러일으켰다. 하나는 한국기독교의 재건이며, 다른 하나는 공산주의를 막는 것이었다. 또한, 미국 기독교는 해방 후 한국에 어떻게 다시 들어와야 하는가를 고민하였다. 왜냐하면, 당시 한국기독교는 이미 독립된 교회로서 선교사들의 영향에서 벗어나 있었기 때문이다. 그러나 전쟁으로 한국교회가 다시 어려움을 겪게 되자 미국의 선교사들이 대거 재입국하기 시작하였다. 이들은 신학 교육 기관과 각종 기독교 단체의 주도권을 잡았고, 한국기독교 역시 다시금 선교사의 영향 아래 들어갔다. 6·25전쟁이 다시 선교사들을 불러들인 것이다.

이렇게 해서 시작된 한국 선교는 단지 과거 조선에 있었던 선교사들의 복귀에 머물지 않았다. 해방 이전의 한국교회는 장로교, 감리교, 성결교 정도였다. 오순절 계통과 침례교 계통은 매우 미미했다. 그러나 6·25전쟁으로 미국의 수많은 교단들에게 한국이 알려지기 시작했고, 이들 가운데는 6·25전쟁에 군목으로 파송된 이들도 있었다. 이들을 통하여 장, 감, 성 중심의 한국교회에 침례교와 오순절 계통의 선교사가 들어왔고, 해방 후 한국기독교의 지형을 바꾸었다.

해방 후 한국에 들어온 선교사들 가운데 상당한 숫자는 과거 중국에서 선교하던 이들이었다. 중국은 미국 기독교의 최대 선교지였다. 그런데 중국이 공산화되면서 중국에서 활약하던 선교사들이 대거 한국으로 몰려들기 시작하였다. 이들은 중국 공산주의를 직접 체험한 사람들이었기에 한국에서 활동할 때 반공 사상은 기본이 되었다.

6·25전쟁은 선교사들에게 새로운 사역을 전개하게 하였다. 그것은 전쟁으로 고통받는 사람들을 위한 사회사업이었다. 당시 한국 정부는 이들에게 구호를 제공할 여력이 없었다. 이런 가운데 미국 선교사들은 미국 정부와 민간인들로부터 지원받은 재정과 물자로 한국인들을 도왔다. 그 활동 중 가장 대표적인 것이 바로 '월드비전'이다. 종군 기자 겸 목사였던 밥 피어스(Robert W. Pierce)는 한경직 목사와 함께 대대적인 구호 활동을 전개하였고, 이것은 상당한 성공을 거두었다. 그리고 이 단체는 현재 세계적으로 가장 큰 구호 단체로 발전하였다.

6·25전쟁을 통해서 한국기독교는 당시 정부가 할 수 없는 많은 일을 했다. 기독교 복음 선교뿐만 아니라 교육, 의료, 복지, 문화 등에 걸쳐서 각종 사업을 주도하였다. 당시 한국기독교가 한국 사회를 위해서 한 일은 유사 정부의 역할과 같은 것이었다. 한국기독교는 가장 큰 우방인 미국과 함께 한국 사회를 이끌어 가는 주도 세력으로 성장하였다. 이것은 개항기나 일제 강점기와는 완전히 다른 것이다. 전국에는 수많은 교회가 생겼을 뿐만이 아니라 군대에는 군목, 경찰에는 경목, 학교에는 교목, 병원에는 원목 등이 생기면서 기독교의 전성시대가 왔다.

6·25전쟁이 남겨놓은 과제: 한반도의 통일

한반도의 분단 과정

제2차 세계대전 동안에 만들어진 미국의 한반도 정책은 한반도에 미, 소, 영, 중 네 나라가 신탁통치를 실시하여 어느 한 세력도 한반도를 독점하지 못하게 하여 힘의 균형을 이루는 것이었다. 또한, 이런 가운데서 미국은 영국과 중국의 도움을 얻어 한반도의 주도권을 잡으며, 궁극적으로는 한반도를 미국 주도의 국제 질서에 편입시키려 했다. 하지만 일본의 조기 항복으로 인한 소련군의 남하를 막기 위해서 급히 38선을 만들게 되었고, 미군은 남한에 진주하게 되었다. 미국은 일본의 항복 직후, 미·소가 합하여 하나의 중앙 집권적 행정부를 만들 것을 제안하였다. 하지만 제안은 소련에 의해서 거부되었고, 결국 이 문제는 모스크바 삼상회의에 회부 되었다. 미국은 먼저 38선을 철폐하고, 그다음에 임시 정부를 설치하여 신탁통치를 하고자 했다. 그러나 소련은 이것을 거부하고, 먼저 정부를 만든 뒤 그 정부가 문제를 해결할 것을 주장했다. 여기서 소련이 말하는 정부는 인민 정부를 말한다.

미국은 원래 소련과의 협력을 전제로 한반도의 신탁통치를 생각하였고, 이것을 구체화하기 위해서 미·소 공동위원회를 만들었다. 하지만 소련이 미국에 협조하지 않자 미국은 이 문제를 유엔에 가지고 갔고 1947년 11월에 열린 제3차 유엔총회를 통해, 유엔의 감시 하에 한반도에서 총선을 실시하여 독립되고 통일된 중앙 정부를 세울 것을 결의하였다. 물론 소련은 이 같은 미국 주도의 결정에 찬성하지 않았다. 그리하여 소련은 북한에서의 총선거 실시를 허락하지 않았고, 결국에는 남한에서만 선거가 실시되어 남한에는 대한민국이, 북한에는 조선민주주의인민공화국이 수립되었다.

하지만 남한도, 북한도 자신들의 정부가 한반도의 절반만 지배하는 것을 원하지 않았다. 한반도는 오랫동안 하나의 공동체였기 때문에 38선을 중심으로 남북의 분단을 수용하기 어려웠다. 대한민국은 먼저 남한에 자유 민주주의 정부를 만들고, 이것을 근거로 북진하여 자유 통일을 달성하려고 하였고, 북한은 먼저 북한에 공산 정권을 만든 후 남한까지 국토 완정을 하려고 하였다. 원칙적으로 두 세력 모두 통일을 지향하는 것이었고, 이것은 전쟁의 가능성을 내포하는 것이었다.

그러나 실질적으로 전쟁을 준비한 것은 북한이었다. 김일성은 일찍이 소련의 도움으로 군대를 양성하기 시작하였고, 실질적으로 소련제 탱크의 도움을 받아 무장하였다. 남한에서 북으로 넘어간 박헌영은, 남한에는 남로당이 건재하고 있어서 소위 민족해방 전쟁이 일어날 경우 이들이 합세할 것이라고 주장하였다. 하지만 미국은 이러한 북한의 움직임을 무시했다. 또한, 미국은 이승만의 북진 통일론이 실제로 진행되어 원치 않는 전쟁에 휘말릴 것을 염려했다. 그래서 미국은 한국군에게 무기를 제공하지 않은 채 철수하였고, 소수의 군사 고문단만 남겨 두었다. 당시 남한은 전쟁을 수행할 수 있는 준비가 전혀 되어 있지 않았다.

이 같은 상황에서 1950년 6월 25일 북한은 소련제 탱크를 앞세우고 38선을 넘어서 전쟁을 시작하였다. 이 소식을 들은 미국은 즉각 유엔에 보고하였고, 유엔은 안전보장이사회를 열어 이것을 북한의 침략전쟁으로 규정하고, 이어서 유엔 회원국에게 전쟁을 막기 위해 군대를 파견할 것을 요청하였다. 미국은 유엔의 요청을 받아들여 한국에 군대를 파견하기로 결정했다. 미국은 6·25전쟁을 미군이 단독으로 수행하기보다는 유엔의 이름으로 참여하기를 원했다. 이것은 첫째로 의회의 동의를 얻지 않아도 되었고, 둘째로 전쟁을 유엔 대 공산주의의 구도로 몰고 갈 수 있었기 때문이었다.

그러면 미국은 왜 그렇게 빨리 전쟁에 개입했을까? 트루먼(Harry S. Truman)의 회고록에 의하면, 당시 중국을 공산주의에 넘겨준 후 미국 내에서는 트루먼에게 비판이 쏟아졌다. 그것은 중국 다음으로 한국이 넘어간다면 아시아에서 미국의 위상이 흔들리게 될 것이기 때문이었다. 또 다른 하나는 미국이 공산주의의 침략을 묵과한다면 소련에게 미국이 한없이 양보한다는 잘못된 사인을 주는 것이기 때문이었다. 따라서 트루먼은 여기서 단호한 입장을 보이는 것이 미국의 이익을 위해서 필수 불가결하다고 생각했다.

이런 거대한 국제 정치의 흐름 가운데서 이승만은 이 전쟁을 어떻게 끌고 가려고 했는가? 이승만은 1945년 8월 한반도에 38선이라는 군사작전선이 설정될 때부터 이것이 필연적으로 한반도에 내전을 가져올 것이라고 생각했다. 그래서 이승만은 미, 소, 영, 중 각국의 정상들에게 전보를 보내 "통합된 독립 민주 한국"(A United Independent Democratic Korea)을 만들 수 있도록 협조해 줄 것을 요청했다. 해방 직후 그가 외쳤던 것은 신탁통치 반대(독립)와 38선 철폐(통일)였다. 하지만 소련은 이에 응하지 않았다. 그들은 북한에 인민

정부를 세우고, 토지 혁명을 실시하고, 군대를 양성하고 있었다. 그래서 이승만은 '선 통일 후 정부 수립'의 입장에서, '선 정부 수립 후 통일'의 입장으로 방향을 바꾸었다. 그는 북한이 먼저 정부를 수립한 마당에 남한에 민주 정부를 수립하지 않으면 한반도의 공산화는 불 보듯 뻔하다고 생각했다. 이런 이승만의 요구를 받아들여 미국은 한반도 문제를 유엔으로 이관하였고, 결국은 남한에 민주 정부를 세우도록 했다.

하지만 유엔과 미국, 그리고 이승만이 남한에 단독정부를 세운 것은 아니었다. 1947년 11월 유엔이 결의한 것은 남과 북을 포함하는 중앙 정부였고, 1948년 2월 유엔 소총회가 남한 만의 총선거를 결의한 것은 한반도 전체의 총선거를 실시하기 위한 전 단계였다. 따라서 원칙적으로 정부 수립 후 유엔과 한반도의 가장 큰 과제는 북한에 총선거를 실시하여 한반도를 통일하는 것이었다.

6·25전쟁이 시작되었을 때, 트루먼의 기본 입장은 공산주의의 공격을 저지해 38선을 원상으로 회복하는 것이었다. 하지만 이승만의 입장은 달랐다. 이번 기회를 통해 1947년 유엔총회의 결의를 달성해야 한다는 것이었다. 미국은 현상 유지를, 이승만은 북진 통일을 원했던 것이다. 이런 가운데 1950년 9월 인천상륙작전이 성공하고 북한군의 패배가 기정사실화되자, 승리의 분위기 가운데서 유엔과 미국은 전쟁의 목표를 수정하여 38선 이북으로 진격할 것을 허락하였다. 이승만 역시 적극적으로 동의하였다. 이제 자유 통일이 눈앞으로 다가오고 있었던 것이다.

하지만 유엔과 미국, 그리고 한국의 의지는 다시 한번 좌절을 맞보아야 했다. 그것은 중공군의 개입이었다. 미군이 38선을 돌파하자 모택동은 원래의 약속대로 한반도에 개입하였고, 이제 중공군은 전쟁의 가장 중요한 당사자가 되었다. 이제 중·소는 같은 공산 블록으로서 강력한 동맹이 되었고, 미국과 중국은 이제 적대국이 되었다. 스탈린의 계획이 이루어진 것이다. 결국 중공군의 개입으로 자유 통일의 꿈은 사라졌고, 다시금 미국과 유엔은 현상 유지 정책으로 돌아갔다. 미국과 소련은 다 같이 전쟁이 3차 대전으로 확산되는 것을 막고, 대신 자신들의 진영을 내부적으로 공고화하는 선에서 전쟁을 마무리하려고 했다. 결국 미국과 소련은 각각 자신의 진영을 공고화하는 성과를 얻었지만, 단지 한반도의 통일이라는 입장으로 보면 이 전쟁은 상처를 더욱 깊게 만든 결과만을 가져왔다.

6·25전쟁과 한반도의 통일

당시 사람들은 어떤 체제가 좋은지를 알지 못했다. 비록 다수의 사람들이 자유를 찾아 월남했지만, 소수의 사람들은 공산주의의 승리를 확실히 믿고 있었다. 공산주의자들은 공산 혁명의 성공이 과학적인 진실이라고 믿었다.

선택은 결과를 낳는다. 개항 직후 쇄국의 선택이 조선을 식민지로 만들었다면, 6·25를 통한 자유 민주주의 체제의 선택은 대한민국을 세계 10대 경제 강국으로 만들었다. 소련과 동유럽 공산주의의 몰락으로 과연 어떤 체제가 더 나은 것이었는가에 대한 결론은 이미 났다. 북한은 인위적으로 수명을 연장해가고 있을 뿐이다.

1980년대 말에 시작된 공산권의 붕괴는 20세기 역사의 중요한 변곡점이 되었다. 냉전이 종식되고 자유 세계가 승리했지만, 축제는 없었다. 한반도에서조차 이러한 역사적인 변화에 대한 세계사적이고 철학적인 깊은 성찰이 이루어지지 않았다. 당시 남한은 민주화 투쟁이 한참 진행 중이었다. 그러나 남한의 독재 정부와 싸운다는 명목으로 투쟁에 앞장섰던 이들은 오히려 종북 세력과 가까워졌다. 이들은 공산권의 붕괴를 받아들이지 못했고, 대한민국의 승리를 애써 감추려 하였다. 이런 상황 가운데 민주화와 종북은 그 경계가 모호해졌고 냉전의 종식과 자유 세계의 승리에 대해 올바른 판단을 하지 못하고 말았다.

2020년 오늘을 살아가는 한국인들은 1950년대의 한국인들보다 세계를 더욱 객관적으로 볼 수 있는 위치에 있다. 제2차 세계대전이 끝난 후 시작된 냉전 시대는 1980년대 말 공산주의의 종주국인 소련의 붕괴로 막을 내렸다. 역사는 개인의 권리와 소유권을 무시한 공산주의보다는 개인의 인권과 창의성을 존중하는 민주주의가 더 나은 체제라는 것을 보여주었다. 물론 민주주의와 자본주의에도 문제가 있지만, 이것은 수정 보완해야 하는 것이지 폐기해야 할 대상은 아니다.

2020년은 6·25전쟁 70주년을 맞이하는 해이다. 이제 공산주의는 패배한 이데올로기라는 것이 드러났다. 많은 공산주의 국가들이 민주주의를 지향하고 있다. 물론 여기에는 구소련과 동유럽처럼 사회주의를 완전히 포기한 나라도 있고, 중국처럼 사회주의와 자본주의를 동시에 추구하는 나라도 있다. 우리는 중국이 보다 개방되고 민주화된 나라가 되어 아시아에 다시는 공산주의를 확산시키려는 행동이 사라지기를 바란다.

우리가 더욱 중요하게 생각하는 것은 북한이다. 우리는 북한에도 시장이 형성되고 자본주의의 물결이 들어가고 있다고 듣고 있다. 하지만 그럼에도 불구하고 현재 북한은 세계에서 가장 폐쇄적이고, 개인의 인권이 무시당하고 있는 곳이다. 이런 북한의 존재는 대한민국에 심각한 위협이 되고 있다. 또한 북한 동포들도 인간답게 살 수 있는 권리가 있다.

이승만은 비록 6·25가 북한의 남침으로 시작되었지만, 이것을 통해서 북한의 동포들을 자유롭게 만들고, 한반도를 자유 통일해야 한다고 믿었다. 이러한 이승만의 꿈은 지금도 대한민국의 헌법에 명시되어 있다. 그것은 자유 민주주의적인 기본 질서에 기초한 남한과 북한의 평화 통일이다. 대한민국은 무력으로 한반도가 통일되기를 원하지 않는다. 하지만 자의든 타의든 통일의 기회가 왔을 때, 한반도가 하나의 민주주의 국가가 될 수 있도록 해야 할 것이다. 이것이 6·25전쟁이 자유 대한민국에 부과한 과제이다.

맺음말: 6·25전쟁과 오늘의 한국 사회

대한민국은 아직도 6·25전쟁이 만들어 놓은 구도 안에서 살아가고 있다. 휴전선은 여전히 존재하고, 남과 북에는 다른 두 체제가 존재하며, 이것은 정치만이 아니라 경제와 종교에도 여전히 영향을 미치고 있다. 이런 점에서 한국 사회는 6·25전쟁의 연속성 안에 존재한다. 그러나 좀 더 깊이 살펴보면 지금은 당시와는 비교할 수 없는 새로운 상황에 직면해 있다. 공산주의는 붕괴되었고 냉전은 종식되었다. 과거 냉전체제가 끝났고 이제 공산주의는 그 능력을 상실했다.

이것은 우리에게 두 가지 과제를 제시한다. 첫째는 한반도가 언젠가는 자유 민주적인 질서 위에서 통일해야 한다는 것이다. 사실 1948년 유엔은 한반도가 총선거를 통하여 자유롭고 독립된 국가가 될 것을 결의하였다. 하지만 이 결의는 소련의 거부로 실행되지 못했고 오히려 전쟁으로 이어졌다. 그러나 공산주의는 실패로 끝났고, 이제 다시 자유 민주적인 질서에 기초한 통일을 꿈꿔야 한다.

둘째는 중국을 비롯한 아시아 대륙에 자유 민주적인 질서가 확장되도록 노력해야 한다는 것이다. 아직도 한반도 주변에는 자유 민주주의를 외면하고, 여전히 공산주의 체제를 유지하려고 하는 세력이 있다. 가까이 있는 중국은 경제적인 측면에서 어느 정도 시장경제를 받아들였지만 정치적인 측면에서는 여전히 공산주의 국가이며 아직도 자유와 인권이 보장되지 않고 있다.

과거 한반도는 아시아의 교차로에 위치해 있으며 대륙 세력과 해양 세력 사이의 희생양이 되었다. 그러나 현재 대한민국은 세계 10위권의 경제 대국이 되었다. 대한민국은 자유 세계와 손잡고, 아시아 대륙, 특히 중국 대륙과 북한에 진정한 자유와 평화가 올 수 있도록 해야 할 것이다. 이제 아시아 대륙에 진정한 평화가 올 수 있도록 만들어야 할 것이다.

주

1   박명수, 2018, 41-80.
2   1948년 헌법의 사회주의적인 측면에 대해 지적해주신 중앙대학교의 김승욱 명예교수님께 감사를 드린다.

제16장 6·25전쟁과 기독교 사회 복지[1]

장금현 | 세계사이버대학 교목실장과 한민족연구소 소장, 명지대학교 사목으로 사역했다. 현재 서울신학대학교 현대기독교역사연구소에서 연구교수로 재직하고 있으며, 기독교 역사 관련 과목을 강의하고 있다. 서울신학대학교에서 한국교회사로 박사 학위(Ph. D.)를 취득했다.

들어가는 글

대한민국의 사회복지 체계에 가장 영향을 끼친 것은 6·25전쟁이라고 생각한다. 전쟁은 한국 사회를 파괴했지만, 재건 과정에서 특히 피난민의 복지 욕구에 응답한 경험이 국가의 사회복지 체계를 구축하는 데 중요한 밑거름이 되었다. 한 보고서에 따르면, 1952년 기준으로 국민 중 절반이 구제 대상이었다. 그러나 정부는 제한된 예산으로 이들에게 적절한 도움을 주기에는 역부족이었다. 부족한 부분은 주로 외국 원조 단체(이하 외원 단체)의 지원으로 메워야 했다. 혹자는 제2의 보사부라 부를 정도로 외원 단체가 한국 사회의 재건에 끼친 영향은 지대하다. 자발적인 봉사에 기초한 외원 단체의 기본 정신은 대부분 기독교였다.

한국의 사회복지 체계를 갖추는 과정에서 기독교를 배제하고 설명하기는 어렵다. 한국 사회는 알렌(Horace N. Allen) 선교사를 통하여 현대 의학에 기초한 의료복지 체계를, 아펜젤러(Henry G. Appenzeller)와 언더우드(Horace G. Underwood), 스크랜턴부인(Mary Fletcher Scranton)을 통하여 교육복지 체계를 갖추기 시작했다. 킨슬러(Francis Kinsler)는 '성경구락부'를 통해 무학 아동들에게 교육 기회를 제공함으로 교육복지 욕구를 충족시켰다. 이외에도 한국 선교 초기부터 선교사들은 나병 환자촌 설립과 확장, 결핵 요양소 설립, 혈액은행 설립을 포함하여 청소년, 여성, 농촌 복지에 힘써왔다. 그러나 일제 말기의 기독교 복지 체계는 이전보다 약화 되었다. 태평양 전쟁을 계기로 일제는 기독교에 대한 탄압을 가중시켰고, 후원자 그룹인 선교사들을 추방시켰기 때문이다. 약화 된 기독교 사회복지 체계가 복구된 것은 해방 이후 특히 6·25전쟁과 긴밀히 연결되어 있다. 6·25전쟁으로 많은 기독교 외원 단체의 내한과 활동은 한국의 사회복지 체계에도 적지 않은 영향을 끼쳤다. 따라서 이 글에서는 대표적인 외원 단체의 연합인 주한 외국 민간 원조단체 연합회(KAVA)와 그에 소속된 기독교세계봉사회 활동을 다루면서 그들이 어떤 기독교 사회복지사업을 펼쳤는지 살펴보고자 한다.

주한 외국 민간 원조단체 연합회(Korea Association of Voluntary Agencies, KAVA)와 기독교

해방 이후 강제 징용이나 징병으로 끌려갔던 사람들이 귀국하고, 38선 이북의 사람들이 월남하자 그들에 대한 복지가 필요했다. 이들의 규모는 약 200만 명에 이르렀고 이는 남한 인구의 1/10에서 1/6에 해당된다.[2] 미 군정청은 보건후생과를 통해, 피난민의 입국, 검역, 일시적 수용, 고향으로 송환 등에 집중했으며, 그 외의 구체적인 활동은 민간 구호 단체가 담당했다.[3] 미 군정청은 이들에 대한 복지를 구현하기에는 역부족이었다. 남대문교회 장로이며 보건후생과 책임자였던 이용설은 민간인 주도의 구호 활동을 장려함으로 미 군정청의 약점을 극복하고자 했다. 이때 기독교인들은 교회와 외국 선교부를 통한 지원과 미 군정청의 행정 참여로 문제 해결에 앞장섰고, 더 나아가 전재민 스스로 교회 공동체를 형성하여 자력갱생하는 모범을 이루었다. 이를 통하여 피난민들은 정서적·심리적인 측면의 재활을 이루었을 뿐만 아니라, 남한 사회의 주변부에서 사회의 괄목할만한 일원으로 변화하는 계기를 마련하였다.[4]

외원 단체들은 6·25전쟁을 계기로 대거 내한하였는데, 유엔과 한국교회의 구호 요청에 가장 먼저 반응한 것은 미국 교회의 지도자들이었다. 1950년 10월 19일 한국 구호를 위해 세계교회협의회(World Council of Churches), 북미외국선교회(Foreign Missions Conference of North America), 국제선교협의회(International Missionary Conference), 기독교세계봉사회(Church World Service) 등을 대표하는 6명이 뉴욕시에서 모였다. 이 모임에서 참석자들은 한국의 구호가 급히 이루어져야 한다는 데 의견을 모으고 한국에 공식적인 기독교 구호 위원회를 설립하기로 하였다.[5] 구호 위원회는 한국의 구호를 위하여 유엔 사령부와 협의하는 연락부 역할을 담당했다. 공식적인 기구가 출범하기 전까지는 임시로 구호 위원회에서 해당 업무를 담당하기로 결정했다. 이런 급박한 분위기 속에서 KAVA가 출범하였다.

KAVA 설립 과정

1975년 3월 19일 전체 회의에서 KAVA 초대 회장을 역임한 캐롤(George M. Carroll)은 '우리의 시작은 미약했다'(We Started Small)는 주제의 강연에서 초기 상황을 설명하였다. 다음은 강연 내용의 일부다.

> 1946년부터 민간단체들이 한국에 가서 일본, 만주 및 북한으로부터 온 수많은 전재민들을 위한 의료 및 기타 원조 사업을 시작했다. 이 전재민들은 일자리가 생길 때까지 몹시 곤란한 상태에 있었다. 미군정은 민간단체들이 독자적으로 운영하도록 허용하지 않았다. 의류와 기타 잉여 물자들이 공동으로 관리되었다. 이에 민간단체들은 KAVA 전 단계인 LARA(Licenced Agencies for Relief of Asia)를 결성했다.
> 나는 선교사가 되려고 왔으나 구원 투수(relief pitcher)가 되고 말았다. 1952년 1월 10일 LARA의 명칭을 KAVA로 개칭하기로 결정되었다. 감리교회의 아펜젤러(Henry Appenzeller) 박사와 저 캐럴(George Carroll)이 보건사회부와 접촉하여 새 조직을 승인받기 위해 실행위원으로 선출되었다. 보건사회부에서는 이 제안에 우호적이었고 한국 정부도 매우 기꺼워하면서 등

록이 곧 실현될 것이라고 약속했다. 1952년 3월 5일 KAVA는 대한민국 보건사회부에 합법적으로 등록되었다. KAVA는 한국인과 함께 한국인을 위한 사회복지, 보건, 구호, 교육, 지역사회 개발에 참여할 것으로 생각되었다.

저는 KAVA 초대 회장으로 선출되었다. 부산 소재 장로교 선교회(The Presbyterian Mission in Pusan)에서 열린 첫 회의에 7개 단체만 참석했다. 참석자 중 나는 유일한 천주교인이었지만 그들은 나를 회장으로 선출했다. 초창기에는 외국인이 회장을 맡아야 한다는 것은 회의에 참석한 한국인들의 조언에 따른 것이다. 한미재단으로부터 재정 지원이 없었다면 KAVA는 매우 어려운 시기를 맞을 뻔했다. 그 점에서 KAVA는 한미재단의 덕을 톡톡히 보았다.

한미재단은 2만 5천 달러의 보조금을 제공했고, 4개의 큰 단체 즉 기독교세계봉사회(CWS), 미국대외원조물자발송협회(CARE), 세계구호위원회(WRC), 천주교구제위원회(CRS)가 몇 년 동안 매년 1,000달러씩의 단체 회비를 제공했다. 우리는 7개 회원 단체로 작게 출발했지만 몇 년 뒤에는 77개 회원 단체가 가입했다."[6]

정리하면 KAVA는 1952년 3월 임시 수도였던 부산에 7개의 외원 단체가 모여 설립한 연합 봉사 단체다. 1954년 한미재단으로부터 약 25,000달러를 기증받아 안정적인 재정을 확보한 KAVA는 본격적인 활동을 시작할 수 있었다.[7] KAVA는 설립 당시 7개 단체가 참여했다가 1954년 33개 단체로, 1958년 59개 단체로, 1968년 111개로 계속 증가했다.

KAVA 조직

1952년 3월 5일 출범한 KAVA는 초대 회장으로 기독교세계봉사회 소속 캐럴 주교가 선임되어 활동을 시작했으나 전용 사무실이나 전담 직원이 배치된 것은 아니었다. KAVA는 1954년까지 안정적인 재정 확보에 집중하면서 총 9조로 된 정관을 채택했다. KAVA의 중요한 정신은 제1조와 제2조에 담겨 있다.

제1조 (명칭과 목적)

1항 이 협의체 (association)의 명칭을 한국외원단체연합회 (Korea Association of Voluntary Agencies: 카바)로 한다.

2항 목적은 회원단체 간의 정보 교환과 통일된 기획, 타 기구에 대한 협조를 통하여 그들의 활동을 증진하는 데 둔다.

제2조 (회원 자격)

1항 한국에 있는 모든 외국 민간 사회복지 단체는 회원 자격이 있고, 이 정관이 채택되던 시기에 KAVA의 회원이었던 단체들은 회원으로 간주된다.

2항 민간단체는 비영리 조직으로서 그 정부의 통제에 종속되지 아니하고 주로 민간의 자발적인 성금으로 재원을 충족하며, 본국에서 인정받는 지위를 가짐과 동시에 한국에서 사회복지 활동을 수행하고 있는 단체로 규정한다.

3항 비회원 단체라 할지라도 카바 가입 신청을 사무국장에게 서면으로 제출할 수 있으며, 이 신청을 차기 회의에서 표결로 결정한다.[8]

정리하면 KAVA는 외원의 연합 단체이고, 정보 교환 및 협력 사업에 정진했다. 외원 단체는 정부에 예속되지 않은 민간단체여야 하지만 본국의 정부로부터 인정받아야 한다. 자문위원회는 7개 단체의 대표로 구성되었고, 5개 분과위원회(사회복지-30명, 교육-20명, 지역사회 개발-15명, 구호-15명, 보건-30명)를 두어 위원회 중심으로 활동할 수 있도록 역할을 분배했다. 또 산하에 소분과위원회를 두어 특정 사업에 대한 문제를 다루었다. 예를 들어 소분과위원회는 모자 사업, 아동 복지, 입양 사업, 천재지변에 대응하기 위한 연구를 수행했다. 임원은 의장 1명, 부의장 2명, 총무 1명, 재정 1명을 두었고, 집행 위원회, 재무 위원회, 인사 위원회, 운영 위원회 등 총 9개의 상임 위원회가 매월 월례회에서 활동 상황을 보고하며 소식을 공유했다. 매년 연차대회를 5월 또는 6월에 열었다. 연차 목적은 회원 단체의 진행 프로그램의 중복을 피하거나 협력으로 사업을 강화시키고, 각 단체의 책임자들이 친목을 도모하고, 한국 정부, 미군, 유엔 및 한국 관련 책임 인사들과 만남의 기회를 갖고자 함이고, 외원 단체들의 효율적인 사업을 위함이었다.[9]

외원 단체들은 KAVA를 통하여 보건, 교육, 사회복지, 구호, 지역사회 개발 등 각 분야에서 유기적으로 연계하거나 정부와 협력하여 사회사업을 확장시켰다. 정간물인 News 지(紙)를 제작하여 정보를 공유하며 사업을 효율적으로 펼쳤다. 특히 KAVA는 지역 사회의 강화와 재생에 관심을 갖는 외원 단체들을 위해 교량적인 역할을 담당했다.[10]

KAVA의 주요 활동

KAVA가 출범하기 전에는 몇 가지 방식을 통하여 사회사업을 펼쳤다. 하나는 한국에서 필요한 물품들을 미국에서 모집하거나 기부 받아 이를 주한연합민간원조사령부(UNCACK)나 국제연합한국재건단(UNKRA), 또는 한국 정부의 해당 부처(내무부, 문교부, 보건사회부, 건설부 등)에 전달하는 방법을 취했다. 이는 정부 차원에서 추진하는 정책에 따르고자 함이었다. 둘째는 제2차 세계대전 이후에 미국의 대외 원조가 물질 원조에서 기술 원조로 바뀌는 상황이기에 한국인들을 본국으로 데려가 교육하거나 전문가를 파견하여 훈련 시켰다. 의사, 간호사, 교사, 사회사업가 및 주요 분야 교수들에 대한 교육이 이때 이루어졌다. 셋째로 당면한 문제를 해결하기 위하여 직접 시설(병원, 학교, 고아원 등의 복지 기관)을 운영하거나 학교에 장학금이나 교육용 물품을 기증했다. 피난민들을 위해서는 주택 건설, 정착을 위한 각종 지원, 보건 사업 등의 프로그램을 운영했다. 직접적인 참여는 주로 국제기구나 한국 정부의 도움을 받으며 진행했다.[11]

1952년 조직된 KAVA가 초기 재정문제로 활동이 늦어지다 1954년부터 체계를 갖추기 시작했다. 그러면서 1950년대 후반부터는 본격적으로 활동했다. 다만 1970년대부터는 경제성장에 따라 정부 지원액이 급격히 증가하여 외원도입액을 앞지르기 시작한다.[12]

표. 연도별 보건사회부 예산 및 외원도입액

(단위: 1958-1961년 백만 환, 1962년~1975년 백만 원, 외원도입액 달러)

연도	보건사회부 예산	외원 도입액	연도	보건사회부 예산	외원 도입액
1958	1,098	3,514	1967	5,394	7,924
1959	1,284	3,744	1968	8,918	7,589
1960	1,514	3,600	1969	10,536	8,340
1961	950	4,147	1970	8,590	8,694
1962	2,021	4,205	1971	13,304	8,204
1963	2,117	4,176	1972	11,003	8,968
1964	2,722	4,341	1973	10,341	9,622
1965	3,168	6,482	1974	10,382	7,280
1966	4,342	7,525	1975	42,698	12,560

출처: 민경배, 2000, 632

이성덕은 "한국의 외원 민간단체의 실태"에서 지역사회 개발, 사회복지, 구호라는 측면에서 KAVA의 활동을 다음과 같이 정리하였다. 첫째로 지역개발과 관련해서는 기독교 지도자를 양성하여 KAVA 활동을 보조하게 하고, 4-H 클럽 활동, 염가 주택 건립과 제공에 힘을 기울이고, 식량, 의류를 지원하고, 교육과 건강, 정신 성장을 도모했다. 둘째로 사회복지와 관련해서 아동 복지, 모자보호 사업, 놀이터, 탁아소사업, 직업상담 안내를 비롯하여 변화하는 사회와 문화에 따라 새로운 프로그램을 실행하였다. 셋째로 구호와 관련해서 전쟁 피난민들을 대상으로 자조정신(Self-Help)을 내걸고 1968년까지 3,110개 사업을 펼쳤다. 예를 들어 고지 개간, 간만지 개간, 염전, 굴 양식장 등이 여기에 속한다. KAVA는 독자적인 프로그램 진행보다 회원 단체 지원을 우선하였다. 이를 위해 보건복지위원회는 매주 KBS 희망 중계실을 통하여 전반적인 보건교육 및 계몽 활동을 실시하였다. 이 사업은 정부의 보건과만 아니라 각 대학교 의과대학의 후원으로 시작할 수 있었다. 또 임시로 '외원 구호 사무소'를 전남 나주에 설치하여 광주기독병원, 기독교세계봉사회 및 기독교 개혁선교부에서 파견한 3명의 봉사자가 부녀자들을 상담해주고, 해당 지역의 구호물자를 배정 및 관리하였다.[13]

KAVA와 기독교와의 관계

6·25전쟁의 발발은 기독교 사회복지 활동을 자극하였다. 특히 외원 단체를 통한 복지 활동과 경험은 기독교 사회복지 체계만 아니라 현대 사회복지 제도의 밑거름이 되었다. 최원규는 "외국 민간 원조단체의 활동과 한국 사회사업 발전에 미친 영향"에서 한국 사회복지 발전에 외국 민간 원조단체가 크게 기여했음을 강조했다. 그가 외원 단체를 주목한 것은 해방 이후 특히 6·25전쟁 이후 한국 사회에서 복지 체계가 제대로 작동하기 어려운 상황이었기 때문이다. 외원 단체의 종교적 배경을 보면, 구한말 이후 한국에서 활동한 147개 외원 단체 중에 천주교 40개(27.2%), 개신교 70개(49.7%), 불교 1개(0.7%), 종교 없음 또는 미상은 33개(22.4%) 등이다.[14] 천주교를 포함하면 외원 단체 147개 중 기독교계가 110개(76.9%)에 이른다. 북장로교 선교사 로즈(Harry A. Rhodes)와 캠펠(Archibald Campell)은 1958년 기준으로 10개국 59개 외원 단체 중에서 28개 단체가 사회사업과 함께 선교에, 31개 단체가 교육, 건강, 사회복지, 구호 및 사회 개발에 관심을 가졌다고 밝혔다.[15] 이 중에서 미국 교회에 속한 단체가 가장 많았다. 일례로 미국 장로교 해외 선교부는 한국 교회를 위해 1950년부터 1954년 6월까지 약 180만 달러를 모금했다. 그리고 미국 감리교회는 1950년 가을부터 매년 10만 달러 이상을 보내주었

다. 1954년에는 '감독호소기금'(Bishops' Appeal Fund)으로 명명된 모금 운동을 전개했는데 목표액 100만 달러를 훨씬 상회하는 160만 달러를 모금했다.[16]

미국 교회가 KAVA를 통해 한국인들을 돕고자 했던 이유는 무엇인가? 최원규는 그 이유를 다음 몇 가지로 정리하였다. 첫째로 구한말부터 한국은 개신교가 크게 발달한 미국 교회로부터 복음을 받아들였고, 둘째로 미국의 민간 사회사업 단체 중에는 국제적으로 활동하는 단체가 많았으며, 셋째로 해방 후 미군정 및 미군의 적극적인 6·25전쟁 참여 등에 그 이유가 있었다고 한다.[17]

이 외에도 미국 교회가 한국을 도왔던 또 다른 이유가 있다. 크게 보면 두 가지다. 하나는 선교 차원에서, 두 번째는 공산주의에 대응하기 위해서였다. 먼저 미국 교회는 한국에 원조와 선교라는 두 가지 측면을 고려하였다. 한국에서 활동한 외원 단체들은 활동 목적을 명확하게 명기하였고, 그 목적에 따라 봉사 활동을 펼쳤다. 각 단체가 보건사회부에 보고한 목적을 보면, 구호, 사회사업(복지), 교육, 보건, 지역개발, 선교, 그리고 문화, 경제 및 노동 문제, 아동 복지, 해외 입양, 직업 보도 등으로 총 12가지였다. 이것을 압축하면 구호, 사회사업(복지), 보건, 교육, 지역개발, 선교, 기타 등 7가지다. 이를 더욱 압축시키면 원조와 선교다. 다수의 단체가 원조와 선교를 병기하기 때문에 구분하기 어렵다.[18] 이 둘을 하나로 통합시키면 선교라 할 수 있다. 기독교 외원 단체들의 최종적인 목표가 선교였고, 그리스도의 사랑을 전하는 표현이기 때문에 원조는 하나의 선교였다.

두 번째는 공산주의에 대응하기 위함이었다. 안양대학교 이은선교수는 반공산주의가 미국 교회의 후원을 이끌었다고 주장한다. 미국의 냉전 초기에 반공 정책을 추진했던 사람들은 공산주의가 반종교적인 정책 속에 무신론적인 속성을 가지고 있다는 것을 인식하였고, 그러한 공산주의에 대항하는 가장 효과적인 방법은 기독교와 연계한 활동으로 보았다.[19] 앞장선 인물 중에 대표적인 인물이 침례교 목사 밥 피어스(Bob Pierce)다. 6·25전쟁으로 파괴된 한국 사회를 위한 그의 복지 활동은 월드비전(선명회)의 역사에 잘 정리되어 있다.[20] 그는 한 그룹의 선교회로부터 초청받아 1947년 여름 중국에 갔다.[21] 이때 그는 많은 선교사가 선교 본부와 연락이 끊어진 상태로 힘겹게 살면서도 고아들을 돌보고 있다는 사실을 주목하고, 고아들에게 관심을 갖기 시작했다. 이듬해인 1948년 다시 주요 도시에서 전도집회를 열고자 중국에 간 그는 거기서 지난해에 만났던 많은 목회자와 선교사들이 공산주의자들에 의해 살해되고, 병원과 학교와 선교지들이 약탈당하고 파괴된 것을 발견하고 반공주의 사상을 가지게 되었다.[22] 그는 영화 제작을 통해 반공을 알리면서 고아들과 양로원들을 위한 모금을 했으며, 1950년대에 6·25전쟁과 고아들을 소재로 12편의 영화를 제작하기도 했다.[23] 정리하면 미국 교회가 한국교회를 지원하게 된 동기는 선교만 목적으로 한 것이 아니라 공산주의 세력으로부터 한국 사회를 지키기 위한 이념도 포함되었다. 공산주의에 대한 월남 기독교인들의 부정적인 경험은 미국 기독교의 공산주의에 대한 생각과 일치한다. 이 두 세력은 반공산주의라는 지점에서 뜻을 같이하고, 지원을 주고받았다.

기독교세계봉사회(Church World Service, CWS)

KAVA에 소속된 대표적인 외원 단체는 기독교세계봉사회(CWS), 월드비전(WV. 선명회), 세계구호위원회(WRC), 스완슨복음전도회(ESEA), 기독교아동복지회(CCF), 기독교어린이복지센터(CCWC), 구라선교부(ML), 의수족재활사업(ARP) 외 다수가 있다. 이 가운데 가장 눈에 띄는 단체는 기독교세계봉사회다. 이 단체는 2차 세계대전 이후 어려움을 겪고 있는 중국과 유럽 국가들을 돕기 위하여 1946년 북미외국선교협회, 미국연방기독교교회협의회, 세계교회협의회 미국위원회가 공동으로 설립한 구호 단체다. 이는 미국 개신교와 정교회에 속한 교파의 구호 활동을 대변했을 뿐 아니라 다른 서방 국가들이 보내는 구호품도 전달해 주는 역할을 맡았다. 6·25전쟁 중에는 미국 교회를 포함하여 세계교회협의회와 루터교세계구제회 외에 다수의 구호 프로그램을 위한 한국 내 활동을 대행했다.

기독교세계봉사회의 설립 목적

1953년 10월 13일과 14일 각 교파 선교부와 기독교세계봉사회는 뉴욕에서 모임을 갖고 한국의 구호와 복구 활동을 위한 교파 간 협력을 논의하였다. 세계기독교봉사회는 한국에서의 활동 목적을 다음과 같이 밝혔다.

① 필요한 사람에게 종파나 정파의 차별 없이 봉사를 통해서 기독교의 사랑을 표현한다.
② 과거의 한국이 아닌 새로운 한국을 건설하도록 한국인들을 지원한다.

③ 한국인과 미국인의 우호 관계를 강화시킨다.

④ 한국교회와 초교파적인 교회 사이의 교제를 강화시킨다.

⑤ 한국에서 교회 간의 협력을 증진 시키고, 교회와 사회와 국가의 분열적인 요소를 막는다.

⑥ 한국교회의 복지 사업에 대한 관심을 재고시킨다.[24]

〈기독신보〉 10월 26일 기사에 따르면, 기독교세계봉사회는 정전협정을 체결한 지 약 3개월이 지난 1953년 10월 22일 제6차 총회를 정동제일교회에서 열었다. 총회에 보고된 주요 사업은 분유 사업, 가축 사업, 의·수족 사업, 결핵 예방 사업, 과부 사업, 의류 사업, 아동 사업, 탁아소, 편물 사업, 자립 생활을 위한 대부 사업 등이다. 이는 1951년 한국위원회를 조직하고 활동 범위를 설정한 것보다 훨씬 커졌다. 특히 이 총회에서는 "구제보다는 재건 사업을 통하여 수천만 명의 실업자를 구호하고 극빈자를 자주토록 지도"하는 데 초점을 두기로 결의하였다. 즉 일방적으로 도와주는 기존의 구호 사업보다는 특정 사업들을 통하여 스스로 독립하고 자립할 수 있는 길을 제공하겠다는 것이다. 이는 전재민만이 아니라 한국 사회를 위해서도 바람직한 방향이다.

이러한 구호 사업은 월남 기독교인들과 깊은 관계가 있다.[25] 1948년 중국 공산주의자들이 양쯔강까지 내려오자 수천만 명의 사람들이 피난을 떠났다. 기독교세계봉사회는 이때 많은 식품과 의류품을 지원하였다. 같은 해에 한국에서도 많은 월남인이 발생하였다. 기독교세계봉사회는 5백만 명에서 7백만 명의 한국인들이 공산주의를 피해 북에서 월남한 것으로 집계했다. 이 통계는 다소 과장되었지만, 월남 기독교인들을 도와줘야 한다는 목표는 분명했다.[26] 이북 기독교인들은 소련 군정을 앞세운 공산당의 기독교 활동 방해와 박해, 무상 몰수·무상 분배로 인한 자유로운 경제 활동 불가능, 어용 단체인 기독교도연맹 설립, 인민위원회 출범으로 월남을 결정하고, 2차에 걸쳐 남하하였다. 월남한 이들은 대부분 기독교인이었기 때문에, 공산주의에 대한 부정적인 시각이 강했다.[27] 6·25전쟁 이후에는 이전에 월남하지 못한 기독교인들이 대거 남하하였다. 따라서 기독교세계봉사회는 월남민 대부분이 기독교인이라고 믿었다. 이들을 돕기 위하여 기독교세계봉사회는 약 804,000달러의 구호 물품을 보냈다. 이들을 공산주의 세력으로부터 구하고, 남한에서 잘 정착할 수 있도록 지원하고자 함이었다.[28]

기독교세계봉사회와 한국기독교세계봉사회의 조직

기독교세계봉사회는 6·25전쟁 이전에 한국 책임자로 감리교 선교사 빌링스(Bliss Billings)를 선임했으나, 그가 건강 문제로 사임하자 후임자로 1910년부터 1941년까지 31년간 동산기독병원(현. 대구 계명대학교 동산병원) 병원장을 역임했던 북장로교 선교사 플레처(Archibald G. Fletcher)를 선임했다. 그러다 1951년 1월 25일 부산중앙교회에 장로교, 감리교, 성결교, 구세군에서 선출된 대표들이 모여 선교사 사우어(C. H. Sauer)의 사회로 기독교세계봉사회 산하 한국위원회(한국기독교세계봉사회)를 조직하였다. 책임자는 북장로교 선교사 애덤스(Edward Adams), 부책임자는 구세군의 장(Mr. Jang), 총무는 김사권, 재무는 캐나다 연합장로교의 플레저(E. J. O. Fraser) 이었다. 실무 책임자는 초기 감리교 선교사 아펜젤러(Henry Gerhart Appenzeller) 아들인 헨리 아펜젤러(Henry D. Appenzeller)였다. 사무총장은 김종환(보스턴 대학교 사회복지 전공), 사무 보조는 동양 선교 경험이 없던 보타우(Gregory B. Votaw), 현장 감독에는 WCC 소속 영국인 아킨손(James Atkinson)이 임명되었다. 아동 복지 담당에 중국 교회협의회에서 아동 복지 경험이 있던 데이비슨(Anne Davison), 간호원 훈련 담당에 유니세프 소속으로 중국에서 활동했던 갤트(Edith J. Galt)가 각각 임명받았다.[29]

장로교, 감리교, 성결교, 구세군에서 파송한 4명이 실행위원회를 구성하였고, 산하에 6개 특별위원회(아동복지, 미망인 사업, 대부, 가축, 결핵, 스태프)와 9개 도 위원회(서울, 제주, 강원, 충남, 충북, 경북, 경남, 전북, 전남), 그리고 125개 지역 위원회가 조직되었다. 지역 위원회는 장로교, 감리교, 성결교, 구세군의 목회자들과 장로들로 구성되었다. 특별 감사 위원회는 장로교, 감리교, 성결교, 구세군에서 파송한 4명으로 구성되었다.

애덤스는 6·25전쟁으로 많은 선교사가 일본으로 피신하자 부산 창고에 있던 기독교세계봉사회 구호물자를 본부로부터 승인받고 사용하였다. 그는 기독교세계봉사회의 사무총장 아펜젤러(Henry D. Appenzeller)가 내한한 1951년 2월까지 구호물자를 총괄하였다.[30] 아펜젤러는 3년 동안 전재민들을 위한 구호 활동에 혼신을 다해 봉사하다가 백혈구 부족으로 쓰러졌다. 결국 위독한 상태로 1953년 11월 미국으로 건너가 치료받던 중 12월 1일 사망했다.

기독교세계봉사회의 주요 활동

기독교세계봉사회는 초기에 월남인들을 대상으로 삼았다가 6·25 전쟁을 계기로 전재민으로 대상을 넓혔다. 전쟁 후 미국만 아니라 유럽, 남미, 캐나다와 호주 등 많은 교회가 의류와 곡물, 부식물, 현금 등을 기독교세계봉사회를 통하여 지원했다. 목원대학교 신학과 교수를 역임한 김흥수 명예교수는 "천문학적 숫자"라 할 정도로 많은 지원품을 한국으로 보냈다고 주장한다.[31] 1953년 한 해에만 미국의 개신교회들은 기독교세계봉사회를 통해 현금 271,341달러, 1,599,752달러 상당의 의류, 약 5,469,882파운드의 물품을 보내기도 했다.[32] 1954년 사업을 위해서 기독교세계봉사회는 일반 프로그램 400,000달러, 의수족 사업 50,000달러, 결핵 퇴치 50,000달러 등 총 500,000달러를 편성했다.[33]

이는 파괴된 한국 사회를 복구하고 전재민들을 구제하는 복지사업에 기독교가 적지 않게 역할 했음을 의미한다. 다만 기독교세계봉사회가 모든 사람 즉 도움이 필요한 기독교인이나 비기독교인에게 동등하게 분배하라고 요구했지만, 교회 중심으로 나누어 준 경향이 있었기에 기독교인들에게 더 많은 구호품이 돌아갔다.[34]

전쟁으로 피난민이 출현했기 때문에 구호 사업에 고아원, 아동 후원사업, 미망인 보호 시설, 피난민 지원 등을 포함했으며, 보건 사업은 결핵 퇴치나 상이용사의 재활과 관련되었다. 기독교세계봉사회는 이 외에도 양로원 지원, 탁아소 지원, 농촌 개발 사업 등에 관심을 가졌다. 특히 눈여겨볼 사업은 미실회(美實會) 사업이다. 미실회는

6·25전쟁으로 순직한 목회자 미망인 10명이 모여 시작한 모임이다. 그들은 1·4후퇴로 부산의 초량에 이르자, 기독교세계봉사회는 이들이 안심하고 일할 수 있도록 자녀들을 위한 애육탁아소를 운영하였다. 또 부산한나모자원을 설치하여 95명의 전쟁미망인과 210명의 자녀가 거주할 수 있도록 도움을 주었다. 더 나아가 미망인들에게 자립할 수 있도록 일터를 제공하였다.[35]

기독교세계봉사회를 통한 미국 교회의 적극적인 지원의 배경에는 반공주의가 있다. 기독교세계봉사회는 북한의 공산주의가 6·25전쟁으로 남한의 많은 교회와 사람들에게 고통을 겪게 하고 있다며 세계 교회에 도움을 요청하였다. 그 호소에 세계 교회는 구호물자 기부로 응답하며 공산주의자로부터의 고통에서 벗어날 것을 바랐다. 이런 기대 하에서 세계 교회는 세계기독교봉사회를 중심으로 결집

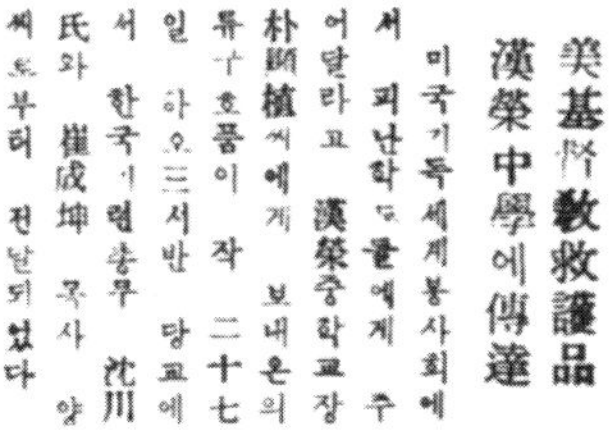
美基督教救護品
漢榮中學에傳達

미국기독세계봉사회에서 피난학도들에게 주어달라고 漢榮중학교장 朴顯植씨에게 보내온 의류구호품이 작 二十七일 하오三시반 당교에서 한국기령총무 沈川氏와 崔成坤 목사 양씨로부터 전달되었다

사진73. 동아일보 1952년 6월 28일 기사 중

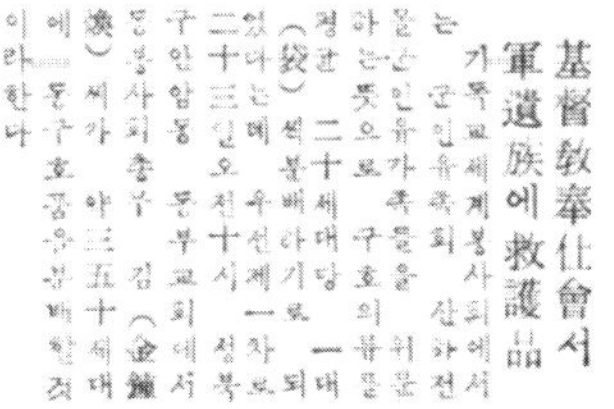
基督敎奉仕會서
軍遺族에救護品

사진74. 동아일보 1955년 2월 24일 기사 중

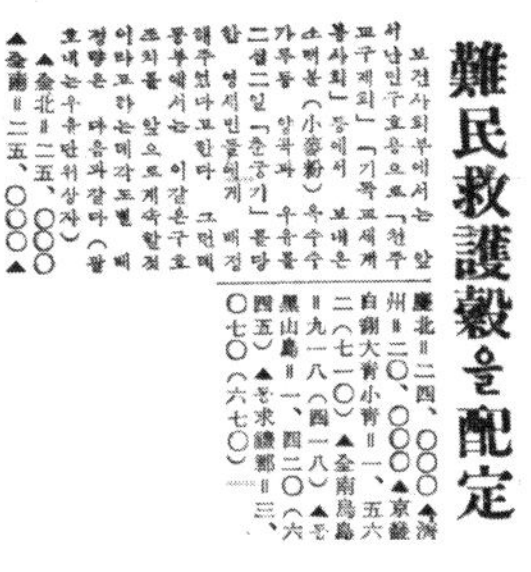
難民救護穀을配定

사진75. 동아일보 1957년 3월 23일 기사 중

되었고, 이런 결집은 구호물자를 더 많이 모을 수 있는 촉매제가 되었다.[36] 이 단체에서 눈여겨볼 인물은 디캠프(E. Otto DeCamp)다. 북장로교 한국 선교부의 재무담당관인 디캠프는 구호물자를 구매하고 분배하는 역할을 담당했다. 이 과정에서 그는 자연스럽게 기독교세계봉사회의 구호물자 분배에 관여하였고, 보고서를 통하여 피해 상황과 구호 활동을 전달했는데 대부분은 주로 공산주의자에 의한 교회와 기독교인의 피해였다. 이런 디캠프의 보고서는 세계 교회를 결집 시키는데 충분한 동력이 되었다고 볼 수 있다. 따라서 기독교세계봉사회의 활동은 KAVA처럼 반공산주의를 배경으로 삼고 있다.

평가 및 맺음말

미 군정기에 구호 정책은 일반적인 구호 사업과 실업 구제 및 수용소 구호 사업이 주를 이루었다. 그 외에는 외원 단체를 통한 구호 사업이 이루어졌다. 본격적인 구호 사업은 6·25전쟁을 계기로 내한한 외원 단체를 통해서 활발하게 전개되었다. 3년 동안 진행된 전쟁은 막대한 인명 및 재산의 손실을 끼쳤다. 그러나 정부는 피난민, 전재민, 전쟁고아 등의 강한 복지 욕구에 적절하게 대응하기 어려웠다. 정부의 재원으로는 턱없이 부족했기 때문이다.

제2차 세계대전이 끝난 지 5년 만에 일어난 한반도에서의 전쟁은 동·서 냉전의 대리전이기도 했다. 전쟁의 결과 한국 사회가 담당하기 어려운 문제들이 드러났다. 기본적인 생계 문제와 거주 문제, 건강 문제와 의료 문제, 미망인과 자녀들의 교육 문제, 부모 잃은 고아 문제 등이 대거 양산되었다. 이뿐 아니라 전염병이 전국적으로 확산되어 1952년 1월부터 11월까지 천연두 감염자 1,215명 중 248명 사망, 발진티푸스 감염자 810명 중 99명 사망, 장티푸스 감염자 3,326명 중 336명 사망, 디프테리아 감염자 460명 중 40명 사망, 희귀열 감염자 892명 중 28명이 사망하였다.[37] 총 전염병 감염자 6,703명 중에서 751명이 사망자가 발생한 것이다. 이는 취약한 생활환경과 영양 상태와 연결되어 있었다. 이런 상황에서 혹자는 외원 단체의 구호물자가 "천박한 물량주의"를 양산해 냈다고 비판하기도 하고, 다른 이는 한국 사회와 교회의 자립과 독립정신을 빼앗아 갔다고 비난한다. 그러나 당시 상황은 한국인들의 힘으로 감당할 수 없는 절망의 상태였다.

피해 복구는 정부의 한정된 예산으로 턱없이 부족했다. 여기에 적절하게 부응한 외원 단체인 KAVA와 기독교세계봉사회의 활동이 두드러진다. KAVA와 그에 소속된 기독교세계봉사회는 선교와 복지를 지향하였다. 그러면서도 그 내면에는 공산주의로부터 남한 사회를 지켜내려는 의도가 깔려있었다. 냉전이라는 시대적인 상황이 그들의 활동을 더욱 촉진 시킨 배경이기도 하다. 비록 외원 단체들이 민간단체였지만, 미국 정부와 교회의 강력한 지지를 받으며 함께 활동한 한국기독교는 축적된 경험을 토대로 기독교 사회복지 체계를 갖출 수 있었다.

특히 일부 외원 단체들은 사회사업 방법을 실천하기 위한 전문가 양성에 심혈을 기울였다. 사회복지 전문가를 배출하기 위해 해당 학과를 신설한 이화여자대학교, 중앙신학교(강남대학교), 성심여자대학교 등은 선교 단체와 연결되어 있고, 서울대학교는 미국 정부와 미국 유니테리언과 연결되어 있다. 그리고 언젠가는 철수하게 될 외원 단체를 대신하여 한국인이 그 역할을 담당해야 했다. 한국인 전문가 양성을 위한 대학교의 사회복지과 신설은 그런 의미에서 중요하다.

6·25전쟁은 한국에 고통을 안겨주었지만, 역설적으로 기독교 외원 단체의 활동이 한국기독교만 아니라 한국 사회의 복지 체계를 세우는데 적지 않게 기여했다. 물론 제도적인 면에서 정부의 입법 과정과 행정 체계를 세우는 것은 중요하다. 그러나 정부가 국민의 복지 욕구를 실질적으로 얼마만큼 충족시켰는가 하는 것은 별도의 문제이다. 따라서 한국기독교만 아니라 한국의 사회복지 체계 구축 에 영향 끼친 것은 외원 단체 특히 기독교 외원 단체와 함께 한 구 호 활동과 경험이라 할 수 있다.

주

1   본 글은 〈월드뷰〉(2020년 6월호)에 실린 "6·25전쟁과 기독교 사회 복지"의 글을 기초로 기술하였다.

2   동아일보, 1946.

3   이현주, 2004, 38.

4   박창훈, 2017, 344.

5   Ranson, C. W., 2013, 136-137.

6   카바 40년사편찬위원회 편, 1995, 67-68.

7   이소라, 2015; 한미재단은 미국 드와이트 아이젠하워 대통령의 요청으로 1952년 설립되었다. 한국인들과 미국인들에 의해 설립된 한미재단은 비영리, 비정치성에 초점을 두고 보건, 교육, 복지, 농업, 지역 개발, 예술, 문화를 통한 우정 도모를 목표로 삼았다. 특히 블록 제작, 고아원 건립을 위한 건축 물품 지원, 4-H클럽 지도자 양성과 지역사회 개발에 심혈을 기울여 한국인의 'Self-supporting'에 도움을 주었다. 이성덕, 1969, 32-33 · 38.

8   카바 40년사편찬위원회 편, 1995, 68-71.

9   카바 40년사편찬위원회 편, 81-82; 이성덕, 1969, 39-40.

10   이성덕, 1969, 39.

11   카바 40년사편찬위원회 편, 1995, 66-67.

12   1950년대 후반은 한국정부나 KAVA가 체계적인 시스템을 갖추고 본격적인 활동을 하던 시기이고, 1975년은 경제성장으로 한국정 부의 재정이 급증하던 시기다. 민경배, 2000, 632.

13   이성덕, 1969, 41-42.

14   최원규, 1996, 59.

15   Harry A. Rhodes & Archibald Campell, History of the Korean Mission Presterian Church in the U.S.A. II: 1935-1959 (New York: CEMR, 1964), 326.

16   허명섭, 2010, 90; 감리교 유형기 감독이 미국교회를 방문해 피난민과 교회 재건을 위해 받은 구호금이 1951년 120,000달러, 1952년에 106,000달러였다. 유동식, 1994, 758.

17   최원규, 1996, 56-57.; 미국교회가 반공산주의 노선에 있었기 때문에, 공산주의의 공격으로부터 한국과 한국교회를 도우려는

의도가 있었다는 견해도 있다. 이은선, 2018, 199-237; 탁지일, 2013, 281-305.

18   최원규, 1996, 50-51.

19   이은선, 2018, 208.

20   민경배, 2001.

21   Hamilton, John R., 1980, 20.

22   이은선, 2018, 204.

23   윤정란, 2015, 192.

24   Vaught, Arnold B., 1953, 395.

25   Fey, Harold E., 1966, 47

26   장금현, 2018, 104.

27   장금현, 2018, 107.

28   Fey, Harold E., 1966, 55.

29   Vaught, Arnold B., 1953, 1-3.

30   Haga, Kai Yin A., 2007, 351.

31   김흥수, 2005, 109.

32   Rhodes, Harry A. and Archibald Campbell., 326.

33   Vaught, Arnold B.,1953, 7.

34   KCW, 395.

35   김흥수, 2005, 113-116.

36   윤정란, 2015, 84.

37   최원규, 1996, 114.

제17장 반공 포로 석방과 한미방위조약 체결

이은선 | 서울대학교와 총신대학교에서 공부하였다. 안양대학교 신학대학 역사신학 교수로
재직 중이며, 안양대학교신학연구소 소속의 인물한국플러스 사업단 단장, 한국개혁신학회
부회장이다.

들어가는 글

6·25전쟁 중에 많은 포로들이 발생하였다. 휴전 협정을 체결하기
위해 1951년 7월부터 시작된 회담 과정에서 가장 해결하기 어려운
문제로 등장한 것은 바로 전쟁 포로에 관한 것이었다. 미국은 민주
주의의 우월성을 나타내고자 북한군과 중공군 포로들에게 자유 민
주주의에 대한 교육을 실시하고 기독교를 비롯한 여러 종교의 포교
활동도 허용했다. 이 과정에서 북한이나 중국으로 돌아가기를 거부
하는 반공 포로들이 생겨났다. 휴전 협정 과정에서 이 반공 포로들

394 ○ 아~ 잊으랴, 어찌 우리 이날을

을 어떻게 처리할 것인지가 민감한 협상의 주제로 등장했다. 북한과 중국은 모든 포로의 전원 본국 송환을, 미국과 남한은 본인의 의사에 따른 자유 송환을 주장했다.

이러한 가운데 1953년 5월에 접어들자 미국은 반공 포로 송환에 관한 문제를 중립국 관리 아래 둘 것을 제안하면서 휴전 협정을 조기에 종식 시키기 위해 한국 정부를 배제하려는 움직임을 보였다. 더구나 미군은 전쟁 과정에서 막대한 피해를 입은 데다 한국의 전략적 가치를 낮게 평가했기 때문에, 전후 한국의 방위책임에 대해 소극적인 입장을 가지고 있었다. 이승만은 한국의 의사를 무시하고 일방적으로 휴전을 밀고 나가는 미국 정부의 입장에 제동을 걸기 위해 미국과 상의 없이 1953년 6월 18일에 자유 민주주의를 지지하는 반공 포로들을 석방시켰다. 이승만은 한국에 대한 미국의 안보 방위를 확실하게 담보하고자 북진 통일을 주장하고, 휴전 협정에 반대하며, 한미 방위 조약을 강력하게 요청하였다. 이승만의 휴

전 협정 반대가 단순히 구호에 그치지 않고 반공 포로 석방이라는 극단적인 행동으로 이어지자, 미국 대통령 아이젠하워(Dwight D. Eisenhower)는 결국 이승만에게 한미 방위 조약 체결을 약속하고 휴전 협정을 마무리했다. 이에 이승만의 반공 포로 석방과 한미 방위 조약 체결의 상호 관련성을 고찰해보고자 한다.

사진76. 반공포로 석방

포로 교환 원칙의 대립으로 인한 포로 교환 협상의 장기화

1951년 7월에 판문점에서 유엔군 대표와 북한군과 중공군 대표가 휴전 협정 체결을 위한 회의를 시작했다. 회담이 진행되며 12월 18일에 포로 교환 협상을 위해 포로 명단을 교환했을 때, 공산군 측 포로는 북한군 11만 2천 명과 중공군 2만 명으로 총 13만 2천 명이었다. 이에 반해 연합군 측 포로는 미군 3천2백 명과 남한군 7천 명, 유엔군 1천6백 명으로 총 1만 2천명이었다.[1] 곧 끝날 것 같았던 회담은 포로 숫자의 차이뿐만 아니라 포로 교환 원칙에 대한 이견이 생기면서 장기화되고 있었다. 북한과 중국의 공산 측은 포로 전원의 본국 송환을 요구하고 있었으나 미국과 남한은 포로들의 1대 1의 교환과 자유의사에 따른 송환을 주장하였다. 특히 남한은 북한군 포로들 가운데 상당 숫자가 남한에서 강제로 징집당해 북한으로 끌려간 남한 국민이라고 보았기 때문에 이들의 자유로운 의사에 따라 석방할 것을 주장하고 있었다.

1950년 9월부터 12월 사이, 급속한 북진이 이루어지는 과정에서 북한군 포로가 다수 발생하여 연말에는 포로 숫자가 135,202명에 달하게 되었다.[2] 또한 1·4후퇴 과정에서 미군과 한국군의 포로도 다수 발생했다. 계속해서 포로의 숫자가 증가하자 거제도에 수용소를 세우고 1951년 2월부터 포로를 수용하기 시작하여 6월 말쯤 거의 마무리되었다. 이 시기에 거제도에 수용된 포로의 숫자가 14만 명을 넘어섰다.[3] 처음에는 이 포로들을 미군이 관리했으나, 의사소통에 많은 어려움을 겪게 되자 나중에는 수용소의 경비 대부분을 한국군이 담당하게 되었다. 이러한 가운데
1951년 12월 18일에 포로 명단을
교환하고 1952년 1월부터 교환 협
상이 시작되었으나 유엔군은 포로들
의 1대 1 교환과 자유 송환을 주장
하고 공산군 측은 전원 강제 송환을

사진77. 거제도 수용소

주장하여 협상이 교착 상태에 빠지게 되었다.

한편 거제도에 수용된 전쟁 포로의 숫자가 많아지면서 수용소 안에는 다양한 자치 조직이 생겨나게 되었고 이러한 조직들 사이에 격렬한 싸움으로 인해 희생자도 다수 발생했다. 포로들 사이에 가장 극렬한 갈등은 공산주의에 대한 이데올로기적인 갈등이었다. 특히 휴전 협정 과정 중 1952년 1월부터 본격적인 포로 교환 협정이 시작되면서 이념적 갈등은 더욱 증폭되었다. 북한군 포로 가운데 공산주의 사상이 투철한 사람들은 남한에 남고자 하는 반공 포로들에게 무자비한 공격을 가했다. 특히 미군은 1952년 포로 심사 과정에서 반공 포로 가운데 일부를 민간인으로 구분하여 그들을 석방하는 조치를 취하고 있었다. 그러자 공산 포로들은 이러한 개별적인 의사 확인 과정을 방해하면서 전원 북한으로의 송환을 주장했다. 이러한 가운데 공산주의에 반대하는 반공 포로들 역시 자신들의 입장을 강화하기 위하여 세력을 확장하고자 했다.

공산군 포로에 대한 교육 프로그램 실시와 반공 포로 형성

1950년 9월 유엔군을 대신하여 미군이 포로를 관리하게 되면서,

미군은 포로들에게 교육을 실시하기로 했다. 미군은 이를 위해 민간 정보교육국을 설치하였으며, 1950년 11월에 500명을 표본으로 추출하여 1개월간 교육을 실시했다. 이러한 교육의 목표는 포로들에게 북한이나 중국과 같은 전체주의 정권보다는 미국과 같은 민주 사회에서 사회적, 정치적, 경제적으로 더 행복해질 수 있다는 신념을 심어주려는 것이었다.[4] 포로에 대한 교육은 제네바 협약에 따라 실시되었는데 교육 내용에 불만이 있으면 언제나 항의할 수 있도록 했고, 교육 계획의 일부 혹은 전부가 마음에 들지 않으면 전적으로 불참하는 자유까지 허용했다. 포로에 대한 표본 교육은 유엔군의 1·4후퇴로 인해 지속되지 못했으나 이때 교육을 받은 사람들은 대부분 북한으로의 송환에 반대했다.

포로에 대한 교육 프로그램은 1951년 4월에 재개가 결정되었다. 교육의 총책임자로 미군 해병 중령 너전트(Donald R. Nugent)가 임명되었으며, 연합군과 유엔 사령부 양쪽이 관리를 맡았다. 당시 집행 본부는 전시의 혼란으로 인해 일본 도쿄에 있었으며, 한국어와 중국어 교재를 작성하여 양국 포로들에게 교육을 실시했다. 이 교육을 실제로 시행하며 유엔 사령부는 민간정보교육국을 특별참모본부로 설치하여 연합군 사령부에서 분리했다. 이때 민간정보교육의 책임자로 육군성 문관 오스번(Monta L. Osborne)이 임명되었다. 교육은 1951년 6월에 시작하여 포로 심사가 끝나는 1952년 7월 15일까지 실시할 예정이었으나 그 이후까지도 실시되었는데 여기서 실시한 포로 교육의 교과 편성을 보면 오리엔테이션, 문자 해독 강좌, 직업 훈련, 보건 위생 및 여가 시간으로 구성되어 있었다.

연합군 측이 교육 과정 가운데 가장 중점을 두었던 것은 오리엔 테이션 교육으로 이 교육을 통해 민주주의의 상대적인 우월성을 교육하고자 했다. 이 교육의 주요 목표는 민주주의와 전체주의에 관한 사실을 교육해 민주주의를 인식시키려는 것이었다. 여기서는 '민주주의는 무엇인가', '민주주의의 역사', '민주주의와 전체주의 하에서의 농민, 노동자, 시민의 자유', '미국에 관한 사실', '평화의 건설자로서의 유엔' 등의 교육을 통해 민주주의의 우월성을 교육하면서 동시에 '공산주의와 전쟁', '북한의 공산주의', '공산주의는 이해될 수 있는가', '소련 제국주의와 아시아의 약탈' 등을 교육하여 공산주의의 문제점을 부각시켰다.[5]

당시 전쟁 포로들 가운데 상당수가 2년 남짓한 기간 동안 수용소에서 교육을 받았는데 많은 포로들이 학교 교육을 받지 못한 문맹자였으며 갑자기 전쟁에 징집된 농부들도 많았다. 포로들은 오리엔테이션 과정을 통해 민주주의와 공산주의를 대비시키는 교육을 받았고 좋은 성과를 거두었다. 1952년 6월에 공산 포로와 반공 포로를 분리하기 이전에 포로들이 수용되었던 부산 수용소의 9명 지도자를 인터뷰한 결과 8명은 많은 포로들이 그들의 행동을 선택하는 데 교육 프로그램이 큰 도움이 되었고, 수용소 내에서 반공 포로 세력을 증대시키는 데도 도움이 되었다고 답변하였다. 이들은 남한에 잔류하겠다고 대답한 포로의 절반이 교육 프로그램에 의해 결정에 영향을 받았다고 주장하였다.[6] 특히 마음을 결정하지 못하고 중간적인 입장에 있던 포로들에게 공산 진영에 가담하기보다는 반공 진영에 참여하도록 설득하는 데 기여하였다. 1952년 4월부터 6월까지 두 달간 본국 송환자와 송환 거부자를 파악하기 위해 포로 면담을 실시하여 북한군 111,360명 가운데 46,760명의 송환 거부자와 64,600명의 송환 희망자를 구분하였고[7] 이후에는 이들의 충돌을 막기 위하여 분산 수용했다. 유엔사는 1952년 6월 23~27일에 걸쳐 귀환 희망자를 조사했는데 중공군 포로를 포함한 169,983명 가운데 과반이 되는 86,867명이 송환을 거부하여 유엔사가 놀랄 정도였다.[8]

기독교의 포로 선교와 반공 포로

민주주의 이념의 우월성에 대한 포로 교육이 실시되는 가운데 선교사들과 한국인 기독교인들은 북한군 포로들에게 복음을 전파하여 그들을 개종시키고자 노력하였다. 전쟁 포로들 사이에서 기독교 전파 활동은 1950년 여름, 포로 된 기독교인들이 예배를 드리면서 시작되었다. 수용소 밖에서는 1950년 8월에 미국 북장로교 선교사 힐(Harry J. Hill)과 선천 출신의 강 장로라는 사람이 대구와 부산 수용소에서 와 쪽 복음을 나누어 주고 주일예배를 인도하였다. 이 무렵에 캠벨(A. Campbell) 선교사도 제5공군 소속 포로 심문관으로 있으면서 포로 선교에 관심을 가졌다.

포로 선교에 가장 많은 기간 사역한 선교사는 미국 북장로교의 보켈(Harold Voelkel, 玉鎬烈)이었다. 그는 6·25전쟁이 일어나자 일본으로 피신을 하였는데, 9월에 민간인 문관 군목으로 임명되어 인천상륙작전에 참여하였다.[9] 그는 이때부터 지속적으로 포로들에게 복음을 전하며 예배를 인도하였다. 그는 서울이 탈환된 후에 인천 포로수용소에서 예배를 드렸고, 북진하는 미군과 함께 평양에 가서 지역 교회의 피해 상황을 조사하고 평양 교회에서 주일예배를 드렸다. 그 후에 함흥과 원산으로 가서 사역하다가 1·4 후퇴 때에 부산으로 철수하였다.[10] 그는 부산에 도착한 후에 선교하는 과정에서 포로 신분인 임한상 목사를 만났다. 그는 임한상 목사가 성탄절에 4,000여 명의 포로들과 함께 모여 예배드린 것을 알았다.[11] 이후에 보켈 선교사는 임 목사와 함께 포로 선교를 시작했다. 보켈은 1951년에 들어서도 강신정, 임재수, 박지서, 남기종, 강응무 목사 등과 함께 포로수용소 각 동을 순회하며 선교 활동을 폈다. 그 결과 1951년 10월 세계 성찬주일에는 포로 중 성찬 참여자가 2,000명, 세례받는 자가 237명이 나왔고, 1951년 성탄절에는 20개 수용동 거의 모든 동에서 크리스마스 장식을 하고 성탄절을 기념하였다. 1952년에는 성찬 참여자가 3,000명, 세례받는 자가 614명이 나왔으며, 한 수용 동에서 573명의 학습 문답자가 나왔다. 1951년 5월에는 한 수용동(81수용소교회)에서 첫 성경 학당을 조직했는데 400명의 신청자 중에서 38명이 등록했다. 이러한 성경 학당은 다른 수용 동들에도 조직되어 15개 성경 학당에 등록자가 3,883명에 이르기까지 발전하였다.[12] 이와는 별도로 보켈의 장인인 스왈른(W. L. Swallen) 선교사가 계발하고, 한때 스왈른의 비서를 지냈던 김건호 목사가 감독했던 성경통신과가 포로들에게 제공되었다. 이 과정은 구약과 신약이 나누어져 있었는데, 신약 과정은 7,127명이 등록하여 5,523명이 졸업하였고, 구약 과정에는 4,224명이 등록하여 2,249명이 졸업하였다. 보켈이 군목직을 사임할 무렵인 1953년 6월 그의 통계 보고에 의하면 그가 관리하는 포로 신

사진78. 미국 북장로교의 보켈
(Harold Voelkel, 玉鎬烈) 선교사

자는 총 14,458명으로 그 가운데 세례 교인이 3,384명, 학습 교인이 4,047명이었다.

그와 함께했던 강신정의 보고에 따르면 다각적인 선교 활동으로 입교 및 세례 지원자들이 계속 늘어나 1951년 5월부터 1952년 4월까지 3차에 걸쳐 학습·세례식 및 성찬식을 가졌는데 총 학습 받은 자는 1,973명, 세례받은 자는 900명에 이르렀고, 성찬에 참여한 자는 4,527명에 이르렀다. 신도 수도 크게 증가하여 1951년 4월에는 4,633명이었던 교인 수가 1년 후인 1952년 4월에는 15,012명으로 늘었는데 이를 교파별로 분류하면 장로교가 14,790명으로 제일 많고 감리교가 177명, 성결교 30명, 기타 15명으로 장로교인 수가 월등하였다.[13]

포로들이 거제도로 이송된 후에 여러 선교사들이 이곳에서의 포로 선교 활동에 가담하였다. 남장로교 출신인 탈미지(John. E. Talmage)와 커밍(Bruce A. Cumming) 그리고 박지서 목사는 부산에서부터 활동하다 거제도로 옮겨와 사역을 계속하였다. 탈미지는 포로수용소 가운데 12개 동을 맡고 있었는데, 1951년 4월에 군목을 사임하여 커밍이 임무를 이어받았다. 이들은 거제도에서 사역을 하면서 반공 포로와 공산 포로들 간의 충돌이 심하게 일어나는 것을 보고 지속적으로 이들을 분리 수용해서 관리할 것과 조기 석방을 건의하였다.

공산 포로들이 중심이 된 포로 동은 심각한 저항으로 인해 심사를 할 수 없었고 5월 7일에는 거제도 포로 수용소장 도드(Francis T.

Dodd) 준장 납치 사건까지 일어났으나 5월에 심사를 마쳤다. 강제 송환을 거부하는 반공 포로들은 부산·마산·영천·논산·광주 등의 내륙의 수용소로 이송되었다. 이 무렵 기독교인들은 거의 모두가 반공 포로들이었으므로 포로 선교 활동의 장소도 거제도에서 이들 내륙 수용소로 옮겨졌다. 이렇게 반공 포로들이 분리되어 수용되자, 보켈과 강신정은 영천으로 옮겨가서 사역을 계속하였다. 마산 수용소는 박지서 목사가, 부산 수용소에서는 디캠프 선교사가, 광주 수용소와 논산 수용소에서는 커밍 선교사가 활동하였다. 포로 신분이었던 임한상 목사도 논산 수용소에 이송되어 그곳에서 선교 활동을 계속했다. 이 무렵 내륙 포로수용소의 교회는 영천에 12곳, 마산에 8곳, 부산에 4곳, 논산에 24곳, 광주에 22곳 등 70곳이 설립되어 있었고, 이곳에 소속된 신자 수는 16,937명에 이르렀다. 그밖에도 성경 학당이 43곳이 있어 교사가 118명이었으며, 학생 수는 3,402명이나 되었다.[14]

민간인 억류자로 재분류되어 영천 수용소에 수감 되어있던 27,000 여 명의 포로들은 3일 동안 석방을 요구하여 시위를 하였다. 이들의 시위가 받아들여져 미군이 이들의 석방을 승인하면서 9월 말까지 해당 민간인 억류자 26,574명이 별다른 사고 없이 석방되었다.

남장로교의 커밍 선교사는 거제도에서 포로들을 대상으로 사역을 하다가 1952년 5월에 반공 포로들을 분리하여 내륙의 수용소에 분산 수용할 때 5개의 수용소 가운데 광주(상무대)와 논산, 두 개의 수용소를 맡았다. 이 두 포로수용소에는 반공 포로 21,000명이 수용되어 있었고, 자신이 기독교인임을 고백하는 신자 수는 3,300명에 이르렀다. 이들 가운데 900명은 포로가 되기 전부터 신자였던 사람들이었지만, 나머지 2,400명은 15개월 이상 포로수용소에서 설교하고 가르친 선교 사역의 열매였다. 이로써 반공 포로가 된 사람들 가운데 상당 숫자가 수용소에서 기독교인이 되었다는 것을 알 수 있으며 선교사들과 국내 목회자들이 협력하여 포로들에게 복음을 전파한 결과 전체적으로 16,000명이 넘는 기독교인 반공 포로가 생겨난 것이다.

반공 포로 가운데는, 남한에서 강제로 북으로 끌려가 인민군이나 부역자가 되었다가 포로가 되어 대한민국에 남기를 원하는 사람들도 있었고, 심지어는 북한군의 포로가 된 국군이 재교육을 받고 인민군으로 참전했다고 포로가 된 경우도 있었다. 또 북한에서 강제 징집당해 인민군으로 내려왔지만, 북한 체제에 실망하여 남한에 남기를 원하는 사람들도 있었다.

반공 포로들의 숫자가 늘어나며 포로의 처리 문제는 휴전협상에서 가장 첨예한 쟁점이었다. 미군도 처음에는 기본적으로 포로들의 자유의사에 따른 송환을 주장했다. 그런데 휴전협상 막바지에 이르러 이승만 대통령이 휴전 협정 체결에 반대하고 북진 통일을 주장하자 미군은 휴전 협정 과정에서 이 대통령을 배제하면서 중공·북한과 신속한 휴전협상을 마무리하고자 했다. 그러한 과정에서 미군은 본국 송환을 거부하는 반공 포로는 중립국 관리위원회의 관리하에 둔다는 원칙을 제시하였고, 6월 8일에는 포로 교환에 관한 '중립국 송환위원회 직권 범위'가 결정되었다.

이승만 대통령의 반공 포로 석방

이승만 대통령은 원치 않는 휴전 협정이 진행되는 상황에서 자신의 입장을 관철시킬 수단을 별로 가지고 있지 못했다. 미국의 아이젠하워는 종전을 하겠다는 선거 공약을 내걸고 대통령에 당선되자 휴전 협정을 신속하게 처리하기를 원하였고, 소련도 스탈린이 사망한 후에는 신속한 정전 협정 체결에 나서고 있었다. 이렇게 미국과 소련을 중심으로 휴전 협정이 진행되는 과정에서 이승만은 통일을 이루지도 못했고, 장래에 북한의 남침에 대한 확실한 군사적인 대비책을 확보하지도 못한 상황이었다.

자신의 뜻과 상관없이 신속하게 진행되는 휴전 협정 과정에서 한국의 이익을 담보할 수 있는 명확한 수단을 가지고 있지 못했던 이승만 대통령은 미국에 압력을 가하기 위하여 휴전 협정에 참가했던 한국 대표단을 철수시켰다. 그리고 반공 포로를 중립국 송환위원회의 관할로 옮기는 것을 반대한다는 입장을 표명하고 있었다. 이에 대한민국 국회는 1953년 4월 21일에 이승만의 북진 통일을 지지하는 결의안을 채택했다. 당시 이승만이 가장 강력하게 원했던 것은 휴전 협정이 체결되고 난 후에 한국의 군사력 확장에 대한 미국의 확고한 지원과 한·미 방위 동맹의 체결에 기반한 확실한 안보의 안전판을 구축하는 것이었다. 그렇지만 당시에 미국은 한반도에 대한 전략적 가치를 낮게 평가하고 있었으므로 한국과 방위 동맹을 체결하는 데 미온적이었다.

그러므로 이승만으로서는 미국에 압력을 가하면서 휴전 협정을 반대한다는 한국 정부와 국민의 의사를 행동으로 보여줄 분명한 수단이 필요했다. 이러한 수단으로서 이승만이 사용 가능한 방법이 바로 반공 포로 석방이었다. 이승만은 미국에 대해서도 비밀을 유지하면서 헌병 대장인 원용덕을 통해서 극비리에 반공 포로 석방을 단행했다. 당시 반공 포로는 35,000여 명에 달하였고, 광주와 논산, 부산 등 7곳에 분산되어 관리되고 있었다. 이승만은 반공 포로들을 비밀리에 석방하고자 원용덕의 헌병사령부를 대통령 직속 기구로 개편하여 헌병이 유엔 사령부의 지휘를 받지 않고 대통령의 직접 지휘를 받도록 만들었다.

이승만은 1953년 6월 18일 오전 0시에 반공 포로들을 석방하도록 원용덕 사령관에게 지시하였다. 이에 따라 35,698명에 달하던 반공 포로 가운데 27,389명이 포로수용소를 벗어나 자유를 얻었다.[15] 반공 포로들이 석방되는 과정에서 미군이 직접 경비를 담당했던 부평에서는 47명의 사망자와 60여 명의 부상자가 발생하기도 하였다.

이러한 반공 포로 석방을 통해 이승만은 미군과 공산 당국자들에게 휴전에 반대하는 한국 정부의 확실한 의지를 보여줄 수 있었다. 이승만 대통령은 반공 포로를 석방한 후에 미국과의 협상을 통해 두 가지를 확실하게 얻어내고자 하는 외교적 전략 목표를 가지고 있었다. 하나는 북한의 침략을 억제하기 위해 남한의 확실한 군사력을 증강하는 것이었다. 이를 위해 이승만은 한국군을 20개 사단으로 확장할 수 있도록 미국이 군사적인 지원을 해줄 것을 요청하였다. 또 하나는 한미 방위 동맹 체결이었다.

한미 방위 동맹 체결

이승만 대통령은 남·북 통일을 완전하게 이루지 못한 상태에서 성립된 휴전 협정에서, 한국의 방위를 가장 확실하게 담보하기 위하여, 한·미 방위 동맹의 체결이 가장 중요한 외교적인 과제라고 보았다. 그러므로 이승만은 전략적으로 휴전 협정을 반대하는 입장을 취하면서 미국에 지속적으로 방위 동맹 체결을 요구했다. 당시 미국이 체결했던 방위 동맹은 두 가지 종류가 있었다. 하나는 유럽의 주요 국가들로 구성된 나토와 맺은 방위 동맹이었는데 나토가 침략당할 때 미국이 자동적으로 참전하는 것으로 규정되어 있었다. 다른 하나는 필리핀과 오스트리아·뉴질랜드 등과 체결한 방위 동맹으로 이들이 침략을 받을 경우, 군사적인 지원을 약속하는 것이었다. 이승만은 나토 수준의 동맹을 요구했으나 미국 정부는 의회의 승인을 받을 수 없다는 이유로 거절했다.

한·미 상호 방위 조약은 1953년 8월 8일 양국 간에 조인되고 1954년 11월 17일에 그 효력을 발생하여. 공식적이고 공개적인 쌍무적 동맹으로 현재까지 66년간 한반도와 동아시아의 가장 중요한 군사적 안전장치로 작용하고 있다. 그런데 이러한 한·미 상호 방위 조약 체결 과정에는 1949년 미군 철수와 그에 따른 군사력의 열세에 의한 6·25전쟁의 쓰라린 경험이 자리 잡고 있다. 1949년에 이승만은 미국에게 미군 철수를 반대하고 군비 증강 지원을 요청했으나, 미국은 한국의 군사적, 전략적 가치를 낮게 평가하여 이러한 요구들을 모두 거절하고 미군을 철수시켰다. 북한보다 열세이던 남한의 군사력 증강에 소극적이었던 것이다. 이승만은 또한 유럽의 나토에 비견되는 태평양 동맹이란 집단 안보 체제를 제안했으나 미국으로부터 거절당하였다. 그 후에 6·25전쟁의 값비싼 대가를 치렀지만, 당시 이승만 대통령으로서는 북진 통일을 이룩할 수도 없었고, 확실한 북한의 전쟁 억지력에 대한 방안을 가지고 있지도 못한 상태였다. 이러한 상태에서 이승만은 미국과의 상호 방위 조약 체결에 나서게 되었다.

6·25전쟁 종결 과정에서 미국은 휴전을 통한 전쟁 해결 방안을 추구한 반면, 이승만 정부는 끝까지 싸워서 통일을 이루어야 한다는 목표를 추구하며 양자 간의 괴리 관계를 형성하게 되었다. 따라서 휴전을 통해 공산주의의 확산을 막으면서 동시에 중국과 소련과의 전면전을 피하려는 미국과 해방 후 발생한 남·북 분단을 극복하고 통일을 성취하려는 이승만이 휴전을 바라보는 시각은 다를 수밖에 없었다. 따라서 이승만은 휴전 협정이 시작될 때부터 부정적인 입장을 표명했고, 그는 1952년 3월 초에 발표한 대로 한·미 방위 조약 체결을 휴전 협정의 조건으로 제시했다.[16] 그 이후에 1953년 6월 중순에 미국과 공산 측과의 휴전 협정 논의가 급진전되는 상황에 이르자 이승만 대통령은 주미 한국 대사관을 통해 "한국을 양단하는 여하한 6·25전쟁 해결도 공산군에 대한 유화이다.…조국의 경계선인 압록강까지 진격함으로써 한국전을 종결하는 것은 비단 현재 자유의 최전선인 한국에 대한 승리가 될 뿐 아니라 전 세계에 대한 승리가 될 것이다."[17]라는 특별 성명을 발표하여 휴전을 통한 전쟁 종결 방식에 확실한 거부 의사를 표명했다. 북진 통일에 대한 이

승만의 강조는 미국에 '불신뢰성'(incredibility)을 심어주어 신속한 휴전협상을 추구하는 미국을 압박하여 상호 방위 조약 체결 과정에서 유리한 위치를 점하려는 전략이었다.[18] 이승만은 휴전 협정이 불가피한 상황에서 휴전 반대라는 명분을 내세우면서 한국의 안보를 보장할 확실한 대책을 강구하고자 한·미 상호 방위 조약 체결을 요구하고 있었다.

당시 미국은 한국의 상호 방위 조약 체결 요구에 대하여 '휴전이 이루어지기 전에는 방위 조약의 근간이 되는 영토에 대한 개념이 불확실하다. 따라서 이에 대한 논의가 확정되기 전에는 안보 조약의 성립이 불가능하다.'라며 반대했다. 이와 함께 휴전 후에 미군이 중국군과 동시에 철수하지는 않을 것이며, 반드시 정치회담을 통해 한반도의 평화체제 구축을 위한 합의를 성사시킬 것을 약속함으로써 휴전에 반대하는 한국 정부를 달래려 했다. 당시 아이젠하워 미국 대통령은 미국이 한국과 상호 방위 조약 협정을 체결하면 유엔군 하에 진행되는 6·25전쟁이 미국과 한국의 쌍무적인 관계로 전환되는 것을 우려하여 한국과의 쌍무적 상호 방위 조약을 체결하기보다는 한국에 대한 공산주의자들의 재침을 사전에 억제하고 한국의 안보를 보장하기 위한 방안으로 공산 측에 대한 대 제재 선언을 공표하고, 한국군을 1개 해병여단이 포함된 20개 사단 규모로 증강하는 군사적 지원을 제의했다.[19] 그러나 이승만 대통령은 대 제재 선언과 같은 수사적 약속보다는 휴전 후 한국에 대한 더욱 확실한 안전 보장책을 미국에 지속적으로 요구했다. 이러한 강경한 입장에 대해 미국 정부는 부산 정치 파동을 계기로 1953년 5월 26일에 이승만을 제거하는 방안까지 논의했다.

그러나 미국 정부는 지속적으로 반대하던 한국과의 쌍무적 방위 조약의 체결에 동의하기에 이르는데, 그 원인은 크게 보면 다음과 같은 세 가지이다. 첫째 휴전 협정 체결과 관련 한국 정부와의 극단적 갈등을 원하지 않았던 미 의회의 입장 때문이었다. 둘째로 상호 방위 조약이 한반도 전쟁 억지력에 대한 효과적인 방안이라는 미국 대사관의 입장을 고려하였다. 셋째로 한국 정부의 협력을 유도할 수 있는 방안이라는 점을 지적할 수 있다. 미국 정부가 이렇게 방위 조약 체결을 약속했지만, 언제 체결할 것인지에 대한 명확한 언급이 없었다. 이에 이승만은 한국군의 독자적인 북진 통일을 주장하며 더 나아가 6월 18일에 미국에 통보하지 않고 일방적으로 반공 포로를 석방하는 벼랑 끝 전술을 채택하였다.[20] 아이젠하워 대통령은 서신을 보내 반공 포로 석방은 유엔군 사령부의 권위에 도전하는 공개된 무력행사라고 비난하였다. 그렇지만 이러한 행동은 한국 정부의 독자적인 군사 행동 가능성을 보여줌으로써 미국 정부가 이승만이 요구하는 방위 조약 체결에 적극적으로 나서게 만드는 계기가 되었다. 이승만 대통령이 약 27,000명에 달하는 반공 포로를 석방시키는 결정을 내리게 된 근본 원인과 목적은 한반도에서 한국 정부가 미국의 의도를 근저에서 흔들 수 있는 실행력이 있음을 보임으로써 보다 유리한 입장에서 미국과의 협상을 진행 시키고자 했던 것으로 볼 수 있다.

이승만의 반공 포로 석방으로 미국은 휴전협상을 논의할 로버트슨 국무차관 파견을 일시적으로 연기시켰다. 그러나 이승만은 미국에 휴전 협정 시 한반도에서 중공군의 철수를 관철시킬 것을 요구하고, 한국군을 전선에서 철수시키지 않을 것이며, 정전 조인은 유엔군으로부터 한국군 작전 통제권이 자동적으로 이탈되는 것이라고 주장했다.[21] 이러한 이승만의 휴전 반대 주장에도 불구하고 미국은 일시 파견을 중지했던 로버스튼 동아시아태평양 담당 국무차관보를 파견하여 상호 방위 조약의 체결에 관한 구체적인 협상을 하도록 했다. 1953년 6월 26일부터 약 2주간에 걸쳐 소 휴전 회담이라 불리는 이승만 대통령과 로버트슨 미 국무차관보 간의 회담이 이루어졌다. 이 회담에서는 한·미 상호 방위 조약의 조문 내용과 체결 시기, 대한 경제·군사 원조, 제네바 정치회담, 한국의 휴전 승인, 한국군의 작전 통제권 등의 문제가 논의되었다. 이 협상에서 이승만은 상호 방위 조약이 체결되지 않은 상황에서 중공군이 한반도에서 머무른 채 휴전 협정을 체결하는 것이 한국의 안보와 평화를 너무나 위협한다는 안보의 '취약성' 강조 전략을 구사했다[22].

상호 방위 조약의 조문과 관련하여 중요한 것은 방위 조약 당사국이 침략을 당했을 경우 조약 상대국의 즉각 개입 조항의 필요 여부였다. 이승만 대통령은 미국 측 초안에 조약 체결 당사국의 어느 일방이 무력 공격을 받을 경우 다른 한쪽이 '즉각적이고, 자동적으로 지원한다'는 조항이 없음을 문제로 제기하고 이를 조약의 내용으로 할 것을 주장했던 반면에 로버트슨은 전쟁 행위 승인은 의회의 권한으로 헌법에 규정되어 있음을 들어 자동 개입 조항의 삽입을 거부했다. 또한 한국 측 초안 제3조에서는 미·일 방위 조약의 경우와 같이 미군의 한반도 내 또는 주변 주둔을 허용하고 이를 미국이 필요하다고 인정하는 경우 한·미 간에 협의를 거쳐 확정하는 것을 내용으로 하고 있었는데, 미국 측 초안에는 이러한 내용이 없었다. 이에 대해 7월 8일 로버트슨이 이를 수용함으로써 현재와 같은 미군의 한국 주둔 근거가 마련되었다. 방위 조약의 체결 시기도 중요한 논쟁점이었다. 이승만 대통령은 즉각적인 조약의 체결을 주장했던 반면에 로버트슨은 조약의 비준 절차 등을 이유로 휴전 후에 체결할 것을 요구했다. 이승만 대통령은 이 논의에서 미국이 빠른 시일 내에 비준 절차를 밟도록 하겠다는 약속을 받는 것에 만족해야 했다.

미국은 이승만과 로버트슨의 회담 과정에 걸쳐 상호 방위 조약의 체결 여부와 체결 시기 및 경제·군사적 원조 등의 문제는 휴전 회담의 진전에 대한 한국 정부의 협력 여부와 연계하여 논의하는 한편 한국의 휴전 방해 행위를 실질적으로 차단할 수 있는 장치를 마련하고자 했다. 우선 미국은 6월 27일 회담을 통해 한국 정부가 한국군의 작전 지휘권을 양국이 원하는 시기에 걸쳐 유엔군 사령부의 통제 하에 두는 것을 상호 방위 조약의 타결의 한 조건으로 하고 있었다. 한국 정부는 군사력 증강을 위해 20개 사단의 병력 증강을 요청하였고 이승만은 7월 8일에 한국군을 유엔군에서 철수시킬 생각이 없다는 것을 밝혔다. 제네바 정치회담에 대해서도 한국 정부의 입장을 반영되도록 노력하며 아무런 성과도 내지 못할 경우 함께 퇴장한다는 정도에서 합의하였다.[23] 그리고 미국 정부는 7월 11일에 한·미 방위 조약을 체결할 것을 합의했다는 공동 성명서를 발표하였다.

7월 27일 휴전 협정이 체결된 직후에 8월 4일에 덜레스 미 국무 장관이 이승만 대통령과 로버트슨 미 국무 차관보의 회담에서 합의한 바에 따라 한·미 상호 방위 조약의 체결을 마무리하기 위해 방한했다. 이승만과 덜레스 국무장관과의 회의에서 상호 방위 조약의 중요한 문안 수정이 이루어졌는데 그것은 한국 정부에 의해 제시되었던 미군의 한국 내 또는 인근 지역에의 주둔 조항이 상호 방위 조약 제4조에 반영된 점이었다. 이 일련의 회의에서는 군사적 측면에 관한 논의와 더불어 미국의 경제 지원에 관한 논의가 핵심적 토의 사항이었다. 아이젠하워 대통령은 대한 경제 재건 지원과 2억 달러 규모의 방위비 지원 등을 제시했으며, 이승만 대통령은 공동경제계획 기구 설치 계획을 제안했다. 이로써 1953년 8월 8일 변영태 외무장관과 덜레스 국무장관은 '대한민국과 미합중국 간의 상호 방위 조약 (Mutual Defense Treaty between the Republic of Korea and the United States of America)에 가조인하였으며 그리고 10월 1일 워싱턴에서 공식적으로 서명하기에 이른다.[24] 그렇지만 이때부터 한·미 합의 의사록을 체결하여 1954년 11월 11일에 한미 방위 조약이 발효되기까지 1년 간의 어려운 협상이 이어졌다.

한·미 합의 의사록 체결과 한미 방위 조약 발효

이 협상 과정에서 가장 중요한 것은 이승만은 미국으로부터 확실한 군사와 경제적인 원조를 얻어내고자 하였고, 미국은 이승만의 북진 통일 주장을 봉쇄하고자 한 것이었다. 그러나 이승만의 북진 통일에 대한 발언이 계속되자 미국 정부는 1953년 11월 방한한 닉슨 부통령을 통해 이승만에게 북진 통일 포기의 약속을 해야 한·미 방위 조약을 비준할 수 있다고 압력을 가했다. 그러한 가운데 1953년 12월에 미 2사단의 조기 철군 계획이 발표되면서 한·미 관계는 다시 위기를 맞이하며 국내에서는 전국적인 반대 운동이 일어났다. 그러나 1954년 1월 15일에는 한국 국회가, 1월 26일에는 미국 상원이 한·미 방위 조약을 비준했다. 양국의 비준이 완료되었지만, 조약의 제5조에 '비준서가 양국에 의하여 워싱턴에서 교환되었을 때 효력을 발생한다'라고 규정했기 때문에 비준서 교환의 지연으로 인하여 조약의 법적 효력은 발생하지 못했다. 그러나 비준이 지연되며 1954년 2월 18일 제네바 정치회담 일정이 발표되자, 이승만은 이에 반발하여 1954년 3월 13일에 한국군 군사력 증강에 대한 원조 아니면 공산군에 대한 전쟁 개시 중에 양자택일하라는 내용의 편지를 워싱턴에 보냈다. 이 편지에 대해 워싱턴은 3월 18일에 예정되었던 조약 비준을 연기시키고, 이승만에게 남한의 단독적인 군사 행동에 대해 엄중히 경고하면서 한국군 20개 사단의 현대화에 대해 검토하고 있다고 설득했다.[25] 아이젠하워 대통령은 4월 16일에 부분적으로 한국군 증강을 승인하는 서한을 보냈고, 이승만은 이를 수락하고 회담 개최 일주일 전인 1954년 4월 19일이 되어서야 제네바 정치회담에 미국이 참여하는 것에 동의했다. 미국은 이후에 한국군 현대화 계획을 추진하였다.

6·25전쟁을 마무리하기 위한 정치회담인 제네바 회담이 4월 말에 시작되어 6월에 성과 없이 끝나자 이승만은, 휴전 협정은 효력을 상실하였으며 한국은 북진 통일을 이루어야 한다는 주장을 다시 하기

시작했다. 이승만 대통령은 제네바 정치회담 결렬에 따른 통일 방안의 조정과 경제·군사 원조의 증액을 교섭하고자 1954년 7월 26일부터 30일까지 미국을 방문하여 아이젠하워 대통령과 정상 회담을 가졌다. 이승만 대통령은 한·미 정상 회담을 통해 미국의 도움으로 통일을 이루는 것을 목표로 했지만, 반면 아이젠하워 대통령은 한반도 문제의 평화적 해결과 미국의 구상을 이승만 대통령에게 투영하고자 했다. 미국은 태평양·아시아 조약 기구(PATO)를 제안했으나 이승만은 즉각 거부했다. 미국은 일본을 중심으로 한 아시아 집단 안보 체제에 한국을 편입하고자 했으나 이승만은 즉각 거부하여 큰 성과 없이 끝났다. 그러나 미국은 막후 실무 협상에서 한국군의 현대화 계획의 추진하고자 하여 10개의 예비 사단을 설치하고 그 가운데 4개 사단은 철수하는 4개 사단의 미군 장비로 무장하기로 하였고 3개 전투 비행 대대의 신설을 포함한 공군과 해군의 전력도 증강시킬 것을 약속했다.[26]

이 정상 회담에서 논의된 중요한 문건이 '한·미 합의 의사록'의 작성이었다. 이 합의록에 대해 양국 간에 원칙적인 합의가 이루어졌지만 이승만은 정상 회담이 끝날 때까지 서명하지 않았다. 이승만은 양유찬 대사를 통해 미국의 한국에 대한 군사와 경제에 대한 구체적인 원조안을 확인할 때까지 서명할 수 없다는 의사를 전달했다. 그 이후 4개월에 걸친 협상 끝에 마침내 1954년 11월 17일에 한·미 의사 합의록에 정식 서명하였고 같은 날 상호 방위 조약 비준서도 상호 교환하여 법적 효력이 발생하게 되었다.[27]

한·미 합의 의사록은 본문과 A, B로 나누어져 있다. 본문은 한국은 통일 노력에서 미국과 협력한다는 것과 유엔군이 한국의 방위를 책임지는 한 한국군 작전 통제권을 유엔군 사령부가 보유한다고 규정하여 한국군의 독자적인 행동 가능성을 원천적으로 차단하였다. 이러한 조치는 이승만 대통령이 북진 통일 주장을 반복하는 상황에 미국 입장에서 한반도의 불안 요소를 제거하려는 의도였다. 부록 A 는 한국에 대한 경제 원조를 규정하였고 부록 B는 한국군 30개 사단 규모의 병력을 유지와 지원을 한다는 내용을 규정했다. 부록 B의 군사 원조 계획에 따라 한국은 육군 661,000명, 해군 15,000명, 해병대 27,500명, 공군 16,500명으로 구성되는 총 720,000명의 군대와 79척의 군함, 약 100대의 제트 전투기를 유지할 수 있게 되었다.[28]

맺음말

한·미 상호 방위 조약이 체결됨에 따라 한국의 안보는 한·미 연합 사와 주한 미군과 함께 한국군이 책임을 지는 체제로 성립되었다. 그래서 1954년의 한·미 방위 조약은 미군 주둔을 통해 북한의 침략 을 억제하는 인계철선의 전략이 채택되었고, 그와 함께 한국군의 지휘권이 유엔군 사령부에 넘어가게 되었다. 미국 정부는 한반도의 현상 유지에 목표를 두고 남한 정부에 의한 북진 통일의 시도도 막으면서 동시에 북한의 남침에 대한 전쟁도 봉쇄하는 이중 봉쇄 정책을 취했다. 이승만은 상호 방위 동맹을 통해 북한의 남침과 함께 일본의 팽창을 봉쇄할 수 있다는 이중적인 목표를 가지고 있었다.[29]

이승만의 한·미 방위 동맹은 그 이후 한국에 현재까지 전쟁을 겪지 않고 장기적인 평화를 누리면서 자유 민주주의 체제에 편입되어 안정적인 자본주의 시장경제를 발전시킬 수 있는 토대를 마련했다. 우리는 6·25전쟁이 일어났던 6월을 맞이하면서 이 전쟁의 비극을 잊지 말고 기억하면서, 반공 포로 석방을 통해 맺어진 한·미 방위 동맹이 한국의 방위의 근간이므로 한·미 방위 동맹을 더욱 공고하게 발전시켜 나가면서 자유 민주주의와 자본주의 시장경제를 바탕으로 발전하는 나라가 되어야 하겠다.

주

1   정병준, 2019, 252.
2   김행복, 1996, 56.
3   김행복, 1996, 57.
4   조성훈, 1996, 237.
5   조성훈, 1996, 249.
6   조성훈, 1996, 260.
7   조성훈, 1996, 256.
8   정인섭, 2000, 221.
9   이종만, 2010, 206.
10   이종만, 2010, 215 · 219.
11   김승태, 2004, 16-17.
12   김승태, 2004, 17.
13   강신정, 1985, 898.
14   김승태, 2004, 25.
15   김보영, 2009, 192.
16   이순철, 2012, 199; 정훈각, 2011, 140.
17   조선일보, 1953.
18   이성훈, 2010, 264.
19   정훈각, 2011, 142.
20   이성훈, 2010, 268.
21   정훈각, 2011, 144.
22   이성훈, 2010, 269.
23   정훈각, 2011, 147.
24   이성훈, 2010, 272.
25   정훈각, 2011, 152.
26   차상철, 2013, 55.
27   이성훈, 2010, 278.
28   정훈각, 2011, 155.
29   이성훈, 2010, 272.

에필로그

6·25전쟁 발발 70주년을 맞이하는 2020년 6월호 필진의 글을 보충해서 이 단행본을 70주년이 가기 전인 2020 연말까지 출간하려고 했으나, 출판 경험의 부족 등 여러 가지 사정으로 출간이 늦어져서 이제야 출판하게 되었습니다.

한국의 일부 정치가들은 "아무리 나쁜 평화라도 전쟁보다 낫다"라고도 합니다. '전쟁에 대비해야 한다'라는 당연한 주장에 대해 '전쟁을 하자는 것이냐'고 하면서 전쟁대비론자를 전쟁을 좋아하는 사람으로 몰아세우는 일도 있습니다. 그러나 6·25전쟁의 경험은 전쟁에 대비하는 것이 얼마나 중요한지 알게 됩니다.

이 책의 발간을 준비하던 중에 제 부친께서 소천하셨습니다. 화장장에서 화장 후 유골함에 담기 전에 타고 남은 쇠붙이를 수거하는 과정을 보여주었습니다. 고성지구 전투 중 귓바퀴 근처에 박힌 수류탄 파편으로 인해 치매 검사를 위한 MRI 촬영도 불가능했습니다. 수류탄 파편이 혹시 있는가 찾아봤지만 고열에 다 녹았는지 보이지 않고, 임플란트한 쇠붙이만 몇 개 있었습니다.

아버님께서는 생사를 넘나드는 전투에서 하나님께서 살려주셨다고 믿으며 평생 군복음화에 전념하셨습니다. 육군 초대 전산소장을 끝으로 전역하신 이후에도 군을 사랑하는 마음이 남달랐습니다. 92년의 생애 가운데 67년 동안 국군중앙교회에서 섬기다가 이제 하나님의 품에 안기셨습니다. 그리고 화랑무공훈장 3개 등 여러 개의 훈장을 받아 국가 유공자로 인정받아 국립 서울현충원에 유골을 모셨습니다. 빗속에서 유해를 안장한 후, 국가가 선친의 헌신에 감사드린다는 현충원 담당자의 말을 듣고 감동이 몰려왔습니다. 이 책의 발간을 못 보고 가신 것이 안타깝습니다.

이 책을 마감하는 시점에 제 부친과 동갑이시고 최재형 전 감사원장의 부친인 최영섭 예비역 대령께서도 소천하셨습니다. 2019년 10월호에 커버스토리 인터뷰를 하면서 백두산함의 현해탄 해전에 대해서 자세하게 설명해 주셨습니다. 그리고 2020년 6월호에도 인천상륙작전에 대한 글을 주셨습니다. 이 글들을 정리해서 이 책에 실었습니다.

이 책을 대한민국을 공산주의자들의 침공에서 구하기 위해서 목숨을 걸었던 모든 6·25 참전 용사들께 바칩니다.

2021년 6월 25일
김승욱

참고문헌

Allen, Richard C. (1960). *Korea's Syngman Rhee: An Unauthorized Portrait.* Rutland, Vermont and Tokyo, Japan: Charles E. Tuttle Co.

Braim, Paul F. (2002). *위대한 장군 밴플리트.* 육군교육사령부 역. 대전: 육군본부.

Cumings, Bruce, 조행복 역. (1993). *한국전쟁의 기원.* 서울: 일월서각.

Cumings, Bruce. (2004). *The Korean War.* NY: The New Press.

De Soto, H. 윤영호 역. (2003). *자본의 미스터리(The Mystery of Capital: Why capitalism triumphs in the west and Fails everywhere else).* 서울: 세종서적.

Fehrenbach, T. R. (2008). *This Kind of War: The Classic Korean War History.* Dulles, VA: Potomac Books.

Fey, Harold E. (1966). *Cooperation in Compassion: The Story of Church World Service.* Friendship Service.

Foreign Relations Of The United States. (1976). *The Charge in Korea(Drumright) to the Secretary of State, 1950, Vol. 7.*

G-2 Intelligence Summary. (1945. 3. 15). *Northern Korea (# 8).*

Gilbert, Bill, 류광현 역. (2015). *기적의 배.* 서울: 비봉출판사.

Goulden, Joseph C. (1982). *Korea the Untold Story of the War 3.* NY: Times Books.

Haga, Kai Yin Allison. (2007). *An Overlooked Dimension of the Korean War: The Role of Christianity and American Missionaries in the Rise of Korean Nationalism, Anti-Colonialism, and Eventual Cold War.* (Ph. D. diss.). The College of William and Mary.

Hamilton, John R. (1980). *An Historical Study of Bob Pierce and World Vision's Development of Evangelical Social Action Film.* (Ph. D. diss.). University of South California.

Hastings, Max. (1987). *The Korean War.* NY: Simon And Schuster.

Kaufman, Burton I. (2004). *The Korean War: Challenges in Crisis, Credibility, and Command.* Philadelphia: Temple University Press.

Leckie, Robert. (1950-1953). *Conflict: The History of the Korean War.* NY: G.P. Putnam's Sons.

Oliver, Robert T. (1960) *Syngman Rhee: The Man Behind the Myth*. New York: Dodd Mead and Co.

Oliver. Robert T. 박일영 역. (1990). *대한민국 건국의 비화: 이승만과 한미 관계*. 서울: 계명사.

_____. 한준석 역. (2013). *이승만의 대미 투쟁*. 서울: 비봉출판사.

_____. 황정일 역. (2002). *신화에 가린 인물 이승만*. 서울: 건국대학교 출판부.

Ranson, C. W. 김흥수 엮음. (2013). *WCC 도서 소장 한국교회사 자료집-한국 전쟁*. 서울: 한국기독교역사연구소.

Rhodes, H. A. and Campbell, A. (1935-1959). *History of the Korean Mission, Presbyterian Church in the U.S.A: Vol. 2.*

_____. (1964). *History of the Korea Mission Presbyterian Church in the U.S.A.*

Ridgway. Matthew B. 김재관 역. (1981). *한국전쟁: 제2대 유엔군 사령관 매튜 B. 리지웨이*. 서울: 정우사.

Slusser, Rover M. (1977). *The Origins of the Cold War in Asia-Soviet Far Eastern Policy, 1945-1950: Stalin's Goals in Korea*. Tokyo: The University of Tokyo Press.

Stone, L. F. (2014). *The Hidden History of the Korean War 1950-1953*. New York: Open Road Media.

Talyor, John M. (1989). *General Maxwell Taylor: The Sword and the Pen*. New York: New York Doubleday.

The Staff and Committee of KCW. (1950). *Korea Church World Service-a Half Yearly Report. Record Group 338, 8th US Army, Adjutant General Sections, Awards Case Files, Box 1227. Register No.267*. Maryland: US National Archives at College Park.

Torkunov, A. V. 구종서 역. (2003). *한국 전쟁의 진실과 수수께끼*. 서울: 에디터출판사.

Vaught, Arnold B. (1953. 11. 1). *Relief and Rehabilitation. Report to Korea Planning Conference.*

Yoon, Hayoung and Kyungchik Han. (1945. 09. 26). *Hayoung Yoon and Kyungchik Han to the HQ of Allied Forces, National Archives and Record Administration, RG 59, 1. 1. 4. Box 3816*. (미 국무부 문서 번호 740.00119) (Korea).

강규형 외. (2019). *김일성이 일으킨 6·25전쟁*. 서울: 기파랑.

강만길. (1984). *한국현대사*. 파주: 창작과 비평사.

강신명. (1985). *기독교대백과사전 15권 - 한국의 포로선교*. 서울: 기독교

문사.

_____. (1987). *강신명신앙저작집 II - 좌우익 싸움*. 서울: 기독교문사.

강원대학교 · 육군쌍용부대. (2000). *춘천대첩, 무엇을 남겼나?*. 춘천: 강원
대학교 · 육군쌍용부대.

강원지방경찰청. (2013). *강원경찰전사*. 서울: 디자인 맑음.

강인철. (1993). 남한사회와 월남기독교인: 극우반공체제하의 교회활동과 반
공투쟁. *역사비평, 23호*(여름호). 고양: 역사비평사.

_____. (2007). *한국의 개신교와 반공주의-보수 개신교의 정치적 행동주의
탐구*. 서울: 중심.

교과서포럼 편. (2004). *한국 현대사의 허구와 진실: 고등학교 근현대사 교과
서를 비판한다*. 구리: 두레시대.

국방군사연구소. (1995). *한국 전쟁 (상)*. 서울: 국방군사연구소.

_____. (1996). *한국 전쟁 (중)*. 서울: 국방군사연구소.

국방부 故 심일 소령 공적확인위원회. (2017). *故 심일 소령 공적확인 최종결
과보고서*. 서울: 국방부.

국방부 군사편찬연구소 역. (2001). *소련군사고문단장 라주바예프의 6 · 25
전쟁보고서 1*. 서울: 국방부 군사편찬연구소.

국방부 군사편찬연구소. (2005). *6 · 25전쟁사 제2권: 북한의 전면남침과 초
기 방어전투*. 서울: 국방부 군사편찬연구소.

_____. (2006). *6 · 25전쟁사 제3권: 한강선방어와 초기지연작전*. 서울: 국방
부 군사편찬연구소.

_____. (2009). *6 · 25전쟁사 제6권: 인천상륙작전과 반격작전*. 서울: 국방
부 군사편찬연구소.

국방부 전사편찬위원회. (1971). *한국 전쟁사 제4권*. 서울: 국방부 전사편찬
위원회.

_____. (1984). *백마고지전투*. 서울: 국방부 전사편찬위원회.

국방부. (1951). *한국전란 1년지*. 서울: 국방부 전사편찬회.

_____. (1953). *한국전란 2년지*. 서울: 국방부 전사편찬회.

권병탁. (1984). *한국경제사*. 서울: 박영사.

권혁철 등 7인. (2015). *이승만 깨기*. 파주: 백년동안.

극동문제연구소. (1987). *이념교육지도전서(상)*. 서울: 경남대학교 극동문제
연구소.

기독공보. (1952. 6. 30). *신앙투쟁의 통계발표*.

기무라 미쓰히코(木村光彦). (2006). *파시즘에서 공산주의로-북한 집산주의
경제정책의 연속성과 발전*.

김기진. (2002). *끝나지 않은 전쟁 국민보도연맹*. 고양: 역사비평사.

_____. (2006). *한국 전쟁과 집단학살*. 서울: 푸른역사.

김대중. (2014. 1. 14). 2352 對 0. *조선일보*. 서울: 조선일보.

김도형. (1992). *발굴 한국현대사 인물 2- 민중신학 이전의 민중신학자 김창준*. 서울: 한겨레신문사.

김명구. (2009). *소죽 강신명 목사*. 서울: 서울장신대학교총판부.

_____. (2015). 광복전후 종교계의 역할과 대한민국. *해외학술연구원 · 정치외교학회 공동 학술대회*.

김보영. (2009). 한국 전쟁 시기 이승만의 반공포로석방과 한미교섭. *이화사학연구, 38*. 서울: 이화사학연구소.

김상웅. (1995). *한국 현대사 뒷얘기*. 서울: 가람기획.

김성보. (2014). *북한의 역사 1 -건국과 인민민주주의 경험 1945~1960*. 고양: 역사비평사.

김성호. (1985). 한국토지제도의 연속성과 단절성(상). *한국농촌경제연구원 논집, 8*, 4, 1-23. 나주: 한국농촌경제연구원.

김수진. (2001. 6. 23). 6 · 25전쟁과 좌익의 득세. 한국기독공보. 서울: 대한예수교장로회.

김승욱. (2011). 이승만 정부의 농지개혁에 대한 기독교적 평가. *신앙과 학문, 16*, 4, 33-74. 서울: 기독교학문연구회.

김승태. (2004). 6 · 25전란기 유엔군 측의 포로정책과 기독교계의 포로선교. *한국기독교와 역사, 21*. 서울: 한국기독교역사연구소.

김양선. (1956). *한국기독교해방 10년사*. 서울: 대한예수교장로회 교육부.

김영호. (1998). *한국 전쟁의 기원과 전개과정*. 서울: 두레.

김영훈. (1994). *분단과 전쟁*. 서울: 도서출판 다나.

김용삼. (2014). *이승만의 네이션빌딩*. 파주: 북앤피플.

_____. (2016). *金日成 신화의 진실*. 파주: 북앤피플.

김인서. (1963). *망명노인 이승만 박사를 변호함*. 독학협회출판사.

김인호. (2016). *룽라도 여관*. 서울: 경지출판사.

김일성. (1946. 10. 10). 신문 민주조선 기자가 제기한 질문에 대한 대답. *민주조선*.

_____. (1967). *김일성저작선집 1*. 평양: 조선로동당출판사.

_____. (1979). *김일성 저작집 2 - 20개조 정강*. 평양: 조선로동당출판사.

_____. (1980). *김일성 저작집 5 - 민족문화유산을 잘 보존하여야 한다*. 평양: 조선로동당출판사.

_____. (1980). *김일성 저작집 7 - 8 · 15해방 1주년 평양시경축대회에서 한*

　　　보고. 평양: 조선로동당출판사.

김일영. (2005). 이승만 대통령과 근대 국민국가의 건설.

＿＿＿. (2006). *농지개혁을 둘러싼 신화의 해체*. 서울: 한울아카데미.

김정렬. (1998). *김정렬 회고록*. 서울: 을유문화사.

김중생. (2000). *조선의용군의 밀입북과 6·25 전쟁*. 서울: 명지출판사.

김창준. (1990). *감리교와 역사- 맑스주의와 기독교*. 서울: 한국감리교회사
　　　학회.

김태완. (2013. 7). 현대사에 가장 길었던 1950년 6월 28일 새벽 2시 30분. *월
　　　간조선*. 서울: 월간조선.

김필재. (2005. 9. 5). 한국 전쟁 시기 인민군 및 左翼측의 민간인 학살 행위.
　　　서울: 코나스넷.

김행복. (1996). *한국전쟁의 포로*. 서울: 국방군사연구소.

김흥수 편. (1992). *해방 後 북한교회사*. 서울: 다산글방.

김흥수. (2005). 한국전쟁 시기의 기독교 외원단체의 구호활동. *한국기독교
　　　와 역사, 23*. 서울: 한국기독교역사연구소.

＿＿＿. (2006). *한국전쟁과 기복신앙 확산 연구*. 서울: 한국기독교역사연
　　　구소.

남정옥. (2010). *이승만 대통령과 6·25전쟁*. 파주: 이담북스.

＿＿＿. (2014). *6·25전쟁의 재인식과 이해*. 서울: 전쟁기념관.

＿＿＿. (2015). *백선엽*. 파주: 백년동안.

＿＿＿. (2015). *밴플리트, 대한민국의 영원한 동반자*. 파주: 백년동안.

＿＿＿. (2015). *북한 남침 이후 3일간, 이승만 대통령 행적*. 파주: 살림.

＿＿＿. (2015. 9. 18). 제55회 이승만 포럼: 이승만 대통령의 전시피란과 한
　　　강교 폭파, 어떻게 볼 것인가?. *뉴데일리*. 서울: 뉴데일리.

노동신문. (1950. 8. 7).

대통령기록관. (n.d). 무공훈장수여에 관한 건(태극무공훈장부, 국무회의 심
　　　의, 심의 공적서 등). 6213. 세종: 대통령기록관.

대한민국 공보처. (1958). *대통령 이승만 박사 담화집*. 서울: 공보처.

동아일보. (1925. 10. 25). 반기독운동. *동아일보*. 서울: 동아일보.

＿＿＿. (1946. 12. 24).

류형석. (2010). *6·25전쟁사 낙동강 제6권*. 서울: 플래닛미디어.

민경배. (1993). *한국기독교회사*. 서울: 연세대학교 출판부.

＿＿＿. (2000). *월드비전 한국 50년 운동사: 1950-2000*. 서울: 월드비전.

박갑동. 구윤서 역. (1990). *한국전쟁과 김일성*. 한국: 도서출판 바람과 물결.

박계주. (1955). *자유공화국 최후의 날.* 부산: 정음사.

박남식. (2004). *실락원의 비극.* 서울: 문음사.

박명림. (2002). *한국 1950 : 전쟁과 평화.* 파주: 나남.

박명수. (2018). 1946년 미군정의 여론조사에 나타난 한국인의 사회인식. *한국정치외교사 논총 40집, 1.* 서울: 한국정치외교사학회.

박병엽 구술, 유영구 · 정창현 엮음. (2014). *조선민주주의인민공화국의 탄생-전 노동당 고위간부가 겪은 건국 비화.* 서울: 도서출판 선인.

박실. (1984). *한국외교비사.* 인천: 정호출판사.

박윤식. (2012). *여수 14연대반란 (여수순천사건).* 서울: 휘선.

_____. (2012). *잊을 수 없는 6 · 25전쟁.* 서울: 휘선.

박지향 · 김철 · 김일영 · 이영훈 편. (2006). *해방전후사의 재인식 1.* 서울: 책세상.

박창훈. (2017). 전재민구호활동과 기독교: 미군정기를 중심으로. *한국교회사학지, 46.* 서울: 한국교회사학회.

박태균. (2007). *한국전쟁.* 서울: 책과 함께.

박헌영. (1925. 11). 역사상으로 본 기독교의 내면. *개벽.*

배민수. (1993). *Who Shall Enter the Kingdom of Heaven?.* 서울: 대한예수교장로회총회 농어촌부.

배성룡. (1925. 11). 반종교운동의 의의. *개벽.*

배영복. (2017). 진실과 비밀(6 · 25전쟁으로의 진실여행). 서울: 세계문화.

배진영. (2015. 6. 1) 이승만 대통령이 피난하지 않았으면 무슨 일이 벌어졌을까?. *이코노미조선.*

백선엽. (1989). 6 · 25전쟁회고록 한국 첫 4성 장군 백선엽: 군과 나. 서울: 대륙연구소 출판부.

복거일. (2013). *군세어라 금순이를 모르는 이들을 위하여.* 서울: 기파랑.

북한민주통일운동사편찬위원회. (1990). *북한민주통일운동사 1.* 서울: 북한문제연구소.

북한사회과학원 역사연구소. (1981). *조선전사 25: 현대편 조국해방전사 1.* 서울: 과학백과사전출판사.

북한연구소 편. (1990). *북한민주통일 운동사 – 평안남도편.* 서울: 대진문화사.

북한연구소. (1978). *북한군사론.* 서울: 북한연구소.

사꾸라이 히로시(櫻井浩). (1982). *한국현대사의 재조명. 한국 농지개혁의 재검토.* 파주: 돌베개.

사회과학원 역사연구소. (1989). *조선통사(하).* 오월.

서광선. (1990. 6). 눈 속의 눈물: 6 · 25 체험기. *씨알의 소리*. 씨알의 소리사.

서대숙. 서주석 옮김. (1989). *북한의 지도자 김일성*. 서울: 청계연구소.

서울신문사. (1979). *주한미군 30년*. 서울: 서울신문사.

서중석 외 6인 공저. (2011). *전쟁속의 또 다른 전쟁 – 연정은 북한의 남한 점령시기 '반동분자' 인식과 처리*. 서울: 선인.

송건호. (1984). "*李承晚*". *韓國現代史人物論*. 서울: 한길사.

안병직 편. (2001). *한국경제성장사, 제9장*. 서울: 서울대학교 출판부.

안병직 · 이영훈 편. (2011). *맛질의 농민들*. 390-427. 서울: 일조각.

안재철. (2015). *생명의 항해 1*. 서울: (사)월드피스자유연합.

안충영 · 김주훈. (1995). 대외지향 무역정책과 산업발전.

양성철. (1987). *분단의 정치-박정희와 김일성의 비교연구*. 파주: 도서출판 한울.

양영조 · 남정옥. (2008). *알아봅시다! 6 · 25 전쟁사 3*. 서울: 국방부 군사편찬연구소.

양원석. (2015. 6. 27). KBS의 기막힌 오보, '이승만 정부 일본 망명'은 소설!. *뉴데일리*. 서울: 뉴데일리.

양호민. (2004). *38선에서 휴전선으로*. 서울: 생각의 나무.

연세대 대학원 북한현대사연구회. (1989). *북한현대사-연구와 자료*. 서울: 연세대 대학원 북한현대사연구회.

온창일. (2001). *한민족전쟁사*. 서울: 집문당.

외무부 편. (1959). *외무행정의 10년*. 서울: 외무부.

월간조선. (2003). *6 · 25피살자 59964명*. 서울: 공보처 통계국.

_____. (2010. 6). 60년전, 6 · 25는 이랬다. *월간조선*. 서울: 월간조선.

유동식. (1994). *한국감리교의 역사 II*. 서울: 기독교대한감리회.

유성철. (1990. 11. 13). 나의 증언(10). *한국일보*. 서울: 한국일보.

유영익 편. (2003). *한국과 6 · 25전쟁*. 서울: 연세대학교 출판부.

_____. (2006). *이승만 대통령 재평가*. 서울: 연세대학교 출판부.

유영익. (1996). *이승만의 삶과 꿈*. 서울: 중앙m&b.

_____. (2006). 이승만 대통령의 업적 – 거시적 재평가.

유호준. (1993). *유호준 목사 회고록-역사와 교회*. 서울: 기독교서회.

윤정란. (2015). *한국전쟁과 기독교*. 파주: 한울엠플러스.

이기백. (2012). *한국사신론*. 서울: 일조각.

이기봉. (1989). *인간 김일성 그의 전부*. 서울: 길한문화사.

이대근. (2002). *해방 후 – 1950년대의 경제: 공업화의 사적 배경연구*. 서울:

삼성경제연구소.

이덕주. (2012). *신석구 – 민족의 독립을 위해 십자가를 지다.* 서울: 신앙과 지성사.

이동현. (1995. 7. 11). 다시 쓰는 한국현대사 35 – 중국군 참전과정. *중앙일보.* 서울: 중앙일보.

이상호. (2012). *맥아더와 한국전쟁.* 서울: 푸른역사.

_____. (2015). *인천상륙작전과 맥아더.* 파주: 백년동안.

이성덕. (1969). 한국의 외원민간 단체의 실태. *사회사업, 4.*

이성훈. (2010). 한미상호방위조약 체결을 위한 이승만 정부의 협상전략. *군사, 77.*

이세기. (2015). *6·25전쟁과 중국 – 스탈린의 마오쩌둥 제압전략.* 파주: 나남.

이세영. (2018. 10. 12).'가짜뉴스'만든 언론인 ⑨ –'이승만, 6·25 개전직후 日망명 시도'KBS 박재우 – 석혜원. *펜앤드마이크.*

이소라. (2015). *1952-55년 한미재단의 활동과 역사적 성격*(석사논문). 서울: 서울대학교 대학원.

이순철. (2012). 이승만의 대미외교를 통한 국가생존 전략(1895-1953). *한국정치연구, 21, 3.* 서울: 서울대학교 한국정치연구소.

이은선. (2018). 6·25전쟁과 미국 복음주의와 한국교회. *영산신학저널, 44.* 군포: 영산신학연구소.

이인수. (2001). *대한민국 건국.* 도서출판 촛불.

이정식. (2006). *대한민국의 기원.* 서울: 일조각.

_____. (2012). *21세기에 다시 보는 해방후사.* 서울: 경희대학교 출판문화원.

이종만. (2010). 한국전쟁기간 미국 북장로교회 한국선교부의 활동–옥호열(Harold Voelkel) 선교사의 활동을 중심으로. *이화사학연구, 40.* 서울: 이화사학연구소.

이종찬 등. (2010). *60년 전, 6·25는 이랬다.* 서울: 조선뉴스프레스.

이주영. (2008). *우남 이승만 그는 누구인가.* 서울: 배재학당총동창회.

이주철. (2000). *내일을 여는 역사 1 – 북한의 토지개혁.* 서울: 내일을 여는 역사.

이현주. (2004). 해방 직후 인천의 귀환 전재동포 구호활동:〈중앙일보〉기사를 중심으로. *한국근현대사연구, 29.* 서울: 한국근현대사학회.

이호. (2012). *하나님의 기적 대한민국 건국 1, 2.* 서울: 자유인의 숲.

임은. (1989). *김일성정전(正傳).* 옥촌문화사.

임준석. (2016). *천국소망 순교신앙.* 서울: 쿰란출판사.

임지현. (2001). *이념의 속살*. 서울: 삼인.

장금현. (2018). 월남기독인의 남한 정착과정연구: 이북신도회대표회를 중심으로. *대학과 선교, 37*. 서울: 한국대학선교학회.

장준익. (1991). *북한 인민군대사연구*. 서울: 서문당.

전상인 외. (2005). *한국현대사: 진실과 해석*. 파주: 나남.

전상인 외. 유영익 편. (2006). *이승만 대통령 재평가 – 이승만의 사회사상 · 사회운동 · 사회개혁, 375*. 서울: 연세대학교출판부.

전상인. (2001). *고개숙인 수정주의: 한국 현대사의 역사사회학*. 서울: 전통과 현대.

전용덕, 김용영, 정기화. (1997). *한국경제의 성장과 제도변화, 101-158*. 서울: 한국경제연구원 자유기업센터.

전쟁기념사업회. (1992). *한국전쟁사: 북한군 침공과 한국군방어 3*. 서울: 행림출판사.

정경희. (2013. 5. 28). 휴전 60주년, 우리는 6 · 25전쟁을 어떻게 가르치는가?. *아산정책연구원 Issue Brief*. 서울: 아산정책연구원.

정명복. (2011). *6 · 25전쟁사*. 서울: 집문당.

정인섭. (2000). 한국전쟁이 국제법 발전에 미친 영향. *서울대학교 법학, 40, 2*. 서울: 서울대학교.

정일권. (1986). *6 · 25 징비록: 전쟁과 휴전*. 서울: 동아일보사.

정진석. (2003. 10). 새로 밝혀진 공산당의 6 · 25전쟁 당시 기독교 성직자 학살 · 납치 진상. *daily 월간조선 뉴스룸*. 서울: 월간조선.

_____. (2006). *납북*. 서울: 기파랑.

정훈각. (2011). 이승만 대통령과 한미동맹: 동맹의 형성요인에 관한 연구. *社會科學論集, 42, 1*.

조갑제. (2015. 7. 10). KBS 이승만 일본 망명 조작 보도의 친일(親日) 구조. 서울: 조선pub.

조석곤 외, 안병직 편. (2001). *韓國經濟成長史: 예비적 고찰, 329*. 서울: 서울대학교출판부.

조석곤. (2005). 토지장부에 나타난 토지소유구조의 변화. *농촌경제, 28, 2*.

조선은행 조사부. (1948). *조선경제연보*. 조선은행.

조선일보. (1953. 4. 16).

조선혜. (2014). *동부연회 순교자 열전–십자가의 사람 서기훈 목사*. 서울: 한국기독교역사연구소.

조성훈. (1996). 한국전쟁시 포로교육의 실상. *군사, 30*.

주지안롱(朱建榮), 서각수 역. (2005). *마오쩌둥은 왜 한국전쟁에 개입했을까*. 서울: 도서출판 역사넷.

주진오 외. (2009). *한국사*. 서울: 천재교육.

중앙일보사 편집부. (1972). *민족의 증언 1*. 서울: 중앙일보사.

차기진. (1994. 10). 6·25 사변과 천주교회의 순교자들. *사목*.

차동세·김광석 편. (1995). *한국경제 반세기: 역사적 평가와 21세기 비전*. 연기: 한국개발연구원.

차상철. (2013). 이승만과 한미합의의사록의 체결. *군사연구, 135*.

철원군지 증보편찬위원회. (1992). 〈*鐵原郡誌*〉 *下*. 철원: 철원군.

최원규. (1996). 외국민간원조단체의 활동과 한국사회사업 발전에 미친 영향.

카바 40년사편찬위원회 편. (1995). *외원사업기관활동사-카바 연표(1946-1990)*. 서울: 홍익제.

탁지일. (2013). 북미교회의 한국전쟁 이해 미국장로교회와 캐나다연합교회를 중심으로. *한국기독교와 역사, 39*. 서울: 한국기독교역사연구소.

평양 노회사 편집위원회. (1990). *平壤老會史*. 평양: 대한예수교장로회 평양노회.

프란체스카 도너 리. (2010). *6·25와 이승만: 프란체스카의 난중일기*. 서울: 기파랑.

프란체스카 도너 리, 조혜자 역. (2006). *이승만 대통령의 건강: 프란체스카 여사의 살아온 이야기*. 도서출판 촛불.

하기와라 료(萩原遼), 최태순 역. (1995). *한국전쟁*. 서울: ㈜한국논단.

한국가톨릭대사전편찬위원회. (1992). *한국가톨릭대사전*. 서울: 한국교회사연구소.

한국농촌경제연구원. (1989). *농지개혁사연구*. 나주: 한국농촌경제연구원.

한표욱. (1984). *한미외교 요람기*. 서울: 중앙일보사.

한화룡. (2015). *1950년, 황해도 신천학살사건의 진실, 전쟁의 그늘*. 서울: 포앤북스.

허명섭. (2010). 6·25전쟁과 한국교회. *본질과 현상, 20*. 파주: 태학사.

허정. (1974). *우남 이승만*. 서울: 태극출판사.

_____. (1979). *내일을 위한 증언: 허정 회고록*. 서울: 샘터사.